정책사례 연구

김광용 · 김동욱 · 김병섭
김준기 · 노화준 · 박상인
박정훈 · 오연천 · 이달곤
이석원 · 임도빈 · 정용덕
정광호 · 최종원
공저

도서출판 대영문화사

책머리에

행정학이나 정책학은 정부 행위에 대한 정치한 이론 개발을 중요한 사명으로 하는 동시에 그 이론에 근거하여 현실 문제의 해결에도 많은 관심을 가지는 실천사회과학이다. 따라서 현실 문제는 이론 개발은 물론이고 교육과정에서도 중요한 소재가 된다. 특히 교육 과정에서는 일반적인 이론적 토대 위에 구체적인 현실 문제를 해부할 때 학습 효과가 배가될 수 있어 정책사례는 아주 중요한 교육 소재가 되고 있다. 이론이 가지고 있는 일반적·추상적 성격과 사례가 가지고 있는 특수적·구체적 성격이 결합되면서 좀더 명확한 이론의 체득과 현실 세계에 난무하는 주장에 대한 올바른 정리를 가능하게 한다.

서울대학교 행정대학원에서는 오래 전부터 이러한 교육 방법을 채택해 왔다. 또 석사와 박사학위 과정의 많은 논문들이 실증 연구의 일환으로 사례 중심으로 작성되고 있는 것도 하나의 추세가 되었다. 교수진들에 의해 적지 않은 사례가 개발되어 활용되어 왔고 또 수많은 연구 논문들이 사례를 다루면서 작성되었다. 그러나 사례는 시간 차원에서 시사성을 띠어야 하고 또 이질적인 성격의 사례가 대비될 때 좋은 교육 효과를 볼 수 있으므로 지속적인 사례의 개발이 필요한 것이다. 이러한 필요를 감안해 이번에 주요한 정책사례를 개발하여 책을 출판하게 되었다.

이 연구총서에 선정된 정책사례들은 다음과 같다. 중앙인사위원회의 설립 과정(제2장), 시화호: 국가기구와 정책실패(제3장), 광명시와 구로구 간의 환경기초시설 빅딜(제4장), 생명윤리 및 안전에 관한 법률 제정 사례(제5장), 의약분업 정책사례(제6장), 교통법규 위반 차량 신고보상금 제도(제7장), 한국전력 구조 개편 및 민영화의 정책비용(제8장), 디지털 TV방송 방식 선정 과정(제9장), 지상파 디지털 방송 전송 방식 변경의 비용·편익분석(제10장), 부품·소재 기술개발사업의 사업평가 사례(제11장), 토지거래

허가제의 정책 효과(제12장), 방송사업자 허가·재허가 관련 방송법 적용 사례(제13장), 새만금사업과 갈등 조정기구의 대응(제14장)으로 구성되어 있다.

이 책에서는 필자들의 사례 개발 및 기술 방식을 가능한 한 그대로 수용하려고 했다. 교수마다 사례나 사례교육에 대한 이해가 상당히 달랐다. 몇 차례의 토론을 거쳐 약간의 공통점을 도출해 이를 바탕으로 재작성했고, 편집 과정에서는 원고에서 이질감을 털어내는 정도의 미화 작업을 했다. 독자들에게도 사례의 다양한 접근법을 전달하고 싶었기 때문에 사례마다 각기 다른 접근을 하고 있지만 가능하면 그대로 두었다. 편집 과정에 애쓴 여러 조교들과 박사 과정을 수료하고 논문을 작성하는 과정에 시간을 내준 하혜영 씨에게 감사의 말씀을 전하고자 한다.

이 책에서 다룬 사례는 사회·경제적 비중이 적지 않은 것들이다. 이해관계자의 대립이 잦아지고 당사자의 수가 많은 것이 최근의 추세임을 고려해 복잡한 이해 관계에 얽혀 있는 정책들이 많이 다루어졌다. 아울러 구체적인 정책분석과 평가의 중요성을 고려해 이 분야의 사례를 특별히 개발하여 이 책자에 실었다. 완전히 마무리가 되지 않거나 실패라고 규정지을 수 있는 정책사례도 다루고 있다.

이러한 특색을 가지고 있는 이 사례집이 행정학도나 정책학도들의 현실감 있는 연구와 교육에 널리 사용되기를 바랄 뿐이다. 물론 대부분의 사례들이 교육용으로 개발되었기 때문에 당시의 자세한 사실을 그대로 반영하지 못했거나 집필자의 선입견이 작용한 부분이 있을 수도 있다. 그러나 이러한 사례를 기초로 연구 논문이 작성될 수도 있다고 생각한다. 사례 중심의 연구와 교육이 제대로 진척될 수 있기를 바란다.

끝으로 여러 가지 어려운 여건임에도 불구하고 출판을 결심한 대영문화사의 임춘환 사장님과 번잡하고 지루한 편집 과정을 인내해 준 직원 여러분에게 감사의 말씀을 전하고자 한다.

2006년 1월

서울대학교 행정대학원에서

필자들을 대표하여 원장 이달곤 씀

정책사례 연구

차 례

제 1 장

행정학 교육에서의 사례연구

오 연 천

I. 서 론

우리 나라에 행정학이 본격적으로 소개된 것은 1955년 정인홍 교수의 『행정학』 단행본이 출간되고부터라고 할 수 있고, 이와 더불어 우리 나라에서 근대적인 의미에서 행정학 교육이 처음 시작된 것은 1959년 서울대학교에 행정대학원이 설치되면서부터라고 할 수 있다. 이후 우리 나라에서 행정학은 외국에서는 그 유례를 찾아볼 수 없을 만큼 양적 성장과 질적 발전을 거듭해 왔다.

이후 각 대학교에 행정학과가 본격적으로 설치되기 시작했고, 2002년을 기준으로 4년제 대학에 개설되어 있는 행정학은 학과의 형태로 104곳에 이른다. 그리고 전문대 53개를 포함하면, 157개 대학에 독립된 전공으로 개설되어 있는 상태이다(이종수, 2002).

한국의 행정학은 이러한 양적 성장 못지않은 질적 발전도 이룩했다. 한국의 행정학은 국가 발전에 필요한 지식과 이론을 지속적으로 제시해 왔으며, 근대적 행정학 교육을 통해 배출된 인재들이 국가·사회 발전에 크게 기여함으로써 우리 나라 경제·사회 발전에 중추적인 역할을 수행해 왔다. 또한 학문적인 측면에서도 우리 나라에서 이제 행정학은 하나의 독립된 학문 영역으로 자리잡아가고 있다. 행정학의 학문적 발전과 더불어 우리 나라에서 행정학 교육이 시작된 지 40년이 지난 지금까지 행정학 교육의 방법은 시대 상황과 사회적 요구에 맞게 지속적으로 변화해 왔다.

현재 우리 나라 행정학 교육이 갖고 있는 몇 가지 특징적인 모습을 정리해 보면 다음과 같다. 첫째, 급변하는 국제 경쟁사회의 틀 속에서 국가와 사회에서 요구하는 전문인을 적극적으로 양성하고 있다. 이와 더불어 국가운영의 중추적인 역할을 담당하고 있는 정부 각 부처의 각급 공무원들을 양성하기 위한 전문적인 교육을 실시하고 있다. 둘째, 한국 행정학의 토착화를 위해 학문 후속 세대들이 선진 행정학 이론을 한국 현실에 적용시켜 한국적 행정학 이론을 발전시킬 수 있도록 노력하고 있다. 셋째, 행정학의 학문적 위상이 정립됨에 따라 행정학 교육의 비중과 범위가 상당히 넓어지고 있다.

그런데 최근 한국 행정 및 행정학에 새롭게 불고 있는 변화의 흐름에 부응할 수 있도록 행정학 교육의 방향이 변화해야 할 필요성이 점차 증가하고 있다. 현재 한국의 행정학 교육은 많은 측면에서 변화의 요구에 직면해 있다. 특히 국제 경쟁의 심화, 사회의 기능적 전문화와 분권화의 확대, 행정 및 정책 문제의 복잡성 증대, 가치갈등과 이해관계 대립의 첨예화 등 현실적 문제 해결의 요구와 더불어 학문적인 측면에서도 새로운 이론적 흐름이 태동하고 있다. 이러한 변화의 요구와 이론적 도전은 행정학의 학문적 패러다임을 변화시킬 것을 요청하면서, 이와 동시에 행정학 교육 방법의 변화를 강하게 요구한다고 할 것이다.

II. 행정학 교육의 변화

행정학의 학문적 발단을 미국 행정학에서 찾아본다면 행정학 교육의 발전 방향 혹은 변화의 지향점은 일단 미국 행정학 교육의 흐름을 따라가 보는 것이 적절하다고 할 수 있다.

미국의 행정학 교육의 역사를 살펴보면 여러 면에서 행정의 변화를 반영해 왔음을 알 수 있다. 행정학 교육은 그 교육이 이루어지는 시대의 정신이나 규범에 반응하여 반복적으로 구성·재구성되어 왔다. 특히 미국 행정학 교육에서 사례연구는 매우 큰 비중을 차지하고 있다. 미국 행정학 교육에서 사례연구의 효시는 제2차 세계대전 이후 하버드대학교에서 비롯되었고, 이것이 점차 확대되어 1951년 이후에는 이른바 대학 내 사례 프로그램(Inter-University Case Program)을 통해 행정학 사례연구가 계속되어 왔다(조창현, 1982).

사례연구와 더불어 미국 행정학 교육의 두 번째 특징으로 제시할 수 있는 것이 바로 '인턴십 제도'의 활용이다. 대부분의 미국 대학교의 학부나 대학원에서는 '인턴십'을 교과목의 필수 과정으로 삼고 있으며, 학생들은 한 학기 혹은 두 학기 동안 인턴십 과정을 이수해야 하고, 이를 위해 인턴십 담당교수가 임명되어 있다. 이처럼 미국 행정학 교육은 행정학 이론을 토대로 이를 현실 행정이나 정책에 적용해 봄으로써 상당 수준의 실무 지식을 제공하는 데 큰 비중을 두고 있다.

이러한 미국 행정학 교육의 특징을 참고하여 우리 나라에서 행정학 교육의 변화 방향을 모색해 볼 필요가 있다. 더구나 최근의 행정 기능은 과거와 달리 급속히 변화하고 있으며, 사회의 전문화와 복잡성의 증대로 인해 행정 수요는 더욱 변모되고 있는 상황이다. 이러한 행정 영역의 확대나 기능 변화는 행정학 이론 체계의 변화 혹은 행정학 패러다임의 재정립을 필요로 하고 있다. 나아가 이러한 행정이론의 변화에 대한 요구는 행정학 교육의 방향을 재정립할 필요성을 증가시키고 있다. 따라서 향후 지속적인 노력과 심층적인 분석을 토대로 행정학의 새로운 패러다임 개발과 이론 체계 재정립은 물론 행정학 교육의 틀을 새롭게 모색해 나가야 할 것이다.

많은 학자들이 우리 나라 행정학 교육의 나가야 할 방향을 제시하고 있는데, 몇몇 학자들의 결론을 정리해 보면 다음과 같다.

미래 행정관료의 교육, 고질적 병리 현상의 정확한 이해와 행정윤리론의 강화, 민주적 행정을 위한 교육, 전문성을 강화하는 교육, 정보관리 교육 등 다섯 가지를 제시한 바 있다. 또한 정정길·이달곤(2000)은 종합적 시각의 정립, 병리 현상의 이해와 공공성의 강조, 민주행정의 교육, 전문성과 창의성 교육을 제시했다. 이종범 등(1990)은 미래 사회의 변동과 이에 따를 행정 수요에 대응할 수 있는 인재를 양성하기 위해 행정학 교육은 전문가(specialist)와 동시에 일반행정가(generalist)를 양성하고, 이론의 한국적 특수성을 강조하며, 실천과 가치의 문제를 많이 강조하는 교육의 내용으로 전환되어야 한다고 주장했다.

학자들의 이러한 논의를 종합해 볼 때 우리 나라 행정학 교육의 변화 방향은 전문성을 강화할 수 있는 교육, 행정윤리 및 민주 시민의식을 확립할 수 있는 교육, 첨단 정보사회에 적응할 수 있는 교육 등으로 요약해 볼 수 있다. 이러한 변화 방향을 고려할 때 앞으로 행정학 교육에서 사례교육이 차지하는 비중과 중요성은 더욱 높다고 할 수 있다.

Ⅲ. 행정학 교육에서의 사례연구

1. 사례교육의 중요성

행정학은 사회과학의 여타 학문 분야들과 유사한 점도 있지만, 차이점도 있다. 가장 큰 차이점이라고 할 수 있는 것은 다른 학문 분야에 비해 전문성과 기술성을 더욱 중시한다는 측면이다. 행정학은 이론 중심의 학문이지만, 특성상 현실 문제 해결에 전문적이고 기술적으로 기여할 수 있어야 한다는 요청을 외면할 수 없는 것이다. 따라서 행정학이 전문성을 가지려면, 그리고 구체적으로 행정학 교육이 전문성을 강화할 수 있는 교육이 될 수 있으려면, 단순히 이론 중심의 교육 방식에 국한하지 않고 현실 정책 문제를 구체적으로 다룰 수 있는 정책사례 중심의 교육을 지향해야 한다. 이러한 사례 중심의 교육을 통해 학생들은 행정학 이론을 현실 정책의 좀더 다양하고 복잡한 사례에 적용해 봄으로써 정책관리자로서의 전문성을 키워 나갈 수 있다. 그런데 사례교육이 갖는 제약점, 즉 시의적절하고 풍부한 정책사례들을 연구하여 교육자료로 만들기 위해서는 방대한 예산이 필요하고, 주기적이고 지속적인 연구가 이루어져야 한다는 점을 고려할 때, 우리 나라의 경우 그 동안 행정학 연구에서 정책사례 연구가 미진했다고 평가할 수 있다. 따라서 이를 해결하기 위해서는 더 많은 노력을 기울일 필요가 있다고 하겠다.

구체적으로 행정학 교육에서 정책사례 중심 교육이 갖는 몇 가지 장점을 정리해 보면 다음과 같다.

첫째, 행정 및 정책 사례교육을 통해 다양한 행정학 이론들을 현실의 정책 문제에 적용해 봄으로써 우리 사회에서 일어나고 있는 복잡한 정책 현실에 대한 이해도를 높일 수 있다. 이를 통해 학생들은 교과서 속의 행정학이 아닌 현실 정책 속에서 살아 숨쉬고 있는 생생한 행정학 교육을 받을 수 있다.

둘째, 현실 정책에 대한 이해의 지평을 넓혀 감으로써, 실천적인 측면에서 볼 때 다양한 정책 문제 해결 능력을 배양할 수 있다. 이러한 장점으로 인해 행정학 교육을 받고 있는 학생들뿐 아니라 정책을 직접 결정하고 관리하는 공공 부문, 준공공 부문의 공직자들 혹은 사부문의 관리자들까지도 실질적인 정책 문제 해결에 더 많은 도움을 받을 수 있다. 급변하는 행정기술과 다양해진 행정 기능들을 하나의 이론적 틀에 완전히 담아 내는 것이 학자들의 몫이라면, 반대로 하나의 행정학 이론에 담긴 다양한 정책사례들을 현실에 적용하여 사회의 제반 문제를 해결하는 것은 실무가들의 몫이라고 할 수 있다.

셋째, 정책사례 중심의 행정학 교육은 행정학의 이론적 발전을 추구하는데 기여할 수 있다. 행정학의 학문적 특성상 행정학은 현실 정책과 괴리된 상태로는 존재할 수 없다고 할 수 있으므로 현실 정책들을 중심으로 교육함으로써 행정학 연구의 외연을 좀더 확장할 수 있다. 또한 이러한 행정학 연구 범위의 확대는 행정학의 학문적 위상을 더욱 높일 수 있다.

넷째, 우리 사회에서 발생하는 다양한 정책 문제 및 행정사례를 교육함으로써 위에서 말한 행정학의 이론적 성장은 물론 한국적 행정학이 발전할 수 있는 토양을 마련할 수 있다.

다섯째, 행정학도들, 특히 학부생들의 입장에서 볼 때 추상적인 이론을 보완할 수 있는 사례교육은 상당히 다채로운 내용을 제공함으로써 행정학에 대한 홍미를 증가시킬 수 있다.

2. 연구방법론으로서의 사례연구

사례연구는 독특한 특성을 가진 개인, 집단, 프로그램, 정책 결정 등 소수 사례에 대한 심층적 연구를 말한다(Yin, 1989, 1993). 사례연구는 '어떻게(how)' 또는 '왜(why)'라는 질문이 제기될 때, 연구자가 사건을 거의 통제할 수 없을 때, 연구 초점이 실제 생활의 맥락 내에서 제기되는 현상일 때 선호되는 전략이다. 즉 사례연구란 실험, 서베이, 기존 자료분석, 역사적 방법과 구분되는 연구전략의 하나로 (1) 연구 대상인 현상과 맥락 사이의 경계가 분명하게 구분되지 않는 가운데, (2) 동시대의 현상을 실생활의 맥락에서, (3) 다양한 원천에서 나오는 증거를 사용해 연구하는 경험적 연구이다. 이러한 '설명적' 사례연구는 '탐색적' 및 '기술적' 사례연구라는 두 가지 유형에 의해 보완될 수 있다.

사례연구는 그 사례가 다음과 같은 세 가지 요건을 갖추어야 하는데, 첫째 그 사례가 희귀해야 하며, 둘째가 극적이고, 셋째가 독특해야 한다는 점이다(Yin, 1989). 이 세 가지 요건을 갖추어야 분석에서의 의미가 있고, 다른 사례에 적용하여 일반화시킬 수 있다는 점을 들 수 있다(이선우 · 하태권, 2004).

사례연구의 특징은 첫째, 소수 사례의 연구이다. 소수의 사례를 대상으로 심층적 · 종합적으로 연구한다는 점에서 다수의 사례를 분석 대상으로 하는 연구와 구분된다. 사례연구의 분석 대상이 되는 사례의 수는 하나 또는 소수로 제한된다. 둘째, 심층적 · 집중적 연구전략의 채택이다. 사례연구는 분석 대상이 되는 사례에 대한 심층적 · 다차원적 · 집중적 연구전략을 추구한다는 특성을 가지고 있다. 즉 사례연구자는 하나 또는 소수의 관찰 사례를 상세하고 종합적인 방식으로 연구함으로써 정확한 답변을 찾으려 한다. 그리고 사례연구자는 연구 결과의 정확성과 완전성을 그 사례가 갖는 여러 가지 측면과 관련시켜 증명하고자 한다. 셋째, 질적 방법의 활용이다. 연구방법을 질적 방법과 양적 방법으로 구분할 때 사례연구에서는 주로 질적 방법을 채택한다. 반면에 다수 사례를 분석 대상으로 하는 연구에서는 주로 양적 연구 방법을 활용한다. 그러나 사례연구에서 양적 분석 방법을 활용하는 경우도 있다. 예를 들면 시계열분석과 같은 양적인 방법을 개별 국가에 대한 지식을 넓히기 위해 사용할 수 있고, 다수 국가에 대한 독립적인 시계열분석을 통해 획득한 지식을 활용함으로써 이들 국가에 대한 사례 비교분석을 수행할 수도 있다. 그러나 대체적으로 사례연구는 질적 방법이 많이 사용되고 있다.

한편 사례연구의 유형을 살펴보면 다음과 같다.

첫째, 사례의 수를 기준으로 보면, 단일 사례연구와 복수 사례연구로 나눌 수 있다. 단일 사례연구는 한 가지 사례를 가지고 연구를 수행하는 경우이다. 이에 비해 복수 사례연구는 다수의 사례를 가지고 연구를 수행하는 것으로서, 여러 분석 대상들에 나타나는 독특한 특징까지도 상호 비교 분석함으로써 그 의미를 찾아내는 방법을 뜻한다.

둘째, 연구 목적을 기준으로 한 분류를 보면, 탐색적 연구, 기술적 연구, 설명적 연구로 나누어 볼 수 있다. 탐색적 연구는 구체적이고 인과 관계를 찾는 연구 질문으로 특정 사례를 연구하는 방법이라고 할 수 있다. 기술적(descriptive) 연구는 있는 사실을 그대로 진술하는 방법을 의미한다. 그리고 설명적 연구는 어떤 사실을 주고, 사실과 사실을 연결시키고, 그 사실을 설명하면서 그와 관련된 주변의 이야기를 풀어가는 방법이다(이선우·하태권, 2004).

셋째, 사례연구의 용도에 따른 분류를 보면, 연구 사례와 교육용 사례로 나누어 볼 수 있다.

넷째, 이론화의 정도에 따른 분류를 보면, 사례연구를 여섯 가지 유형으로 구분하고 있다. ① 무이론적(atheoretical) 사례연구, ② 해석적(interpretative) 사례연구, ③ 가설 창출적(hypothesis-generating) 사례연구, ④ 이론확증적(theory-confirming) 사례연구, ⑤ 이론논박적(theory-informing) 사례연구, ⑥ 일탈(deviant) 사례연구 등으로 나눌 수 있다(Lijphart, 1971: 691-693).

그러나 이러한 사례연구에 대한 방법론적 비판이 제기되어 왔다. 많은 행태주의적 방법론자들은 사례조사 방법을 과학적 조사 방법으로 간주하지 않았다 (Kerlinger, 1986; Goode & Hatt, 1981). 이유는 기존의 행태주의적 방법론이 인간의 주관이나 가치판단들을 과학적 조사 과정에서 배제함으로써 객관적인 지식만을 추구했으나, 이에 반해 사례조사는 조사 과정에서 조사자나 조사 대상자의 주관이나 가치가 개입됨으로써 부적절한 조사 방법으로 간주되었고, 사례연구가 방법론적으로 확고하게 정립되지 않았기 때문이다. 행태주의적 방법론은 오늘날 복잡한 사회 현상과 사회구성원들의 다양한 사고나 인식을 규명하는 데는 한계에 봉착했고, 이런 한계를 극복하기 위해 사례조사를 비롯한 심층면접, 참여관찰, 민속학적 방법 등이 시도되고 있다. 특히 사례조사는 사회조사시에 현실 문제를 있는 그대로 두고서 '어떻게'와 '왜'에 대한 심층적인 분석을 시도할 수 있다는 점에서 필요성이 증대되고 있으나 아직도 사례조사방법론이 확고하게 정립되지 않아 많은 비판을 받고 있다. 과학적 조사 방법의 평가 기준에 따라서 고찰해 보면(박병식, 1994: 74-77), 구성적 타당성, 내적 타당성, 외적 타당성, 신뢰성에서 문제를 제기하고 있다. 따라서 이를 극복하기 위해서는 사례조사에서 엄밀한 방법론을 발전시켜 실제 이론을 풍부하게 하고, 조사 분야에서 근본적인 이론과 실제의 연결을 강화시켜 주어야 한다.

Ⅳ. 결 론

사례교육을 처음 시도하는 상황에서 사례교육의 목표와 교육 방법에 대한 논의는 큰 의미를 지닌다고 할 수 있다. 이러한 논의를 통해 정책사례교육이 진정한 효과를 거둘 수 있기 때문이다. 사례교육의 목표는 사례교육의 중요성에 대한 논의에서 이미 제시된 바와 같이 행정학 이론의 현실적용 능력의 신장과 행정학의 이론적 토착화 모색으로 집약해 볼 수 있다. 그런데 이러한 목표를 달성하기 위한 사례교육의 방법은 매우 다양한 형태를 지닐 수 있다.

정책사례 교육의 방법이 획일적으로 정해질 수는 없지만 일반적으로 다음과 같은 구성을 갖는 것이 바람직하다고 할 수 있다. 첫째는 정책사례의 배경, 둘째는 정책사례를 통한 문제의 제기, 셋째는 정책문제의 심층분석, 넷째는 정책대안의 모색 등을 중심으로 교육하고 연구함으로써 행정학 이론들을 현실에 적용하는 능력을 배양할 수 있다.

그리고 행정학 교육의 어느 범위까지 사례교육이 기여할 수 있는가? 행정학 교육 범위를 크게 행정학 기초, 일반행정, 정책론, 분야별 행정으로 나누어 본다면, 정책론과 분야별 행정에 대한 교육에서는 사례교육의 효과가 상당히 높을 것으로 예상할 수 있다. 이와 더불어 사례교육을 통해 행정학 기초와 일반행정의 이론을 좀더 체계적이고 깊이 있게 이해시킬 수 있을 것이다.

참고 문헌

김주환(2001), "한국의 행정학 교육 수요에 관한 연구: 경기도를 중심으로," 『한국정책학회보』, 제10권 제3호.

박병식(1994), "사례조사의 과학적 방법론 연구," 『한국의 관료론: 방법과 실제』(김해동교수 정년퇴임기념논문집), 서울대학교 행정대학원 기념논문간행위원회.

서울대학교 행정대학원(1999), 『행정학 교육의 변화와 발전 방향』, 서울대학교 행정대학원 개원 40주년 기념논문집.

이선우 · 하태권(2004), 『행정사례연구』, 한국방송통신대학교출판부.

이종범 외 2인(1990), 행정학과 교육프로그램 개발에 관한 연구, 1990년 하계학술대회.

이종수(2002), 행정학과의 사회 대응성 제고 방안, 2002년 동계학술대회.

정정길 · 이달곤(2000), "전환기 행정학 교육의 새로운 방향 모색: 기본 교육을 중심으로," 『행정논총』, 제38권 제2호.

조창현(1982), "행정학 교육에 있어서 사례연구와 인턴쉽," 『한국행정학보』 제16호.

Goode, William J. & Hatt, Paul K.(1981) *Methocls in Social Research*, London: McGraw-Hill Book Company.

Kerlinger, Fred N.(1986), *Foundations of Behavioral Research*, London: Holt, Rinehart and Winston.

Lijphart, Arend(1971), "Comparative Politics and the Comparative Methods," *The American Political Science Review*. 65(3).

Yin, Robert K.(1993), *Applications of Case Study Research*, Beverly Hills, CA: Sage Publishing.

Yin, Robert K.(1989), *Case Study Research: Design and Methods*, Beverly Hills, CA: Sage Publishing.

제 2 장

중앙인사위원회의 설립 과정

김 광 웅

"집무실은 한 80평이 넘어 보이는 매우 큰 방이다. 한 구석에 큰 책상이 있고 맞은 편에 8인용 응접 세트가 놓여 있다. 그것이 다다. 나머지는 텅 빈 공간이다. 대통령이 국무회의에 참석할 때 쓸 용도로 마련한 방이다. 세종로 정부종합청사 19층에 있는 이 방에 걸어서 올라가기로 작정했다. 이제부터는 운동량이 줄듯해 서였다. 엘리베이터에서 내리면 간부 직원들이 일렬 종대로 서서 영접하는 것이 싫어 제발 그렇게 하지 말라고 사양을 했는데도 며칠 동안은 층계가 끝나는 문 앞에 도열해 있다. 관료들의 관행이지만 매우 민망스러워 그런 것은 하지 말자고 했다."

"정부조직법의 중앙인사위원회에 관한 규정에 위원회에는 사무처장을 겸한 상임위원 1인과 비상임위원 3인을 두게 되어 있다. 이를 결정하는 과정에서 청와대의 법무비서실(당시는 그랬고 그 후 민정수석비서실로 바뀐다)과 정책기획비서실 간에는 긴장 관계가 있다는 것을 느끼게 되었다. 선정 과정에서 많은 인물들이 거론되었지만 결국 민정 쪽의 의견이 반영될 수밖에 없었다. 인사를 담당하는 부서이기 때문이다."

"박수영의 의견대로 조직을 짜는 일에 착수했다. 새로 생긴 기관이기 때문에 어렵긴 하지만 마음대로 할 수 있어 다행이었다. 우선 총무과장과 같은 직책을 없애는 대신 기획총괄과를 만들기로 하고, 또한 비서실장 같은 직책도 필요 없어 대신 정책담당관을 만들었다. 박 과장은 대외직명으로 비서실장 직함을 함께 쓰기로 했다."

"위원회에 와서 처음 안 사실은 직제(직원의 수와 맡는 자리를 말함)가 65명에 불과하다는 점이었다. 이렇게 초미니 조직이 탄생된 배경은 행정자치부에 인사국이 존치되는 마당에 별도의 인사 기능을 크게 만들 이유가 없었기 때문이다. 새 기구의 탄생은 조직을 맡은 행정자치부, 청와대 정책기획 수석, 그리고 정무 수석실에서 함께 의논해 이루어진 것이다. 처음 알게 된 또 다른 사실은 위원장의 임기가 3년이며, 임기 보장이 매우 철저하다는 것이다. 정치적으로 중립을 지켜야 할 자리고 신분 보장이 되어 있어야 하기 때문에 정부조직법 제8조 2에 '위원장은 건강상의 이유 이외에는 본인의 의사에 반해서 그 직을 그만둘 수 없다'고 규정하고 있다. 한 1년쯤 봉사하고 돌아가려고 왔던 것인데 그렇지 않은 것을 알게 되어 실망하면서 한편 개혁하고 싶은 것은 할 수 있는 충분한 시간은 있겠구나 하고 생각했다."

이상은 1999년 5월 24일 중앙인사위원회가 해람(解纜)한 후 위원장을 맡아 며칠 동안 쓴 일기의 일부이다. (2002년 12월, 김광웅)

I. 드디어 독립 인사기구가 탄생하다

중앙정부의 독립된 인사기구로서 중앙인사위원회(이후 인사위로 부른다)가 발족하게 된 것은 정부조직법이 바뀐 1999년 5월 3일의 일이었다. 이 법이 개정되기까지 숱한 우여곡절을 겪었다. 위원회가 정식으로 출범한 것은 3주가 지나 개각이 있은 5월 24일의 일이다.

출범 당시의 규모는 앞의 일기에 적은 대로 65명이라는 아주 작은 조직이었다. 장관급의 위원장이 있고, 1급인 사무처장 겸 상임위원, 그리고 3명의 비상임위원이 있다. 그 아래에 2명의 심의관, 그리고 4개의 과가 있는 아주 단출한 기관인 것이다. 이것이 근 2년이 되는 시기인 2001년 4월에 2개의 과가 늘어나 83명의 위원회로 바뀌지만 당초에 중앙행정기관으로는 초미니 조직이었음에 틀림없다. 물론 아직도 규모가 작기로는 맨 끝이 아닌가 싶다.

규모는 그러하더라도 하는 일은 만만치 않다. 기능을 살펴보면 다음과 같다.

(1) 공무원 인사 제도 및 인사 운영의 기본 방침에 관한 사항

(2) 공무원 인사 관계 법령(특정직 포함) 제·개정시 사전 심의

(3) 3급 이상 일반직·정직 및 해당 직위에 보하는 계약직 공무원의 채용 및 승진임용 심사

(4) 행정부 소속 공무원의 인사 운영에 대한 감사 등.

이들 기능은 행정자치부가 인사에 관한 집행과 운영에 관련된 사항을 책임지고 있는 것과 달리 인사 제도와 정책에 관련된 사항을 인사위가 맡는 것으로 못박은 것이다. 그런데 이러한 기능을 갖추기까지 수없이 많은 고비를 넘기고 또 넘기며 오늘에 왔다는 사실을 이 사례를 통해 접할 수 있다.

Ⅱ. 작지만 큰 기관

인사위의 기능을 살펴보면 기관은 작지만 매우 중요하고 영향력이 큰 일을 하고 있다는 점을 쉽게 간파할 수 있다.

첫째, 공무원의 인사 제도와 인사 운영의 기본 방침에 관한 사항을 결정한다는 것은 국가공무원 전체에 관련된 업무이다. 인사 제도에는 보수도 포함되니 정부 안의 소프트웨어에 관한 모든 것을 관장한다는 이야기가 된다.

둘째, 공무원 인사 관계 법령을 제정하거나 개정할 경우에 사전에 심사를 하게 된다. 인사 관계 법령은 전체에 관련된 것은 위원회가 맡지만, 각 부처별로 상당히 복잡한 인사 관련 법령이 있어 이를 제정하고 개정할 때마다 위원회의 사전 심의를 거쳐야 하게 된 것이다.

셋째, 3급 이상 고위직 인사(일반직과 별정직 포함)에서 그 채용과 승진임용을 심사한다는 것은 각 부처의 인사를 장악하고 있는 것이나 다름없어진 것이다. 사정은 계약직 공무원의 경우도 예외가 아니다.

넷째, 더 나아가 행정부 소속 공무원의 인사 운영에 관해 감사를 한다는 것은 이 또한 큰 권한임에 틀림이 없다. 공무원이 제일 싫어하는 것이 감사

이다. 인사 운영에서 고의든 실수든 어딘가 잘못이 발견될 소지가 많기 때문에 감사받기를 좋아하는 공무원은 아무도 없다.

이러한 막강한 권한을 갖고 있는 위원회이지만 그러나 여기에는 더 보탰어야 할 기능이 있었다. 뒤에 위원회의 탄생 과정에 관한 자세한 서술이 있겠지만 이 단계에서 밝히고자 하는 것은 소청에 관한 기능을 거의 합치기로 했었는데 그것이 이루어지지 못했다는 점이다. 행정자치부에 남겨 놓은 기능들 중에도 더 옮겼어야 할 기능이 없지 않지만 그것은 인사 기구를 향후 어떻게 정리할 것인가, 인사원으로 할 것인가, 인사관리처로 할 것인가의 문제와 맞물려 있음을 일단 지적하는 것으로 한다.

그럼 중앙인사위원회의 탄생 과정을 김대중 정부의 경우부터 소개하고 나중에 각 정부의 시도 등을 설명하기로 한다.

Ⅲ. 새정치국민회의 대통령 후보의 공약

김대중 대통령 후보가 중앙인사기구를 설치하기로 공약한 것은 1997년 12월 3일의 일로 선거가 막바지에 이르러서이다. 후보는 "투명하고 합리적인 인사행정을 구현하기 위해" 중앙인사위원회의 설치를 공약한 것이다. 이 공약은 뒤에 민주당과 자민련이 공동정부를 출범시키면서 이해가 어긋나는 상황을 맞는다. 즉, 자민련 쪽에서는 한사코 반대를 하는데, 이유는 대통령의 권한이 너무 막강해진다는 것이었다. 인사위를 대통령의 직속기구로 할 것을 추진하니까 마치 인사권이 대통령에게 예속되는 것으로 오해한 것이다.

김대중 후보가 대통령으로 당선된 12월 18일, 그 나흘 뒤인 22일에 당시 총무처는 독립적 합의제 기구인 중앙인사위원회의 설치를 건의하게 된다. 위원회의 조직은 독립적 합의제 기구로 장관급 위원장과 5명 안팎의 인사위원으로 하고, 기능은 공무원 복지후생과 국가고시 등 인사 관련 기능을 총괄하는 것으로 구상했다. 현재의 기능보다 더 많은 기능을 당초에 생각했던 것이다.

처음에 논의된 것을 좀더 자세히 밝히면, 인사위원에도 상임을 3명으로 생각했고, 나머지 비상임위원은 2명으로 하려고 했다. 인사위원은 대통령이 임명하는 것으로 하되, 위원장은 상임위원 중에서 국회의 추천으로 대통령이 임명하는 것으로 했다. 그리고 위원회의 독립성을 보장하기 위해 감사원과 대칭되는 기능을 수행하는 것으로 했다. 당초 안 중에서 특기할 것은 정무직 공무원(장·차관을 뜻함)의 임명도 심사하고 건의하는 것으로 했다는 사실이다. 민정수석실에서 동의할 리 만무한 안을 구상했던 것이다. 그러나 건의 정도라면 굳이 마다할 이유가 없는 것이 인사란 되도록 광범위하게 자료를 구해야 하는 것이기 때문이다. 그러나 공직사회에서는 가장 싫어하는 것이 권한을 나누어 갖는 것이다. 독점에 대한 집념이 강하고 그래야 권한을 행사한다고 생각한다.

조직안에 관해서도 당초에는 현재보다 훨씬 크게 구상했다. 위원장과 사무처장 이외에 기획실, 임용국, 고시국, 후생국, 그리고 복무국으로 1실 4국을 생각했던 것이다. 그리고 소속기관으로 중앙공무원교육원과 소청심사위원회를 상정했다. 공무원의 교육훈련과 소청은 당연히 인사 기능의 핵심을 이루고 있는 것이기 때문이었다.

한 가지 총무처안에서 명기할 것은 그 명칭을 '행정관리처'로 하고 소속은 총리로 하는 것으로 했는데, 이것은 총무처가 다른 부처와 병합할 가능성에 대비한 구상이었던 듯 싶다.

Ⅳ. 정부조직 개편 심의 과정

이러한 안들은 1998년 1월 8일부터 시작된 당선자를 위한 정부조직 개편 심의 과정에서 구체안으로 성안되기 시작한다. 즉, 비정무직 공무원의 인사를 총괄할 중앙인사위원회를 대통령 직속기구로 설치하려고 한 것이 그것이다.

첫째, 주요 기능은 (1) 인사와 보수에 관련된 제도와 정책, 그리고 법규를 심의 의결하고, (2) 공무원의 소청과 권익을 보호하며, (3) 고위직 공무원(1~3급) 인사의 적법성을 심의하는 것이다.

둘째, 위원회의 구성은 위원장을 포함해 5인 이내의 위원으로 구성하되 상임이며, 장관급인 위원장과 상임위원 1인은 소청심사위원장을 겸임하는 것으로 했다. 위원의 임기는 3년으로 하고 신분도 중립성을 유지하는 것으로 했다.

셋째, 1급의 사무처장이 이끄는 사무처를 설치하되 소청의 업무를 지원하게 한다. 조직은 1관, 5과 57명으로 한다.

이에 대해 언론은 1998년 2월 6일자에 중앙인사위원회를 총리실로 이관하고 직급도 차관급으로 낮춘다는 민주당의 내부 입장을 정리해 보도한다. 국민회의와 자민련은 문제를 거론하고 계속해서 대통령의 권력이 집중되는 것을 막기 위해 조정안이 불가피하다고 주장한다. 한편 한나라당도 2월 10일에 독자적인 개편안을 제출하면서 중앙인사위원회는 총리직속기구로 차관급을 위원장에 보한다는 의견을 주장한다. 오해는 이렇게 계속되고 있었고, 정부조직 개편 심의 과정에서 성립된 안의 앞날이 순탄치 않음을 예고하는 징후가 이미 보이기 시작한다.

이런 와중에 2월 14일에 여야는 인사위의 설치안을 폐기하기로 합의한다. 새로운 기구의 탄생이라는 것이 이처럼 우여곡절을 겪는다. 이틀 후, 정부조직 개편심의위원장인 박권상은 "인사위원회는 대통령과 각 부처의 장관이 행사하는 인사권을 견제하기 위한 것인데 이를 대통령의 권한을 강화하는 것으로 오해하는 것은 납득되지 않는다"는 요지의 성명을 발표한다. 그러나 결국 새 정부가 출범되기 1주일 전 2월 17일 정부조직법 개정안이 국무회의에서 의결되지만 중앙인사위원회의 설치안이 개정안에 포함되지 않았다.

V. 꺼지지 않는 불씨

새 정부가 출범한 후에도 인사위원회 설립에 관한 의견은 심심찮게 개진된다. 김대중 정부가 출범한 지 얼마 되지 않은 5월 12일, 언론들은 중앙인사위원회의 설치 등을 포함해 정부조직을 추가로 개편할 필요성이 있다고 보도하기 시작한다. 같은 해(1998) 7월 8일에 이르러서 국정 과제를 중간 평가하는 보고회 자리에서 대통령도 인사위 설치를 다시 지시한다.

10월 26일, 행정자치부는 중앙인사위원회를 설치하는 방안에 관해 대통령에게 보고하고, 사흘 후 정부 공무원 인사 제도의 개혁 방안을 발표하기에 이른다. 그 내용을 살펴보면, 당초안이었던 장관급 위원장에 소청심사위원장을 겸임하는 상임위원과 비상임위원 3인으로 하고, 기능도 폐기된 바 있었던 원안 그대로가 되었다.

국무회의에서 국가공무원법 개정안을 의결하고 정부안으로 그 설치가 확정된 것은 11월 10일의 일이다. 그리고 이어서 국회에 제출된다(1998. 11. 14). 내용 중 특기할 것은 상임위원을 소청심사위원장을 겸하는 차관급으로 하고 정치적 중립을 보장하기 위해 정당 간부나 선거직 공직자는 퇴임 후 3년이 경과하지 않으면 임용할 수 없도록 제한했다.

VI. 국회에서 다시 보류

국회 행정자치위원회는 1998년 12월 9일에 논의를 시작한다. 그러나 한나라당과 자민련은 당초의 입장을 꺾지 않고 "중앙인사위원회의 설치는 총리의 각 부 통할권을 침해하는 것으로 위헌의 소지가 있다"고 주장했다. 이처럼 국회의 입장이 완강한 것은 되도록 대통령의 권한을 축소시키려는 의도에서 비롯된다. 12월 12일, 공동 여당인 국민회의와 자민련은 정부조직에 관한 경영진단이 진행되고 있으니(당시 기획예산위원회에서 이 프로젝트를 주도하고 있었음) 이것이 끝나는 1999년 2월에 재론하기로 하고 회기 내 처리를 유보하기로 합의한다. 다시 일군 불씨가 또 사그러지는 운명을 맞은 것이다.

Ⅶ. 제2차 정부 구조조정에서 되살아나

중앙인사위원회의 탄생은 역전에 역전을 거듭한다. 불씨는 다시 지펴져 1999년 3월 23일 국무회의에서 국민의 정부 제2차 정부 구조조정을 위한 '정부 운영 및 기능 조정 방안'이 확정된다. 여기에 중앙인사위원회의 인사 심사 기능을 일부 조정한 후에 설치하기로 방침이 확정된 것이다.

수정된 안은, (1) 상임위원의 지위를 정무직 차관급에서 1급으로 내리고, (2) 소청심사위원회를 행자부에서 옮기려던 것을 원점으로 되돌이키고, (3) 3급 이상 공무원의 채용과 승진 때 심의하고 의결하려던 것을 채용과 승진의 기준과 절차를 심의하고 의결한 후 기준 적합성 여부를 심사하는 것으로 하고, (4) 법령 심의 대상을 축소해 총리령과 부령을 제외하는 것으로 했다.

Ⅷ. 국회 수정안

국가공무원법 수정안이 국회에 제출된 것은 1999년 4월 1일의 일이다. 국회에서 수정된 내용은 인사 심사의 범위와 이의가 있을 때 어떻게 할 것인가를 좀더 자세하게 고친 것이다. 수정 전에는 대상자를 선정하고 미리 정한 기준과 절차에 적합한지 여부를 심사하는 것으로 했던 것이 수정 후에는 대상자의 적격성을 실질적으로 심사하는 것으로 고쳤고, 또한 수정 전에는 각 부처가 불응할 때 재의를 요구하는 것으로 했었는데, 수정 후에는 불응할 때 재의를 요구하거나 또는 직접 대통령에게 임용을 제청하는 것으로 바꿨다. 이 단계에서 한나라당의 김학원, 정문화 두 의원의 도움을 받는다. 물론 지난 3년 반의 기간 동안 각 부처가 불응하여 재의를 요구한 적은 있었어도 대통령에게 직접 임용을 제청한 적은 한 번도 없었다.

앞서 적은 대로 국가공무원법 개정안이 국회 본회의에서 의결된 것은

1999년 5월 3일의 일이었고, 인사위가 출범한 것은 5월 24일의 일이다. 5월 3일 국회에서 수정안이 통과되던 상황을 잠시 적기로 한다.

김봉호 부의장의 사회로 시작된 본회의는, "다음은 정부조직법 중 개정 법률안에 대해서 수정 동의한 부분은 동의한 대로, 기타 부분은 원안대로 의결하고자 합니다. 찬성하시는 분은 기립하여 주시기 바랍니다." 기립 표결에서 재석 246명 중 찬성 150, 반대 96으로 가결된다. 민주당과 자민련은 수정안을 낸 것으로 반대표를 던진 쪽은 한나라당이다. 수정안은 김학원, 김옥두, 김충조, 김기수, 박구일, 박상규, 박신원, 박종우, 손세일, 원유철, 유선호, 이상수, 이성호, 이원범, 장성원, 장영철, 추미애, 홍문종 의원 외 141인이 발의한 것이다.

IX. 자문기구로 — 건국 이후 전두환 정부까지

기왕에 중앙인사 관장기구가 탄생은 했지만 아직도 가야 할 길은 멀다. 최초의 중앙인사위원회는 5·16 군사혁명 두 해 뒤인 1963년에 내각사무처의 자문기관으로 설립되고 이것은 독립된 중앙인사 관장기관으로서 인사원의 설립을 전제로 한 것이었지만 실현되지는 않았다. 그러나 정부에서 중요하지 않은 요소는 하나도 없겠으나 정부를 운영하는 주체인 공무원에 관한 제도와 정책이 미비한 것이 아직도 한두 가지가 아니기 때문에 정부를 반석 위에 올려놓고 시장과 떳떳이 경쟁하기 위해서는 제대로 기능을 갖춘 중앙인사기구가 탄생되어야 마땅하다. 이런 취지와 배경으로 저간에 어떤 설립의 움직임이 있었는가, 그 역사를 일별할 필요가 있어서 간단히 서술한다.

1963년 4월 17일, 국가공무원법을 개정하여 내각사무처에 인사위원회를 자문기구로 설치할 때는 그 기능을 인사의 중요 사항에 대한 내각사무처장의 자문에 응하는 것으로 한 것이다. 인사위원회의 심의를 거쳐야 할 사항으로는, (1) 인사행정에 관한 방침과 기준의 결정, 그리고 기본적 계획의 수립에 관한 사항, (2) 인사에 관한 법령의 제정 또는 개폐에 관한 사항, (3)

인사규칙의 제정과 개폐에 관한 사항, (4) 기타 내각사무처장이 필요하다고 인정하는 사항 등이었다.

당시 구성은 위원장을 포함해 5인의 위원으로 하고 비상설 기구였다. 국가공무원법을 개정할 때 중앙인사위원회에 관한 규정을 참고로 기록에 남겨 본다.

"중앙인사 관장기구로서 인사원의 설치는 후일의 과업으로 미루고 본안에서는 내각사무처를 중앙인사 관장기관으로 하고 현 기구의 강화를 시도했으며, 중앙인사 관장기관에는 중요 인사정책에 관한 내각사무처장의 자문에 응하게 하기 위해 비상설의 인사위원회를 설치하도록 했고……."

그러나 10년이 지난 1973년 2월 5일 국가공무원법이 개정될 때 인사위원회의 규정은 삭제당하는 운명에 놓인다.

X. 행정개혁위원회의 설치 건의 — 노태우 정부

기구하다고 해야 할 인사위 설치의 운명은 정부를 달리하며 그 불씨가 꺼졌다 켜졌다 한다. 노태우 정부에서 1년 2개월 정도 대통령 자문기구로 운영된 행정개혁위원회는 1990년 2월 11일에 중앙인사위원회의 설치를 건의하기에 이른다. 당시에는 총무처 산하에 인사행정에 관한 준입법권을 갖는 합의제 행정기관을 설치하자는 것이었다. 기구는 위원장 1인에 차관급 상임위원 1인, 그리고 비상임위원 6인으로 하자는 것이었다.

위원회 자체의 수명이 그리 길지 않았던 상황에다 당시의 위원회는 거의 중요한 사항을 청와대 지시에 의해 논의할 때여서 일단 성안이 되었지만 준입법권의 부담이 만만치 않아 결실을 보기 어려웠다.

XI. 대선 후보 선거 공약 — 김영삼 정부

김영삼 대통령은 민주자유당 대선 후보 때 공약을 한다. 그 때가 1992년

11월 4일의 일로 중앙인사위원회의 설치를 약속했다. 당선자 시절인 1993년 1월 9일 대통령 직속기구로 중앙인사위원회의 설치를 30대 정책 과제 중의 하나로 정하고 중앙인사위원회법을 제정할 계획을 세운다. 위원은 학계 등 객관적인 입장에 있는 인사전문가로 구성한다고 했다. 기능은 (1) 인사정책과 제도의 연구와 개선, (2) 인사사무의 감사, (3) 소청심사 등 권익구제, 그리고 (4) 고급 공무원의 임용심사 등으로 현재 운영을 위해 세웠던 계획안과 거의 유사했다.

이 계획은 1993년 1월 30일 민자당 대통령직 인수위원회의 건의안에 포함되었다. 내용은 지금과 유사하여 장관급 위원장에 3~5명의 차관급 위원으로 구상했다. 위원장은 국회 동의 후에 대통령이 임명하는 것으로 했다. 조직은 기획과 임용, 그리고 심사 등 3개 부서를 설치하고 1993년 6월까지 발족을 추진하는 것으로 했다. 당시의 안에 획기적인 것은 대통령 비서실의 사정 기능을 중앙인사위원회로 이관한다는 것이었다.

한편 민주당은 1994년 12월 11일에 정부조직개편안에 중앙인사위원회의 신설을 배제하고 그 대신 대통령 직속의 합의제 중앙인사위원회의 신설을 제기했다. 그러나 실제로는 당초의 계획 대신 총무처가 공무원인사정책심의회라는 장관 자문기구를 설치했을 뿐이다. 1995년 11월 22일의 일이다. 이에 따라 국민회의는 '공직자 인사제도 개선 및 부정부패 방지 종합대책안'을 발표하여 대통령에게 집중된 인사권을 독립적인 중앙인사위원회에 넘기는 것을 골자로 하는 정부조직법의 개정을 촉구했다.

XII. 정부 구조조정 방안 심의위원회안

김영삼 정부는 그 임기가 끝나가는 1998년 1월, 정부혁신을 위한 정부구조 조정 방안을 대외비로 마련한다. 국무총리 소속기구의 정비를 구상하면서 그 속에 중앙인사위원회의 설치를 계획했다. 개편의 방향은 정부 인사의 전문성과 중립성을 확보하기 위한 것으로 대통령 또는 국무총리 소속하에 중앙인사위원회를 설치하려는 제의였다.

개편의 방안으로는, 제1안으로 인사 심의와 의결 기관을 생각했다. 즉 (1) 인사정책과 보수와 후생 제도에 대한 심의 의결, (2) 공무원 권익 보호(소청) 등 준사법적 기능, (3) 각 부처의 1~3급 공무원 인사의 심의 및 인사감사, (4) 위원의 임기 및 신분의 중립성 보장 등이고, 제2안으로 인사, 고시, 복무, 교육훈련, 연금, 후생 및 소청 기능 등 중앙인사의 정책과 집행 기능을 직접 수행하는 것이었다.

제1안의 경우는 구체적인 인사정책의 집행은 총무처가 담당하는 것이었고, 제2안의 경우는 외국의 예에 따라 위원회형에서 독임제 기관으로 전환하고 인사권을 하부로 대폭 위임하는 추세를 감안한 것이다.

현재의 안에 비해 훨씬 대폭적인 개혁안이었던 이 안은 박동서 위원장이 주도했던 행정쇄신위원회의 안이었기에 가능했었는지 모른다. 박동서는 그 다음 정부에서 추진한 정부조직 개편심의위원회의 고문이기도 해 인사개혁안과 기구의 신설이 가능했던 것이다. 그러면 끝으로 김영삼 정부 말기에 마련한 중앙인사위원회의 설립 방안에 관한 자세한 문건을 옮겨 놓는다.

첫째, 설치의 목적은 "중앙인사위원회는 행정부 소속 공무원의 인사행정에 관한 기본 정책 및 인사 및 보수 제도를 심의 의결하고, 공무원의 권익을 보호하기 위하여 설치한다"고 했다.

둘째, 관장사무는, (1) 공무원 인사 제도 및 보수 제도와 인사 운영의 기본 방침에 관한 사항, (2) 공무원 인사 관계 법령의 제정 또는 개폐에 관한 사항, (3) 1급 내지 3급 국가 일반직 공무원 및 이에 상당하는 별정직 공무원과 특1급 내지 3급 외무공무원의 신규 채용 및 승진임용에 관한 사항, 그리고 (4) 소청심사에 관한 사항 등이다.

셋째, 중앙인사위원회의 구성은, (1) 중앙인사위원회는 위원장 1인과 상임위원 1인, 그리고 3인 이내의 비상임위원으로 구성한다. (2) 위원장은 장관급으로 하고 상임위원은 정무직 또는 1급 상당 별정직 국가공무원으로 보한다. (3) 위원회의 위원장 및 위원의 임기는 3년으로 하되, 1차에 한해 중임할 수 있다. (4) 중앙인사위원회의 상임위원은 소청심사위원회의 위원장을 겸한다.

구성에서 논의의 대상이 되었던 것 중 하나는 별도의 소청심사위원회를 두는 것인지, 아니면 중앙인사위원회의 상임위원의 수를 늘려서 인사위원회가 소청을 담당할 것인지이고, 둘은 경찰과 외무직 등 특정직까지 포함하는 것인지에 관한 것이었다.

넷째, 중앙인사위원회의 사무국 구성은 사무처에 제도국, 심사국, 그리고 기타 지원을 위한 행정과를 두는 것으로 했는데, 인사국은 분류과, 임용과 그리고 후생과로 구성하고, 심사국은 소청행정과, 소청심사과, 그리고 인사심사과로 구성한다.

분류과는 총무처의 인사기획과의 업무 일부를 이관하여 담당하게 하는 것으로, (1) 공무원의 인사 제도에 관한 종합계획의 수립, (2) 공무원의 인사 제도의 조사, 연구, 개선, (3) 공무원의 직군, 직렬, 그리고 직급의 신설과 개발, (4) 직무분석 등이 업무의 내용이 된다.

후생과는 총무처의 복지과와 보수과의 업무 일부를 이관하여 담당하는 것으로, (1) 공무원의 처우 개선에 관한 종합계획의 수립, (2) 공무원의 보수 제도의 연구, 개선, 그리고 운영 지도, (3) 기업체 등이 보수 실태 조사와 연구, (4) 외국 공무원 등의 보수 제도 조사와 연구, (5) 공무원의 후생복지 제도의 연구와 개선, (6) 공무원의 연금 제도의 연구와 개선, (7) 공무원의 근무 제도의 연구와 개선, (8) 복무규율에 관한 사항, (9) 공무원 인사감사의 실시와 인사사무의 지도와 감독, 그리고 (10) 남녀 고용 평등에 관한 사항 등이 업무의 내용이 된다.

임용과는 총무처의 국내훈련과와 국외훈련과의 업무 일부를 이관하여 담당하게 하는 것으로, (1) 공무원 임용 제도와 정책에 관한 사항, (2) 공무원 국내교육 훈련 제도의 연구와 개선, (3) 공무원 국외교육 훈련 제도의 연구와 개선, (4) 공무원의 전문성과 능력 제고를 위한 관리 기법의 개발 연구 등이 업무의 내용이 된다.

소청행정과는 (1) 보안 및 관인 관수, (2) 문서의 수발, 통제, 그리고 보존, (3) 예산회계 및 물품관리, (4) 소청과 고충심사 제도의 연구와 개선, (5) 소청과 고충심사 결정례의 조사와 분석, 그리고 기록의 관리, (6) 고충심사 청구와 인사상담의 처리, (7) 위원장이 지시하는 소청심사청구에 대한 사실 조사, 관계 자료 수집, 그리고 심사건의안의 작성과 심사회의록 및 결정 문안의 정리 등을 담당한다.

소청심사과는 (1) 소청심사 청구의 접수와 소청 결과의 통지, (2) 소청심사 청구에 대한 사실 조사, 관계 자료 수집, 그리고 심사건의안의 작성, (3) 심사회의록과 결정 문안의 정리 등을 담당한다.

인사심사과는 (1) 1~급 신규채용 심사자료 정리, (2) 1~3급 승진심사 자료 정리, (3) 인사 관계 법령의 제정과 개폐에 관한 사항 등을 담당한다.

XIII. 행정자치부의 견제

중앙인사위원회의 설립이 이상에서 밝힌 대로 많은 우여곡절과 기복을 겪을 수밖에 없었던 것은 전문인 중심의 안이 실제 상황에 부딪치면 관료의 이해 관계에 따라 왜곡되기 마련이기 때문이다. 달리 표현하면 소청 같은 기능은 인사정책을 집행하는 기구와 함께 있을 수 없는 모순이 있음에도 불구하고 인사위에 병합되지 못한 것은 위원장의 자리가 하나 줄기 때문이다. 동시에 위원의 수도 준다. 공무원 사회에서는 가장 싫은 일이 벌어지면 안 되는 것이다.

동시에 인사기구가 달리 분리되면 행자부의 권한이 일부 축소되기 마련이므로 그것을 되도록이면 막아야 했고, 또한 어쩔 수 없이 분리된다고 해도 기능을 최소화해야 한다고 생각했을 것이다.

이 안은 당시 행자부 장관과 정책기획수석, 그리고 정무수석 등이 숙의해 최종안이 마련된 것이다.

위원회가 행자부의 예속 기구처럼 존재할 수밖에 없는 또 다른 이유는 위원회에게 법령 관리 권한을 부여하지 않았기 때문이고, 그래서 항상 행자부는 상위 기구인 양 모든 일에 간섭한다. 법령을 고칠 때마다 행자부의 의견에 따를 수밖에 없는 현실이 안타깝고 그것이 현재의 중앙인사위원회의 위상이라고 생각하면 된다.

언젠가 중앙인사위원회가 명칭은 어찌 되든 진정한 의미의 독립 인사기구가 될 날이 오리라고 믿는다. 현재로선 텅 빈 것과 다름없던 사무실을

'인사 제도 개혁'이라는 새 시대의 변화 내용으로 하나 하나 채워가고 있는 것만으로 위안을 삼으며 내일을 기약한다.

연구 문제

1. 입법이 정치적 산물일 수밖에 없는 사정을 한 기관의 설립 과정을 통해 좀더 깊이 천착하시오.
2. 조직인 기관의 설립이 얼마나 어려운 과정인가를, 또는 얼마나 재미있는 과정인가를 "내가 만일 그 일을 책임지고 있었다면"을 가정해서 나라면 이렇게 했을 것인가 꾸며 보시오.
3. 정부기관의 힘은 어떻게 가늠될 수 있는지 상상하면서 그림을 그려 보시오.

제 3 장

시화호: 국가기구와 정책실패*

정 용 덕

I. 서론: 문제의 발단

'시화지구 개발사업'은 수도권에 부족한 용지 조성과 용수 공급을 목적으로 정부가 추진한 대규모 토목 사업이었다. 경기도 시흥-화성 지역 해안에 방조제를 축조하고 갯벌을 메워 간석지와 호수('시화호')를 만들기 위한 것이었다. 이 대형 국책 사업은 1990년대 한국 정부의 대표적인 정책실패 사례 가운데 하나로 손꼽혀 왔다 (Jung, 2000).

조(兆) 단위의 막대한 정부 예산을 타당한 예측에 근거하지 않고 운영함으로써 예산집행 과정에서 수 차례 변경하는 이른바 후진국형의 '반복적 예산 운영(repetitive budgeting)'을 초래했다 (정용덕, 2001: 966-9). 그러고도 소기의 정책목표 달성에 실패했다. 그뿐만 아니라, 거의 재난 수준의 역기능을 가져왔다.

한국 정부가 수행한 대부분의 국가정책의 실패 사례들이 그러하듯이, 사화호 사업의 경우도 그 사업을 수행한 국가기구들 간의 불합리한 제도적 구성으로 인한 정책 조정의 어려움이 문제의 근본 원인이었다.

시화지구 개발사업은 총 12.6km의 방조제를 건설하여, 5,325만 평의 간

---

* 사례연구 수행 과정에서 연구조교로 수고해 준 서울대학교 대학원 행정학과 최태현 · 엄석진 박사과정생에게 감사한다.

[그림 3-1] 시화간석지 개발계획 개요도

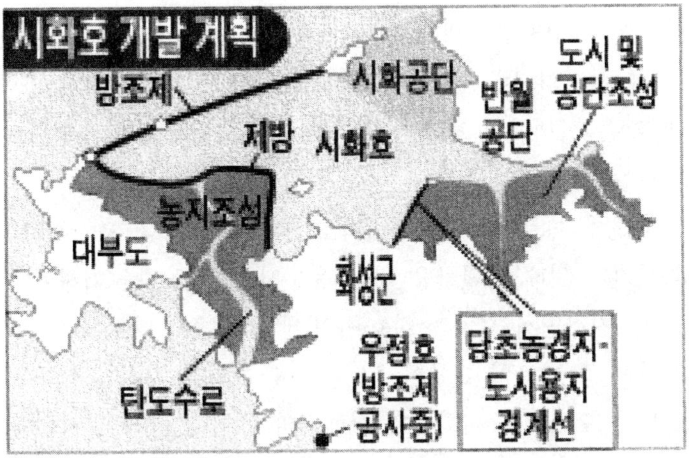

출처: http://shiwhaho.dsgo.net

척지를 마련하려는 목적에서 추진되었다. 이 중 1,281만 평은 담수호인 시화호를 만들어 용수를 공급하고, 나머지 4,044만 평 간석지(북측 1,107만 평과 남측 2,937평)에는 공단, 농지 및 도시를 조성하려고 했다(국무총리실 수질개선기획단, 2003). 이를 위해 1998년까지 총사업비 15,774억 원(공단 조성에 10,884억 원, 방조제 축조에 4,930억 원)의 예산을 투입하기로 했다. 이를 통해 742만 평의 단지를 조성하여 그 중 244만 평은 도시 개발에, 498만 평은 공업단지를 조성할 예정이었다. 여의도 면적의 약 20배에 달하는 시화호의 총 저수량은 3억 3,200만 톤이며, 여기서 연간 180백만m^3의 농업용수를 공급할 예정이었다(정부경, 1996).

이와 같은 목적을 위해 추진된 시화지구 개발사업에 적신호가 켜진 것은 시화 방조제가 완공된 직후, 시화호의 수질 오염 문제가 발생하면서부터였다 (<표 3-1>).[1] 시화호가 "썩어 들어가기 시작"한 것이다. 시화호의 급속

1) 1994년까지만 해도 시화호의 COD는 농업용수의 기준을 넘지 않았다. 그러나 1995년에 들어서면서부터 농업용수 기준(8)은 물론이고 공업용수 기준(10)도 초과하게 되었다. 부유물질의 경우 1994년에 이미 농업용수 기준치를 훨씬 초과했고, 총 질소와 총 인의 경

한 오염 원인에는 여러 가지가 지적되고 있다. 그 가운데에서도 가장 중요한 이유는 시화호의 규모가 유입되는 인근 하천의 수량에 비추어 턱없이 작고, 인근 지역의 개발로 인한 오염원의 증가로 시화호로 유입되는 하천수가 매우 오염되어 있음에도 불구하고, 제반 정화시설이 완벽하게 갖추어지지 않은 상태에서 방조제 공사가 마무리됨으로써 오염물질이 시화호로 곧바로 유입된 점이다.[2)]

2001년에 이르러 정부는 시화호 담수화 계획을 포기하고, 수질 오염을 완화시키기 위해 바닷물을 다시 유통시키는 조치를 취하게 되었다. 그 후 몇 년이 지나면서 점차 시화호 주변에는 갯벌이 되살아나고 희귀 조류들이 서식하는 등 회복이 이루어지고 있다.[3)] 그러나 시화공단 등 주변 지역에서 배출되는 오폐수의 시화호와 서해로의 유입은 아직도 지속되고 있는 실정이다.

〈표 3-1〉 1994~1995년 시화호 수질 악화 현황

		COD(mg/l)	SS(mg/l)	T-N(mg/l)	T-P(mg/l)
1994년		5.7	26.1	0.970	0.077
1995년		11.2	29.2	5.170	0.434
환경기준	IV등급 (농업 기준)	8 이하	15 이하	1.0 이하	0.1 이하
	V등급 (공업 기준)	10 이하	쓰레기 등이 떠 있지 않을 것	1.5 이하	0.15 이하

출처: 정부경, 1996: 36.

우도 1995년에 이르러 공업용수 기준까지 초과했다(농진공, "시화지구 담수호 수질보전대책수립 조사보고서, 1995; 환경운동연합/(사)시민환경연구소, "바다의 날 기념 시화호 수질대책 대토론회 자료집, 1996; 정부경, 1996).

2) 방조제 공사가 시작된 1987년에 비해, 방조제가 완공된 지 1년이 지난 1995년에는 인근 지역의 인구가 무려 4.7배 증가했다. 그런가 하면 공장 폐수가 2.5배 증가하는 등 오염원이 크게 증가했다(정부경, 1996.)

3) 시흥환경운동연합의 조사에 의하면, 2001년 현재 시화호 북측 간석지에는 갈대, 칠면조, 퉁퉁마디 등 염생식물 군락이 넓게 조성되었다. 1999년에 도요물떼새 및 오리류가 48종 3만 마리 이상 관찰되었다. 천연기념물인 검은머리물떼새, 노랑부리저어새, 노랑부리백로 등과 멸종 위기에 처했던 청다리도요사촌, 넓적부리도요, 보호 대상종인 검은머리갈매기, 알락꼬리마도요 등도 서식하고 있다(www.shbs.net).

1996년 이후 정부는 다시금 산업단지 및 농지의 조성을 위해 제2단계 사업을 추진하고 있다. 건설교통부(이하 건교부)와 농림부, 그리고 해양수산부(이하 해수부), 환경부, 한국수자원공사(이하 수자공), 농업기반공사(이하 농기공), 지방자치단체 등이 관여하여 동시에 수질오염 관리 대책을 수립하고 있다. 그러나 다른 인근 지방자치단체들과 환경단체 및 시민단체, 그리고 언론 등은 시화호의 수질 개선에 대해 비관적인 입장을 제시하면서 시화지구 제2단계 후속 개발사업에 대해 반대 의사를 제시하고 있다(국무총리실 수질개선기획단, 2003).

II. 사업의 추진 과정

1. 계획 단계

시화지구 개발사업은 1975년 서·남해안 일대 간척사업 적지 조사를 실시하던 농업진흥공사(이하 농진공)가 시화지구를 사업 대상에 포함시키면서부터 시작되었다(정부경, 1996).

본래 이 서해안 일대의 간척사업은 1970년대 말, 해외에 진출했던 건설업체들이 철수하면서 건설 경기의 침체가 이어지자, 이를 해결하기 위한 방안의 하나로 논의되기 시작했다. 1979년 3월, 당시 박정희 대통령이 경제장관 및 경제 4단체 대표와의 오찬에서 건설 경기의 침체를 해소하기 위해 서해안 국토 확장사업을 지시한 것이다.

그 후 수 년간에 걸쳐 농진공은 이 지역에 대해 농지 조성 사업을 위한 타당성 조사를 수행했고, 1984년 8월부터 1985년 2월까지 농수산부와 농진공은 공유수면 매립 면허 신청 및 협의를 2회에 걸쳐 건설부에 요청했다.

그러나 건설부는 해안 매립 장기계획과 상충된다는 이유로 농수산부와 농진공의 신청을 거부했다. 이 당시 건설부는 별도의 간척사업 계획을 작성하고 있었는데,[4] 해외 건설 경기 후퇴에 따른 유휴 건설장비의 활용을

4) 건설부는 1984년에 '수도권 정비 기본계획'을 발표하고, 10월에는 대통령에게 '국토확장

위해 공업용지 조성을 위한 대규모 간척사업을 추진하고자 했다.

1985년 8월, 건설부의 안이 정부에 의해 채택되고, 3개월 후인 11월 시화지구 개발계획에 대한 대통령의 재가가 이루어졌다. 이를 계기로 시화지구 개발사업은 급속하게 추진되기 시작했다. 건설부와 산업기지개발공사(이하 산개공)는 1986년 2월부터 8월까지 공단 조성 실시 설계를 시행했으며, 이를 바탕으로 12월에는 11개 시공 업체와 공사 시공 도급 계약을 체결했다 (이한우, 1999). 같은 해 7월, 농수산부와 건설부는 시화지구를 종합개발 방식으로 추진한다는 데 합의했다. 이 합의에 따라 농진공은 이미 1985년 12월까지 설계를 완료해 두었던 방조제 공사 및 농경지 조성 공사의 주체가 되었으며, 산개공은 공단 및 택지 조성의 주체가 되었다. 1987년 2월 산개공은 농진공과 방조제 건설 위탁 협약을 체결했다.

2. 집행 단계

그 이후 농진공과 수자공(1988년 7월부터)은 각자의 일정에 따라 공사를 추진하기 시작했다. 농진공은 협약에 따라 1987년 3월 (주)현대건설과 공사 계약을 체결했으며, 같은 시기에 산개공은 환경청에 환경영향평가협의를 요청했다.

환경청은 시화지구 개발사업에 대한 환경영향평가서가 해양에 관한 사항만 평가되었다는 이유로 이를 반려했다 (이한우, 1999). 같은 해 9월, 환경영향평가 협의가 정식으로 다시 시작되었으며, 1988년 9월, 조건부로 완료되었다. 즉 ① 하수종말처리장에서 처리된 방류수를 외해(外海)로 방류할 것, ② 취락지역이나 농경지에서 발생하는 오염물질의 담수호 유입을 배제할 것, ③ 사업 시행 후 호숫물을 합리적으로 교체할 수 있도록 배수갑문 운영 방안을 수립할 것 등 원칙적인 조건을 첨부한 조건부 합의였다.[5]

사업 추진 방안'을 보고했다 (이한우, 1999).

5) 그러나 후에 감사원 감사 결과에 의하면, 산개공은 이 조건마저도 제대로 사업계획에 반영하지 않았다 (신석호, 1999).

그러나 환경영향평가가 완료되기도 전인 1987년 4월, 시화지구 개발사업 기공식이 개최되었다. 같은 해 6월, 방조제 공사가 착공되었으며, 1988년 5월에는 이미 탄도, 불도, 대선 방조제가 완공되기에 이른다.

농진공은 1989년 초, 방조제 공사를 시작하고, 건설부는 1990년 초 안산 1지구 택지 준공으로 주택 건설을 시작한다. 1990년 11월에 수자공은 1994년 준공 예정으로 정수장 및 하수처리장 공사에 착공했다.[6] 1992년 3월에는 인근 시화공단이 준공되었다. 그리고 시화 방조제 공사가 완공된 것은 1994년 1월의 일이었다.

시화호가 오염되기 시작한 것은 이미 이 때부터였다. 1994년과 1995년에 걸쳐 산발적이지만 오염 문제는 물론이고 인공호 조성으로 인한 환경 변화에 의한 피해 문제가 제기되기 시작했다. 1996년 5월 시화지구에 포도나무 냉해와 버섯 재배 피해가 발생하면서 마산포 포도작목반이 대통령, 관계장관, 수자공 등에 진정서를 발송하고 이를 언론에 공개하면서 시화호의 오염에 대한 논란이 증폭되었다. 이와 동시에 환경운동연합과 시민환경연구소 등 시민환경단체들은 '시화호 오염, 해결 방안은 무엇인가?'라는 제목의 토론회를 개최하며 여론을 환기시켰다 (이한우, 1999).

1996년 6월 환경부는 시화 담수호 수질개선 대책회의에서 시화호의 방류를 결정했다. 이에 환경운동연합은 환경부 차관과 농진공, 수자공, 그리고 농림수산부 관계자 10여명을 수질 오염과 관련된 직무 유기 혐의로 검찰에 고발했다. 이틀 후 환경부 장관은 환경운동연합 사무총장과 시화호 문제를 협의하겠다는 의견을 내고, 검찰총장은 이 고발 건을 수원지검에서 조사하도록 지시했다. 그러나 다시 이틀이 지난 후 수자공은 홍수로 인한 재해관리라는 명목으로 3,350만 톤의 오염된 시화호 물을 야간에 방류했다.

1996년 7월 환경부 장관은 시화호 수질개선 종합대책을 발표했다. 2001년까지 4,993억 원을 투입하여 하수처리장 3개소와 환배수로를 건설한다는 내용이었다. 그러나 이번에는 지방자치단체인 인천시 의회가 시화호 방류

6) 실제로는 방조제 공사가 완료된 1994년 1월, 그리고 방조제 차수막 공사가 완료되어 내외 해수가 완전히 차단된 1995년 1월로부터 훨씬 뒤쳐진 1995년 12월에야 1단계 공사가 완료되었고, 1997년 12월에야 2단계 공사가 완료되었다 (이한우, 1999).

로 인한 해양 오염 건으로 환경부 장관과 수자공 사장을 수원지검에 고발했다. 이 와중에도 수자공은 7월 말까지 집중호우를 계기로 추가로 5차례, 7,050만 톤의 물을 다시 바다로 방류했다. 1996년 10월 국회는 환경부 한강관리청에 대한 국정감사를 실시했다. 11월에는 감사원이 나서서 수자공 본부장 등 공직자 18명을 문책 혹은 징계하고, 하수 배출업체 18곳을 고발 조치했다.

같은 해 11월 환경운동연합은 법원에 시화호 무단 방류 금지 가처분 신청을 냈다. 그러나 이듬해인 1997년 3월 수자공은 또다시 500만 톤의 물을 방류했다. 10월에는 수원지법이 시화호 무단 방류 금지 가처분 신청을 기각하고, 12월 검찰은 1996년 6월 환경운동연합이 제기한 고발 건에 대해 무혐의 처분을 내렸다.

3. 수습 단계

1998년 1월 김대중 당선자의 대통령직인수위원회는 시화호 사업을 경부고속전철, 새만금간척사업과 함께 3대 부실사업으로 규정하고 전면 재검토 및 조사에 착수했다.[7] 같은 해 12월 농림부는 시화호 간척지에 조성될 농지에 대한 농업용수로 시화호 물을 사용하지 않겠다고 발표했다. 이로써 시화호 담수화 계획은 사실상 포기되었다.

1999년 2월, 해양수산부(해수부)는 시화호 일대에 조력발전소를 건설하고 해양관광단지를 조성하는 계획을 대통령에게 보고했다. 이어 5월에는 연안통합관리계획 수립을 결정하고 2000년 7월에 이를 확정지었다. 그 사이인 1999년 9월 시화호 부근 안산시에 하수종말처리장이 완공되었다. 2000년 초에는 시화호에 철새가 도래하고, 수질이 점차 개선되는 등(<표 3-2>), 해수호로서의 시화호의 회생 가능성에 대한 집중적인 언론 보도가 이루어졌다.

---

7) 이어서 새만금 방조제 건설에 대해 전라북도 도지사가 전면 재검토를 표명하고 농림부가 이를 수용할 것을 시사했다. 7월에는 정부가 농업용 신규 간척사업의 포기를 선언하는 등 변화의 조짐이 나타났다.

2000년 12월 정부는 감사원의 감사 결과를 토대로 관련 4개 부처 합동으로 시화호의 담수화 포기 및 해수화 방안을 최종 결정했다.[8] 2000년 7월 해수부는 연안통합관리계획을 수립하고,[9] 이듬해 7월에는 시화호 특별관리해역 종합관리계획을 수립, 시화호관리위원회 구성 및 시화호 북쪽에 조력발전소 설치, 생태공원 조성 등을 계획했다. 두 달 후인 2001년 9월 법원은 이 지역 어민들에 대한 손해배상 책임을 인정하는 판결을 내렸다.[10] 같은 해 상반기에는 시화호 인공 습지가 완공되고, 이듬해인 2002년 5월에는 공원으로 개장했다.

〈표 3-2〉 시화호 수질 현황(COD 수치)

연도 조사기관	1994	1995	1996	1997	1998	1999	2000
환경부	5.9	9.4	14.2	17.4	7.9	5.1	4.3
수자원공사			9.5	17.0	6.4	5.3	3.8
해양연구원			7.6	18.6	7.3	8.4	6.3
인하대학교							8.1

출처: 국무총리실 수질개선기획단, 2003.

8) 시화호의 담수호화를 포기하고 바닷물을 유통시키기 시작한 이후에도 환경이 완전히 회복된 것은 아니다. 현재 시화호는 외해보다 1m 낮은 수위를 유지하고 있다(국무총리실 수질개선기획단, 2003). 이 때문에 바닷물과 함께 새로이 시화호로 유입되는 동죽, 바지락, 백합 등의 조개들은 특히 수위를 −1.5m 정도 낮추는 여름철에 대량 폐사하는 사태가 해마다 반복되고 있다는 것이다(환경운동연합 성명서, 2001).

9) 연안통합관리계획은 9개 부처 51개 법률에 의해 제각각 관리되던 연안 개발과 보전 정책을 일원화하고자 하는 시도이다. 연안통합관리계획은 연안의 지속적인 보전과 이용을 가능하게 하기 위해 전국을 10개 권역으로 세분해, 공유수면매립계획을 전면 재검토해 환경 파괴 가능성이 있는 사업은 축소 또는 취소하도록 했다(동아일보, 2000. 8. 22).

10) 개발사업에 따른 토사 확산과 해류 변화 등으로 인해 생업 터전인 어패류 어장을 잃은 어민들이 낸 소송으로서, 11년 만에 최종적으로 손해배상 판결을 받았다. 대법원 1부는 “시화만 주변 어촌계 소속 157세대에 개발사업자인 수자원공사는 이자를 제외하고도 각각 743만여 원씩을 지급하라”는 원심 판결을 확정했다. 재판부는 판결문에서 “피고의 개발사업으로 어장 주변의 생태계 변화가 초래돼 어장 기능이 상실된 데다 피고가 원고들과 별다른 협의나 보상 약속이 없었던 만큼 피고는 손해를 배상해야 한다”고 밝혔다 (한국일보, 2001. 9. 9).

Ⅲ. 국가기구의 제도적 구성

앞에서 정리해 본 시화지구 개발사업의 추진 과정에 참여했던 주요 행위자들과 그들을 둘러싼 제도적 구성에 대해 분석해 보면 다음과 같다.

1. 주요 행위자

시화지구 개발사업에 참여한 행위자들의 범위는 정책의 진전(사득환, 2003)이 이루어지면서 다음과 같이 점차 넓어지는 특성을 보였다([그림 3-2]).

첫째, 시화호 개발사업의 기획 단계(1975~1987) 및 집행 단계(1987~1994)에 중요한 역할을 수행했던 행위자는 청와대, 농수산부, 농진공, 건교부, 그리고 수자공이다. 이들은 모두 적극적인 개발 위주 정책을 추진하는 행위자로 분류할 수 있다. 이에 비해 보전 위주의 정책적 시각을 대변해야 할 국가 기구인 당시 환경청의 역할은 제한적이었다. 이들 국가기구 외에 이해 관계를 지닌 주민들이 또한 행위자로서 참여했다.

둘째, 시화호의 오염 문제가 대두되기 시작한 1994년 이후부터는 이들 중앙정부 수준의 국가기구 외에 인근 지방자치단체들과 환경 관련 시민단체들의 참여와 대중매체들의 관심이 집중되기 시작했다. 이 과정에 참여한 지방자치단체에는 관할 지역인 안산시와 화성시 외에 인천시 의회도 검찰에 환경부 장관과 수자공 사장을 고발함으로써 정치적 행위자로 등장했다. 또한 국회와 감사원, 법원과 검찰도 관련되는 형국으로 발전했다.

셋째, 1998년 김대중 정부가 출범한 이후부터는 대통령과 해수부가 새로운 행위자로 등장했다. 시화호 오염 사태가 큰 정치적 의제로 대두한 이후에 출범했던 김대중 정부는 해수부를 시화호 오염 문제를 해결하기 위한 새로운 대안적 행정기구로 삼았다.

2. 제도적 구성

시화지구 개발사업의 주요 행위자들을 둘러싼 제도적 특성을 살펴보기로 한다. 특히 다음과 같은 사항에 초점을 두어 분석할 것이다.

첫째, 시화지구 개발사업의 주무 부서인 건교부(및 산하기관인 수자공)와 농림부(및 산하기관인 농진공) 간의 의사소통, 그리고 환경부, 해양수산부, 지방자치단체, 시민들과의 의사소통이 긴밀히 이루어졌는지 여부이다.11)

둘째, 시화호 개발사업 내에서 동시에 추구되거나 혹은 상충하는 하위 정책목표들을 조정하고 통합하기 위한 정책 조정기구 혹은 그 등가물이 존재했으며 제대로 기능했는지를 살펴본다.

셋째, 국가 기구 내부적으로 시화호 개발사업 관련 기구들 간의 제도적 불균형이 존재했는지, 그리고 그것이 정책실패에 영향을 미쳤는지를 살펴본다. 즉 개발 주체(건교부 및 농림부)와 보전 주체(환경부 및 해수부), 통제 주체(국회, 감사원, 법원, 시민단체), 정책 대상(지방자치단체, 지역 주민) 간에 정책 의사결정 및 집행 과정에서 합리적 의사결정을 보장하는 제도적 장치가 미비하지 않았는지를 보는 것이다.

넷째, 국가-시민사회 간 관계 측면에서 의제 설정부터 현재까지 약 20년간을 이어온 장기적 정책 과정에서 발생한 거버넌스 환경 변화에 정책기구들이 탄력적으로 적응했는지를 살펴본다.

1) 관련 기구 간의 의사소통 부재

시간이 경과함에 따라 시화지구 개발사업에는 다양한 행위자들이 관련되어 왔으며 행위자의 수만큼 다양한 의사소통의 경로가 존재할 수 있었다([그림 3-2]). 그러나 이들 행위자들을 둘러싼 제도적 배열은 이들 간의 긴밀한 상호 의사소통을 담보하지 못했다.

---

11) 건설교통부는 1994년 12월 이전에는 건설부였고, 농림부는 1987년 1월~1996년 8월까지는 농림수산부, 1987년 1월 이전에는 농수산부였다. 위에서는 시기에 따라 표기를 달리 했으나 이하에서는 논의의 편의상 2003년 현재인 건교부와 농림부로 표기를 통일하기로 한다.

[그림 3-2] 시화호 사업 관련 행위자와 관계

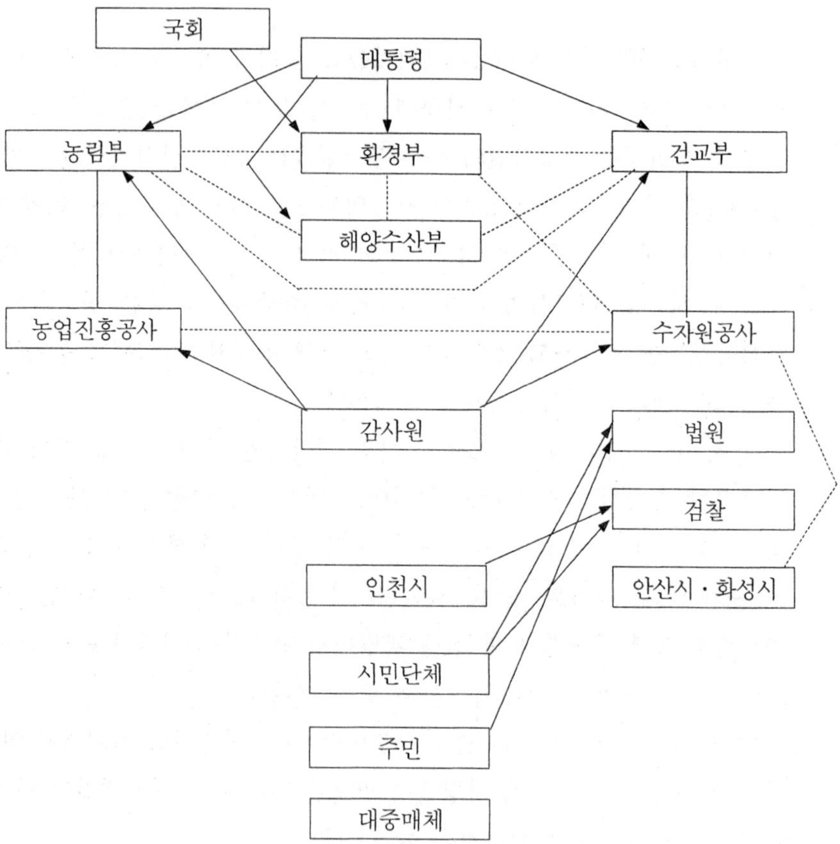

주: 화살표는 지시(대통령), 감사(국회 · 감사원), 고발(인천시의회 · 시민단체), 보상 요구(주민). 점선은 협의 관계.

(1) 건교부와 농림부 간의 의사소통 부재

시화호 사업의 의사결정 과정에서 가장 근본적인 문제이자 가장 큰 불행은 사업의 핵심 주체인 건교부와 농림부의 이해가 부분적으로만 일치했다는 점이다. 건교부가 기대한 시화호 사업은 중동 특수 이후 침체된 건설 경기 진작 및 유휴 자재의 활용을 위한 대규모 간척사업이었다. 이는 반월공단 조성과 연계된 사업으로서 근본적으로 '환경적 가치'가 의사결정의 논리에 개입할 여지가 거의 없었다. 또한 건교부가 시화호 사업을 통해 얻고자 했던 것은 매립지였기 때문에 공업용수의 수질 문제는 시화호 사업에서 큰 고려 요소가 아니었다.

이 사업의 또 다른 주무 부서인 농림부가 시화호 사업을 통해 확보하고자 했던 것은 농지 조성을 위한 매립지였다. 따라서 매립지가 필요했다는 점에서는 건교부와 이해 관계가 일치했고, 이 부분에 대해서는 건교부와 사업 추진상의 협력이나 부지의 사후 활용에 큰 문제가 없었다. 그러나 농림부는 농업용수의 확보를 위해 시화호를 담수호로 바꿀 구상을 하고 있었으며, 농업용수에 적합한 수질 문제를 고려해야만 했다. 그렇다면 농림부는 자체의 사업뿐만 아니라 주택단지 · 공업단지 조성계획, 하수처리장 시설 등 건교부의 사업에 대해서도 건교부와 긴밀하게 협의해 사업을 추진했어야 함에도 불구하고 협의가 제대로 이루어지지 못했다.

이와 같은 건교부와 농림부 간의 의사소통 부재로 인해 원래의 사업계획이 수정되고 졸속으로 시행되면서, 시화지구 개발사업의 전체적인 계획이 수립되지 못하고 방조제 조성 공사와 시화공업단지 조성을 내용으로 하는 1단계 사업만이 확정되었다. 즉, 수질 기준 등을 규정할 시화 담수호의 용도나 구체적인 토지 이용 계획은 1단계 사업이 완료될 즈음에 수립될 2단계 사업 계획에서 확정하기로 함으로써, 1단계 사업이 진행되고 완공되는 동안에도 시화호의 수질 기준은 확정되지 않았다. 또한 이와 같은 상황의 변화에도 불구하고, 방조제 조성 공사를 책임진 농진공(및 농림부)은 공기를 조정하지 않은 채 방조제 공사를 완료했다.

〈표 3-3〉 시화지구 개발사업의 과정 및 행위자

일 시	행 위 자	행 태
1975	농진공	서남해안 간척사업 적지 조사 실시
1980. 11	농진공	서남해안 간척 개발 예정지 조사
1982~1984	농진공	시화지구 간척농지 개발사업 기본조사
1984. 12	정부	시화지구 매립 추진을 위한 관계 기관 회의
1985. 8	정부	시화지구 개발 우선 추진계획 확정

1985. 10~86. 4	산개공	'시화지구 개발 타당성조사 및 기본계획 수립' 용역
1985. 12	건설부	수자공에 시화지구 개발사업 정부 방침 통보
1986. 7	건설부 · 농수산부	종합개발 방식으로 추진 최종 합의 건설부-산개공: 공단, 도시용지 및 방조제 주관 농수산부-농진공: 방조제 공사 수탁 시행, 농지 조성
1987. 3	산개공 · 환경청	환경영향평가 협의 요청 및 반려
1987. 3	농진공	방조제 공사 착수
1988. 5	농진공	탄도, 불도, 대선 방조제 완공
1988. 9	환경청	환경영향평가 협의 조건부 완료
1992. 3	건설부	시화공단 준공
1994. 1	농진공	시화지구 1, 2호 방조제 물막이 공사 완료
1996. 6	환경부	시화담수호 수질개선 대책회의에서 방류 결정(수자공 방류)
	환경운동연합	환경부, 농진공, 수자공, 농림수산부 관계자 10여명을 검찰에 고발
1996. 7	정당	국민회의, 자민련-방류 사건 비난 성명 발표
	인천시의회	해양오염 건으로 환경부 장관, 수자공 사장 고발
	환경부	시화호 수질개선 대책 발표
1996. 10	국회	환경부 한강관리청 국정감사
1996. 11	감사원	수자공 본부장 등 공직자 18명 문책 징계. 하수배출업체 18곳 고발
1997. 10	수원지법	시화호 무단 방류 금지 가처분 신청 기각
	농수산부	시화 간척지구에 대규모 농지조성계획 발표
1998. 1	대통령	대통령직인수위-전면 조사 착수
1999. 2	해수부	연안통합관리계획 수립 결정
1999. 9	수자공	국정감사에서 시화호 수질 개선 불가능 연구 결과 제출
2000. 7	정부	연안통합관리계획 확정
2001. 2	정부	시화호 담수화 계획 완전 포기
2001. 7	해수부	시화호 특별관리해역종합관리계획 수립
2001. 8	건교부	산업단지 317만 평 조성계획
2001. 9	대법원	어민들에 손해 배상 판결
2001. 11	농기공	시화호 남쪽 간석지 농지 개발 기공식
2002. 5	수자공	시화호 인공 습지 공원 개장

출처: 이한우, 1999; 당시 일간지 참조.

물론 이렇게 일방적으로 방조제 공사를 완료한 데에는 계약의 이행 의무와 공사 지연으로 인한 사업비 증가가 1차적인 원인이었을 것이다. 그러나 시화지구 개발사업 전체 내용의 변경 및 수질 기준 및 토지 이용계획의 미확정 등 변화된 사업 내용과 주변 환경에 대응하여 적절한 경과 조치를 취하기 위한 농진공과 수자공 간의 의사소통 체계의 미비도 그 주요한 원인 중 하나였다

건교부와 수자공은 시화호의 오염 문제가 악화되자 양면적인 대응을 했다. 한 예로 오염이 심각했던 1996년 7월에 이르러서야 수자공은 2001년까지 총 4,993억 원을 투입해 하수처리장 3개소와 환배수로를 추가로 건설한다는 계획을 발표했다(사득환, 2003: 235). 농진공이 시화지구 1, 2호 방조제 물막이 공사를 완공한 시점이 1994년 1월이라는 점을 감안한다면 뒤늦게 보완 대책이 나온 것이다. 또한 2001년 2월에 정부는 시화호의 담수화 계획을 완전히 포기하고 해수호로 유지하겠다는 결정을 내렸다. 이에 대해 건교부는 용수 확보 문제로 당초 계획된 공단 조성이 차질을 빚을까 우려하면서 공업용수로 팔당호의 물을 끌어 쓸 계획을 세웠다.

한편으로 건교부는 애초에 사업 초기 단계에서 시화호 주변 주민들에 대한 이주 및 보상을 협의하는 과정에서 개발 이익을 과장하고 이들 사이에 왜곡된 정보와 기대가 유포되는 것을 사실상 방치했다(한경구 외, 1998). 그리고 오염의 여파로 발생한 손해에 대해서도 보상을 외면했다.

농림부는 1998년 12월 시화호 물을 농업용수로 사용하겠다는 계획을 포기하고 다른 용수 공급계획을 발표함으로써 시화호 오염 문제의 영향을 축소시키려 했다. 그러나 이러한 후퇴는 결국 다른 용수 공급원을 찾기 위해 시화호와 동일한 정책실패를 반복하게 만들었다.[12)]

---

12) 2002년 3월 농업기반공사가 방조제 물막이 공사를 끝낸 경기도 화성시의 화옹호가 그 대표적 예이다. 2002년 9월 26일 국회 환경노동위원회의 경기도에 대한 국정감사에서 안동선 의원(민주당)은 "방조제 공사를 끝낸 화옹호가 불과 몇 달 만에 수질이 악화되어 제 2의 시화호가 되고 있다"고 지적했다(한겨레신문, 2002. 9. 26). 안 의원은 환경부 자료를 분석한 결과, 방조제를 막기 전에 화옹호의 아질산성질소는 0.002ppm이었으나 공사 뒤인 지난 5월에 0.032ppm으로 16배로 늘었다고 말했다. 또 방조제 공사를 전후해 질산성 질소는 0.028ppm에서 0.173ppm, 암모니아성 질소는 0.016ppm에서 0.093ppm으로 각각 6배 가량 늘었고 총인의 양도 0.035ppm에서 0.052ppm으로 크게 늘어났다고 밝혔다(한겨

또한 농림부는 2001년 2월의 정부의 시화호 담수화 포기 계획 발표로 인해 농림부가 주관하고 있는 새만금사업에 영향을 미칠지 모른다는 점을 우려했다. 이에 농림부는 건교부와 마찬가지로 2001년 11월부터 농기공을 통해 시화호 남쪽 간석지에 농지 개발을 추진함으로써 애초의 시화호 간척지 개발계획을 집행하고 있다.

요컨대, 건교부와 농림부 간에는 ① 매립지 및 이를 위한 방조제 건설에 대한 필요만이 일치했을 뿐, ② 인공호수의 용도 및 수질관리에 대한 구체적인 방안이 협의되지 않았으며, ③ 상대 부처 혹은 집행 주체인 수자공 및 농진공 간에 각자의 사업 및 시기에 대해 조율이 없었다.

(2) 개발 주체와 보전 주체 간 의사소통 부재

환경 혹은 국토의 자연적 가치의 보전 주체로서 환경부(환경영향평가 당시는 환경청, 오염 문제 공론화 시기는 환경부) 및 해수부와 개발 주체인 건교부 및 농림부 간 의사소통의 부재도 시화호 오염의 큰 부분을 차지했다. 일반적으로 개발과 보전 간의 정책 조정에서 보전을 담당하는 국가 기구는 상대적으로 주요 행위자의 위치를 차지하기가 어렵다.[13] 이러한 상황에서 양자 간의 의사소통은 자발적인 것보다는 다소 정치적·법적 강제력을 띤 공식적 제도에 의존하는 것이 하나의 대안일 수 있다. 그러나 시화지구 개발사업의 경우, 환경영향평가 제도라는 제도를 통한 개발 주체와 보전 주체 간의 의사소통이 부재했거나 이루어졌다 하더라도 형식적이고 졸속으로 이루어졌다.

첫째, 사업의 계획 단계에서 환경영향평가 협의가 이루어졌어야 함에도

레신문, 2002. 9. 26). 이 같은 상황에서 하수처리시설 등 환경기초시설 완공은 빨라야 2005년, 제대로 운영되는 시점은 2007년 이후라고 말했다. 동시에 개발도 진행되어 화옹호 주변의 공장 등 폐수배출업소는 지난 2001년 142곳에서 2002년 6월 말 현재 154곳으로 12곳이 늘었으며, 축산 폐수를 배출하는 곳도 같은 기간 5만 5,310곳으로 8,463곳이 늘었다(한겨레신문, 2002. 9. 26). 신계륜 의원(민주당)은 이에 대해 화옹호 담수화 시기인 2012년에 수질대책을 모두 끝내도 농업용수로서 목표 수질 달성은 불가능한 실정이라고 지적했다.

13) 미국의 경우도 "연방관료제에서 정책 우선순위는 운영 수준에서 공격적인 기업가에 의해 설정된다"고 한다(Natchez & Bupp, 1973).

불구하고 이루어지지 않았다. 이로 인해 계획 단계에서 환경부의 참여가 배제됨으로써 계획 단계의 참여자는 개발기관만으로 이루어지게 되어 시화호 사업의 환경보전 문제는 주요 의제로 다루어지지 않았다.

둘째, 건교부와 농림부는 1987년 환경청의 환경영향평가 반려에도 불구하고 이미 사업의 집행을 시작했으며, 앞에서 본 바와 같이 이후 협의 완료된 환경영향평가의 요구 항목도 준수하지 않았다. 결과적으로 환경청은 이에 대해 방관적 입장을 취하고 있었다. 1995년 이후 오염 문제가 심각해지자 환경부 주도로 대책회의가 열렸으나, 오염된 시화호 방류 결정이 취할 수 있는 행동의 전부였다.

(3) 정책결정자와 정책 대상집단 간 의사소통 부재

시화지구 개발사업은 국토의 종합적 개발이라는 차원에서 추진되었지만 이에는 그 지역의 주민들과 지방자치단체들의 이익이 관련되어 있다. 따라서 정책결정자는 이들과의 의사소통을 통해 정책순응 가능성을 높이고, 집행에서 협력을 구하는 전략을 취했어야 했다. 그러나 시화지구 개발사업의 경우, 시화호의 오염이 심각해지기 전까지는 철저히 관료 주도적인 집행 방식을 취했다. 지역 주민들의 이익에 대해 적절한 보상 체계를 마련하지 않은 채 주민들 사이에 “상당한 보상이 있을 것”이라는 기대심리를 조장함으로써 순응을 확보하려 했다(한경구 외, 1998). 또한 냉해를 입은 주민들은 정책결정자가 아닌 법원에 자신들의 권리를 호소할 수밖에 없었다. 다른 한편으로 시화호 주변 지방자치단체들과 공사 주체인 수자공 간에 충분한 의사소통이 있었다고 보기도 어렵다. 관할구역 내에 공단이 조성되고 있었던 안산시의 경우 재정 부족을 이유로 환경기초시설을 마련하는 데 소극적이었다(정부경, 1996). 결국 안산시의 하수처리장 완공은 1999년 9월에나 이루어졌고, 이는 사실상 정부가 담수화를 포기한 시점이다.

(4) 정보 소통의 부재

시화지구 개발사업의 또 다른 실패 원인 중 하나로 시화호의 오염 현황과 피해 규모에 대한 연구가 종합적이고 체계적인 관점에서 총괄적으로 이루어지지 않고 농업진흥청, 해양연구원, 대학의 연구기관 등이 각자의 연구

범위 내에서 중복적으로 조사를 진행했던 점을 지적했다. 물론 이러한 단편적 연구들은 다시 환경 관련 기초 정보가 충분히 공유되지 못한 상태에서 이루어진 것이다(김도훈, 2003). 결과적으로 각 기관들이 서로 다른 기준에 따라 조사를 수행함으로써 시화호의 정확한 오염 정도를 진단하고 대책을 마련하는 데에도 어려움이 있었다. 즉 정보 소통의 부재가 오염에 대한 적절한 대응에 장애로 작용했던 것이다.

2) 정책 조정기구의 부재[14)]

시화호 오염 사례의 경우, 핵심 행정부 수준의 정책 조정이 잘 이루어지지 않았음을 보여 주는 한 가지 측면은 1989년 정부의 수도권 인구 및 산업시설 유입 억제 정책이다. 이 정책은 당시 인구 및 산업의 수도권 집중을 막기 위해 취해진 조치로, 이로 인해 서울 및 수도권의 무허가 공장들에게는 당시 새로 조성되고 있었던 안산·반월지구가 유력한 대안이었다. 반월지구는 당시 산업기지 개발촉진법상 산업기지 개발구역으로 세제 혜택 등이 주어진 곳이었다. 이에 따라 다수의 공장들이 이곳으로 이주했다.

시화지구 개발사업에 대한 산개공의 환경영향평가 협의요청서가 제출된 것은 1987년 3월, 협의가 완료된 것은 1988년 9월로, 시기적으로 수도권 유입 억제 정책 발표보다 빠르다. 따라서 당시의 환경보호 대책은 (설령 실효성 있는 대책이 마련되었다고 가정하더라도) 새로운 수도권 정책으로 인해 환경에 미치는 영향을 충분히 반영하지 못한 것이다. 비록 건교부가 안산·반월지구의 하수처리시설 등을 추후 보완하긴 했지만, 이 역시 공단 수요를 제대로 반영하지 못해 현재까지도 시화호의 수질을 보전할 만한 수준의 하수처리가 되지 않고 있는 실정이다(환경운동연합, 1996; 국무총리실 수질개선기획단, 2003). 건교부는 시화호의 담수호화에는 직접적인 이익

---

14) 중앙정부 수준에서 정책 조정기구가 사실상 부재했던 현상은 마치 핵심 행정부 의사결정에 관한 이른바 '정부정치 모형'이 묘사하는 것과 유사하다 정치 체계 내부의 어느 곳에서도 이들 다수 구성원의 다양한 목적을 효과적으로 통합하거나 우선순위를 형성하는 장(場)이나 어떤 권위 체계는 존재하지 않는다. 대신 정책결정의 참여자들은 나름의 선호체계와 이해 관계를 좇아 행동할 뿐이다. 결국 이러한 정책결정이 공익에 일치할 수 있다면, 그것은 단지 우연한 결과일 뿐이다(정용덕, 2001: 266, 364).

이 없었기 때문에 이 부분은 개별 부처 간의 기회주의적 행동에 취약할 수밖에 없었다. 결국 정부의 수도권 분산정책과 시화호 오염 방지 대책 간에는 양립하기 어려운 부분이 있었음에도 불구하고 이에 대한 조정이 충분히 이루어지지 않았다.

비록 시화지구 개발사업에 직접 연관된 것은 아니지만, 핵심 행정부 수준의 정책 조정기구의 생성은 1997년 이후 찾아볼 수 있다. 1997년 2월에 정부는 국무총리 산하 수질개선기획단을 설치했다.[15] 그리고 1998년에는 김대중 정부 대통령직인수위원회의 시화지구 조사 이후 해수부를 주체로 하는 연안통합관리계획이 수립되어 해수부가 갯벌 개발 관련 정책 조정의 공식 담당기구로 부상했다. 또한 2002년 11월에는 해양수산부 차관을 위원장으로 하고 관계 부처 국장 등으로 구성된 시화호 관리위원회가 설치되었다.[16] 또한 그 집행기구로 지방자치단체, 수자공, NGO, 지역전문가 등으로 구성된 시화호감시대를 설치·운영하기로 했다(국무총리실 수질개선기획단, 2003).[17] 그러나 이조차도 예산 확보 등에 어려움을 겪고 있는 실정이다.

3) 공식적·비공식적 제도의 불균형

앞서 관련 기관들 간 의사소통의 부재에 대해 논의했지만, 만일 행위자

---

15) 수질개선기획단의 기능은 ① 국가 물관리정책의 통합·조정, ② 환경 관련 부처 행정의 지휘·감독 및 정책의 조정, ③ 상수원·수질 개선에 관한 정책과 환경기초시설 설치 사항, ④ 수질개선사업에 관한 총괄계획 수립 지원 및 조정, ⑤ 수질개선사업 집행 과정에서 발생하는 이견 조정, ⑥ 수질개선사업 추진 관련 중앙정부와 지방자치단체간 업무 조정 및 지휘·감독, ⑦ 수질개선사업 집행 상황 평가·점검 및 투자성과 분석이다(국무총리실 수질개선기획단, 2003).

16) 국무조정실, 기획예산처, 해양수산부(간사), 환경부, 건설교통부, 농림부, 산업자원부, 문화관광부(문화재청) 등 중앙부처, 지방자치단체(경기도, 안산, 시흥, 화성), 수자원공사, 농업기반공사, 산업단지공단, 그리고 NGO 등으로 구성되었다.

17) 이는 기존에 시화호 및 유역에 대한 오염원 관리 및 수질개선 대책 추진 평가·점검 등을 목적으로 설립된 시화호유역정화대책추진위원회의 기능과 시화호종합이용계획 수립에 필요한 의견 조정 및 확정을 위한 시화지구정책협의회의 중복된 기능 일부를 일원화하기 위한 것이었다(국무총리실 수질개선기획단, 2003). 이들을 통합하고 여러 관련 행위자들을 포함하는 위원회의 설치는 바람직하다고 할 수 있지만, 애초에 시화호 이용계획과 정화대책이 별개의 위원회에 의해 운영되었다는 사실에서 제도적 배열의 문제점을 지적할 수 있다.

들의 논의의 장이 불균등한 권력 관계를 반영하고 있거나 제도 자체가 불균등한 권력을 배분하고 있다면 그 의사소통이 합리적으로 이루어지리라 기대하기는 어렵다. 시화지구 개발사업을 실패로 규정짓게 된 시화호의 오염은 개발 주체 및 보전 주체를 둘러싼 이러한 제도적 불균형에 기인한 것이라 할 수 있다.

(1) 개발 연대의 제도적 환경

첫째, 시화지구 개발사업이 입안되고 추진되었던 시기적 배경은 환경적 가치를 이차적인 것으로 보고 경제 개발을 우선시하는 이데올로기가 지배했다. 따라서 당시의 정책집행에서는 선 개발, 후 환경 보완 방식의 관행이 제도화되어 있는 상황이었다. 또한 개발 주체와 보전 주체 간에 격렬한 관료정치가 발생할 여지도 없었다고 할 수 있다. 관료정치는 예산으로 대표되는 행정자원을 둘러싸고 기관의 이념과 독자적 정보, 전문가, 기술, 그리고 지지집단을 확보해야 한다(Rose, 1974; Peters, 2001). 당시 환경청의 기관 이념이라 할 수 있는 환경 보전의 논리가 힘을 얻을 수 있었다고는 생각할 수 없다. 다음으로 환경청이 시화지구의 환경과 관련한 독자적 정보를 확보했다고 보기도 어렵다.[18] 단적인 예로 환경영향평가에 필요한 정보를 담고 있는 환경영향평가서조차 당시 사업 시행 주체가 자신의 비용으로 용역 업체를 선정하여 작성하도록 되었다.[19] 또한 환경 관련 전문가나 기술,[20] 지지집단도 당시에는 찾기 어려운 제도적 환경에 놓여 있었다.[21]

---

18) 당시 환경영향평가서에는 시화호로 흘러드는 11개 수계 가운데 반월천, 안산천, 어천천 등 3개 하천의 수량만을 언급하고 있었다. 또한 기존에 측정된 수치가 없다는 이유로 "시흥공단 환경영향평가서를 활용했다"고 밝혔는데, 그 내용도 수량을 실측한 것이 아니라 시화호로 유입되는 하천들보다 수량이 많은 아산호 상류 안성천을 대상으로 조사한 수치를 인용했다는 것이다(한겨레21, 1996. 7. 11: 43; 정부경, 1996: 53에서 재인용).

19) 시화지구 개발사업의 경우는 농진공 산하 농업토목연구소가 이를 작성했다(정부경, 1996).

20) 전문가 및 기술의 중요성과 관련해서는 영월댐 사례에서 나타난 건교부의 논리와 이에 반대하는 전문가들의 논리를 참조할 것.

21) 시화호의 오염이 공론화된 직후 한 신문과의 인터뷰에서 환경부 담당자가 언급한 "그땐 그런 때였다."는 말은 그 당시의 환경청이 처한 상황을 집약해서 보여 준다(조선일보, 1996. 5. 18).

(2) 환경영향평가 제도의 취약성

시화호의 오염과 관련하여 가장 주목할 만한 공식적 제도의 불균형은 보전 주체로서 환경청의 위상과 환경영향평가 제도의 취약성에서 발견할 수 있다.

현재의 환경부는 시화지구 개발사업 집행이 시작되던 당시 보건사회부의 외청에 불과했다.[22] 따라서 상급기관인 건교부와 농림부의 정책에 대해 효과적인 견제를 하기에는 어려운 조건에 놓여 있었다. 이후 1990년에 환경처, 1994년에는 환경부로 급격한 승격이 이루어져 현재는 조직의 공식적 위상에 불균형은 없다.

다음으로 당시 환경영향평가 제도의 문제점을 살펴보면 다음과 같다.

첫째, 기본계획 확정 이후 환경영향평가 협의가 이루어지는 관행이 존재했다(정부경, 1996). 따라서 계획 수립 과정에서 환경에의 영향을 적극적으로 고려할 수 있는 제도적인 장치가 미흡했다.

둘째, 당시 환경영향평가서 작성에 관한 규정에는 주민 참여에 대한 규정이 없었다. 이는 절차적 합리성에도 문제가 있을 뿐 아니라 지역 주민이나 환경단체들의 참여가 봉쇄됨으로써 환경청이 고객집단의 지지를 동원하는 데에 제도적 제약으로 작용했다.

셋째, 위에서 말했듯이 환경영향평가서가 개발 주체의 용역으로 작성되도록 규정되어 부실하게 작성될 가능성이 높았다. 실제로 시화지구 개발사업의 환경영향평가서 내용은 크게 부실했던 것으로 나타났다. 평가서는 시화호로 흘러드는 11개 하천 중 3곳만의 유량을 언급하는데 그치고 있을 뿐만 아니라, 그나마 시흥공단 환경영향평가서에서 베껴 온 것이라고 적고 있다. 그 후 평가서의 내용은 수량을 실측하지 않고 시화호로 유입되는 하천들보다 물의 양이 많은 아산호 상류 안성천을 대상으로 조사한 수치를 인용했다고 밝히고 있다. 평가서에서 예측한 사업 기간도 실제와 크게 빗나가고 있으며, 인근 안산시의 인구 규모 예측도 1996년 현재 55만 명을 넘

---

22) 1987년 당시 환경청은 차관급 청장 및 4국 15과, 정원 732명, 예산 630억 원의 조직이었다. 2002년 현재 환경부는 장관급이며 6국 26과, 정원 1,302명, 예산 1조 2,000억 원의 조직으로 성장했다.

어섰지만 예측치는 15만 명으로 추산했다. 시화호의 오염의 주원인이 공장 폐수와 가정의 생활 하수였다는 점을 상기해 보면, 이러한 오산은 예상되는 환경 부담을 산출하는 데 크나큰 오류를 가져왔을 것이다.[23)]

넷째, 환경영향평가 협의 내용의 불이행시 이를 강제할 수 있는 제도적 장치가 부족했다.[24)] 당시 환경보전법 제5조의2 제1항은 "환경청장은 사업계획을 주관하는 자에게 사업계획의 조정 및 보완 등 필요한 조치를 할 것을 요청할 수 있다"고 규정했고, 제2항에서 "요청을 받은 자는 이에 상응한 조치를 취해야 한다"고 규정했다. 여기서 공식적인 견제 장치를 발견할 수 있다. 그러나 환경청에 직접적 제재 권한은 없었으며, 수자공과 농진공의 협의 조건 불이행에도 불구하고 이를 건교부와 농림부에 통보해 협의 조건을 사업에 반영하도록 하는 등 보유한 권한을 적극적으로 행사하지 아니했다. '진정한' 정책이란 집행된 것으로서의 정책이지, 입법에 의해 천명된 것이 아니다(Peters, 2001: 231). 공식적인 제도적 장치의 취약성과 비공식적 관행 등으로 인해 비록 환경청이 하수처리장 설치 등 항목의 불이행을 지적하는 등 감독 의지를 일부 보였지만 그것이 효과적일 수는 없었다.[25)]

(3) 감시 · 고발기구의 취약성

건교부와 농림부의 정책 결정과 수자공, 농진공의 협의 사항 불이행 등에도 불구하고 이를 감시, 고발하는 대표적 기구로서 국회와 감사원도 취약했다.

첫째, 국회는 오염 문제가 공론화되어 사회적 이슈화한 이후 1996년 10월 국정감사에서 비로소 환경부 한강관리청에 대해 국정감사를 실시한 것

23) 환경영향평가서를 작성에 참가한 35명의 참가자 중 해양 및 수질 분야를 전공한 사람은 한 사람도 없었다(이현숙, 1996).

24) 1988년 환경영향평가 협의 당시 환경영향평가 제도는 협의 조건에 대한 이행 촉구만 가능하고 환경 파괴적 개발행위의 중지 권한에 대한 조항은 결여되어 있었다. 1993년에 환경영향평가 제도가 강화되어 환경 파괴를 유발하는 개발행위에 대해 공사중지 명령권이 신설되었으나 이는 개발사업 승인기관의 권한일 뿐 환경부는 이를 촉구할 수 있는 권한만을 보유했다(정부경, 1996: 50).

25) 환경청이 수자공의 환경영향평가 협의 불이행을 지적했음에도 불구하고 수자공이 별다른 조치 없이 사업을 계속 추진할 수 있었다는 사실은 감독기관인 건교부와 수자공 사이의 의사소통 역시 부재했음을 의심할 수 있는 부분이다.

외에 의미 있는 견제 기능을 수행했다고 보기 어렵다. 이는 시화지구 개발사업의 본질을 들여다보면 자연스런 현상이다. 시화지구 개발사업은 애초에 최고 행정수반의 지시로 입안에 들어갔고 그 배경에는 (건설 업체들을 중심으로 하는) 경제단체들의 이익이 관련되어 있었다. 따라서 국회는 문제가 의제화되기 전에 개발사업에 대해 견제할 유인이 없다. 또한 정책의 입안 및 초기 시행 단계와 오염이 발생한 시기는 길게는 15년에서 짧게는 6년의 간격이 있을 정도로 장기간에 걸친 정책이라는 점에서 관료에 비해 전문성이 부족하고 정치적 시계가 상대적으로 짧은 국회가 어느 한 시점에서 행정부의 정책에 효과적인 견제를 수행하기는 어렵다(Christensen, 1997; Peters, 2001).

둘째, 감사원은 행정부 내의 독립적 감찰기구이지만 사후 통제 및 합법성 위주의 통제를 한다는 측면에서 환경보전을 위한 기구로 기능하기에는 근본적인 한계가 있다. 시화호의 오염과 관련해서도 감사원은 오염이 심각해진 이후인 1996년 11월에 수자공 본부장 등 공직자 18명을 문책, 징계하고 하수 배출업체 18곳을 고발 조치하는 등 사후통제 기능을 수행하는 제도적 한계 내에 머물러 있었다.

셋째, 시화지구 주변 공단 입주 업체들의 불법적인 폐수 방류에 대한 규제 업무가 중앙정부의 11개 부・처・청에서 분산 수행되었고(정부경, 1996), 지방자치단체들도 별도로 규제 업무를 수행하는 등 중복적이고 비효율적인 규제 제도의 문제점을 지적할 수 있다. 안산시의 경우 기존 예산으로는 현재의 하수처리장의 운영도 어렵다며 자신들의 오폐수 불법 방류를 합리화했고, 경기도나 안산시는 시화 방조제가 아직 건설중이어서 자신들의 지자체로 관할권이 이관되지 않았다면서 자신들은 시화 방조제나 담수호의 수질 관리를 할 권한도, 의무도 없다고 주장했다.

특히, 시화호 수질에 대한 규제기관 중 가장 주요한 행위자라 할 한강환경관리청의 경우 시화호 수질관리의 책임을 방기했다. 정책의 부집행이 일어난 것이다. 부집행의 원인으로는 전문인력・예산・장비・열의의 부족과 함께,[26] 제도적인 미비점도 중요한 원인으로 지적되어야 한다. 한강환경관리

26) 시화호 유역을 담당하는 한강환경관리청의 경우 1996년 현재 7개 단속반이 정기점검,

청의 수질 보전 정책 집행은 '고전적 기술 관료형'에 가깝다(Nakamura & Smallwood, 1980). 수질 기준이 법으로 정해지면 환경관리청은 정기적으로 수질을 검사하여 기준에 적합한지를 판단하고 적합 여부에 따라 법령에 제시된 행동을 하게 된다. 이러한 고전적 기술 관료형의 경우 명백히 규정된 법령이나 정책 지침은 정책집행의 핵심이라 할 수 있다. 한강환경관리청은 자신들이 수질을 관리할 수 있는 호수의 용도와 그에 따른 기준이 애초부터 만들어지지 않았으므로 정책을 집행할 수 없었다고 주장한다. 수질을 관리하려 해도 기준이 만들어 지지 않았으며, 그러한 기준 설정에 대해 환경부는 전혀 영향력을 행사할 수 없었다는 것이다. 즉 자신들이 통제할 수 없었던 정책 과정상의 하자로 인해 정책을 전혀 집행할 수 없었다는 것이다.

넷째, 사법부는 정부의 정책으로 인한 권리 관계의 변동이 발생했을 때 이를 정의하고 정책 대상집단이 입은 손해에 대해 정부가 이를 배상하도록 명령하는 사후적·구체적 규범통제 기관이다. 시화지구 개발사업과 관련해 법원은 두 가지 결정을 내린 바 있다. 하나는 1996년 11월 환경운동연합이 제기한 시화호 무단 방류 금지 가처분 신청을 1997년 10월에 기각했던 일이고, 다른 하나는 어민들이 제기한 손해배상 소송에 대해 2001년 9월 배상 판결을 한 일이다.[27] 그러나 이러한 판결은 정책실패를 예방하는 것과는 거리가 있다.

다만 사법부의 이러한 사후적 판결은 향후 행정부의 정책집행시에 하나의 통제 장치로서 기능할 수는 있다. 한 예로 사법부는 새만금 간척사업에 대한 최근 적극적 판단을 시도하는 듯한 판결을 내렸다. 새만금 간척사업으로 인한 지역 주민의 손해 발생 방지를 요구한 소송에서 법원은 환경운동연합과 지역 주민이 제기한 공유수면 매립면허 처분 집행 정지 신청을 받아들였다(경향신문, 2003. 7. 15). 물론 이것은 지역 주민들의 권리 보호

수시점검, 특별점검 등 연간 6천 회 이상의 점검 활동을 했다. 또한 쓰레기 투기 단속, 하천 순찰, 환경 관련 현황 유지, 민원처리 (월 80여 건) 등 포괄적 업무들을 담당했으며, 1일 1개 반당 3.7개 업소에 달하는 점검을 해야 하는 부담이 따랐다(정부경, 1996).

27) 이 판결은 처음 소송이 제기된 지 11년 만에 대법원에서 나온 최종 판결이다.

를 위한 것이지 정책 문제에 대해 적극적 판단을 한 것은 아니고, 이후 상급 법원에서 이 판결은 파기되었다. 그러나 권리 보호를 위해 결과적으로 행정부의 정책집행이 중단되었다는 점, 그리고 판결문에서 시화호 사례를 참조했음을 언급했다는 점에서 기존 사법부의 소극적 입장에 대한 성찰과 앞으로 변화의 가능성을 시사한 판결이라 할 수 있다.

(4) 정책 대상집단의 참여 제도화 미흡

앞서도 말했듯이 과거 환경영향평가 제도에는 관련 주민이나 단체의 정책결정 과정에서의 참여가 제도적으로 보장되어 있지 않았다. 또한 정책의 입안과 집행 과정에서도 지역 주민들의 이익이 정책 과정에서 적절하게 투입·고려될 수 있는 절차적 제도가 부재했다. 제도적 장치의 부재는 시화호 오염으로 인해 손해를 입는 집단들의 이익 결집 및 표출이 활성화되지 못한 하나의 원인일 것이다.

이는 사업이 벌어지는 위치에 있는 지방자치단체의 경우도 마찬가지였다. 따라서 지방자치단체들은 중앙정부 부처 및 그 집행자의 요구에 대해 예산 부족 등을 이유로 소극적으로 반응하거나,[28] 여론의 향방을 타고 정책담당자를 검찰에 고발하는 등[29] 소극적인 반응만을 할 뿐이었다.

자치단체 간에는 책임 회피와 갈등이라는 두 가지 상호 관계가 형성되었다. 시화 담수호의 방류에 대해 시화호 인근 안산시, 시흥시, 경기도 등은 찬성을 한 데 반해, 인천광역시는 강한 반발을 보이며 방류할 경우 경기도 지사를 고발하겠다고 엄포를 놓기도 했다. 시화 담수호의 오염된 물이 서해로 방류될 경우 인천시 인근의 어민들이 막대한 손실을 입기 때문이었다.

4) 거버넌스 환경 변화

시화지구 개발사업은 다년간에 걸쳐 이루어진 사업이다. 특히 이 기간

28) 안산시가 하수처리시설 확장에 미온적 태도를 보인 사례를 앞서 지적했다. 이 밖에 2001년 완공되어 2002년 5월 개장한 인공 습지를 인수해 달라는 수자공의 요구에 대해서도 관련 지방자치단체들은 난색을 표명했다(연합뉴스, 2001. 6. 5).

29) 인천시의회는 1996년 7월 10일 시화호 방류로 인한 해양오염 건으로 환경부 장관과 수자공 사장을 수원지검에 고발했다.

중에 행위자들을 둘러싼 '거버넌스 연결망'(Hult & Walcott, 1990)이 크게 변화하여 조직에 요구하는 투입이 매우 달라졌다. 그럼에도 불구하고, 이를 처리할 수 있는 정부 내 제도 변화가 제대로 이루어지지 않은 것이 시화호가 오염된 이후에도 회복 불능을 초래한 한 원인으로 꼽을 수 있다.

시화지구 개발사업은 이미 1960년대에 그 단초가 마련되었으며, 1970년대에 국토 전반에 대한 간척사업의 사전조사가 실시되면서 준비에 들어간 것으로 볼 수 있다. 특히 중동 지역의 건설 경기가 끝난 1970년대 말에는 간척사업에 대한 정치적 지지가 강해졌고, 이에 따라 1980년대 초에 정책이 구체화하기 시작해 1987년에 사업이 물리적으로 시작되었던 것이다. 이 시기는 이른바 전형적인 '개발 연대'의 시기로, 외부로부터의 투입이나 절차적 합법성, 협의와 같은 제도적 기제보다는 신속하고 일사불란한 정책 결정 및 집행을 위한 제도화가 이루어졌던 시기이다.

한편 시화지구 개발사업이 첫 삽을 들었던 1987년 이후 시화호 오염 문제가 공론화되었던 1990년대 중반의 시기는 민주주의가 공고화되고 시민단체들이 성장해 활동하기 시작한 시기이다. 특히 환경 관련 시민단체들은 1987년 이후 성장기를 거쳐 1996년 6월 정부의 시화호 방류 결정 시점을 전후로 본격적으로 정책행위자로 등장했다. 정책 과정에 미치는 이들의 영향력은 언론의 지지를 얻어 크게 성장했다. 이후 시민단체들은 시화호 뿐 아니라 영월댐, 경인운하, 새만금사업 등 다양한 국책사업에서 정부를 견제했다. 현재 시화지구 매립지를 본격적으로 개발하는 단계에서 이들은 시화호관리위원회에 공식적 참여자로 포함되어 있을 만큼 정치적 영향력을 갖추게 되었다.

그러나 모든 상황이 낙관적인 것은 아니다. 이러한 환경운동 시민단체의 활동은 언론의 지지를 얻고 환경오염을 유발하는 개발사업에 대한 반대 여론을 조성했다는 점과, 개발 연대의 국토 개발 방식에 제동을 걸고 정부로 하여금 환경 친화적인 국토개발계획을 수립하게 만드는 데 간접적으로 기여했다는 점을 인정할 수 있다. 그러나 실제로 시화호의 추가적 농공단지 조성사업에 대해 얼마나 효과적으로 반대운동을 펼치고 의사를 관철시킬 수 있을지는 아직 미지수이다. 이러한 시민단체들이 시화호관리위원회와 시화호감시대의 구성원으로 제도적 참여를 보장받았으므로 이러한 변화가 환경 거버넌스에 얼마나 유의미한 변화를 가져올 것인지를 지켜보아야 할 것이다.

Ⅳ. 결론 및 정책적 함의

이상에서 논의한 것처럼 시화지구 개발사업이 실패하게 된 중요한 원인 가운데 하나를 그 사업을 수행한 국가 기구들의 제도적 특성에서 찾을 수 있다. 사업을 추진하는 관련 행위자들 간의 긴밀한 의사소통이나 원활한 조정 기제, 그리고 효과적인 환류 체계가 제도적으로 구성되어 있지 않았다. 이 때문에 사업에 관련된 다양한 결과나 이익이 고려되기 힘들었다. 결국 시화지구 개발사업은 엄청난 예산을 시용하고도 본래 의도했던 담수 확보에 실패했다. 뿐만 아니라, 거의 재난에 해당하는 환경 파괴와 더 나아가 정부 신뢰의 실추라는 "유형 및 무형의 비용"(Nye et al., 1998)을 초래했다.

이처럼 시행착오를 거듭해 온 시화호 개발사업에 대한 객관적이고 총체적인 원인 분석은 아직도 충분히 이루어지지 않은 채로 있다. 자연히 정책실패를 통한 학습도 이루어지지 않고 있다. 이런 와중에도 시화호 사업의 후속 사업들이 계속 추진되거나 계획되는 과정에 있다(<부록 참조>). '새만금 간척사업'의 추진이나 '화옹호 수질오염' 사건 등 유사한 국책사업들과 사건들도 전개되고 있다. 시화호는 더 체계적으로 연구되고 학습되어야 할 정책사례로 남아 있는 것이다.

부록: 제2단계 시화호 사업 계획

2001년 건교부는 시화호 북측 간석지 317만 평을 첨단복합산업단지로 2011년까지 조성한다고 발표했다(국민일보, 2001. 8. 24). 1994년 방조제 공사 완공으로 시화호 북쪽에는 360만 평, 남쪽에는 3,000만 평의 간석지가 형성되었고, 산업 입지 및 개발에 관한 법률에 따라 특수 지역으로 지정되어 관리되어 왔다. 건교부 입장에서는 2,000억 원의 개발이익이 생길 것으로 기대하고 있다 (국민일보, 2001. 8. 24). 건교부는 개발이익을 시화호 수질오염 개선사업에 투입할 방침이다.

남쪽 간석지에 대해서도 개발계획이 추진되고 있다. 시화간석지 일대가 인접 반월공단과 연계·개발되어 수도권의 산업벨트로 조성될 계획이다 (한국경제신문, 2001. 8. 7; 국무총리실 수질개선기획단, 2003). 또한 남쪽 간석지 가운데 110만 평은 농업기반공사가 2001년 11월에 기공식을 갖고 농지 조성사업을 진행중에 있다.

건교부의 2차 개발계획이 가지고 있는 문제점은 애초에 시화호 오염 문제가 발생했을 때와 거의 동일한 정책집행상의 문제를 가지고 있다는 점이다. 건교부는 환경부 등 관련 부처와 협의를 거쳤다고 발표했지만 이 개발계획의 내용이 시화호(갯벌)의 관리 주체인 해수부의 연안통합관리계획과 상치된다는 점이다. 해수부는 연안통합개발계획과 관련하여, 연안 개발이 산발적으로 추진되면서 우리 나라 전체 갯벌의 25%에 달하는 2억 5,000여만 평의 갯벌이 매립으로 사라지는 등 난개발의 피해를 입었다고 밝혔다. 따라서 더 이상의 무분별한 개발을 억제하고 갯벌을 보전하겠다는 것이 해수부의 기본 입장이었다. 환경운동연합은 해수부의 연안통합관리계획을 분석한 결과 해수부는 대규모 간척·매립 사업으로 인한 갯벌의 파괴 실태를 지적하면서 군산 국제 해상신도시 개발 및 부안 계화도시 개발 등 새만금 간척사업과 관련된 주요 사업을 취소하는 쪽으로 정책 방향을 설정했다고 주장한 바 있다 (연합뉴스, 2000. 12. 20). 그러나 이러한 주장에 대해 해수부는 모호한 입장을 보였다.[30] 결국 이듬해인 2001년에 건교부는 첨단산업 조성단지 계획을 '관련 부처와의 협의를 거쳐' 도출했다고 발표할 수 있었다. 시화호 오염 문제 발생 이전에 비해 환경부, 해수부 등의 위상 강화 및 시민 참여의 제도적 보장으로 공식적 제도 배열의 불균형이 일부 해소되었

30 해수부 관계자는 "새만금 간척사업에 대한 해수부의 입장을 정리, 총리실 수질개선기획단에 제출한 것은 사실"이라면서 "그러나 지금으로서는 해수부의 공식 입장을 밝힐 수 없다"고 말했다 (연합뉴스, 2000. 12. 20).

음에도 불구하고 여전히 불균형적 요소들은 남아 있다.

애초에 해수부가 발표한 시화호 특별관리해역 종합관리계획은 7천억 원을 투자해 시화호로 유입되는 오염물질의 93%를 줄여 2006년까지 시화호 수질을 2등급으로 개선한다는 계획이었다. 이를 위해 단계적으로 안산하수처리장 시설을 보완 혹은 확장하고, 시화호 주변 하천들의 정비사업 개수공사를 연차적으로 추진할 예정이다(국무총리실 수질개선기획단, 2003). 그러나 이러한 처리시설 확장이 추가 개발로 인한 오염원 확대를 모두 포함한 것은 아니라는 데에 문제가 있다(장동용, 2001). 기술적으로 볼 때, 2003년 현재 시화호로 유입되는 일일 오염물질 총량이 5만 6,024kg인데, 최대 삭감 목표인 5만 1,9270kg 저감으로는 수질 등급 3등급 유지도 곤란하다는 점이다(국무총리실 수질개선기획단, 2003). 시화호가 오염되기까지 환경부의 환경영향평가 제도가 무기력했던 것과 마찬가지로, 건교부의 공단 조성계획에 대해 해수부의 연안통합관리계획 및 시화호 특별관리해역 종합관리계획상의 환경보전 목표는 한 발 물러설 수밖에 없는 동일한 상황이 전개된 것이다.

연구 문제

1. 시화지구 개발사업의 실패 원인에 대해 토론하시오.
2. 이 정책의 추진 과정에서 주요 행위자들(사람, 기구, 제도 등)을 열거하고, 그들 간의 정책 조정을 어렵게 만든 주요 원인에 대해 토론하시오.
3. 그와 같은 원인을 해결하기 위해 적용할 수 있는 리더십 등 행태적 접근 방법에 관해 토론하시오.
4. 그와 같은 원인을 해결하기 위해 적용할 수 있는 국가 기구의 재조직화 등 제도적 접근 방법에 관해 토론하시오.
5. 이와 유사한 형태의 현재 진행중인 국책사업들의 예를 들고, 정책실패를 방지하기 위한 방안에 관해 토론하시오.

참고 문헌

국무총리실 수질개선기획단(2003), 제4차 물관리정책민간위원회 회의자료. 12월.

김도훈(2003), "학습조직과 시스템 사고를 중심으로 본 시화호 정책실패의 원인과 교훈," 『한국정책학회보』, 12(1): 299-323.

농어촌진흥공사(1995), 『시화지구 담수호 수질보전 대책수립 조사보고서』.

사득환(2003), "불확실성, 혼돈, 그리고 환경정책: 시화호 매립 사례를 중심으로," 『한국정책학회보』 12(1): 223-248.

시흥환경운동연합(2001), "성명서: 시화호 북측 간석지 개발 철회." http://www.shbs.net

신석호(1999), "누가 시화호를 책임져야 하는가" 『신동아』 1999년 2월호.

이한우(1999), "시화호 오염에 관한 사례연구," 서울대학교 행정대학원 정책실패사례연구보고서.

이현숙(1996), "죽음의 인공호수 시화호 방조제를 허물어라," 『월간 말』 1996. 7.

장동용(2001), "시화호를 다시 뒤덮는 재앙의 그림자." 시흥환경운동연합 자료.

정부경(1996), "정부조직의 학습 실패에 관한 연구: 시화호 오염 사례를 중심으로." 고려대 행정학 석사학위 논문.

정용덕(2001), 『현대국가의 행정학』, 서울: 법문사.

한경구 외(1998), 『시화호 사람들은 어떻게 되었을까』, 서울: 솔.

한국수자원공사(1994), 『한국수자원공사 25년사』.

환경운동연합/(사)시민환경연구소(1996), 『바다의 날 기념 시화호 수질대책 대토론회자료집』, 1996년 5월 31일.

Christensen, J. (1997), "Interpreting Administrative Change: Bureaucratic Self-interest and Institutional Inheritance in Government," *Governance* 10(2): 143-74.

Hult, K. & C. Walcott (1990), *Governing Public Organizations: Politics, Structures, and Institutional Design,* Brooks/Cole Publishing Company. Pacific Grove, California.

Jung, Y. (2000), "Great Policy Failures, Public Administration's Credibility, and Good Governance in Korea," *IRPA* 5(1).

Nakamura, R. & Smallwood, F. (1980), *The Politics of Policy Implementation*, St. Martin's Press.

Natchez, P. & Irving C. Bupp (1973), "Policy and Priorities in the Budgetary

Process," *American Political Science Review* 67: 963.

Nye, J. et al. (1998), *Why People Don't Trust Government*. Harvard University Press.

Peters, B. (2001), *The Politics of Bureaucracy*. 5th ed. Routledge: London and New York.

Rose, R. (1974), *The Problem of Party Government*. London: Macmillan.

제 4 장

광명시와 구로구 간의 환경기초시설 빅딜

이 달 곤
(서울대학교 행정대학원 교수)

I. 개 요

1. 의 의

환경에 대한 관심이 높아지면서 환경 관련 시설은 적지 않은 갈등을 불러왔고 그것은 합리적인 해결을 지연시켰었다. 환경 갈등의 배경에는 관련 주민들의 이해 관계가 도사리고 있는 경우가 많고, 이것은 지방정부의 태도에 큰 영향을 미친다. 여기서 소개하는 환경 갈등과 해소 사례는 지역의 필수불가결한 환경기초시설을 설치·운영하는 데 수반되는 문제를 지방정부가 새로운 방법으로 접근하여 해결한 정책으로서, 한국의 환경 문제 해결에 하나의 이정표를 세운 것이다.

기초환경시설에 가깝게 사는 주민들은 시설의 설치·운영으로 인한 부정적 외부 효과(negative externalities)를 자신들이 고스란히 안아야 할 이유가 없다는 점을 부각시키면서 해당 지방정부에 적지 않은 압력을 가한다. 시설 인근 주민들의 압력 속에서 기초지방정부와 광역지방정부는 갈등과 환경 문제를 해소할 수 있는 대안을 찾아 나선다. 여기에는 다양한 이해관계자, 주민 대표, 지방의회, 지방정부가 관련된다. 그들은 자신들이 유리한 방향으로 정책 방향을 전환시키기 위한 노력을 경주한다. 다양한 대안이 제시되는 과정에서 관련자들은 자기들에게 돌아오는 이익의 몫이 큰 방향으로 대안을 몰고 간다. 이러한 과정에서 흔히 제기되는 본질적인 문제는 공익(public interests)이 희생될 가능성이 높아진다는 것이다.

그런데 이 사례는 공공의 이익을 극대화하는 대안을 지방정부 관련 인사들이 창의적으로 제안하고 주민들 간의 동의도 얻어내어 상생(相生)의 환경정책을 만들어 낸 예이다. 두 지방정부가 협력하여 효율적인 환경시설이라는 결합 이득(joint gain)을 만들어 주민들에게 돌려 줄 수 있는 가능성을 연 것이다. 그것도 협력이 용이하지 않은 서로 다른 광역지방정부에 소속된 기초지방정부 간에 협력이기에 의미가 크다.

2. 빅 딜

광명시와 구로구는 서로 인접하여 있지만 전자는 경기도에 후자는 서울시에 소속된 기초자치단체이다. 이 두 지방정부 간에의 환경기초시설을 함께 사용하는 일종의 거래가 제도화되었다. 그것을 보통 환경기초시설 빅딜(big deal)[1]이라고 부른다. 구체적으로, 서울특별시(구로구)에서 발생되는 생활쓰레기는 '광명시 자원회수시설(생활폐기물 소각처리시설)'에서 처리하고, 광명시에서 발생되는 생활하수는 서울특별시 '가양하수종말처리장'에서 처리하는 것에 대해 광명시와 구로구 간에 합의가 이루어진 것이다. 일종의 폐기물 상호교환 처리협정을 체결한 것이다.

서울의 배후도시인 경기도 광명시는 지리적으로 서울특별시(구로구, 금천구)와 인접하여, 1981년 시 개청 이후 자체 쓰레기 처리장 없이 '난지도', '시화매립지'와 '수도권 매립지' 등을 전전했다. 인구가 30만 명을 넘어선 1993년도부터 광명시는 자체 쓰레기 처리장을 확보하기 위해 시외곽 불모지로 방치되어 있던 폐광산 지역을 복원하여 소각장 건설을 추진했다.

비슷한 규모인 인접 구로구도 광명시 경계에 하루 400톤 처리 규모의 쓰

1) 빅딜(big deal): 사전적 의미로는 ① 대단한 것, 큰 것 한판, ② 아주 중요한 일이다. 그러나 요즈음 구조조정 과정에서 규모의 경제를 살리고, 전문화·특성화로 기업의 경쟁력을 살리기 위한 "기업 간의 중대한 사업의 교환"으로 주로 사용된다. 그러나 여기서는 "자치단체 간의 중대한 사업 또는 시설의 교환이나 공동 이용"을 의미한다.

레기 소각장 건설을 추진했다. 서울시와 구로구에서는 광명시 경계 구로구 천왕동 110번지 일원에 소각장 건설계획을 입안하면서 행정구역이 다르다는 이유로 광명시와 행정 협의를 배제한 상태에서 사업을 추진했다. 이에 따라 인접한 광명 시민들이 집단적인 물리력으로 소각장 건설을 저지시키고자 하여 두 자치단체 간에 갈등이 심화되어 갔던 것이다.

그런데 광명시는 1985년부터 광명시의 하수를 수탁·통합 처리해 주던 서울시의 입장 변화로 1992년부터 자체 하수처리장 건설을 해야 할 부담감이 생기게 되었다. 따라서 광명시의 하수처리장 건설 부담감과 광명시 경계에 구로구 쓰레기 소각장 건설 추진계획과 관련한 광명 시민의 집단 반대에 대한 서울시의 부담감을 동시에 해소시킬 수 있는 방안으로 폐기물 교환 처리 방안이 제기되었다. 서울특별시에서 광명시 하수를 통합 처리해 주기로 입장을 변화시키자 광명시 쓰레기 소각장에 대한 광명·구로 공동 이용에 관한 협의가 급진전되기 시작했던 것이다.[2)]

Ⅱ. 갈등의 전개 과정

1. 분절로 인한 갈등

1) 광명시의 쓰레기 소각 처리시설 추진

1990년대에 쓰레기 문제는 더욱 심각한 양상으로 변화되어 김포 수도권 매립지 쓰레기 매립과 관련한 주민의 갈등이 제기되었다. 이에 대해 쓰레기 정책이 "매립에서 소각으로" 전환되었고 1시군 1소각장 건설을 목표로 국가폐기물 정책이 추진되자, 다시 쓰레기 소각 처리시설 건립 문제가 수

2) 이 사례의 초기에 당시 광명시의 사회산업국 정병무 국장이 관련 업무를 정리하여 문서화했다고 한다. 정병무 국장의 사례는 곧 당시 국가전문행정연수원의 갈등 협상 과정의 교재 중 하나로 확대 발전되었고, 실제 연수 과정에서 다루어졌다. 그리고 이 책의 사례는 필자가 해당 교재를 바탕으로 당시의 교육 경험, 그리고 최근의 전개 상황을 다시 조사·관찰하여 편집한 것임을 밝힌다. 정병무 국장과 연수원 측에 감사드린다.

면 위로 나오게 되었다.

광명시는 쓰레기 매립장이 없어 도내 다른 시 · 군 매립장을 이용하고 있었는데 거리가 멀어 비용이 많이 들게 되자 자체 매립장 후보지를 물색했다. 시는 1993년 시 외곽 불모지에 소각장 설치를 결정하고 동년 7월 12일 쓰레기 소각장 건설 기본계획을 확정했다. 1994년 3월 16일에는 환경영향평가 및 설계 용역을 실시했고, 10월과 12월 사이에 주민 공람, 주민설명회 및 주민 공청회를 마치고 공사 입찰 공고, 입찰, 계약을 거쳐 1996년 3월 20일 공사를 시작했다.

광명시는 기본계획 확정 후 1993년 12월 26일에 주민설명회를 개최하려 했으나 소각장에 대한 지역 주민의 기본 지식이나 견문이 전혀 없는 상태에서 개최되었기 때문에 주민들의 반대가 컸고 설명회는 자연히 무산되었다. 광명시는 1994년 10월 16일~23일까지 주민 대표 10여명에 대해 스위스, 프랑스, 독일 등의 선진 소각시설의 운영 실태를 견학시켜 도심에 있는 시설도 인근 주민들에게 특별한 문제가 없음을 견학시켰다. 그 후 소각장 건설 환경영향평가에 대한 주민설명회와 주민공청회, 그리고 수 차례의 주민간담회를 개최했다. 주민들은 쓰레기 소각장 건설 공사와 관련하여 주민수혜 요구사업 청원서를 광명시와 광명시의회에 제출했다. 주민과의 원만한 합의로 소각장의 건립은 하루가 다르게 진척되어, 1998년 5월에는 외관공사와 1호기 소각로의 시운전을 앞두고 있는 상태(공정 90%)에 이르게 되었다.

2) 구로구 쓰레기 소각 처리시설의 추진과 집단 갈등

구로구 역시 발생한 일반폐기물을 김포 수도권매립지로 운반 처리하고 있었다. 그러나 운반 거리가 멀고 매립지 주변 주민들의 반발과 이용에 따른 재정 부담을 겪고 있었고, 금천구와 공동 사용중인 독산동 중간 집하장이 주변 지역 아파트 건설로 인해 이전이 불가피하게 되었다. 따라서 구로구는 이번 기회에 자체 쓰레기 소각장을 조기 확보하여 매립지 이용으로 인한 경비 절감과 구의 재정 부담을 경감하고 주민 생활의 질적 향상에 기여할 필요가 커졌다.

1995년 7월 폐기물 처리시설 설치 추진 및 주변 지역 지원 등에 관한 법률(이하 '폐촉법'으로 표기) 및 시행령이 발표되자 서울시 본청에서는 입지 선정 계획을 각 자치구에 시달했다. 이에 구로구는 1995년 11월에 입지선정위원회를 구성하고 후보지 현장 답사 및 적정 후보지를 선정하여[3] 1996년 3월에 후보지를 잠정 결정했다.

그 후 구로구가 서울시로 천왕동 산 19-1번지 일원을 후보지로 확정하여 보고하자 1996년 6월 21일 서울시는 구로구 소각장 건립 추진계획을 전국지에 공표했다.[4] 그러나 그 때까지 전혀 인지조차 못하고 있던 인접 광명시는 구로구청에 천왕동 쓰레기 소각 처리시설 건설 관련 자료를 요청하는 등 대책 마련과 주민 여론 수렴에 착수하기 시작했다.

인접 광명 시민들의 구로구 쓰레기 소각 처리시설에 대한 불만과 분노가 크게 확대되어 갔다. 따라서 광명시 의회에서는 특별위원회를 구성하여 구체적으로 문제를 파악하고 대책을 숙의했다. 특별위원회는 소각장이 건설될 경우 광명동(1~7개동) 전 지역 주민들의 의견을 적극 수렴해야 할 뿐만 아니라 우려되는 시민 피해에 대해 공동 대처할 준비를 했다.

그러한 활동이 전개되는 과정에 광명시는 1996년 7월 25일 서울시장, 구로구청장, 경기도지사에게 구로구 소각장 건설 부지 입지에 대한 재검토와 변경을 요청했다.[5] 광명시는 입지 타당성 조사 결과에 대한 주민설명회가 환경영향권 내에 거주하고 있는 광명시 주민에게 알려지지 않고 실시되었으며, 주민 피해 및 환경영향을 고려하지 않은 입지 선정으로 폐기물 처리시설 설치 촉진 및 주변 지역 지원 등에 관한 법률 제9조 및 제17조 위반으로 위법이라고 주장했다.[6]

---

3) 구로구 입지선정위원회는 천왕동 산 19-1 일대와 항동 산 20번지 일대의 두 곳을 적정 후보지로 선정했다. 위원회는 (주)건화엔지니어링에 타당성 용역조사를 의뢰했는데, 광명시를 제외한 구로구 자체 민원 해결을 위해서는 천왕동 부지가 좀더 적합한 것으로 분석 평가되었다.

4) 1996년 6월 21일자 조선일보는 "천왕동 일대 소각장 부지 확정", "구로구 2000년 완공 예정" 제하의 기사에서 사업 개요와 추진 경위 및 구로구청장(박원철) 인터뷰 내용을 짤막하게 사실 보도했다(이 때까지 광명 시민은 누구도 인지하지 못한 것으로 추정됨).

5) 광명시 환경 67100-1112('96. 7. 25)호의 "구로구 소각장 건설 부지 입지 검토(변경) 요망"에 자세한 내용이 나와 있다.

1997년도에 들어오면서 구로구 소각장 건설과 관련한 집단 갈등은 대규모로 조직화되는 양상을 띠어갔다. 서울시와 구로구는 1997년 10월에 환경영향평가서 초안을 공람·공고하고 주민설명회를 실시했는데 이 때 당시 광명 시민 600여명이 모여 입지 변경을 요구하며 집단행동을 했다. 경찰의 삼엄한 경비 속에서 주민설명회는 개회 즉시 준비된 소량의 유인물로 갈음하는 주최측의 일방적인 처사로 의견 수렴은 애당초 기대하기 어려웠다. 이는 1996년도 갈등 초기의 서명운동, 진정서 제출, 대표자 방문 등의 온전한 방법에서 주민 다수의 노골적이고 폭력적인 방법으로 갈등 표시 방법이 전환된 것을 의미한다.

2. 공동정책 문제로의 전환

1) 분절의 극복과 결합 가능성 제기

1996년 6월부터 1997년 12월까지 구로구 소각장 건설을 둘러싸고 전개된 집단 갈등의 양상은 점차 새로운 국면으로 접어들기 시작했다. 구로구 소각장 전면 백지화, 전면 재검토, 절차 강행, 광역화 공동 이용, 광명시 소각장에 추가 건립 등의 소문이 혼재한 상태로 확실한 정책 방향이 서지 않았다. 다만, 광역화 공동 이용이나 광명시 소각장에 추가 검토와 같은 소문은 새로운 대안이 탄생하고 있다는 징조라고 볼 수 있다.

서울시 구로구와 경기도 광명시라는 분절된 행정구역에 따라서 문제를 해결할 것이 아니고, 행정 체계와 구역을 극복하고 인접 주민의 입장에서 공동으로 문제에 대처하려는 공동정책으로의 전환 징후는 여러 곳에서 발견되었다.

첫째, 1996년 7월 22일 서울시는 경기도 내 12개 시·군에 '광명소각장 건설 협의'란 제목으로 공문을 보냈다. 건설비 절감과 운영의 효율성을 위해 서울시와 공동 이용할 소각장 건설 의사가 있는지 여부와 의사가 있을

6) 구로구 소각장 건립 문제는 지역 정가에서도 초미의 관심사로 떠올랐다. 소각장 건립 부지에 위치한 광명동 지역의 새정치국민회의 갑선거구(국회의원 남궁진)를 중심으로 시·도의원 11명이 대책위원회를 구성했던 점에서도 이 사실을 확인할 수 있다.

경우 부담 등의 요구 조건 등을 포함하고 있었다.

둘째, 1996년 9월 17일에는 광명시도 광역화 대안을 분석한 것으로 보인다. 시는 "소각장 광역화에 따른 경영적 수익진단" 보고서를 작성하여 광명시 소각장 입지에 규모를 400톤 더 늘려서 사용하는 방안을 모색했다.

셋째, 1996년 10월 14일 국회환경노동위원회가 서울시를 대상으로 한 국정감사에서, 서울시 행정부시장은 광명시와 구로구 간에 합동으로 소각장의 건설 및 이용을 고려하도록 권고한 적이 있다고 답변했다.

넷째, 1997년 9월 5일 경기도의회 김도삼 의원은 서면 질의를 통해 광명시 쓰레기 소각장 바로 옆에 인체에 해가 없는 열분해 용융 방식으로 별도의 구로구 쓰레기 소각장을 자비로 건설하도록 하고, 진입로 주변 환경 정리 등 경비를 서울시가 부담하도록 하자는 제의를 했다. 또한 구로구는 천왕동 소각장 건설계획을 포기하는 대신에 서울시는 가양동 현 하수종말처리장을 서울시 예산으로 확장하여 광명시 하수를 전량 받아들이며 광명시는 광명6동에 추진하고 있는 하수 역류식 하수종말처리장을 중단하는 방안에 대한 견해를 경기도에 질의했다.

다섯째, 1998년 1월 30일 광명시에서 자체 검토한 "광명시 생활쓰레기 발생량 현황과 예측, 쓰레기 소각장 여유 소각 용량 활용 방안 검토 보고서"(30쪽)에 따르면 당초 소각장 건설 기본 계획 수립시에는 쓰레기종량제와 음식물쓰레기 분리 수거 시책 시행 이전의 생활 쓰레기 발생 예측을 감안하여 1일 300톤 규모로 결정되었다는 것이다. 그러나 폐기물 시책 여건 변화에 따라 2000년에 완공 가동시 여유 소각 용량이 발생될 것으로 예상되었다. 따라서 광명시 가학동 주민이 구로구 쓰레기의 수탁 처리를 수용하는 전제하에 경영 수익 측면과 구로구 쓰레기 소각장 건설과 관련한 주민 집단 민원을 해소하기 위해 기존 시설의 활용 방안을 검토하고 있었던 것이다.

2) 공동정책으로의 전환

1998년 3월 20일 서울시는 광명시에 '구로구 쓰레기 소각장 건설 관련 업무협의' 공문을 보냈다. 그 내용은 구로구 소각장 선정 입지는 폐촉법에서 요구하고 있는 제반 규정을 철저히 준수하여 선정된 부지이지만 사업

진행 과정에서 광명시 주민들의 지속적인 민원 제기로 원만히 진행되기 어려운 여건임을 감안하여 광명시에서 건립중인 소각시설에 구로구 쓰레기의 공동 처리가 가능하면 건설비 및 운영비 등 비용을 부담할 용의가 있으니 적극 검토해 달라는 것이었다.

또한 동년 6월 15일 환경부 폐기물 자원국장이 주관한 연석회의에서 구로구와 광명시가 신설중인 광명시 소각시설을 함께 이용하는 방안이 논의되면서 양 지방정부에 의한 공동정책의 장이 구체적으로 논의되기 시작했다. 그러면 여기서 단절된 정부 간의 문제가 공동의 결합된 문제로 전환된 배경에는 어떤 원인이 있는가를 찾아볼 필요가 있다.

첫째, 구로구청에서 추진했던 쓰레기 소각장 건설이 광명 시민들에게 알려지면서 영향권 내에 있는 주민들의 반대가 극심했다. 서울시와 구로구는 지난 권위주의 시대처럼 밀어붙이기 식의 행정으로는 갈등이 해소될 수 없음을 자각하고 새로운 대안을 모색하던 중 광명시에서도 쓰레기 소각장이 건설중에 있음을 알고 공동 이용 가능성을 모색하게 되었던 것이다. 광명시의 입장에서도 시민들의 집단 반발의 해결을 위해 구로 쓰레기 소각장 부지 입지 선정을 백지화시켜야 한다는 입장을 견지하면서, 광명시에서 건설중인 소각장에 구로구의 쓰레기를 받아들인다거나 공동 이용하는 등의 정책을 검토하게 되었던 것이다. 당시 유행했던 지방정부의 경영행정 혹은 경영 수익적 차원의 행정에 눈을 돌린 것이다.

둘째, 폐기물 정책의 변화와 주민들의 의식 변화로 시설에 여유 용량이 발생하게 되었다는 것이다. 광명시 쓰레기 소각 처리시설은 1993년도에 입안되어 1996년도에 착공된 1일 300톤 규모의 시설이었다. 그러나 공사 시행중 폐기물 정책이 쓰레기 종량제 시행과 음식물 쓰레기 분리 수거 시책 시행 등으로 변경되어 1일 약 157톤의 여유 용량이 발생하게 되었다. 이에 광명시는 여유 용량에 대한 경영 수익적 측면과 구로구 소각장 입지 선정으로 인한 집단민원의 해결을 위해 공동 이용을 고려하게 되었다. 두 마리 토끼를 잡을 수 있는 대안을 목도한 것이다.

셋째, 또 하나 주의깊게 보아야 할 사안은, 광명시가 구로구 가양하수종말처리장에서 처리하고 있던 하수에 대한 추가 물량(1일 약 10만 톤)의 처리가 어렵게 되자 자체 하수종말처리장을 새로 건설해야 하는 문제가 제기되었다는 점이다. 하수처리 문제는 협상에 의한 공동 의사결정의 가능성을 높이는 계기가 되었다. 즉, 또 다른 이슈가 생겨 결합 가능성을 더욱 커지게 했다는 것이다.

넷째, 광명시 쓰레기 소각 처리시설은 1996년에 착공되었지만 약 10년 전에 쓰레기 매립장으로 개발제한구역 내 행위 허가를 받았고, 1987년에 쓰레기 매립장으로 도시계획이 결정되어 그 해 부지를 매입해 놓아 유사시 소각 처리시설 착공에 기초가 되었다. 그리고 쓰레기 소각 처리시설 주변 영향 지역 주민 121세대 523명에게 1, 2차에 걸쳐 상수도 급수, 마을 진입도로, 다목적 회관, 소화전 및 소방도로, 온수 공급 등 9,723백만 원의 주민 수혜사업을 실시하기로 약속했던 것이 주민 설득에 큰 도움이 되었다.

Ⅲ. 협상 과정

1. 정책집단들의 협상 과정

1) 2년의 협상

1998년 3월 20일 서울시에서 광명시로 '광명시 쓰레기 소각 처리시설 구로구 공동 이용 추진 협의 요청' 공문이 통보되면서 시작된 정책 관련 집단들의 주요 협상은 동년 6월 15일 환경부 주관으로 공식적인 막을 올렸다. 환경부 주관의 회의에서는 서울시, 경기도, 구로구, 광명시 소각장 관계국·과장들이 모여서 공동 이용 추진에 관한 간담회를 시작했는데, 그 간담회는 2개월에 한 차례씩 2000년 5월 2일까지 계속되었다. 서울시, 광명시, 구로구가 교대로 회의를 주관하는 형식을 취했는데, 회의의 성격을 분석해 보면 당사자회의와 중재 및 조정회의로 나누어 볼 수 있다.

이들 정책 관련 집단들의 주요 협상은 5단계로 나누어 볼 수 있다. 각 단계의 주요 쟁점 사항과 서울시, 구로구, 광명시의 의견을 살펴보면 다음과 같다.

2) 1단계 협상(1998. 6. 15)

1998년 6월 15일에 환경부 주관으로 실시한 실무회의로 정부 간의 협상이 시작되었다고 할 수 있다. 이 단계의 주요 쟁점 사항으로는 구로구 소각장 건립 반대 민원 해결을 위한 광명시 소각장의 공동 이용이었다. 이에 대해 구로구와 서울시는 공동 이용에 동조하는 입장이었고, 광명시는 구로구의 쓰레기를 받아들이기 위해서는 주변 지역 주민들의 동의가 전제될 경우 가능하다는 입장을 표명했다.

3) 2단계 협상(1998. 11. 12~1999. 3. 17)

협상의 2단계는 1998년 11월에 서울시가 실무회의를 주관한 이후부터 1999년 2월과 3월까지 광명시와 구로구가 번갈아 실무회의를 주관한 시기로 볼 수 있다. 이 단계의 주요 쟁점 사항으로는 광명시 소각시설 공동 이용시 시설비와 운영비 분담 문제, 주민 수혜 사업비 분담 문제 등이다. 협상 과정에서 구로구는 시설비는 각각 50%씩 부담하고, 운영비는 10% 추가로 더 부담하겠다는 의견을 제시했다. 서울시는 시설비 부담시 서울시와 구로구가 공동 부담해야 할 것이나, 주민 수혜사업, 토지 매입비 등은 분담에서 제외되어야 한다는 입장을 표명했다.

광명시는 시설비 분담은 국비를 제외한 지방비 총액을 쓰레기 발생 비율에 따라 부담해야 하며, 운영비와 반입 수수료는 쓰레기 반입량에 대한 반입비와 운영비에 대해 10%를 가산해야 하고 주민 수혜사업은 전량 서울시가 부담해야 한다는 입장을 표명했다. 이러한 초기 요구에 대해 의견의 일치를 보기 어려웠다. 그러나 분명한 것은 적어도 재정적인 부담 문제만 해결되면 공동 이용을 가로막는 문제는 없을 것이라는 점이다.

4) 3단계 협상(1999. 5. 21)

3단계는 1999년 5월 21일에 제14회 수도권행정협의회에서 실시한 실무회의로 볼 수 있다. 이 날 회의에서는 광명시 쓰레기 소각장에 구로구 쓰레기를 반입하고 광명시 하수를 서울시 가양 하수종말처리장에서 통합 처리하는 사안이 쟁점화되었다. 하수 처리라는 새로운 문제가 오히려 공동 이용의 가능성을 높여 주는 기회를 제공하게 된 것이다. 이 날 회의에서 서울시는 광명시에서 발생하는 하수를 처리하는 문제에 대해 긍정적인 입장을 표명했다.

5) 4단계 협상(1999. 8. 6~2000. 1. 7)

4단계는 1999년 8월에 서울시가 실무회의를 주관한 시기부터 2000년 1월에 광명시가 실무회의를 주관한 시기로 볼 수 있다. 이 단계의 주요 쟁점사항으로는 소각시설 건설사업비 분담, 시설 사용 기간 및 소유권, 공동 이용시 시설운영비, 공동 이용에 따른 주민 수혜사업, 반입 수수료 책정 및 가산료, 협약 체결 방법과 시기 등과 관련된 사안들이었다.

서울시는 2000년 1월 국도비를 제외한 50%의 사업비 부담과 주민 편익시설 설치비의 50% 분담을 제의했고 토지 매입비는 사업비에서 제외할 것을 광명시에 요구했다. 구로구는 1999년 11월 실무회의에서 사용 기간을 명시할 것과 음식물쓰레기 퇴비화시설 이용을 요구했다. 광명시는 2000년 1월 총사업비에서 국비를 제외한 50% 분담과 토지매입비 2,984백만 원을 사업비에서 제외하는 대신 지분 등기를 포기하고 20년간 공동 사용할 것과 주민 편익시설비 일정액을 조건 없이 지원하겠다는 입장을 표명하여 협의가 진전되어 가는 양상을 나타내었다.

6) 5단계 협상(2000. 2. 1~5. 2)

협상의 마지막 단계로서 2000년 2월에 서울시가 실무회의를 주관한 시기부터 2000년 4월 18일에 협약이 체결된 시기로 볼 수 있다. 이 단계에서는 사업비 부담 문제와 자산 등기, 시설물 운영, 협약서안 검토, 협약 체결 시기 등이 논의되었다. 협상 과정에서 서울시는 광명시가 요구하는 총사업비 부담 비율과 주민 편익시설 설치비를 긍정적으로 검토하겠다는 입장을 표명했다. 그리하여 2000년 4월 18일에 공동 이용 발표문이 발표되어 협약이 체결되었다.

2. 기초자치단체의 입장

1) 구로구의 입장

구로구는 처리 용량 문제와 다른 단체 쓰레기 반입으로 인한 민원 우려로 본래 계획대로 자체 소각시설을 건립하기를 원했으며 공동 이용에서도 서울시 인접 구와 함께 추진을 원했다. 그러나 환경부와 서울시가 광명 시민의 집단민원 해결을 위해 공간적 상호의존성이 높은 광명시와의 협의를 적극 추진하자 차츰 입장의 변화를 보였다.

구로구는 가능한 광명시에서 생활쓰레기와 음식물쓰레기 및 분뇨 등을 안정적으로 처리하는 것을 목표로 두었지만, 이후 서울시나 광명시의 의사를 파악하면서 자신의 입장을 다자 간의 공동 논의의 흐름에 적응해 나갔다. 서울시에 대해서는 운영비를 제외한 나머지를 모두 부담할 것을 적극 요구했다.

2) 광명시의 입장

자원회수시설과 음식물 퇴비화처리시설을 보유함으로써 주도적인 위치에 놓이게 된 광명시의 기본 입장은 광명 시민의 집단 반발이 큰 구로구 쓰레기 소각장 입지 문제는 전면 백지화되어야 한다는 것이었다. 그리고 구로구 쓰레기를 받아들이는 데 필요한 용량은 충분하지만 주변 지역 주민들의 동의가 전제되어야 하므로, 먼저 1호기 소각로 준공 후 가동해 보면서 소각장에 대한 신뢰가 확보되었을 때 주민을 설득하고 반입에 따른 여러 조건들을 논의해 볼 수 있다는 입장이었다.

광명시는 1985년부터 서울시와 협약을 체결하여 공동 처리중이던 생활하수(1일 10만 톤)를 1992년 서울시 하수처리계획 변경으로 10만 톤 초과 발생량에 대해 자체 처리할 것을 서울시로부터 요구받아 하수종말처리장의 건설을 검토중에 있었다. 광명시는 협상을 거듭하면서 1999년 3월 상호간의 편익의 교환이 가능한 윈윈(win-win) 전략에 착안하여 구로구 생활 쓰레기를 광명시 자원회수시설에서 받아들이는 대신에 광명시 생활하수를 서울시 가양하수종말처리장에서 지속적으로 전량 받아들여 줄 것을 전격 제의했던 것이다. 이 점에서는 광명시가 주도적 입장을 취한 것이다.

3. 광역자치단체 및 중앙행정기관의 입장

1) 서울시 및 경기도의 입장

서울시는 토지 이용의 효율화와 주민호응도 및 광명시 주민의 집단 반발 등을 고려하여 시설의 공동 이용을 조속히 실현하기를 기대했다. 따라서 구로구 및 광명시와 더불어 실무정례회의를 주관하며 정책결정 과정에 직접 관여했다. 구로구 쓰레기 소각 처리시설의 건립 주체이기도 한 서울시는 과거의 경험에 비추어 10만여 광명시 주민의 의사를 무시하고 관 주도로 밀어붙이기식의 권위주의적 행정으로는 구로구 소각장의 건립이 어렵다는 것을 깨닫고 협상에 적극 임하게 되었다.

경기도는 공동정책 집단의 외곽에 위치해 있었으나 광명시의 상급 자치단체로서 관심과 협조적 자세를 견지했다. 도내 여러 곳의 쓰레기 소각시설 건립을 추진하고 있던 경기도는 중복 투자의 방지와 민원 발생 가능성 감소 등의 필요성을 내세워 광명시 쓰레기 소각시설의 여유 용량에 대해 가능한 도내 인근 시·군과 공동 이용하는 방안을 모색했다. 그러나 구로구 쓰레기 소각시설 건립으로 인한 10만여 광명 시민의 반대를 해결하기 위한 폐기물 상호 교환 방안이 광명시에서 제시되자 제14회 수도권행정협의회에서 이를 안건으로 채택하여 공론화시키는 등 광명시의 입장에 적극 동조하고 지원을 아끼지 않았다.

2) 중앙행정기관의 입장

폐기물 관련 정책의 총괄기관인 환경부는 구로구 쓰레기 소각 처리시설의 입지 선정과 관련하여 10만여 광명 시민의 집단 반발이 거세어지자 서울시에서 요청한 동 시설의 설치계획 승인을 미루고 광명시 소각 처리시설을 구로구와 함께 이용하는 방안과 구로구 쓰레기 소각장을 계획대로 건립하는 방안을 동시에 비교 검토할 것을 제시했다. 이후 환경부는 인접 다른 시·도 자치구의 공동 이용에 관한 정책적 방향에 관심을 보이면서 광명시 쓰레기 소각시설의 구로구 공동 이용을 적극 권장하는 입장을 취했다.

4. 국회의원, 광역·기초의회, 언론, 주민의 입장

1) 각급 의원

1998년 6월 구로구에서 서울시로 구로구 쓰레기 소각장 입지 선정이 보고된 이후 이 사실이 중앙 언론에 보도되고 주민 반대 여론이 일기 시작하자 가장 먼저 민감하게 반응했던 기관은 광명시 국회의원, 광역의회 도의원, 기초의회 시의원들이었다. 1996년 6월부터 1998년 3월까지 이들은 관계 기관 방문, 서명운동, 진정서 제출, 대책위원회 설치, 플래카드 걸기, 시위 등의 방법으로 주민과 함께 구로구 쓰레기 소각장 입지 선정을 반대했다.

이후 이들은 협상을 통한 공동 이용 및 상호 교환 제의가 제기되자 중복 투자 방지로 인한 예산 절감 및 광명시 하수처리 문제 해결로 관심을 돌렸다. 그러나 주민들을 의식하여 앞장서지는 않는 신중한 태도를 보였다. 구로구의회 의원들은 1998년 12월에서부터 1999년 2월까지 수 차례에 걸쳐 소각 처리시설을 직접 방문하여 견학한 후 조기에 공동 이용과 상호 교환이 이루어질 수 있도록 지원했다.

2) 언론과 주민

구로구 쓰레기 소각시설 입지 선정에 대한 기사는 중앙지와 지방지 간에 약간의 상반되는 입장을 보였다. 몇몇 중앙지에서는 사실 보도에 국한한 반면 지방지는 예상대로 지방의 이해 관계를 벗어나지 못했다. 반대운동 기간 중에 경기도 내 지방신문이 보도하는 내용은 지역 이익 수호 차원에서 구로구 쓰레기 소각장 건설 반대 기사를 부각시킨 것이 눈에 띈다.

지역 주민의 입장은 지역에 따라 큰 편차를 보였다. 1996년 6월의 구로구 쓰레기 소각장 입지 선정 보도 이후 부지 경계로부터 300m~2km 내의 광명 1~7동 지역 주민 10만여 명은 대단히 민감하게 반응했다. 이들은 초기부터 반대운동의 선봉에 섰다. 그리고 1998년 3월 협상을 통한 공동 이용과 상호 교환 협정이 진행되면서부터는 상대적으로 광명시 쓰레기 소각장 시설 주변 지역 주민들이 구로구 쓰레기를 받아들여 많은 양의 쓰레기를 소각할수록 피해를 본다는 이유로 반발하는 경향이 뚜렷하게 나타났다. 공동 이용과 상호 교환이 추진되면서 구로구 쓰레기 소각장이 건립되지 않는 것에 대해서는 광명 1~7동의 지역 주민과 대부분의 지역 주민들은 환영하는 입장으로 돌아섰다. 대신 광명시 소각장 주변 지역 주민들은 반발하는 입장을 보여 광명시는 이 지역에 대해 새로운 대책을 세우게 되었다.7)

Ⅳ. 집단 갈등의 해결과 성과

1. 갈등관리와 해소

집단 갈등은 광명시 쓰레기 소각 처리시설의 구로구 공동 이용과 서울시 가양하수처리시설의 광명시 공동 이용이라는 공동정책 결정으로 결말을 보게 되었다.

첫째, 광명시 쓰레기 소각 처리시설의 구로구 공동 이용과 관련하여 구로구는 소각장 건설계획 과정에서 부지 경계 주민들의 의견을 배제한 상태에서 추진했기 때문에 광명 시민의 반발을 가져왔던 것이다. 결국 이러한 집단 갈등은 서울시와 환경부의 조정으로 공동정책의 장으로 올라와 서울시, 경기도, 구로구, 광명시 간의 수십 차례의 협상과 협의를 통해 합의를 도출해 내었고 구로구의 쓰레기를 광명시 자원회수시설에서 처리해 주는 공동이용협정서의 교환으로 집단 갈등은 해결의 실마리를 잡았다.

---

7) 광명시는 수십 차례에 걸친 주민과의 대화와 설득, 홍보 서신 발송, 개별 면담 등의 노력으로 2000년 7월 6일 주민지원협의체 대표단과의 합의를 도출해 내었다. 이보다 앞서 소각장 외곽의 학온동 8개 통 지역 주민들도 소각장 주변 지역에 편중된 주민 수혜사업 등에 항의하면서 수 차례의 집회를 개최했다. 광명시는 대화 끝에 2000년 6월 21일 주민지원협의체 범위 확대, 상수도 설치, 다목적 마을회관 건립, 그린벨트 해제 노력, 주민 건강진단, 농기계 보관창고 건립, 버스 노선 증설 등의 주민 숙원사업을 약속하고 주민대표단과 합의했다.

둘째, 서울시는 광명시 쓰레기 소각장의 구로구 공동 이용의 협상에 큰 걸림돌이었던 광명시 생활하수 처리 문제를 광명시에서 추가로 발생하는 하수를 포함해 18만 톤/일까지 처리하는 것으로 원칙적인 합의를 보게 되었다. 광명시는 하수를 계속하여 서울시 가양하수종말처리장에서 통합 처리하게 됨으로써 주민의 반발을 완화할 수 있었고 하수처리장 건설비 절약으로 재정 운영에 큰 도움이 되었다.

2. 빅딜의 명암

광명시와 구로구 간의 환경기초시설 빅딜에 따른 성과로는 첫째, 유사시설 중복 투자 방지로 인한 예산 절감 등의 재정적 효과, 둘째, 광명하수처리장 건설계획과 구로구 소각장 건설계획의 철회로 광명시와 구로구 간, 광명시와 광명 시민 간의 집단민원과 갈등 해소, 셋째, 시설 부지의 타용도 전환 사용 가능, 넷째, 지방자치단체 간에 혐오시설 등의 공동 이용에 대한 좋은 행정 모델을 제시했다는 점 등을 들 수 있다.

먼저, 재정적 성과는 <표 4-1>에서 볼 수 있는 바와 같이 광명시는 하수종말처리장을 건설하지 않게 되어 1,655억 원 정도의 예산 절감 효과를 거두었고 구로구 쓰레기를 받아들임으로써 서울시로부터 공동 이용 지원금 272억 7천만 원의 세입을 확보했다. 이 밖에 광명시는 구로구로부터 음식물쓰레기 및 가연성 쓰레기 처리비와 가연성 쓰레기 반입량에 따른 주민지원기금 등의 세외수입을 확보하게 되어 지방재정 운용의 효율성을 기하게 되었다. 서울시의 경우에도 구로구 소각장 건설비 330억 3천만 원(광명시 소각장 건설사업비 분담금 272억 7천만 원 제외)과 주변 지역 보상비 등 합계 약 1,229억 8천만 원의 예산 및 운영 비용의 절감할 수 있게 되었다.

그 다음, 광명시와 서울시 및 구로구 등 각 자치단체는 환경기초시설 빅딜에 의해 구로구 소각장을 건설하지 않게 됨으로써 구로구 소각장 건설 예정지인 인근 광명시 6개 동 13만여 명의 집단민원을 일시에 해결할 수 있게 되었다. 또한 광명시 내부적으로도 하수처리장을 건설하지 않게 됨으로써 하수처리장 예정 부지 인근 광명동 지역 주민 5만여 명의 혐오시설 반대 집단민원을 사전에 예방하는 효과를 가져왔다.

또한 부지의 다른 용도 전환 활용으로 토지 및 공간 이용의 효율성이 증대되었다 광명시는 하수처리장 부지에 서울올림픽 국민체육진흥공단으로부터 '돔식 경륜장' 건설계획을 유치하여 새로운 세외수입원을 창출하게 되었다. 구로구에서도 소각장 건설 부지에 농수산물 유통시설 유치 등을 검토하고 있는 것으로 알려지고 있다.

마지막으로, 환경기초시설은 무조건 '혐오시설', '기피시설'이라는 인식이 팽배해 있고 인접 다른 자치단체와의 공동 이용 등은 지역 주민 정서에 밀려 실현되기 어려운 사회적 현실 속에서 광명시와 서울시(구로구)의 환경기초시설 빅딜은 비슷한 문제를 안고 있는 전국의 많은 지방자치단체들에게 혐오시설 등의 공동이용에 대한 모범적인 선례를 남겼다고 할 수 있다.

〈표 4-1〉 재정적 측면에서의 빅딜 성과

(2001. 12. 31 현재)

구분	항 목	금 액 (단위: 억 원)	부담 기관 (절감 기관)	비 고
총 계		2,599		
세외수입	소 계	310		
	공동이용 지원금 (시설부담금)	273	서울특별시	2000년도 8,494백만 원, 2001년도 및 2002년도 각각 9,388백만 원
	음식물쓰레기 처리비	8	구로구	2000년도(6월~12월): 2억 원 2001년도(연간): 6억 원
	자원회수시설 운영비	28	구로구	2000년도(7월~12월): 7억 원 2001년도(연간): 21억 원
	주민지원기금	1	구로구	2000년도(7월~12월): 0.22억 원 2001년도(연간): 0.64억 원
예산절감	소 계	2,289		
	광명하수처리장 건설비	1,655	(광명시)	
	구로소각장 건설비	603	(서울특별시)	
	자원회수시설 운영비 절감액	31	(광명시)	2000년도(7월~12월): 8억 원 2001년도(연간): 23억 원

위에서 지적한 바와 같이 갈등 해소를 통해 공익을 증대시킨 측면이 있는가 하면 반대로 어두운 면도 없지 않다. 광명시와 구로구 간의 환경기초시설 빅딜 성사에 따른 문제점으로는, 주민 수혜사업비의 증가와 폐기물 처리시설 운영에 대한 지역 주민의 과도한 간섭이 지적될 수 있다.

먼저, 주민 수혜사업비의 증가와 관련해 광명시는 서울시 구로구와 광명시 쓰레기 소각시설의 협상을 통한 공동 이용을 추진하면서 서울시로부터 설치비 50억 원을 받게 되지만, 소각장 주변 지역 영향권 내(광산촌, 도고천, 뒷골) 주민들의 주민 편익사업비로 40억 원을 추가로 지급하기로 했다. 또한 광명시는 주변 영향권 이외의 지역 주민인 학온동 8개 통 주민들과 상수도 설치, 다목적 마을회관 건립, 주민 건강진단, 농기계 보관창고 건립, 주민지원협의체 범위 확대, 버스 노선 증설 등의 주민 숙원사업을 집단민원의 해결 방안으로 약속했다. 이는 결과적으로 광명시의 재정적 비용의 증가를 가져왔다. 또한 소각 처리시설의 건립과 공동 이용의 필요성 및 당위성보다는 주민 보상적 성격의 수혜사업으로 인한 집단 요구의 효능감을 증대시키고 보상 만능주의를 확산시키는 경향도 보였다.

공동 이용으로 인해 서울시와 구로구 및 광명시는 광명시 소각 처리시설 건립사업비 부담금, 쓰레기 반입에 따른 민간위탁 운영비, 주민지원기금, 자원회수시설 공동위원회 운영, 음식물 퇴비화시설 가동 시간 등에서 적지 않은 재정적·행정적 비용을 부담하게 되었다.

끝으로 폐기물 처리시설 운영에 대한 지역 주민의 과도한 간섭이 문제점으로 지적될 수 있다.[8] 전국 최초로 결성된 수도권 매립지 주민대책위 소속 주민 감시요원들의 예에서 볼 수 있듯이 여러 자치단체가 공동 이용하는 폐기물 처리시설일수록 주변 지역 주민집단의 힘은 과도하게 커지고 있다는 것이다. 주민 감시요원들은 폐기물 처리시설 설치기관의 감독권에서 벗어나 있거나 과도한 요구를 실현시키려고 나서기도 한다. 또한 폐기물

8) 현행 폐기처리시설 촉진 및 주변 영향지역 지원 등에 관한 법률 제25조(지역 주민의 감시) 제1항에 의하면 "폐기물처리시설 설치기관은 주민지원협의체의 요구가 있는 경우에는 주민지원협의체에서 추천하는 지역 주민으로 하여금 폐기물의 반입·처리 과정을 감시할 수 있게 하고 이들 주민 감시요원은 폐기물 처리시설 설치기관의 감독을 받도록 규정"하고 있다.

처리시설 설치기관이 아닌 주민 감시요원들이 쓰레기 반입에 대한 감독 권한을 과도하게 행사하는 문제가 제기되고 있다. 광명시의 경우도 구로구의 쓰레기 반입 저지 집단민원 및 이의 해결 과정에서 주민 감시요원들의 힘이 점차 비대해져 가는 측면도 있다. 광명시 쓰레기 소각 처리시설을 이용하는 구로구 측에서는 부담스러운 일로 작용할 수도 있다.

연구 문제

1. 구로구 소각장 건설이 공표된 이후 주민들의 반응과 광명시 시설의 공동 이용이 합의된 이후 주민들의 반응을 기술하고, 이들의 반응에 대응하는 관련 지방자치단체의 노력을 비교하시오.
2. 관련 지방정부에서 소각장 문제를 공동 문제로 인식하고 공동의 정책적 대응을 하게 만든 주요 원인을 찾아내고, 이것이 각 지방정부의 의사결정자에게 어떤 영향을 미쳤는지를 설명하시오. 이 사례에서 광명시와 구로구의 입장을 결정하는 요인들을 파악하시오.
3. 환경기초시설의 공동 이용이 1985년 이후 있었다가 1992년에 중단되고 그 이후에 다시 재개되는 과정에서 논의가 복잡해지는 원인을 설명하시오. 특히 관련 정부기관의 분담 원칙이 어떤 것이 있을 수 있으며 이 원칙이 어떻게 결정될 수 있는가를 설명하시오.
4. 환경기초시설의 공동 이용이 각 지방자치단체에 주는 재무적 측면의 손익을 구로구(서울시 포함)와 광명시의 입장에서 좀더 구체적으로 계산하시오. 그리고 국민 전체의 공익적인 입장을 반영하는 경제적 관점에서 이 빅딜 사업의 경제적 효과를 구체적으로 추정하시오.
5. 이 사례가 주는 교훈을 환경적 측면, 행정적 측면, 그리고 경제(재무)적 측면, 그리고 정치적 측면으로 나누어 설명하시오.

제 5 장

생명윤리 및 안전에 관한 법률 제정 사례

노 화 준

I. 서 론

오랜 산고 끝에 '생명윤리 및 안전에 관한 법률' 제정안이 2003년 3월 국무총리실 규제개혁위원회를 통과했다. 과학기술처 · 보건복지부 등을 포함한 여러 관련 정부 부처들 간의 이해가 복잡하게 얽혀 있는 정책 이슈들이 마침내 조정되어 하나의 단일한 행정부의 법률안으로 국무회의를 거쳐 국회에 제출될 수 있는 기틀을 마련한 것이다. 1997년 2월 복제양 돌리가 탄생했다는 뉴스가 전해진 지 실로 6년여 만의 일이다.

지난 1997년 2월 영국에서 전해진 복제양 돌리의 뉴스는 인간 복제의 가능성을 전 세계에 선포한 사건이었다. 이보다 훨씬 전인 1993년에는 인간의 수정란을 분할해서 쌍둥이 배아를 만드는 실험이 미국에서 성공을 거둔 바 있다.

국내에서도 1999년 2월에는 우리 나라 최초의 복제 가축인 영롱이가 태어났고, 모 불임클리닉 부설연구소에서 인간 수정란을 이용한 배아 연구가 진행되고 있다는 사실도 알려졌다.

얼마 후인 2001년 11월 27일 각 신문과 방송들은 미국 매사추세츠 주의 생명공학회사인 어드밴스드 셀 테크놀로지(Advanced Cell Technology: ACT) 사가 11월 25일 인간 배아의 복제에 성공했다는 기사를 보도했다.

ACT측은 난자에서 유전물질인 DNA를 제거해 성체(成體, adult) 세포에서 채취한 DNA를 주입하는 '고전적인' 복제 방법을 사용하여 인간 배아를 복제했다는 것이다(조선일보, 2001. 11. 27). 이러한 인간 배아의 복제는 난치병 치료에 새로운 장을 열어 주고 있으나 격렬한 윤리 논쟁을 불러일으켰다.

비단 인간 배아의 복제뿐만 아니라 인간 유전자 정보의 해독, 유전자 조작과 변형 등을 포함한 생명과학 기술들의 발전은 한편으로는 인간에게 많은 편익과 아울러 수많은 난치병들을 치료할 수 있는 가능성을 높여 주고 있지만, 또 한편으로는 인간의 안전을 위태롭게 하고, 환경을 파괴할 가능성을 높이며, 인간의 존엄성을 훼손할 수 있는 윤리적 문제들을 아울러 불러일으키고 있다.

희망의 메시지와 우려의 메시지를 동시에 던져 준 복제양 돌리가 탄생된 이후 생명과학 기술은 급속히 발전해 왔으며, 이에 따라 새로운 가능성도 확대되어 왔고, 동시에 새로운 윤리적 쟁점들도 끊임없이 제기되었다. 이러한 생명과학의 발전에 부응하여 생명윤리 관련법이 입법부와 행정부에서 계속 발의되고 논의되어 왔으며, 2003년 12월 '생명윤리 및 안전에 관한 법률안'이 통과되었다.

이 연구는 생명윤리 관련 법안의 제정 과정을 묘사함으로써 국가 발전 과정에서의 생명공학의 역할, 이해 관련 당사자들의 입장, 생명윤리 관련법 제정 과정을 둘러싼 갈등 및 우리 나라 정부에서의 조정 과정의 특징들을 묘사하는 데 연구의 목적이 있다. 그러나 이 연구는 교육용 사례의 개발이기 때문에 어떤 연구 모형을 사용하여 그 특징을 분석·평가 도출하기보다는 생명윤리 문제의 본질과 생명윤리 관련법의 제정 과정을 충실하게 묘사하고 독자들의 스스로 특징을 추출할 수 있도록 기술하는 데 더 중점을 두고 있다.

II. 생명과학 기술의 실태와 파생되는 윤리 및 안전 관련 이슈들

1. 생명과학 기술의 실태와 전망

생명윤리 및 안전과 관련된 생명과학 기술의 발전은 여러 분야에서 다양하게 이루어지고 있으나 대체로 복제 인간, 인간 유전자 정보의 해독, 유전자 변형 또는 조작 기술 등 세 분야로 나누어 고찰할 수 있다. 이러한 구분은 비록 그 경계가 모호하여 자의적인 분류 기준이 적용되기도 하지만 이해하기가 용이하며, 특히 생명윤리 및 안전과 관련된 쟁점들을 이해하는 데 도움을 준다.

인간 복제 기술은 동물 복제 기술의 발전에 따라 급속하게 발전되고 있다. 동물 복제는 이미 서두에서 언급한 바와 같이 1999년 영국 로슬린연구소의 윌멋(Ian Wilmut) 박사팀에 의해 성숙한 암양의 체세포를 이용한 복제양 돌리(Dolly)가 탄생된 이래 우리 나라에서는 세계에서 다섯 번째로 체세포를 이용한 송아지 복제에 성공했고, 사람의 체세포를 통한 인간 배아 복제에 성공함으로써(조선일보, 2001), 현재 인간 복제의 모든 기술적 수단들이 확보되고 있는 상태이다.

한편 2000년 6월 미국 클린턴 대통령이 인간 게놈 프로젝트(Human Genome Project)의 일차적인 성과로 인간 유전자 지도의 초안이 완성되었음을 전 세계에 공표한 바 있고, 2001년 2월에는 인간 게놈 프로젝트가 완성됨으로써 인간 전체 유전자 지도가 완성되었다. 그리고 인간의 유전자 수는 대략 3만 개에서 4만 개 정도인 것으로 밝혀졌다. 미국에서는 이미 인간의 개인 유전자와 연계된 특허가 허용되었다고 『이코노미스트(*Economist*)』(2001)지는 보도하고 있다. 이는 인간의 개인 유전자와 연계된 특허가 본격화되었음을 말해 준다.

유전자 조작 변형 기술은 인위적으로 유용한 돌연변이를 만들어 내는 기술이다. 과거의 돌연변이 기술은 인공 교배 내지 인공 수정에 의해 시행되어 왔으나 최근의 유전자 변형 기술은 실험실에서 직접 세포핵 속에 새로운 유용한 유전자를 주입하거나 또는 유해한 유전자를 솎아내는 방법을 사용한다(홍욱희, 2001a: 64-65). 따라서 단시간 내에 원하는 동식물을 만들어 낼 수 있다.

생명과학 기술의 발전과 관련된 윤리 문제들은 생명과학 기술의 발전이 인간에게 넓혀진 새로운 가능성과 기회를 제공해 준다는 데 기인한다. 그러므로 생명과학 기술의 발전에 따라 제기되는 윤리 문제 발생의 성격을 파악하기 위해서는 먼저 생명과학 기술의 발전이 인간에게 어떠한 새로운 가능성을 열어 주는가를 파악해야 한다. <표 5-1>의 두 번째 열은 생명과학 기술의 발전에 따라 더욱 넓혀진 새로운 가능성들을 요약해 제시하고 있다.

먼저 인간 복제 분야에서는 인간의 신체에서 추출한 DNA를 그대로 이용해서 자신의 분신을 만듦으로써 복제 인간이 출현 가능하게 되었으며, 체세포 유래 배아 복제 기법에 의해 배아 줄기세포를 만들고, 이에 의해 필요한 인간의 장기를 생산해 낼 수 있게 되었다.

한편 인간의 유전정보의 해독이 가능하게 됨으로써 유전성 질병들의 발병 원인에 대한 규명이 가능해지고 치료 방법의 개발이 가능하게 될 것으로 전망되고 있다. 그리고 2020년까지는 안전하게 유전자 조작 인간을 탄생시킬 가능성이 높아지고 있으며, 유전자 '지문'을 이용해서 질병을 치료할 수 있는 약들이 개발되고, 결함이 있는 유전자를 복구할 수 있는 치료법의 개발이 가능해지고, 궁극적으로는 인간의 유전자 조작도 가능할 것으로 전망되고 있다(홍욱희, 2001a: 60-61).

유전자 조작과 변형 기술 분야에서는 인간의 윤리 문제를 불러일으킬 수 있는 중요한 발전들이 전망되고 있다. 즉 최근 자연계에서 이종생물(異種生物)들 사이에 유전자 전달이 아주 쉽게 일어난다고 하는 사실이 관찰되고 있는데, 만일 유전자 조작 농식물들을 대량으로 재배한다면 그것이 생태계에 미칠 수 있는 피해가 광범위할 가능성이 높아지고 있다. 또한 돌연변이의 정도가 심한 것을 만들어 내면 이제까지 자연에서 볼 수 없던 새로운 생물종이 탄생 가능하게 될 것으로 전망된다.

또한 인간 복제, 인간 유전자 정보의 해독, 유전자 조작과 변형 기술 등의 복합 기술에 의해 유전적 질환의 발병 원인들이 파악되고, 그들에 대한 진단과 치료 방법들이 개발된 것으로 보고되고 있다. 더 나아가서는 우성 인자만을 가진 맞춤아기의 탄생 가능성도 높아지고 있다(홍욱희, 2001a: 67-69). 이는 초기 배아를 유전적으로 '디자인'하는 시대로 접어들고 있음을 의미한다. 미국의 분자생물학자들은 이렇게 배아의 유전자 디자인이 시작된 후 수 세대가 지나면 약 300년 후에는 유전적으로 섞일 수 없는, 생식이 불가능한 다른 인간종이 나타나지 않을까 우려하고 있다(이필렬, 2001: 566-582).

2. 파생되는 윤리 및 안전 관련 이슈들

생명과학 분야에서 이루어진 발전과 발전이 열어 주고 있는 기회들은 인간에게 편익과 행복을 증진시켜 줄 기회들을 제시해 주지만, 한편으로는 인간의 안전과 존엄성을 훼손할 위험도 또한 증진시킨다. 그러면 생명과학 기술에 따라서 새롭게 제기되고 있는 윤리적 및 안전과 관련된 이슈들은 무엇인가? 이러한 윤리 및 안전과 관련된 이슈들은 성격상 병원에서 의사가 환자를 치료하는 상호작용 과정에서 새롭게 발생하는 실무(practice) 차원의 의료윤리의 문제로부터 민간조직이나 정부조직에서 인간의 유전자 검사 결과에 대한 유전자 정보에 따라 피고용인의 채용과 승진 상에 차별을 가하거나, 의료보험을 거부하거나 또는 추가적인 요금을 요구하는 것과 같은 차별에 어떻게 대처해야 할 것인가 하는 정부의 정책 차원의 이슈에 이르기까지 매우 다양하다.

생명과학 기술의 발전에 따라 제기될 것으로 보이는 생명윤리의 이슈들에 대해서는 지금까지 많은 논의가 있어 왔다. 다음 <표 5-1>의 세 번째 열은 이들 이슈들 가운데 중요한 것들을 몇 개의 카테고리로 묶어서 정리해 본 것이다. 여기에 포함된 이슈들은 생명과학 기술의 발전과 관련되어 파생될 수 있는 모든 윤리적 이슈들을 망라한 것도 아니고, 또 이러한 분류가 반드시 옳은 것이 아닐 수도 있다. 오히려 이들 이슈들은 상호 연관되어 있어 어느 한 카테고리로 분류하기 어려운 것도 사실이지만, 이들 윤리적

〈표 5-1〉 생명과학 기술의 발전에 따라 넓혀지고 있는 새로운 가능성과 주요 윤리적 이슈들

주요 분야	새로운 가능성	새로운 윤리적 쟁점들
인간 복제	· 인간의 신체에서 추출한 DNA를 이용해 자신의 분신인 복제 인간 제조 가능 · 체세포 유래 배아 복제 기법에 의해 배아 줄기세포를 만들고 필요한 장기를 생산해 낼 가능성	· 배아의 상태를 새로운 생명의 싹으로 볼 것인가? · 대체 장기의 공급을 위해 복제된 생명을 치료 목적 때문에 생명을 죽음에 이르게 하는 것이 정당한가? · 서로 다른 생물의 세포들을 재결합하는 등 물리·화학적 조작에 따른 인간의 인격성, 신비성, 존엄성의 상실을 어떻게 막을 수 있는가?
인간 유전자 정보의 해독	· 각 개인의 결핍 유전자는 물론 유전병 유전자까지도 밝혀내어 치료에 획기적인 발전을 가져올 가능성 · 유전자 '지문'을 이용해 질병을 치료할 수 있는 약들이 개발되고, 결함이 있는 유전자를 복구할 수 있는 치료법의 개발 · 생로병사의 원인을 밝혀내어 생명을 연장시킬 수 있는 가능성 · 인간의 성격, 지정의(知情意)의 의식 능력, 신경세포와 정신 세계와의 상호작용까지도 밝혀낼 가능성	· 태아의 유전자 검사가 가능하게 되어 유전병이 없는 아기들만 선택된다면, 기왕에 이러한 병을 가지고 태어난 사람들의 가치는 없는 것인가? · 유전자 검사가 부모와 자녀들에게 주는 새로운 심리적 부담은 무엇인가? · 유전정보의 비밀을 어떻게 유지할 수 있는가? · 소수 산업자본에 의한 유전자 공급원의 독점은 어떠한 사태를 초래할 것인가?
유전자 조작 변형	· 2020년까지 유전자 조작 인간을 탄생시킬 가능성 · 자연계에서 이종생물들 사이에 유전자 전달이 쉽게 일어나기 때문에 유전자 조작 농작물의 재배로 인한 생태계에 미칠 악영향의 증대 · 돌연변이의 정도가 심한 새로운 생물종의 탄생 가능성	· 유전자 조작 식품을 장기적으로 섭취할 때 건강상에 어떠한 위해를 가져올 것인가? · 이종생물 간의 유전자 전달의 용이성은 농작물 경작에 어떠한 피해를 가져오는가?
복합 기술	· 초기 배아를 유전적으로 조작 디자인하여 유전적으로 우성 인자만을 가진 맞춤아기의 탄생 가능 · 상호간에 생식이 불가능한 여러 인간종이 나타날 가능성	· 유전적 개량의 가능성에 따라 빈부계층 간에 새로운 생물학적 적자생존 가능성이 등장할 가능성은 없는가? · 생명을 거리낌 없이 조작함으로써 생명의 본질에 관한 관념의 세계를 뒤흔들고 일상의 세계까지도 우리가 상상할 수 없도록 크게 뒤흔들어 놓지는 않겠는가?

이슈들을 몇 개의 카테고리로 분류한다면 이슈 발생의 성격들을 이해하고 앞으로 정부가 이러한 윤리적인 문제들을 해결하는 데 어떠한 역할을 해야 할 것인가를 이해하는 데에도 도움이 될 수 있다.

인간 복제 기술의 발전에 따라 새로이 제기되는 윤리적인 문제중 하나는 배아의 상태를 단순한 세포의 덩어리로 볼 것인가, 아니면 생명을 지닌 인간의 싹으로 간주해야 할 것인가 하는 것과 관련되어 있다. 종교계와 윤리학자들은 배아의 상태를 새로운 생명의 싹으로 보아야 한다는 입장인데 비해서 생명과학 기술 분야의 연구계와 산업계에서는 하나의 단순한 세포덩어리로 보고, 생명과학의 연구를 위해서 배아 상태의 연구를 허용해야 한다는 입장이다(Galston & Shurr, 2001: 193-207).

인간 복제 분야의 또 다른 중요한 이슈는 체세포 복제를 통해 대체 장기를 공급받을 수 있는 수단으로 자신과 유전적으로 동일한 새로운 생명을 탄생시키고, 결국 자신의 병을 치료하기 위해 그 존재를 죽음에 이르게 하는 것이 과연 정당한가 하는 이슈이다. 이것은 생명 존중의 사상에 대한 새로운 도전으로 해석되기 때문이다(홍욱희, 2001a: 60-64).

유전공학 기술은 생물을 분자로 구성된 하나의 기계로 보고, 기계의 일부를 개조하는 것과 같은 논리에 의해 발전된 것이다. 그러므로 때로는 서로 다른 생물의 세포를 재결합하여 지금까지 자연의 세계에는 존재하지 않았던 새로운 생명을 만드는 것이다. 이와 같은 물리화학적 조작 가능성은 생명 현상, 특히 인간의 인격성, 신비성, 존엄성 등에 가치를 두었던 기존의 생명의 불가침성에 큰 타격을 가하는 것이다.

인간 유전자 정보의 해독은 유전정보 유통 및 활용과 관련하여 많은 윤리적인 문제들을 제기한다. 태아의 유전자 검사와 낙태로 척추 파열 등과 같은 유전병이 없는 아기들만 선택된다면, 이미 이러한 병을 가지고 태어난 사람들은 가치가 없는 인간인가 하는 문제도 제기될 수 있다. 즉 만일 부모들에게 어떤 조건을 회피할 수 있도록 하는 선택권이 주어진다면, 이미 그러한 조건에 감염된 사람들은 어떻게 해야 하는가 하는 것은 장애를 가진 사람들에게는 매우 중요한 이슈이다. 특히 한국과 같이 장애자들에 대한 차별이 심한 사회에서는 이것이 심각한 사회 문제가 될 것이다.

유전자 검사는 매우 유용한 것이다. 그러나 퇴행성 질환에 대한 유전자 검사가 이것을 가진 아이들에게 무엇을 의미하는지 부모들은 잘 모른다. 그러나 이들에게는 부모, 친척 및 동료들에 의해 낙인찍히는 결과를 가져오고, 결과적으로 평생 동안 따돌림을 당한다는 심리적 부담을 갖게 된다.

유전정보는 건강보험, 직장의 취업 및 직장 내에서의 승진 등에 영향을 미칠 개연성이 있기 때문에 다른 정보와는 다르다. 그렇다면 유전정보의 비밀을 유지하기 위한 특별한 방법은 무엇인가 하는 것도 중요한 이슈이다.

인간 유전자 배열에 대한 해독은 인간이 생명체의 암호를 재작성하는 것을 가능하게 함으로써 수백만 년에 걸친 진화적 발전을 중단시킬 수 있는 위험을 가져오지 않을까 하는 우려도 제기되고 있다. 그러나 무엇보다도 우려되는 것은 전 세계 유전자 공급원이 소수 다국적 기업들의 지적 재산으로 귀속될 때 그것이 세계 경제와 인류 사회에 어떠한 악영향을 미칠 것인가 하는 것이다. 인간 유전자 해독은 인간의 질병 정복이라는 새로운 희망을 제시해 주지만 인간이 지금까지 생각해 보지 않았던 이와 같은 새로운 윤리적 이슈들도 동시에 불러일으킨다.

유전자 조작 변형 기술은 인위적으로 유용한 돌연변이를 만들어 내서 인류를 더욱 풍요롭고 쾌적한 환경 속에서 살 수 있도록 하는 데 기여할 수 있는 분야로 알려지고 있다. 그러나 이러한 유용한 기술도 인간에게 밝은 면만을 가져다 주는 것이 아니고 어두운 면도 아울러 가져다 준다. 그 중에서도 가장 중요한 두 가지 문제는 유전자 조작 식품의 섭취와 관련된 문제와 유전자 조작 농작물의 대량 재배가 생태계에 미치는 악영향이다.

이들 중 첫 번째 이슈는 유전자 조작 식품들을 인간이 장기적으로 섭취했을 때 인간의 건강에 어떠한 위해(危害)가 오지 않을까 하는 우려이다. 이미 우리 나라에서도 미국에서 유전자를 조작한 콩을 도입해 우리가 알지 못하는 사이에 우리의 식탁에 오르고 있는데 그것이 우리의 건강에 어떠한 위해를 가져오지 않을까 걱정하는 사람들이 늘어가고 있다. 두 번째 이슈는 유전자 조작 농작물을 대량으로 재배할 때 이것이 생태계에 어떤 피해를 미치지나 않을까 하는 우려이다. 최근 자연계에서 이종 생물들 사이에 유전자 전달이 아주 쉽게 일어난다는 사실이 관찰되고 있다고 보고되고 있는데(홍욱희, 2001a: 66), 만일 제초제에 대해 특별한 내성(耐性)을 가지도록 유전자가 조작된 농작물에서 그것이 잡초들에게도 전달된다면 잡초들도 제초제에 내성을 갖게 되는 결과를 가져오게 될 것이고, 그 결과 이것은 어느 한 지역의 경작뿐만 아니라 전 지구적인 경작에도 심각한 타격을 줄 수 있기 때문에 심각한 문제가 된다.

생명과학 기술의 발전은 인간 복제, 인간 유전자 정보 해독, 유전자 조작 변형 등과 같이 분야별로도 발전을 하지만 이들 여러 분야들이 상호 복합적으로 발전하는 것이 일반적인 현상이다. 이러한 복합적인 기술 발전이 제기하는 가장 전형적인 윤리적 문제가 우생학과 관련된 문제들이다.

미래 사회에서는 유전적 디자인과 개량(genetic enhancement)이 가능하다는 전망도 있다. 이 경우에도 모든 사람들이 이것을 이용할 수는 없을 것이다. 배아를 유전적으로 디자인할 수 있는 경제적 능력을 지닌 부모는 대부분 그렇지 못한 부모보다 아기의 성장을 위해서도 더 나은 환경을 만들어 줄 수 있을 것이고, 이는 디자인된 아이가 그렇지 않은 아이보다 더 뛰어난 능력을 갖게 되는 결과를 가져올 것이다. 그러면 부자 아이들은 키가 더 커지고 더 영리해질 수도 있는 반면에 가난한 사람의 아이들은 현재 그대로 있게 되어 결과적으로 작아지고 멍청하게 될 것으로 볼 가능성도 있다. 즉 유전적 개량이 가능한 경우에도 이것을 이용 가능한 부유 계층 사람들과 그렇지 못한 대다수 가난한 계층의 사람들 간의 관계는 사회적 적자생존(social Darwinism)에서 생물학적 적자생존(biological Darwinism)으로 전환되지나 않을까 하는 우려가 커지는 것이다.

복합적인 생명과학 기술은 생명을 거리낌없이 조작 가능하게 함으로써 생명의 본질에 관한 관념의 세계를 뒤흔들고 일상의 세계까지도 우리가 상상할 수 없도록 크게 뒤흔들어 놓을 우려까지도 자아내는 것이다.

생명과학 기술이 발전함으로써 새로이 열어 준 기회들과 관련된 위에서 살펴볼 바와 같은 이슈들은 생명과학 기술이 발전함으로써 제기되는 지금까지의 사회적 윤리나 규범의 범위를 넘어서는 새로운 안전과 윤리에 관한 문제들이다. 여기서 우리는 두 가지 가능성을 더 생각해 볼 수 있다. 즉 하나는 위에서 살펴본 바와 같은 새로 제기된 윤리와 안전 이슈들은 망라적인 것이 아니기 때문에 여기에서 생각하지 않은 다른 많은 윤리와 안전 이슈들도 제기될 수 있다는 것이고, 다른 하나는 앞으로 생명과학 기술이 발전되어 감에 따라 종래에는 문제가 제기되지 않았던 해결해야 할 더 많은 새로운 윤리와 안전 이슈들도 제기될 수 있으리라는 것이다.

이러한 새로운 윤리 문제들의 해결을 둘러싼 사회적 갈등과 혼란은, 만일 그대로 방치할 경우 더욱더 깊어지고 가중될 수도 있다. 여기에 새로운 윤리 및 안전 이슈들과 관련된 갈등과 혼란들을 완화하고, 새로운 사회적 윤리규범을 정립하며, 안전 장치를 마련하기 위해 정부가 정책적 노력과 역할을 수행할 필요성을 느끼게 되었고, 여기에 사회적 압력도 더욱 거세게 작용했다.

Ⅲ. 생명윤리 관련법 제정 과정

1. 생명윤리 관련법 제정의 청원과 국회의 생명공학육성법 개정 노력

동물 복제와 인간 배아 복제 성공에 대한 뉴스들이 연이어 보도되자 생명윤리를 다룰 국가 차원의 위원회 설립과 관련 법 제정에 대한 청원들이 정부에 제출되었다. 기독교윤리실천운동, 교회환경연구소, 녹색연합, 불교환경교육원, 천주교한마음한몸운동본부, YMCA 등 종교단체와 환경단체들은 집회를 갖고 양(羊) 복제가 문제가 되는 것은 유전공학의 발전이 곧 인간 복제로 이어질 수 있기 때문이며, 이에 대한 통제를 위해 국가윤리위원회를 설립하라고 촉구했다. 특히 1997년 3월 한국천주교주교협의회 · 한국천주교중앙협의회 의장 장진석 주교는 청와대와 국회 통신과학위원회에 인간 복제 관련 실험을 금지하도록 하는 입법 조치를 강구해 달라는 요지의 '인간 복제 관련 실험 금지법 제정에 관한 입법 진정'을 제출했다. 이 문건에 따르면 인간 복제가 가능할 경우 인간 생명 및 인간 존엄성과 배치될 뿐 아니라 가정 질서 파괴 등 악폐를 몰고올 수 있기 때문에 우리 나라도 인간복제실험금지법의 입법이 필요함을 청원한다는 것이었다 (김훈기, 2001: 35).

1999년 7월 2일 장영달 의원 외 46인은 인간 복제 금지 조항을 포함시킨 '생명공학육성법 개정안'을 국회에 제출했으며, 이 개정안은 7월 3일 국회 통신과학기술위원회에 회부되었다. 장영달 의원은 개정안 제안서에서 "최근 동물 복제 실험의 잇따른 성공으로 인간 복제 실험에 대한 우려가 고조됨에 따라 인간의 존엄성을 해치는 결과를 가져올 수 있는 인간 복제 실험 등의 연구 개발 및 연구비 지급을 금지하고, 이에 위반시 처벌할 수 있는 근거를 마련하는 등 현행 규정상의 일부 미비점을 개선·보완하려는 것"이라고 함으로써(장영달, 1997. 7. 2) 복제양 돌리의 탄생이 개정안 제출의 직접적 계기가 되었음을 말하고 있다.

그러면 제안된 법률안의 명칭이 왜 '생명공학육성법 개정안'인가? 그 이유는 '유전공학육성법 제정'으로 거슬러 올라간다. 정부는 유전공학의 육성 발전을 지원하고 촉진하기 위해 1983년 12월 '유전공학육성법'을 제정했다. 1982년 12월 이상희 의원을 포함한 34인의 국회의원들이 '유전공학육성법안'을 제안·발의한 지 만 일년 만의 일이었다.

'유전공학육성법안'의 주요 내용은 (1) 유전공학 육성을 위한 기본계획의 수립, (2) 유전공학 종합정책심의회의 설치, (3) 공동 연구의 촉진과 유전공학연구소의 설립, (4) 유전공학 연구기금의 조성, (5) 유전공학 연구 지원을 위해 수입에 대한 세금 감면 등이다.

'유전공학육성법' 제정 과정에서 국회에서 이루어졌던 주요 토론 내용과 법안 내용을 분석한 연구에 의하면, 유전공학육성법 제정과 정책의 정당성 구조는 경제적 정당성이 가장 높고(11점), 다음이 정치적 정당성(7점), 안전적 정당성(1점), 윤리적 정당성(0점) 등의 순서인 것으로 나타났다(송리부, 2000: 62-78). '유전공학육성법' 제정 과정의 정당성에 대한 이러한 분석을 토대로 해 볼 때 이 법안의 제정 목적은 윤리나 안전보다는 유전공학 연구 지원을 통해 경제 발전을 이룩하자는 데 있음을 알 수 있다. 유전공학육성법이 기본적으로 생명공학의 육성에 중점이 두어졌다는 것은 유전공학육성법에 의거하여 작성된 생명공학 육성 기본계획(Biotech 2000)에 잘 나타나 있다. 이 기본계획에 따르면 생명공학(biotechnology)은 유용한 제품 또는 공정을 제조하거나 개선하기 위해 생체나 생체 유래 물질 또는 생물학적 시스템을 활용하는 기술을 총칭한다.

'유전공학육성법'은 법 제정 후에 여러 차례 개정이 있었으나 대대적인 개정은 1995년 1월에 이루어진 '생명공학육성법'으로의 개정이었다. 정부는 1994년 9월 유전공학육성법 중 개정 법률안을 국회 체신과학기술위원회에 제안했으며, 1994년 12월 16일 국회 본회의를 통과했다. 법안의 주요 내용은 (1) 유전공학을 생명공학으로 기술 영역을 확대하기 위해 '유전공학육성법'을 '생명공학육성법'으로 명칭을 변경하고, (2) 생명공학 관련 부처들의 역할을 확대 조정하며, (3) 생물다양성협약의 가입에 대비해 관련 내용들을 보완 · 정비한다는 것 등이었다.

생명공학법안의 개정 과정에서 국회에서 행한 토론과 법률안 내용들에 대한 분석 연구에 의하면, 1995년 1월에 이루어진 생명공학육성법의 정책정당성 구조는 경제적 정당성(11점), 안전적 정당성(7점), 윤리적 정당성(2점), 정치적 정당성(2점) 등의 순으로(송리부, 2000: 82-102), 유전공학육성법에 비해 안전적 정당성이 크게 증가했으나 여전히 경제적 정당성이 강조되고 있는 것으로 나타났다.

1983년에 제정된 '유전공학육성법'이나 1995년에 제정된 '생명공학육성법'은 모두 기본적으로 윤리나 안전보다는 생명공학의 육성에 중점을 둔 것이었다. '생명공학육성법' 제2조에 따르면, 생명공학이란 산업적으로 유용한 생산물을 만들거나 생산 공정을 개선할 목적으로 생물학적 시스템, 생체, 유전체 또는 그들로부터 유래되는 물질을 연구 · 활용하는 학문과 기술을 말한다고 하여 생명공학을 위에서 언급한 생명공학 육성 기본계획에서와 동일한 개념으로 파악하고 있다. 생명공학연구소가 인간의 안전 및 인간의 존엄성을 손상할 수 있는 윤리 문제와 직접적으로 관련되어 있음에도 불구하고 생명공학육성법이 파악하고 있는 생명공학의 개념이 산업적으로 유용한 생산물의 생산과 관련된 것으로 일방향적으로 치우쳐 있기 때문에 1997년에 추진한 생명공학육성법 개정안은 생명공학육성법을 개정함으로써 생명과학 기술 연구와 관련된 안전 및 윤리 문제를 해결할 수 있다고 본 것이다.

장영달 의원이 제안한 '생명공학육성법 개정안'의 주요 내용은 (1) 인간 복제 실험 등에 따르는 위험과 이에 따른 적절한 안전 장치 등에 관해 그 법적·윤리적 문제 등을 심사하기 위해 생명공학윤리위원회를 두고, (2) 인간 복제 실험 등 인간의 존엄성을 해치는 결과를 가져올 수 있는 연구 개발 및 연구비 지급을 금지하도록 하고 이에 위반할 경우 처벌한다는 것 등이다. 개정안의 금지 대상 연구 개발 내용은 (1) 인간의 복제 실험, 인간과 동물의 배반포를 융합하는 행위, (3) 동물에게 인간의 배반포를 이식하는 행위나 인간에게 동물의 태아를 이식하는 행위, (4) 유전자 요법을 통한 인간의 정자·난자 배반포를 변조하는 행위, (5) 태아 및 사자(死者)로부터 정자나 난자를 추출하여 배반포를 만드는 행위, (6) 그 영향이 다음 세대로 전이될 여지가 있는 인간 유전자 조작 행위, (7) 기타 대통령이 정하는 사항 등이다.

이 개정안은 안전적 정당성과 윤리적 정당성을 크게 강조했다. 국회 통신과학기술위원회의 법안심사소위원회는 전문위원회가 제출한 검토 보고서를 심사한 후 이 법안을 계류시키기로 결정했다. 즉 소위원회는 생명공학육성법 개정안이 생명공학 연구 개발을 위축시킬 것이라고 하는 학계와 연구계의 반발, 그리고 금지 법안이 만들어져야 한다는 입장 모두 일리가 있으나 이 문제가 당장 결정을 내릴 정도로 시급하지 않다고 판단해 계류를 결정한 것이다.

1998년 11월 이상희 의원은 안전 문제와 윤리 문제를 포괄해서 다룬 '생명공학육성법 개정안'을 국회에 제출했다. 이상희 의원이 안전 문제를 포함시킨 개정안을 제출한 배경은 유전자 조작 농산물의 수입과 관련되어 있다. 즉 1998년 8월 24일 100만 톤 이상의 유전자 조작 농산물이 한국에 수입되었다는 사실이 언론에 보도되었다(한겨레신문, 1998. 8. 24; 1998. 10. 26). 국회 여야 의원들은 동년 10월 26일 농림부와 농촌진흥청을 상대로 한 국회 농림해양수산위원회 국정감사에서 유전자 조작 농산물 유통에 따른 위험성을 경고했고, 시민단체들도 생명윤리와 안전성에 대한 문제를 제기했다. 과학기술 민주화를 위한 모임, 녹색소비자연대 등은 토론회를 개최하고, 정부에 대해 유전자 조작 식품의 안전성을 보장할 제도적 장치를 마련할 것을 요구한 것이다.

이상희 의원은 '생명공학육성법 개정안'에서 "최근 생명공학 기술의 급속한 발전에 의한 안전성 및 윤리적 측면에 대한 우려가 높아짐에 따라 이에 대한 사전 예방 차원에서 좀더 구체적인 안전·윤리 관리에 대한 지침 등을 규정하고, 인간의 존엄성을 위협할 수 있는 사항에 대한 연구 개발의 금지와 아울러 생명공학 안전 및 윤리 문제를 다루어 심의·조정하는 생명공학윤리위원회를 설치하는 등 생명공학 기술 개발에서 야기될 수 있는 부정적인 측면을 최대한 억제하여 생명공학 기술을 21세기를 선도할 핵심 기술로서 육성하기 위한 지원 체제를 갖추고자 하는 것"이라고 제안 이유를 밝혔다(이상희, 1998. 11. 19).

개정안의 주요 내용은 (1) 생명공학 안전 및 윤리에 관한 지침의 작성 및 시행, (2) 생명공학 안전 및 윤리에 관한 지침, 연구 개발 금지 및 연구비의 지급 금지 등에 관한 사항을 심의 조정할 생명공학 안전·윤리위원회를 과학기술부 장관 소속하에 설치하는 것 등이다.

1998년 5월에 결성된 '생명공학의 올바른 발전을 위한 시민단체 실무자 모임'은 이상희 의원측으로부터 개정안을 전해 받고 검토를 거친 후 1998년 9월 11일 '생명공학육성법 개정 관련 시민단체연대모임 토론회'를 개최했으며, 이를 계기로 시민단체는 '생명공학육성법'의 상위법으로 '생명안전윤리법'이 제정되어야 한다고 주장하기 시작했다(김훈기, 2001: 61-62). 이때 실무자 모임을 '생명안전윤리연대모임'이란 명칭으로 공식화시켰는데 이 모임은 경실련 환경정의시민연대, 기독교 환경운동연대, 그린훼밀리운동연합, 녹색소비자연대, 소비자문제를 연구하는 시민의 모임, 참여연대 과학기술 민주화를 위한 모임, 한국여성민우회, 환경운동연합 등 9개 단체로 구성되었다.

과학기술정보통신위원회 소위원회는 12월 7일 전문위원회의 검토보고서를 검토한 후 이상희 의원이 발의한 개정 법률안에 대한 토론을 벌인 후, 생명공학의 안전 문제와 윤리 문제를 고려하기 위한 규제를 행할 경우 생명공학의 육성을 저해할 우려가 있다는 방향으로 입장을 정리했다. 그리고 좀더 많은 과학계 의견 수렴을 거치고, 외국의 입법 동향 추이를 살펴본 이후 입법화를 진행하는 것이 바람직하다고 판단해 '생명공학육성법 개정안'

을 계속 심사 법안으로 계류시키기로 결정했다.

이성재 의원은 1999년 가을 정기국회에서 보건복지위원회에 '인간복제금지법안'을 제출했다. 그러나 과학기술정보통신위원회에 관련된 법안인 생명공학육성법 개정안이 계류중이었기 때문에, 이성재 의원의 법률안은 과학기술정보통신위원회에서 비교·검토되었다.

이성재 의원은 법률안의 제안서에서 "과학 기술의 발달은 동물 복제 실험의 성공을 가져왔고, 인간 복제의 가능성이 현실화되고 있는 바 질병 치료를 위한 순기능 이외에 인간 존엄성을 침해하는 등 역기능이 우려되고 있어, 기본적으로는 인간 복제를 금지해 인간의 존엄성을 확보하고 예외적으로 치료 목적 등인 경우에 한해 복제 연구 및 실험을 인정하고자 한다"고 제안 이유를 밝혔다(이성재, 1999. 11. 5).

법안의 주요 내용은 (1) 연구개발 금지행위를 명시했으며, 질병 치료 등을 위한 연구·실험은 심의를 거쳐 허용하고 있고, (2) 안전·윤리 관련 심의기구로서 국무총리 소속으로 생명윤리위원회를 설치하도록 하며, (3) 금지행위를 위반시 처벌하도록 하는 벌칙 조항을 명시하고 있다는 것이다.

과학기술정보통신전문위원회는 이성재 의원의 법안이 별도의 입법 형태를 취하고 있다는 점에서 문제를 제기했다. 검토보고서는 인간 복제에 대해 직접적인 규제를 가하기 위한 별도의 독립 입법이라는 점에서, '생명공학육성법 중 개정 법률안'이 생명공학 육성·발전을 주 목적으로 하는 '생명공학육성법'의 범주 내에서 인간의 존엄성을 해치는 인간 범위의 연구개발을 금지하도록 하기 위한 취지에서 제안된 것과는 근본적인 차이가 있으며, 금지 행위 위반시에는 과징금·과태료 외에도 신체형·벌금형 등을 과하도록 하고 있어 관련 연구의 위축 가능성을 함께 고려해 신중히 결정해야 할 것이라고 의견을 제시하고 있다(과학기술정보통신위원회 전문위원회, 1999. 11). 전문위원회는 최근 생명공학 연구 개발, 특히 인간 복제 행위와 관련한 사회적인 관심과 의견이 다양하게 제기되고 있다는 점을 감안해 이 법안을 처리하려면 공청회 등 폭넓은 여론 수렴과 조정 과정을 거칠 필요가 있다고 결론지었다(김훈기, 2001: 77). 과학기술정보통신위원회는 소위원회가 전문위원회가 제출한 검토보고서를 심의한 후 이 법안을 계류시키기로 한 결정을 받아들였다.

복제양 돌리가 탄생한 1997년부터 1999년 말 사이에 국회에서 제기되었던 '생명공학육성법 개정안'과 '인간복제금지법안'들은 국회에 계류된 상태로 있다가 2000년 5월 29일 제15대 국회의 회기가 만료됨에 따라 모두 자동적으로 폐기되었고, 과학기술부와 보건복지부는 각기 독자적으로 생명윤리기본법과 생명윤리 및 안전에 관한 법률안 마련에 나섰다.

2. 행정부 주도의 생명윤리 관련 법률 제정 활동

행정부 주도의 생명윤리 관련 법률 제정 활동은 크게 두 개의 흐름으로 구분된다. 하나는 보건복지부 주도의 '생명과학보건안전윤리기본법안'이고, 다른 하나는 과학기술부 주도의 '생명윤리기본법'이다. 이들 두 부처들의 '생명윤리기본법안'의 제정 활동이 국무조정실의 조정에 의해 보건복지부 주관하에 단일 법안을 제정하도록 한 결정에 이르기까지의 관련 법안 제정 활동의 개요는 <표 5-2>와 같다.

〈표 5-2〉 보건복지부와 과학기술부의 생명윤리 관련 법률의 제정 활동 개요

보건복지부 주도 법률 제정 활동	과학기술부 주도 법률 제정 활동
·2000년 1월: '생명과학보건안전윤리법(안)' 제정 추진계획 수립 ·2000년 5월~2001년 1월: '생명과학 관련 국민보건 안전 윤리 확보 방안' 연구용역(한국보건사회연구원) ·2001년 3월~200·년 10월: '생명윤리 및 안전에 관한 법률' 제정을 위한 2차 연구용역(한국보건사회연구원) ·2002년 7월: 법률 제정을 위한 2차 공청회 개최(한국보건사회연구원 주최)	·2000년 5월: 생명공학윤리대책(안) ·2000년 11월: '생명윤리자문위원회' 발족 ·2001년 5월: '생명윤리자문위원회'에 의한 '생명윤리기본법시안' ·2001년 5월: 국회과학기술정보통신위원회 공청회 개최 ·2002년 5월: '생명윤리자문위원회' 건의안을 토대로 '인간 복제 금지 및 줄기세포 연구 등에 관한 법률안' 제정
·2002년 7월 25일: 국무조정실장 주재 관계 차관회의에서 복지부 주관(과기부 협조)으로 단일 법안을 추진하도록 조정	

자료: 국무총리실, 『생명윤리 및 안전에 관한 법률제정안 규제심사 자료』, 2003. 2. 26; 홍욱희, "생명윤리 자문위원회 활동에 대한 소고," 『과학사상』, 제38호 (2001b), pp. 52-103에 의거 작성.

보건복지부는 2000년 1월 '생명과학보건안전윤리법(안)' 제정 추진계획을 수립하고, 5월 산하단체인 한국보건사회연구원에 '생명공학 관련 국민보건 안전 윤리 확보 방안'에 관한 법안을 제정하기 위한 용역을 발주했다. 그리고 4차례에 걸친 전문가 토론회를 개최하고, 12월에는 공청회를 개최해 광범위하게 의견을 수렴했다.

입법부가 생명윤리에 관한 법안을 제정하려고 노력했을 때에 다루어진 항목들은 주로 인간 복제와 배아 복제 문제에 초점이 맞추어져 있었다. 그러나 2000년에 들어서면서 한국의 생명윤리의 문제는 유전자 검사와 치료 등 다양한 내용들이 포함되기 시작했다. 이는 6월에 미국에서 인간 게놈 프로젝트가 완성되었고, 그 프로젝트의 핵심 내용은 백혈병, 치매, 심장 기형과 같은 난치병의 치료를 가능하게 한다는 데 연유한 것이다. 그러나 인간 게놈 프로젝트의 완성은 유전자 정보의 오용(misuse)이나 유전자의 비윤리적인 조작이라는 새로운 다양한 종류의 생명윤리 이슈를 발생시켰다. 이러한 새로운 사회적 환경이 한국의 생명공학 연구에 새로운 차원의 윤리적 이슈를 제기했고, 사회단체들의 생명윤리 관련 법제정운동을 활성화하는 계기를 마련한 것이다.

한국보건사회연구원은 생명공학의 윤리 문제와 안전 문제에 관한 여러 가지 이슈들을 다루는 과정에서 각계로부터 다양한 의견들을 수렴하고자 노력했다. 한국보건사회연구원은 국립보건원, 연세대학교 의과대학 의료법·윤리학과, 한국보건산업진흥원 등 3개 기관과 합동으로 연구진을 구성하여 법안 제정 작업에 착수했다. 또 법안을 작성하면서 다양한 외국의 관련 법들을 검토했다(김훈기, 2001: 86).

한편 한국보건사회연구원은 인문사회학자, 시민단체 및 일반인들로부터 다양한 의견들을 수렴하려고 노력했다. 의과학회, 법·윤리 관련 학회, 종교시민단체 등 전문가단체들에 대한 의견조사를 실시했으며, 국민들을 대상으로 인간 복제 및 배아 이용, 유전자 검사 및 치료에 관한 의견조사를 실시했다. 이러한 전문가들과 일반 국민들에 대한 의견조사, 외국의 입법사례 등을 종합하여 '생명과학보건안전윤리기본법안'의 초안을 작성했는데, 그 내용은 <표 5-3>과 같다.

〈표 5-3〉 생명과학보건안전윤리기본법안의 구성

구 성	항 목	내 용
제1장	총 칙	목적, 정의, 적용 범위, 국가 등의 책무, 국민의 권리, 생명과학 관련 종사자의 책무
제2장	국가생명안전윤리위원회	위원회의 기능, 구성, 전문기관 등
제3장	생명 복제 및 인공수정 등	인간 복제의 금지, 인간과 동물의 상호 융합행위 등 금지, 배아 부정 이용의 금지, 배아의 유전정보 변경 등 금지, 인공수정의 시술
제4장	유전자 검사	유전자 검사의 실시, 유전정보의 보호, 유정정보에 의한 차별 금지
제5장	세포 치료 및 유전자 치료	세포 치료기관 및 유전자 치료기관의 지정, 준수 사항, 세포 치료 및 유전자 치료 시술의 승인 등
제6장	생명공학실험	실험기관의 허가, 실험의 승인, 실험기관의 장 등의 준수사항
제7장	유전자 변형 생물체(LMO)	인체 유해성 심사, 인체 유해성 평가기관의 지정
제8장	유전자 재조합 식품 및 의약품 등	유전자 재조합식품의 안전성 평가 등, 유전자 재조합 의약품 등의 허가, 유전자 재조합 식품 및 의약품 등 안전관리
제9장	감 독	보고와 조사 등, 폐기 또는 폐쇄명령, 개수명령, 청문, 과징금 처분, 수수료
제10장	보 칙	국고보조, 권한의 위임 및 위탁, 비밀 누설의 금지, 시행령
제11장	벌 칙	벌칙, 과태료
부 칙		시행일, 경과 규정, 타법과의 관계

이 법안이 제안되자 과학계는 보건사회연구원의 법안이 한국의 생명공학을 크게 위축시킬 것이라고 크게 반발했다. 특히 치료용 배아 복제, 배아 줄기세포를 이용한 장기 생산을 원천적으로 금지한 법안은 미국이나 영국, 프랑스, 일본에서도 유례가 없는 보수적인 내용이며, 이 법안이 통과될 경우 21세기 국가의 최우선 과제인 생명공학 경쟁력이 상실되고 인공 장기 개발 등 의학 기술이 뒤떨어져 질병 퇴치를 위한 마지막 희망이 사라질 것이라고 주장했다(경향신문, 2000. 12. 8). 이에 비해 일부 종교단체에서는

어떤 목적의 배아 연구도 해서는 안 된다는 주장을 굽히지 않았다. 즉 생명안전윤리위원회의 동의에 따라 연구 허용의 여지를 열어둔 것조차 문제라고 주장했다(한국일보, 2000. 12. 7).

과학기술부는 보건사회연구원이 제안한 법안이 윤리 문제를 우려해 배아 연구를 지나치게 규제하는 것은 바람직하지 않다고 반발하고, 보건복지부가 의료 윤리뿐 아니라 생명과학 연구 활동까지 다루는 것은 과학기술부의 고유 영역인 과학기술 연구 분야를 침해하는 것이라고 주장했다(한국경제, 2000. 12. 6). 이러한 과학기술부와 생명과학기술 연구계의 반발에 부딪치자 보건복지부는 법안에 대한 수정 작업에 착수했다.

보건복지부는 2001년 3월에 '생명윤리 및 안전에 관한 법률' 제정을 위한 2차 연구 용역을 한국보건사회연구원에 발주했고, 이에 따라 한국보건사회연구원은 의학·약학·법학·철학 등 학계, 의료계 및 시민단체들의 의견을 수렴하고, 관련 전문가들이 자문 또는 집필에 참여하도록 했다(국무총리실, 2003: 6). 한국보건사회연구원은 2002년 7월 15일 법률 제정을 위한 2차 공청회를 개최했다. 이러한 과정을 거쳐 작성된 '생명윤리 및 안전에 관한 법률(안)'은 보건복지부가 과학기술부와 협의하여 이후 정부안으로 확정되는 법률안의 모체가 되었다.

한편 과학기술부는 2000년에 보건복지부와는 별도로 생명윤리와 관련된 독자적인 법안 마련에 나섰다. 즉 과학기술부는 2000년 6월 국무총리에게 국무조정실에서 생명윤리와 관련된 범부처 차원의 법 제정을 추진해 줄 것을 건의했다(국민일보, 2000. 12. 19). 이에 대해 국무조정실은 동년 9월 실무 부처인 과학기술부 주관으로 자문위원회를 구성해 법 제정을 추진하도록 통보했다. 이에 따라 과학기술부는 2000년 11월 인문·사회계 5인, 시민단체 2인, 종교계 3인, 생명공학계 5인, 의학계 5인 등 20인으로 구성된 생명윤리자문위원회를 발족시켰다. 하지만 생명윤리자문위원회가 구성되는 과정에서 적지 않은 진통을 겪어야 했다. 생명공학 기술은 그 기대되는 부가가치가 엄청나고 또 범국가적으로 추진되는 기술개발 사업으로 매년 수천억 단위의 예산이 배정될 정도로 규모가 크기 때문에 관련 정부 부처들 사이에서는 이미 오래 전부터 눈에 보이지 않는 주도권 다툼이 있어 왔다.

특히 산업자원부, 보건복지부, 농림부, 과학기술부 등은 각각 이 사업의 적임자임을 강조하면서 물밑 경쟁을 벌여 왔는데, 어쩌면 생명공학 기술 개발의 저해 요소로도 작용할 수 있는 생명윤리자문위원회의 구성이 제안되기 시작하자 각 부처들은 나름대로의 복잡한 이해 관계를 놓고 발언하기 시작했던 것이다.

이처럼 정부 부처들 사이에 이해 관계가 엇갈렸던 결과 처음에는 생명윤리자문위원회를 국무총리실 산하에 두기로 했다가 앞에서 언급한 바와 같이 과기부에서 이 위원회를 관장하기로 귀결된 것이다. 총리실 산하에 위원회가 너무 많아서 제대로 운영되지 못하고 있으며, 또 총리실 소속의 자문위원회에서 건의되는 사항은 법제화로 연결되기가 어렵다는 것이 그 표면적인 이유였지만 실제로는 보건복지부와 과학기술부와의 주도권 다툼에서 보건복지부가 밀렸기 때문이라는 주장도 있다(홍욱희, 2001b: 56-57).

이렇게 탄생된 생명윤리자문위원회의 임무는 인간 및 동물의 복제 허용범위 검토, 인간과 동식물의 교잡 허용 범위 검토, 인간 유전정보의 보호에 관한 사항 검토, 기타 생명윤리 확보에 필요한 사항 검토였다. 생명윤리자문위원회는 2000년 11월 21일 제1차 전체회의를 개최한 이래 2001년 8월 14일 제18차 전체회의에 이르기까지 16차례의 소위원회와 18차례의 전체회의를 통해 토의 의제를 선정하고 선정된 의제에 따라 토의를 진행했다. 토의 의제로 선정되고 토의된 내용들은 다음 <표 5-4>와 같다(진교훈, 2001).

생명윤리자문위원회 회의록을 살펴보면 '생명윤리기본법(가칭)'이라는 단어가 처음 사용되기 시작한 것은 2001년 4월 10일 바람직한 '생명윤리기본법' 마련을 위한 공개 강연 및 토론회에서부터인 것으로 알려지고 있다(홍욱희. 2001b: 77). 오랜 동안의 논의를 거쳐서 2001년 5월 22일 '생명윤리기본법(가칭)'의 골격이 완성되었고, 동년 10월에는 '생명공학 연구의 윤리성 확보를 위한 기획연구' 보고서에 포함되어 과학기술부에 제출되었다.

'생명윤리기본법안'이 2001년 5월에 발표되자 생명공학계와 관련 산업계에서는 기본 골격에 대한 강한 비난이 빗발쳤다. 한국생명공학연구원은 '생명윤리법시안에 대한 건의문'을 발표했고, 여기서 이 시안이 한국 생명공학

〈표 5-4〉 생명윤리자문위원회의 토의 의제

1. 법안의 성격과 위상(나중에 생명윤리기본법의 목적으로 개명)
2. 국가생명윤리위원회의 구성
3. 생명 복제 연구와 활용의 허용 범위
① 인간 개체 복제
② 인간 배아 복제
③ 인간 이외의 생물 복제와 종간(種間) 교잡 등
4. 인간 배아 연구와 활용의 허용 범위
5. 유전자 변형 연구와 활용의 허용 범위
6. 인간 유전체 정보 연구와 활용에 관한 사항
① 개인 유전정보 보호
② 유전적 차별 금지 등
7. 유전자 치료와 genetic improvement에 관한 사항
8. 윤리적인 이유로 금지 또는 규제해야 할 생명 특허 등
9. 기타

분야의 기술 개발 및 이용을 크게 위축시킬 것이기 때문에 이를 재고해야 한다고 주장했다. 생명공학연구원의 건의서가 제출된 이후 며칠이 지나지 않아서 전국경제인연합회 생명과학산업위원회는 한국생물산업협회, 생명공학연구소 등과 공동으로 한국생명공학연구원에서 건의했던 내용과 유사한 내용을 담은 '생명윤리기본법 시안에 대한 긴급건의문'을 정부에 제출했다. 또 6월 12일에는 대한불임학회, 한국생물공학회, 한국유전체학회 등 생명공학 관련 15개 학회가 '생명윤리기본법 시안'의 수정 보완을 요청하는 성명서를 발표했다.

2001년 5월 29일 국회 과학기술정보통신위원회는 국회에서 공청회를 개최하고 생명윤리기본법안과 관련된 질의를 벌였다. 공청회에서 과학기술정보통신위원회 소속 국회의원들의 입장은 전반적으로 생명윤리기본법안에 대해 부정적이었다. 생명공학 육성의 주무 부처인 과학기술부가 왜 육성을 저해하는 윤리 법안을 만들었는지에 대한 질책성 발언도 있었다(김훈기,

2001: 108).

공청회 이후 과학기술부는 '생명윤리기본법안'은 생명윤리자문위원회의 의견이며 과학기술부의 공식 입장이 아니라는 점을 강조했다. '생명윤리기본법안'을 만들도록 생명윤리자문위원회를 구성했던 과학기술부는 이 자문위원회가 만든 '생명윤리기본법안'에 지지를 보내거나 유보적인 입장을 취해야 할 상황에 처했는데, 과학기술부는 연구계와 관련 산업계, 그리고 국회 과학기술정보통신위원회 소속 국회의원들의 강한 반발을 감안하여 유보적인 입장을 택했다.

생명윤리자문위원회를 구성하던 당시 과학기술부는 2001년 정기국회에서 생명윤리기본법안을 통과시킬 계획이었다. 그러나 생명윤리기본법 골격에 대한 반발에 따라 과학기술부는 8월 20일 "현재 쟁점이 되고 있는 '생명윤리기본법'의 입법안을 2002년 3월까지 마련해 국회에 상정할 방침"이라고 밝혔다(한겨레신문, 2001. 8. 27).

보건복지부와 과학기술부는 이상에서 살펴본 바와 같이 생명윤리와 관련된 법안의 제정 과정에서 주도권을 잡으려고 계속 노력해 왔으며, 갈등이 증폭되어 왔다. 이러한 과정에서 2002년 7월 클로네이드사(한국지부)의 인간 복제 시도 등 생명윤리와 안전 문제가 사회의 현안 문제로 대두됨에 따라 인간 개체 복제를 조속히 금지시키기 위해 최종 법안을 마련하고 입법 절차를 진행시켜야 할 필요성이 크게 증대했다. 이에 따라 2002년 7월 25일 국무조정실장이 주재하는 관계 차관회의에서 법률 주관 부처를 보건복지부(과학기술부 협조)로 조정하여 단일 법안을 추진하도록 했다.

Ⅳ. 쟁점 사항의 이견 조정, 규제영향 심사 및 법안의 통과

관계 차관회의에서 법률 주관 부처를 복지부로 조정한 내용을 좀더 구체적으로 살펴보면, 첫째 국가생명윤리자문위원회 구성은 보건복지부가 과학기술부와 협의하여 결정하고, 공동간사제로 운영하도록 했고, 둘째 국가생명윤리자문위원회에서 생명과학 연구 분야 관련 안건을 상정하는 것 등은 과학기술부가 담당하고, 그 외 분야는 복지부가 담당하도록 한다는 것이었다(국무총리실 규제개혁위원회 행정사회분과, 2003b). 그러나 국무총리실에 의해 조정이 이루어진 이후에도 체세포 핵이식 연구의 허용 여부, 배아 연구 등 생명과학 연구 관리의 주관 부처에 대한 이견으로 법 제정 추진이 지연되었다. 그리고 2002년 8월부터는 수차에 걸쳐 보건복지부와 과학기술부 간에 실무 협의를 지속하고, 양 부처가 시민단체, 종교계, 과학계 등과의 간담회를 개최했다.

보건복지부는 2002년 9월 24일 '생명윤리 및 안전에 관한 법률안'을 입법예고했는데 그 주요 내용은 인간 복제를 금지하고 냉동 잔여 배아 연구를 허용하며, 체세포 복제 연구는 원칙적으로 금지하되, 추후 국가생명윤리자문위원회에서 허용 범위를 결정한다는 것이었다. 그러나 법 시행 당시 진행중인 체세포 복제 연구는 경과 규정을 두어 보건복지부 장관의 승인을 얻은 경우에 한해 승인된 기간까지 연구를 허용하기로 했다. 또한 3년의 일몰 규정을 두어 원칙적으로 이 금지 규정을 재검토하기로 했다(국무총리실, 2003b: 1-2).

2002년 10월 25일에는 관계 차관회의를 개최했다. 이 회의에서는 관계 부처 간 협의의 진행 상황을 보고받고, 외교통상부에서 UN에서 '인간복제금지협약안'에 대한 논의가 매우 민감하게 진행되고 있고, 조만간 표결이 이루어질 예정이며 표결 결과는 우리 정부의 입법 내용에 큰 영향을 미칠 수 있다고 보고, UN 표결 결과가 나온 다음에 다시 조정하기로 결론내렸다.[1]

김홍신 의원 등 88인은 2002년 11월 13일 보건복지부안을 토대로 의원입법안으로 '생명윤리 및 안전에 관한 법률안'을 국회에 제출했다. 법안의 제안 이유는 "생명과학 기술의 발전이 인간의 존엄과 가치를 침해하거나 인체에 위해를 주는 것을 방지하고, 질병의 예방 · 치료 및 건강 증진에 기여

1) UN 인간복제금지협약 W/G 회의에서 논의된 주요 내용은 다음과 같다. 즉 미국과 교황청, 스페인, 중남미 국가 등 가톨릭계 국가들은 개체 복제는 물론 치료 · 연구의 경우에도 필연적으로 인간 배아 파괴를 수반하므로 인간 복제 활동은 전면적으로 금지시켜야 한다는 입장이다. 이에 비해 프랑스, 독일, 영국, 스위스와 아시아 국가들은 개체 복제 금지협약을 우선 채택하고, 치료 · 연구 목적의 복제 문제는 추후 별도의 의정서 등으로 규율하자는 점진적 입장이다.

할 수 있도록 생명과학 기술의 적용 과정에 대한 투명성과 신뢰성 확보를 위한 제도적 장치를 마련하려는 것"이었다(김홍신, 2002).

국회에서 생명윤리 및 안전에 관한 입법안이 제안되고 있는 과정에서도 행정부에서는 정부 입법안에 대한 조정 작업이 계속되었다. 2002년 11월 22일에는 국무조정실 사회문화조정관 주재하에 관계 부처 국장회의를 개최하고 정부입법 방향을 협의했는데 이 협의에서 결정된 주요 내용은 생명윤리 및 안전에 관한 법은 국가정책적 판단 사항과 국제 동향이 고려되어야 하므로 정부입법으로 추진되어야 하며, 체세포핵 이식 연구는 법에서 명시적으로 금지하지 않고 실질적으로 규제·관리하는 방안을 검토한다는 것이었다.

한편 이상희 의원 등 27인은 2003년 1월 2일 국회에서 과학기술부안을 토대로 의원 입법으로 '인간 복제 금지 및 줄기세포 연구 등에 관한 법률안'을 제출했다. 이 법안의 제안 이유는 "인간 복제 연구 및 줄기세포 연구 등 생명과학 기술의 연구 개발이 윤리적 기반 위에서 조화롭게 추진되어 생명과학 기술이 인간의 존엄성을 침해하지 않는 건전한 발전을 하도록 하고, 생명과학 기술이 국민의 건강한 삶의 추구에 기여하게 하기 위하여 인간 개체 복제를 금지하고 국가생명윤리위원회를 설치하고자 함"이라고 밝히고 있다.

이상희 의원의 입법안 제안 이유에서 보듯이 국가생명윤리위원회의 설치는 생명윤리 관련법 제정에서 중요한 이슈의 하나이다.

이상희 의원과 거의 같은 시기에 이윤형 의원 등 20인이 '인간 복제 및 줄기세포 연구 등에 관한 법률안'이라는 동일한 명칭의 법률안을 국회에 제출했다. 이 법률안의 제안 이유는 "인간 복제를 강행해 온 미국의 종교단체 라엘리언의 비밀조직인 클로네이드는 사상 최초로 인간 복제를 통해 아기가 태어났다고 밝혀 전 세계가 경악하고 있음. 국내에서도 인간 복제를 신청한 여성 중 1명이 외국으로 출국하는 일이 발생하면서 한국의 경우에도 더 이상 안전지대는 아님.…… 이에 대한 대책이 절실히 요구되지만 현재 추진되고 있는 대책은 윤리적인 측면에서 과도하게 편향되어 생명과학 발전이 심히 저해되는 것이 필연적임. 이 경우 국내에 있는 연구소들은 문을 닫아야 하거나 외국으로 이전을 해야 되는 불상사가 발생함.…… 현재 추진중인 이런 원칙적 금지는 세계 어디에도 유례가 없다는 점에서 윤리적 기반 위에 생명산업 발전을 유도하기 위해 '인간 복제 금지 및 줄기세포 연구 등에 관한 법률' 제정이 시급함"이라고 밝혀, 생명과학 연구를 뒷받침할 수 있는 생명윤리법의 제정을 목표로 하고 있음을 천명하고 있다. '생명윤리 및 안전에 관한 법률'의 제정과 관련해 관계 부처들 간에 쟁점이 되고 있는 주요 이슈는 두 가지이다. 그들 가운데 하나는 체세포 핵이식(이종간 핵이식 포함) 연구 허용 여부이고, 다른 하나는 배아 연구 등 생명과학 연구관리의 주관 부처가 어디가 되어야 하느냐 하는 것이다.

먼저 체세포핵 이식 연구 허용 여부에 대한 이슈에 대해 보건복지부는 잠정 금지 후 허용 여부를 결정하자는 입장이다. 즉 과학계·종교계 인사를 포함하여 구성될 국가생명윤리위원회에서 연구 허용 여부를 결정할 때까지는 잠정적으로 금지시키자는 것이다. 이에 반해 과학기술부와 산업자원부는 잠정 허용 후 금지 여부를 검토하자는 입장이다. 즉 위원회 결정에 많은 시간이 소요될 가능성이 있으므로 생명공학 발전을 위해 위원회 결정 직전까지는 연구를 우선 허용할 필요가 있다는 것이다. 이에 대해 복지부는 현재 진행중인 체세포 핵이식 연구에 대해서는 복지부 장관의 승인을 얻어 인정하는 경과 규정을 두면 된다고 주장했다.[2)]

다음 배아 연구 등 생명과학 연구관리의 주무부처에 대한 이슈에 대해 보건복지부는 보건복지부로 일원화해야 한다는 입장이다. 즉 배아 연구기관의 등록, 연구계획서의 승인, 생명과학 연구기관에 대한 자료 제출·조사 요청, 법 위반 기관의 등록·승인 등의 취소·정지 등 생명과학 연구의 관리 일체를 복지부가 관장해야 한다는 것이다. 이에 반해 과학기술부는 연구 내용과 주관 대상에 따라 이원화해야 한다는 입장이다. 즉 생명공학 관련 연구에 대한 관리는 공학육성법과 기초과학 연구 진흥의 주관 부처인 과기부가 담당하고, 유전자 치료·유전자 검사 등 치료와 관련한 연구관리는 복지부가 담당해야 한다는 것이다.

---

2) 보건복지부의 '생명윤리 및 안전에 관한 법률안' 입법 예고안의 부칙에 규정을 둠.

〈표 5-5〉 체세포 핵이식 연구의 허용 여부

입 법 예 고	조 정 결 과
·배아 복제 연구의 원칙적 금지 ·추후 생명윤리자문위원회에서 배아 복제 연구 허용 여부 논의	·치료 목적 이외의 연구는 금지 ·치료 목적의 연구의 경우에도 생명윤리자문위원회의 심의를 거쳐 복지부 장관이 승인

2003년 1월 9일에는 국무조정실 사회문화조정관 주재로 관계 부처 간 이견을 조정했는데, 이 때 조정된 주요 내용은 인간 개체 복제를 엄격히 금지한다는 것이었다. 그리고 체세포 핵이식 연구의 허용 여부는 이미 입법 예고했던 내용을 <표 5-5>와 같이 조정했다.

한편 배아 연구관리의 주무 부처는 관리의 일관성을 유지하기 위해 그 관리 주체를 보건복지부로 일원화하되 관계 부처는 정해진 범위 내에서 자율권을 갖도록 한다는 것이었다(국무조정실, 2003b: 3). 그리고 이상에서 조정된 방향을 가지고 보건복지부와 과학기술부가 법제처와 조문 조정을 실시하기로 했다.

또한 이슈가 되었던 체세포 핵이식 연구에 대해 보건복지부와 과학기술부 간에 조정된 내용은 다음과 같다.

첫째, 체세포 핵이식 연구에서는 일반적 체세포 핵이식 연구는 금지하되 희귀·난치성 질병 연구 목적에 한해 허용하기로 했다. 이는 보건복지부안의 일부를 수용하고 과기부안도 부분적으로 수용한 것이다.

둘째, 체세포 핵이식 연구 관리의 주무 부처는 복지부로 결정했다. 복지부 장관이 배아 연구 계획서를 승인하며, 이 때 복지부 장관은 당해 연구의 연구비를 지원하는 다른 중앙행정기관의 장과 협의하도록 조정했다.[3)]

이에 대해 과학기술부는 복지부 장관에게 배아 연구 계획서를 제출하여 법이 정한 범위를 넘었는지 여부를 검토받도록 하며, 복지부 장관은 과학기술부 장관과 협의하여 대통령이 결정한 허용 범위 등을 고려하여 사후적

3) 체세포 핵이식 행위는 인간 복제로 연결될 수 있으므로 엄격한 통제가 필요하며, 냉동 잔여 배아의 연구도 승인 사항이라고 규정하고 있다.

으로 연구계획서의 변경 및 금지를 명할 수 있도록 해야 한다는 입장이다. 즉 과학기술부는 대통령이 연구의 허용 범위를 정했으므로 이에 대한 별도의 승인 절차는 불필요하고, 연구계획서가 허용 범위를 넘었는지의 여부만 사후적으로 확인하고, 일탈했을 경우 변경 요구나 금지를 하면 된다는 입장을 취했다. 이 문제에 대해 2003년 2월 6일 국무조정실 복지노동심의관 주재하에 관계 부처 간 이견을 조정했다. 즉 대통령이 연구의 허용 범위를 정했으므로 별도의 승인 절차가 불필요하다는 과학기술부의 의견은 법문의 유권 해석에 관한 문제이므로 법제처의 법제 심사시 해석 후 허용하기로 하고 법 제정 절차를 진행시키기로 한다는 것이다.

'생명윤리 및 안전에 관한 법률안'이 장기간의 조정 과정을 거쳐 법제처의 법제 심사에 회부하기로 결정되었으나 이 법률안의 제정이 새로운 여러 가지 사회적 규제를 유발하기 때문에 규제개혁위원회의 규제심사를 받아야 한다. 따라서 이 법률안은 2003년 2월 26일 규제개혁위원회의 행정사회분과위원회에 상정되어 심의되었는데 분과위원회 심사 결과 법 제정안의 전반적인 내용에 대해서는 보건복지부안을 동의하되 몇 가지 사항을 개선 또는 보완하도록 권고했다.

첫째, 생명과학 기술의 발전 및 연구가 인간의 가치와 존엄성을 침해하는 것을 방지하기 위해서는 인간 배아(수정 배아, 복제 배아)의 생성·이용, 유전자 검사·치료 등에 대한 국가의 엄격한 관리·감독 시스템을 갖출 필요가 있다. 둘째, 배아 연구계획서의 승인 절차에 대해서는 관련 관계 부처 간 이견이 있으나, 생명과학 연구의 윤리적·안전성 측면의 검토를 강화하여 체세포 핵이식 행위가 인간 복제에 연결될 가능성을 차단하기 위해서는 관련 연구에 대한 관리를 보건복지부로 일원화하여 엄격히 할 필요가 있다는 점에서 보건복지부안에 동의한다는 것이다. 인간과 동물 간 체세포 핵이식 행위는 종교계, 시민단체 등의 우려가 특히 높으므로 각국의 입법 동향 등을 고려하여 재고해야 하고, 인간생명윤리자문위원회가 실질적인 기능을 발휘할 수 있도록 자문기구가 아닌 심의기구로 강화할 필요가 있으며, 동 법안의 관리·감독 규정이 실효성을 확보할 수 있도록 행정력 확보 등 사후관리 방안을 강구할 필요가 있다는 점에서 보완을 권고했다. 이와같이 조정된 법률안은 규제개혁위원회, 차관회의 및 국무회의의 심의를 거쳐 행정부의 법률안으로 국회에 제출되었으며, 마침내 2003년 12월 29일 국회 본회의에서 통과되었다.

연구 문제

1. 복제양 돌리의 탄생이 던진 희망의 메시지와 우려의 메시지는 무엇인가?
2. 인간 복제와 관련된 생명과학 기술의 발전에 따라 제기될 것으로 보이는 새로운 가능성들은 무엇이며, 윤리적 쟁점들은 무엇인가? 왜 그것이 중요한 쟁점들이 되는가?
3. 생명과학 기술의 발전에 따라 인간 유전자 정보의 해독, 유전자 조작 변형 및 복합 기술의 새로운 가능성들은 무엇이며, 새로운 윤리적 쟁점들은 무엇인가? 왜 그것들이 중요한 쟁점들이 되는가?
4. 국회의 생명공학육성법 개정 노력은 왜 성공하지 못했으며, 그것이 한국의 정책형성 과정의 어떤 특징을 나타내 주는가?
5. 행정부 주도의 생명윤리 관련법 제정 활동의 특징은 무엇이며, 그것의 성공 요인은 무엇인가?
6. 국회 주도의 생명공학육성법 개정 노력과 행정부 주도의 생명윤리 관련법 제정 활동을 비교하라.
7. 생명윤리법 제정 과정에 나타난 쟁점 사항들의 이견 조정과 규제영향 심사 과정의 특징은 무엇인가?

참고 문헌

국무총리실(2003a), "생명윤리 및 안전에 관한 법률제정안 규제심사," 국무총리실 행정사회분과위원회 안건.

국무총리실 규제개혁위원회 행정사회분과(2003b), "생명윤리법 제정 관련 조정 경과.”
김홍신(2002), “생명윤리 및 안전에 관한 법률안,” 김홍신 의원 대표 발의.
김훈기(2001), “한국 생명공학 정책의제 형성과정에 관한 연구: 생명윤리 입법화 과정을 중심으로,” 고려대학교 대학원 박사학위 논문.
김훈기(2004), “한국생명윤리법 제정에 나타난 특성 연구,” 정책연구 심화의 길(Ⅳ), 한국정책학회 2004년 동계학술대회 및 정기총회.
박병상(2001), “배아복제: 반대- 가치판단은 과학자가 함부로 독점할 수 없다,” 『새천년 emerge』, 22.
박세필(2001), “배아복제: 찬성- 인간복제는 구별되어야 한다,” 『새천년 emerge』, 22.
박은정(2001), “법 · 인권 · 생명,” 『과학사상』, 36.
생명윤리자문위원회(2001), 『생명윤리기본법 시안』, 서울: 과학기술부.
샤논, T. A., 디지아코모, J. J.(1988), 『生醫倫理學이란?』, 황경식 · 김상득(역), 서울: 서광사.
서울대학교 의과대학 의학교육연수원(편)(2000), 『임상윤리학- 의료윤리학을 위한 접근』, 서울: 서울대학교출판부.
송리부(2000), “과학기술정책의 정당성 변용: 생명공학 육성정책을 중심으로,” 고려대학교 대학원 석사학위 논문.
이상희(1998), “생명공학육성법 중 개정법률안.”
이상희(2003), “인간복제 금지 및 줄기세포 연구 등에 관한 법률안,” 이상희 의원 대표 발의.
이성재(1999), “인간복제 금지법안.”
이원형(2003), “인간복제 금지 및 줄기세포 연구 등에 관한 법률안,” 이원형 의원 대표 발의.
이의경(2000), “생명과학보건안전윤리법(안)의 주요 내용,” 한국보건사회연구원 외, 「생명과학 관련 보건안전 · 윤리 확보를 위한 공청회(공청회 자료 2000-11)」.
이필렬(2001), “인간 게놈프로젝트, 인유전자의 조작, 현생 인류의 증발,” 『문학과 사회』, 서울: 문학과지성사.
임도빈(2001), “행정윤리의 분석틀,” 서울대학교 행정대학원 교수세미나 발표 논문.
장영달(1997), “생명공학육성법 중 개정법률안.”
정광수(2001), “인개체복제에 대한 윤리적 검토,” 서울대 과학사 및 과학철학협동과정 제62회 콜로키엄 (2001, 4, 21) 발표문.
조선일보(2001), “인간배아 첫 복제,” (2001. 11. 27).
진교훈(2001), “생명윤리자문위원회 활동보고서 머리말,” 이영식, 「생명공학연구의 윤리성 확보를 위한 기획연구(생명윤리자문위원회 활동보고서)」, 한국과학

기술기획평가원(생명윤리자문위원회).
한림대학교 인문학연구소(1995), 『생명과학기술 및 생명윤리 연구의 현황과 한국의 대응방안 연구』, 서울: 과학기술부.
황경식(2001), "게놈 프로젝트와 판도라의 상자," 『과학과 사상』, 36.
황상익(2001), "생명의료 윤리와 국가의 역할," 『새천년 emerge』, 22.
홍욱희(2001a), "생명공학 시대의 생명, 『과학과 사상』, 36.
———(2001b), "생명윤리자문위원회 활동에 대한 소고,." 『과학과 사상』, 38.

Economist (2001), "America's Next Ethical War," *Economist* (April 12, 2001), www.economist.com.
Engelhard, Jr. H. Tristram (1983), "Viability and the Use of the Fetus, Beauchamp Tom L. & Pinkard P. (eds.), *Ethics and Public Policy*, Englewood Cliffs, N. J.: Prentice-Hall, Inc.
Galston, Arthur W. & Shurr, Emily G. (eds.)(2001), "New Dimensions In Human Bioehical: Science," *Ethics and the Formation of Public Policy*, Boston: Kluer Academic Publishers.
Harvard Business School (1983), *Ethical Frameworks for Management*, Boston: Harvard Business School Publishing.
Koshland, Jr., Daniel E. (1996), "Ethical Decision Making in a Pluralistic Society." In Rudolph, Frederick B. & McIntire, Larry V. (eds.), *Biotechnology: Science, Engineering, and Ethical Challenges for the 21st Century*, Washington, D.C.: Joseph Henry Press.
Rawls, John (1971), *A Theory of Justice*, Cambridge, MA: Belknap Press.
Rifkin, Jeremy (1998), *The Biotech Century*. New York: Putnam.
Rothstein, Mark A. (1996), "Ethical Issues Surrounding the New Technology as Applied to Care." In Rudolph, Frederick B. & McIntire, Larry V. (eds.), *Biotechnology: Science, Engineering, and Ethical Challenges for the 21st Century,* Washington, D.C.: Joseph Henry Press.
Wiegele, Thomas C. (1991), *Biotechnology and International Relations*, Gainsville: University of Florida Press.
Zaller, John R. (1992), *The Nature and Origin of Mass Opinion*. Cambridge: Cambridge University Press.

제 6 장

의약분업 정책사례*

최 종 원

I. 서 론

의약분업이란 환자의 치료에 사용되는 의약품을 의사가 환자의 증상을 진단하여 처방하고, 그 처방전에 따라 약사가 조제·복약 지도한 후 환자가 사용하도록 하는 제도이다. 의약품의 오·남용을 예방하고, 의약품의 적정 사용으로 약제비 등을 절감하며, 환자의 알 권리 및 의약 서비스의 수준을 향상시키는 것이 주된 목적이다.

의약품의 전문적인 관리와 약사와 의사의 직능간 업무 분화라는 점에서 의약분업에 관해 많은 논의가 있어 왔다. 1963년 약사법 전문 개정시 의사의 처방전에 의해서만 약사가 조제할 수 있도록 의약분업의 원칙을 규정하는 것이 논의되었고, 이후 국회 상임위원회나 보건사회부 국정감사 등에서 논의가 진행되었다. 그러나 여건 미비를 이유로 약사법 부칙에 의사의 직접 조제를 허용하여 사실상 시행을 유보했다.

1988년 전국민의료보험 실시에 맞추어 3단계 의약분업 시행 방안이 마련되었으나 의료계와 약계가 합의안을 폐기했고, 의약분업의 원칙을 규정하

* 이 연구의 집필 과정에서 많은 도움을 준 서울대 행정대학원 박사과정생 백승빈에게 깊이 감사드리며, 자료 수집 과정에서 도움을 준 기획예산처 장정진 서기관과 서울대 행정대학원 석사 김종화 군에게도 감사드린다.

는 약사법 개정도 계속 표류했다. 마침내 1994년 약사법을 개정하여 의약분업에 대한 기본 골격을 규정하고 1997년 7월에서 1999년 7월 사이에 실시하도록 규정했다.

대통령의 선거공약에 의약분업이 포함되고 법정 기한이 다가옴에 따라 김대중 정부는 공익 대표와 의·약계의 인사 등으로 구성된 의약분업추진협의회를 구성하고 1998년 8월 시행 방안을 합의했다. 그러나 의·약계 이익단체들이 실시를 연기하는 청원을 국회에 제출함으로써 2000년 7월로 의약분업은 다시 연기되었다. 2000년 2월부터 시작된 의료계의 대규모 반발은 집단 휴·폐업이라는 의료 대란으로 이어졌고 이로 인해 의약분업은 본격적으로 실시되지 못했다. 2000년 11월 11일 의·약·정(醫·藥·政)이 최종안에 합의하고 약사법 개정안이 2001년 7월 국회를 통과함으로써 의약분업에 관한 기나긴 정책결정 과정은 일단락짓게 되었다.

의약분업 제도는 우리 나라 보건복지 정책에서 매우 중요하고 획기적인 정책이다. 또한, 이 제도의 도입 과정에서 나타난 파행과 갈등은 우리 나라 정책 과정 연구에 많은 시사점을 제공해 준다. 상당 기간 동안 많은 정책참여자들에 의해 토의되고 준비된 정책이 막상 시행되자 정책 대상집단인 의사들의 집단행동이 야기되었고, 이러한 의사들의 집단 시위와 의료 대란을 막기 위해 정부가 택한 정책은 문제의 근본적인 해결과는 거리가 먼 의료수가 인상이라는 미봉책이었으며, 그러한 정부의 미봉책은 결국 의료보험 재정 파탄이라는 또 다른 정책 문제를 야기시켰다.

의약분업 정책이 당시의 정책 상황에 비추어 올바른 또는 불가피한 정책 선택인지, 그리고 이 정책이 현재 소기의 정책 목적을 달성하고 있는지에 대해서는 정책담당자들과 정책전문가들 사이에도 다양한 의견 차이를 보이고 있다. 이 연구는 의약분업 정책의 정책타당성 분석 및 정책집행 평가가 주요 연구 목적이 아니다. 시간의 추이에 따라 시시각각으로 변했던 의약분업정책의 정책 결정 과정을 자세히 살펴봄으로써 우리 나라 정책 과정 연구의 기초 사례연구로서 이 연구가 활용되기를 기대한다.

Ⅱ. 의약분업 도입 논의 시기(1963~84년)

1. 의약분업 도입 논의

1953년 12월 18일 공포된 약사법은 제18조에서 "약사가 아니면 의약품을 조제할 수 없다"고 규정했지만, 부칙 제3조에서 "의사 · 치과 의사 · 한의사 또는 수의사는 자신이 치료용으로 사용하는 의약품에 한하여 자신이 직접 조제할 경우 제18조의 규정에도 불구하고 조제할 수 있다"고 규정함으로써 의사 등에 의한 의약품 조제를 인정하고 있다. 또한 약사법시행규칙 제7조에서는 "약사는 의약품을 조제할 때에는 의사 등의 처방전이나 대한약전 또는 보건사회부 장관이 지정하는 공정서 및 의약품집에 의하여 조제하도록" 규정하여 의사 등의 처방전 없이도 약사가 조제할 수 있도록 허용했다.

1963년 대한의학협회(현 대한의사협회)는 항생제 등 의약품 남용을 억제할 필요성을 제기했고, 정부는 약사법을 개정하여 제21조 제3항에서 "약사는 의사의 처방전에 의하여 조제를 하여야 한다"고 규정했다. 그러나 약사회는 의료계와 약계를 모두 규제하면서 의약분업을 시행하지 않는 한 약계에 대한 일방적인 규제는 부당하다는 논리를 펴면서 강하게 반발했다. 1965년 4월 제21조 제3항은 삭제되었다. 1966년, 1969년에는 국회 보건사회위원회에서 의약분업이 논의되었고, 보건사회부 내에 의약분업추진연구위원회가 발족되었으나 한 번의 회의도 없이 해체되기도 했다.

의약분업 도입에 대한 본격적인 논의가 시작된 것은 의약분업의 장애 요소 중 하나인 환자 부담 증가 문제가 의료보험 실시로 인해 어느 정도 해결되기 시작하면서부터이다. 1977년 8월 18일 대한의학협회와 대한약사회는 의약분업을 점진적으로 추진한다는 합의서를 교환했다. 그러나 당시는 의료보험 적용 대상 범위가 크지 않아 큰 관심이 없었으며, 의약분업의 형태, 시기, 방법 등에 대한 양 단체의 입장 차이가 심해 별다른 진척을 보이지 못했다.

이러한 가운데 제1종 의료보험이 실시되어 1977년 7월 1일 500인 이상의 종업원을 가진 사업장에 적용되었고, 1979년 공무원 및 사립학교 교직원 대상, 1979년 7월 300인 이상 사업장, 1981년 100인 이상 사업장으로 확대되었다. 당시의 의료보험 제도는 약국의 참여 없이 병·의원 등의 의료기관을 중심으로 실시되었다. 1981년 7월에는 제2종 의료보험 시범사업이 전북 옥구, 강원도 홍천, 경북 군위 3개 지역에서 실시되었다. 의료보험 시범사업은 약국을 제외한 의료기관을 의료보험 대상으로 했기 때문에 약국의 수입이 30~40% 감소하고 폐업 위기에 처하는 등 사회적인 문제를 낳았다. 이에 보건사회부는 처방전 발생이 강제되지 않는 임의분업 형태로 9월 1일부터 시범지역 내의 약국을 의료 취급기관에 참여할 수 있게 했다. 그러나 3개 지역에서 실시된 임의분업의 실효성에 대한 약사회의 비판이 거세게 일어나기 시작했다. 옥구의 경우 3개월 동안 약국에 처방전이 접수된 경우가 전혀 없었으며, 홍천과 군위의 총 11건의 처방전도 고가약에 대한 처방전이었기 때문이다.

2. 의약분업 시범 실시

1982년 7월부터는 목포, 강화, 보은을 의료보험 실시 지역으로 확대하는 제2차 시범사업이 실시될 계획이었다. 1차 시범사업의 임의분업 시행 결과 처방전 발행 실적이 저조했다는 점을 들어 약사회는 2차 시범사업에서는 강제분업을 실시할 것을 주장했다. 그러나 의학협회는 여건 미비를 이유로 들어 임의분업을 주장했으며, 의약분업 시범사업 반대운동을 전개했다.

보건사회부는 의·약계의 합의 없이는 강제 의약분업을 시행하지 않을 것이라는 입장을 밝혔으나, 내부적으로는 '처방 및 조제에 관한 세부지침'에서 의료보험 요양기관의 처방전 발행을 의무화하는 강제분업으로 방향을 정했다. 이에 대해 의학협회에서 강하게 반발하자 세부지침을 수정하여 처방전 발행을 종전대로 임의에 맡겼다. 그러자 이번에는 약사회가 반발하여 1982년 6월 25일 전남 지역을 시작으로 26일 전국의 약국이 폐문하는 사태가 벌어졌다. 약사회의 격렬한 반발에도 불구하고 7월 1일 임의분업 형태로 2차 지역의료보험 시범사업이 시작되었으며, 약사들의 요구와 정부의 지도에도 불구하고 의료기관의 처방전 발행 실적은 매우 저조했다.

정부는 의료계와 약계의 갈등을 해결하고 의약분업을 지속적으로 다루기 위해 보건사회부 자문기구로 의약협업추진위원회를 구성했으며, 1982년 12월 21일 단계적으로 의약분업을 추진할 것을 합의했다. 이후 의사 및 약사가 비교적 균등하게 분포되어 있는 목포에서 의약분업을 시행하기로 결정했다. 1984년 1월 25일 정부는 완전 의약분업에 대해 의학협회와 약사회의 합의를 이끌어 내고 각서를 작성했으나, 의학협회가 곧 정부의 강제의약분업에 반대하고 나섰다. 의약협업추진위원회는 새로운 수정안을 제시했으며, 4월 12일 계약에 의한 부분 의약분업을 목포에서 실시하기로 결정했다. 1984년 5월 1일부터 12월 31일까지 실시된 목포에서의 의약분업은 처방전 발행 수 측면에서는 이전의 시범사업과는 다른 소기의 성과를 거두었다고 평가되었다.

목포에서 시행된 의약분업 시범사업에 대해 정부와 약계는 긍정적인 평가를 내리고 사업의 연장이라는 입장을 검토하기 시작했지만 의료계는 이에 반대했다. 약사회는 시범 기간의 종료와 함께 강제분업을 도입할 것을 요구하고 나섰다. 약사회의 요구에 대해 보건사회부는 빠른 시일 내에 서구식 완전 의약분업을 제도화하고, 1985년 3월 31일까지 도입되지 않을 경우 사실상 의약분업이 이루어지도록 새로운 조치를 강력히 시행할 것을 약속했다.

Ⅲ. 의약분업 구체안에 대한 갈등 표출 시기(1987~93년)

1. 3단계 의약분업안과 정부의 수정안

정부는 1988년 농어촌 지역, 1989년 도시 지역에 실시될 전국민의료보험 준비를 위해 1987년 1월 23일 전국민의료보험실행위원회를 설치했다. 위원회는 보건사회부 국장, 의·약 관련 집단대표, 학계 및 연구기관의 전문가 등으로 구성되었고, 의약분과위원회에서 의약분업 문제를 다루게 되었다. 그러나 약국을 의료기관으로 지정하고 완전한 의약분업의 조속한 제도화를 요구하는 약사회와 임의분업을 원칙으로 하고 분업 시기 또한 전국민의료보험 실시 후 고려하는 것이 바람직하다는 의학협회 간의 의견 차이는 좁혀지지 않았다. 결국 1987년 12월 29일 의약분과위원회 제4차 소위원회를 열어 정부는 3단계 분업안을 제시했다.

3단계 분업에 의한 1단계는 약제비 보험급여 방식에 의한 부분분업으로, 주사제를 제외한 약제비 급여를 의사의 처방전에 의해 약사가 조제 투약한 경우에만 지급하고, 의사의 직접조제 투약과 약사의 임의조제 투약시에는 보험급여를 인정하지 않는 것을 말한다. 1988년 1월부터 농어촌 지역에서 시범 실시하고 1989년 1월에는 도시 지역으로 확대 실시하기로 했다. 2단계는 의약품 분류에 의한 부분분업으로, 모든 의약품을 처방용과 일반용으로 분류하여 주사제를 제외한 모든 처방용 약에 대해 보험급여에 관계 없이 의사의 직접조제 투약이나 처방전 없는 약사의 임의조제 투약을 금지하는 것을 말한다. 1992년부터 전국에 실시할 것을 계획했다. 3단계는 완전분업으로, 처방용 의약품은 제형이나 보험급여와 무관하게 의사의 직접조제 투약이나 약사가 임의로 조제 투약하는 것을 금지하는 것을 의미한다. 1995년부터 전국에 걸쳐 전면 실시하는 것으로 계획했다.

3단계 분업안을 토대로 보건사회부는 1988년 들어 의학협회와 약사회의 의견을 수렴하고 합의를 이끌어 내기 위한 노력을 기울이기 시작했다. 3단계 분업안에 대해 의학협회는 의약분업에 앞서 의약품을 판매용과 처방용으로 분류하고, 처방용 의약품의 자유 판매를 엄격히 규제해야 한다는 입장을 제시함으로써 반대 입장을 보이고 있었다. 정부는 의약분업을 비롯한 전국민의료보험 시대 개막에 따른 제반 문제들을 연내에 마무리짓는다는 확고한 입장을 보였으며, 전국민의료보험실행위원회를 확대 개편하여 국민의료정책심의위원회를 설치했다. 그리고 위원회의 운영을 1998년 말까지로 시한을 정하고, 연내에 제반 문제에 대한 최종 결론을 도출한다는 계획을 명확히 했다.

국민의료정책심의위원회 내 의약분업분과위원회는 1988년 5월 28일 1차

회의를 열고 각 단체의 주장, 전문가의 연구 결과, 시범사업 결과와 정부안 등 모든 의견과 대안들을 재검토하기로 했고, 9월 16일 2차 회의에서는 3단계 분업안을 토대로 각 단계별 구체적 실행 방안을 도출하기로 합의했다. 그러나 3차 회의 때부터 의학협회 대표의 단계별 분업안에 대한 반대 의견이 공식적으로 표명되기 시작해, 단계별 구체적 실행 방안에 대한 합의가 이루어지지 않았다. 의약분업분과위원회는 그 동안 논의되어 온 단계별 시행 방안과 각 위원들의 찬반 의견을 국민의료정책심의위원회에 상정하기로 했다.

1988년 12월 29일 의약분업 시행 방안을 확정했다. 확정된 안은 의약분업을 단계별로 시행하며 1단계로 1989년 7월 부분분업 방안을 도입하는 것이었다. 즉, 약국을 의료보험요양 취급기관으로 지정해 의사의 처방전으로 약국에서 조제한 의약품에 대해 보험 혜택을 주기로 했다. 동시에 병원에서의 처방 및 조제권도 그대로 인정하되, 약국에 가서 조제하는 경우와 병원 내에서 조제하는 경우 본인 부담금에 차등을 둠으로써 처방전 발행을 유도한다는 것이었다.

보건사회부는 수정안을 제시하면서 의학협회와 약사회에 1989년 2월 말까지 동의를 요청했고, 만약 새로운 합의 사항을 제시하면 수용할 것이지만 그렇지 않은 경우에는 수정안을 강행할 것이라는 입장을 취했다. 수정안에 대해 약사회는 정면으로 반대한다는 방침을 세웠고, 이에 반해 의학협회는 관망하는 태도를 보임으로써 양 단체가 합의를 이루지 못하자 협의 기간을 4월 말까지로 연기했으나 결과는 마찬가지였다. 보건사회부는 5월 1일 양측 대표자회의를 마련해 의견을 수렴하고 합의를 도출하고자 했다. 약사회는 의사들이 능동적으로 처방전을 발행하지 않을 것이 예상되므로 보험 환자에게는 강제적으로 의약분업을 적용하고 일반 환자에 대한 약국 자유 판매는 규제하지 말아야 한다고 주장했다. 의학협회 또한 정부안이 항생제, 호르몬제, 향정신성 의약품의 판매에 대한 사전 조치가 없으므로 의약분업의 기본 취지에 어긋난다고 하며 이를 규제해야 한다고 주장했다.

양 단체가 의견을 좁히지 못하자 정부는 수정안을 그대로 시행하기로 방침을 세웠다. 약사회는 5월 10일 농성에 들어갔고, 부산 지역의 약국이 하루 동안 문을 닫는 사태가 벌어졌다. 5월 31일 정부는 다시 대표자회의를 열어 약국 이용에도 보험급여를 적용하고 완전분업을 원칙으로 의약분업을 조속히 시행한다는 합의문을 채택했다. 약사회는 보건사회부의 수정안이 철회되고 의료보험에 참여하게 된 것에 만족을 표한 반면, 의료계는 의사의 처방 없는 약사의 임의조제에 대해 보험급여를 하는 것은 사실상 의사의 진료권을 침해하는 것이라며 강하게 반발했다.

2. 약사법 개정안의 표류

의약분업의 실시가 기정 사실화되자, 실시 시기, 약국의 자유 판매 약품, 그리고 의약분업의 예외적인 경우의 범위에 대한 논쟁이 일기 시작했다. 1989년 8월 28일 정부가 입법 예고한 약사법 개정안에는 의사의 조제를 원칙적으로 금지하면서, 약국이 없는 지역, 재해 지역, 긴급 환자의 경우에는 예외적으로 의사가 직접 조제할 수 있도록 했다. 이에 대해 약사회는 예외조항을 축소시켜 줄 것을, 의학협회는 더욱 확대시켜 줄 것을 주장하여 국회 제출이 유보되었다. 보건사회부와 민정당은 10월 19일 당정회의를 열고, 1991년 7월부터 의약분업을 시행하되 의사의 예외적인 직접 조제 범위를 입법 예고된 경우 이외에 산부인과의 입원 환자의 경우를 추가하기로 했다.

결국 1989년 11월 21일 정부에 의해 국회에 최종적으로 제안된 약사법 개정안의 의약분업 관련 조항은 다시 변경을 거쳐 다음과 같은 내용을 포함하게 되었다. 제21조 3항 내지 5항을 신설하여 전문 의약품의 조제는 원칙적으로 의사 또는 치과 의사의 처방전에 의해서만 약사가 조제할 수 있도록 하며, 부칙 제3조를 개정하여 의사 또는 치과의사는 자신이 치료용으로 사용하는 의약품의 경우에도 원칙적으로 직접 조제할 수 없도록 했다. 한편 의약기관의 분포 현실과 재해 발생 등을 예상하여 의약분업의 예외적인 경우를 인정하고 있는데, 3항에서는 의료기관이 없는 지역이나 재해가 발생한 지역에서 재해 구호를 위해 조제하는 경우에는 약사가 의사의 처방전 없이도 조제할 수 있도록 했다. 그리고 4항에서는 의사가 직접 조제할 수 있는 예외적인 경우를 규정하여 약국이 없는 지역에서 조제하는 경우,

재해가 발생한 지역에서 재해 구호를 위해 조제하는 경우, 의료법에 의한 긴급 환자에게 의약품을 투여하는 경우를 포함시켰다.

그러나 국회에 약사법 개정안이 상정되어 있는 동안에도 정부의 의약분업안에 대한 논쟁은 그치지 않았다. 의학협회의 경우, 의사가 진료를 목적으로 처방과 조제를 병행하는 것이 진료 효과를 극대화할 수 있다고 판단되거나 진료상 불가피한 경우에는, 의약분업과 관계 없이 의사의 직접조제 범위를 확대해야 한다는 주장을 굽히지 않았다. 즉, 의사의 직접조제 허용범위에, 입원 환자에게 의약품을 투여할 때, 환자의 비밀 보장이 필요할 때, 암시적 효과를 위해 투약할 때, 진단 목적일 때, 질병 상태가 변화할 때, 환자의 안정 치료가 요구될 때, 기타 진료상 필요한 경우 일곱 가지를 추가해 줄 것을 요구했다. 그러나 약사회는 의학협회의 주장을 반영하게 되면 의사들에게는 얼마든지 직접조제할 수 있는 길이 열리고 처방전 발행마저 기피하는 현상까지 생겨 약사의 생존권을 송두리째 빼앗기게 된다고 반발했다. 또한 의학협회는 약국에서 자유 판매할 수 있는 약품의 범위와 관련하여 스테로이드 제제, 항생제, 향정신성 의약품 등은 물론 위장약을 비롯한 다수의 의약품이 처방전이 필요 없는 대중약으로 분류되어 있다며 보건사회부의 의약품 분류 작업의 조정을 요구했다.

이처럼 국회에 법안이 계류중이었지만 여전히 양 단체의 해묵은 갈등이 해소되지 않자 일부에서는 의약분업의 시행에 대한 회의적인 시각이 고개를 들기 시작했다. 일부 의사들은 의료계에 불리한 상태로 의약분업이 실시되는 것보다는 차라리 약국의 임의 판매를 인정하고 의사도 조제권을 갖는 이전의 제도가 낫다는 극단적인 주장마저 제기했다. 일부 약사들 사이에서도 의료보험에도 참여하면서 의사들의 간섭을 받지 않고 치료제를 임의 판매할 수 있는 기존의 제도가 차라리 유지되기를 바라는 의견이 있었다. 이에 대해 의대 및 약대 재학생들과, 인도주의실천의사협의회, 건강사회 실현을 위한 약사회 및 치과의사회, 참의료 실현을 위한 청년한의사회, 보건과 사회연구회 등의 단체들은 의약분업의 조기 실시를 촉구하는 결의대회를 준비했다.

마침내 제출된 지 2년이 지난 1991년 12월 16일 국회 본회의에서 약사법 개정안은 수정 의결되었다. 그러나 통과된 약사법 개정안에서 의약분업 실시에 관한 조항은 삭제되고 말았다. 국회 검토 의견에 밝혀진 의약분업 실시 유보에 대한 이유는 다음과 같다.

첫째, 의료기관이 없어 의사의 처방전 없이도 약사가 조제할 수밖에 없는 지역과 약국이 없어 의사가 직접 조제할 수밖에 없는 지역이 아직 상당히 존재하는 등 의료전달 체계가 잘 이루어져 있지 않다는 것이다.

둘째, 의약분업의 성공은 의사와 약사 간의 긴밀한 협조, 상호 이해 등이 관건인데, 능률적인 환자 치료를 위해 처방과 조제를 함께 하는 것이 도움이 된다고 판단되거나 진료상 불가피한 경우 의사가 직접조제할 수 있도록 의약분업의 예외적인 조항을 보완해야 한다는 의사단체의 의견과 의약품의 조제는 원칙적으로 약사만이 해야 한다는 점에서 가급적이면 의약분업의 예외적인 경우를 줄여야 한다는 약사단체의 주장이 대립되어 있다는 것이다.

셋째, 의약분업의 수혜자라고 할 수 있는 일반 국민의 경우 오래 전부터 처방전 없이 약국에서 의약품을 구입하고 병·의원의 진료 과정에서 의사가 처방 조제한 약을 복용해 온 것이 관행이 되어, 새로운 제도의 도입에 대해 비록 그 제도가 장기적으로는 합리적이라 하더라도 번거로움 등을 이유로 거부감이 있다는 것이다.

결론적으로, 의약분업 실시의 강행은 적지 않은 혼란을 야기시킬 것으로 예상되고, 의약분업의 실시를 위해서는 아직 시간이 많이 있으므로 의약분업과 관련된 제21조를 심의할 때에는 의사단체와 약사단체, 그리고 국민의 의견을 충분히 수렴해야 할 필요가 있다는 것이다.

보건사회부는 법안 제출의 시기가 너무 빨랐다며, 제7차 경제사회발전 5개년계획(1992~1996년) 기간 중에 의약분업을 실시하겠다는 방침을 밝혔다. 1987년부터 본격적으로 시작된 의약분업 논의 결과가 백지화된 것에 대해 언론과 국민, 전문가들은 보건사회부와 정치권의 조정력 부재, 무능을 질타했다. 특히 국회 보건사회위원회에서 여당인 민자당 단독으로 개정안을 의결하면서 다음 해에 있을 총선을 의식하여 의료계와 약계, 그리고 제약 업계의 이익이 첨예하게 대립되는 조항을 삭제하는 것이 이득이 된다고 판단했다는 것이다. 보건사회부의 경우 이해집단의 중간에서 눈치만 보는 무사안일의 행태를 보임으로써 국민의 건강을 볼모로 하여 집단이기주의를 부채질하고 있다는 비판을 면할 수 없었다.

3. 의약분업 제도 법제화(1993년 12월)

1991년 말 약사법 개정 과정에서 의약분업 시행의 근거를 마련하는 일이 성공을 거두지 못하자 정부와 관련 단체들의 논의는 일시적으로 소강 상태를 맞게 되었다. 다시 법제화를 위한 관심이 일기 시작한 것은 1993년 3월부터 시작된 한약 분쟁을 해결하고 이를 약사법에 반영하기 위한 입법 과정이 시작되면서이다. 약사법시행규칙을 개정하여 일반 약국에서 한약 조제 및 판매를 사실상 허용한 데 대한 반발로 한의대학생의 수업 거부 등 한약 분쟁이 장기화되자 약사법 개정을 통해 이를 해결하려는 정부의 움직임이 있었다. 1993년 5월 31일 보건사회부는 한방 의료를 포함한 전문 영역이 존중되는 의약분업 방안을 모색하기 위해 약사법 개정을 추진하기로 했다. 이를 위해 6월 중으로 약사, 의사, 한의사 및 관련 전문가를 망라한 약사법개정추진위원회를 구성하기로 했다.

8월 3일 정부는 그 동안 약사회, 의학협회 및 병원협회, 제약업체 등 관련 단체가 의약분업의 필요성은 인정하면서도 시기상조라는 이유로 반대해 왔으나, 약사법개정추진위원회에 참여하고 있는 관련 단체가 그 동안 논의한 결과 의약분업의 조기 도입에 모두 공감하고 있어 도입 시기가 크게 앞당겨질 것이라고 발표했다. 약사법과 의료법이 개정되어야 하고 국민들의 인식이 바뀌어야 하기 때문에 도입 시기는 빠르면 1995년이 될 것으로 예상했다. 그리고 국민들의 관행이 쉽게 바뀌지 않기 때문에, 질환 치료용 전문 의약품, 부작용 우려가 큰 의약품부터 단계적으로 실시한 뒤 모든 의약품에 확대할 계획이라고 했다. 한방 의약분업의 경우 한의사 측의 반발이 심해, 현실 여건을 감안하여 부분 시범 실시 방법 등 장기간에 걸쳐 단계적으로 실시하는 방안을 검토했다.

9월 3일 정부는 양방의 경우 실시 여건이 성숙되어 있고 의사 및 치과

의사와 약사 간의 합의가 이루어져 있다는 점을 감안하여 1996년부터 전면 실시하고, 한방의 경우 이후 별도의 법 개정을 통해 5~7년 후에 추진한다는 약사법 개정 시안을 발표했다. 개정 시안에 대해 약계는 한약 취급 약사의 자격 제한 철폐와 한방 의약분업의 실시 시기 명기를, 한의사계는 약사의 한약 조제 금지를 각각 요구하면서 집단행동과 휴업을 통해 극렬하게 반발했다. 보건사회부는 9월 14일 시안을 그대로 유지한 채 약사법 개정안을 입법 예고했다.

개정 시안에 대해 관련 단체들이 첨예하게 대립하자 경실련의 중재로 한방 의약분업의 3년 내 실시, 한약사 제도의 도입 등을 골자로 한 합의안이 도출되기도 했다. 그러나 곧 약사회의 반발로 합의안이 무산되었고, 정부는 한방 의약분업 시기를 개정안에 명시하는 것을 한때 검토하기도 했다. 10월 8일 확정된 정부의 약사법 개정 최종안은 한약사 제도를 도입하고, 기존의 한약 취급 약사뿐만 아니라 한약 조제시험에 합격한 약사들에게 제한적으로 한약 취급권을 허용했다는 점에서 입법 예고안을 수정한 것이었다.

1993년 12월 17일 약사법 개정안이 국회를 통과했다. 개정된 약사법의 의약분업 관련 조항을 보면, 약사가 전문 의약품을 조제할 때에는 의사 또는 치과 의사의 처방전에 의거해야 하며, 의료기관이 없는 지역에서 조제하는 경우, 재해가 발생한 지역에서 재해구호를 위해 조제하는 경우, 경구용 전염병 예방 접종약 및 진단용 의약품을 투여하는 경우는 예외로 했다. 그리고 의사 또는 치과 의사가 직접조제할 수 있는 예외 조항으로는 약국이 없는 지역에서 조제하는 경우, 재해가 발생한 지역에서 재해구호를 위해 조제하는 경우, 응급 환자에 대해 조제하는 경우, 입원 환자에 대해 조제하는 경우, 주사제를 주사하는 경우, 전염병 예방 접종약 및 진단용 의약품을 투여하는 경우, 보건소법에 의한 보건소 및 보건지소의 의사·치과의사가 그 업무 수행으로서 환자에 대해 조제하는 경우를 포함했다.

그러나 국회에서 통과한 개정 약사법은 의약분업의 실시 시기에 대해, 당초 정부가 제안한 법 시행 후 2년 이내를 법 시행 후 3년 내지 5년의 범위 내에서 대통령령이 정하는 날로 수정했다. 의약분업의 시행은 1997년 7월에서 1999년 7월 사이에 시행하는 것으로 결정된 것이다. 이에 대해 전문가들은 7개월 동안 끌어온 한약 분쟁을 겪으면서 각계 전문가 등으로 구성된 약사법개정추진위원회 및 시민공청회 등을 통해 이끌어 낸 개정안의 핵심이 바로 의약분업의 조기 실시였다며 국회를 강하게 비난했다. 국회 심의 과정에서 의약분업의 실시 시기가 늦춰진 이유는 국회 보건사회위원회가 약사법 개정안에 대해 강하게 반발해 온 약사회의 강력한 로비에 굴복했기 때문이라는 의견이 지배적이었다.

Ⅳ. 의약분업 실시 연기

1. 의료개혁위원회의 의약분업안(1997년)

1996년 11월 8일 정부는 의약분업, 의료보험 개혁 등 보건의료 분야의 개혁을 추진하기 위해 민간 전문가와 보건복지부 등 정부 관계자가 참여하는 국무총리 직속의 의료개혁위원회를 출범시켰고, 10대 과제 중 하나로 의약분업의 기본 모형 개발을 포함시켰다. 의료개혁위원회는 1997년 6월 12일, 1999년부터 단계적으로 의약분업을 실시한다는 방침 아래 2개의 한국적 의약분업 모형안을 마련하고 검토 작업에 들어갔다. 첫 번째 안은 1단계로 1999년부터 광역시를 대상으로 주사제를 제외한 모든 전문 의약품에 대해 의사의 처방전에 따라 약사가 조제하는 것을 의무화하며, 2단계로 2005년부터 주사제를 포함한 모든 전문 의약품에 대해 약성분 처방을 원칙으로 의약분업을 전국적으로 확대하는 것이었다. 두 번째 안은 1999년부터 광역시를 대상으로 일부 전문 의약품에 대해 의약분업을 시행한 뒤, 2005년 주사제를 제외한 모든 전문 의약품을 광역시에 대해, 2010년 주사제를 포함한 모든 전문 의약품을 전국으로 확대한다는 것이었다.

의료개혁위원회는 시안을 토대로 관련 단체의 의견을 수렴한 후 공청회와 정책토론회 등을 거쳐 8월 말까지 최종안을 마련할 계획이었다. 9월 말에 발표된 위원회의 의약분업안 내용은 1999년부터 항생제, 스테로이드 제제, 습관성 의약품 등 오・남용시 부작용이 큰 일부 전문 의약품을 대상으로 제한적인 분업을 우선 실시한 후, 2002년부터 주사제를 제외한 전문 의약품에 대해 의약분업을 전국적으로 확대 실시하고, 2005년부터는 모든 전문 의약품을 대상으로 완전 분업을 실시한다는 것이었다. 그리고 원외 처방전을 발급하는 의료기관의 범위, 처방전 기재 약품명 및 약사의 대체 처방 허용 여부 등 합의안 도출에 실패한 문제에 대해서는 계속 논의해 나가기로 했다.

그러나 의료계와 의약계는 사안별로 이해 관계가 엇갈리는 부분에 대해 입장을 달리하고 있어 의료개혁위원회의 한국적 의료분업 모형에 찬성하지 않고 있었다. 특히 약사회는 자신들이 주장해 온 원외 처방전 발급의 의무화와 의약품 성분명 처방 등이 채택되지 않은 것을 비판하며 의약분업에 불참하겠다는 입장을 밝혔다. 그리고 약사법상 의사의 직접 조제를 허용하는 경우를 축소해야 한다고 주장했다.

2. 의약분업 연기 결정(1999년 3월)

1993년 말 개정된 약사법에 명시된 의약분업의 실시 시기가 1999년 7월로 그 기한이 다가왔고, 또한 김대중 대통령의 선거공약 및 대통령직인수위원회의 국정 100대 과제에 의약분업이 포함되어 있어 김대중 정부 들어 다시 의약분업 문제가 수면 위로 부상했다. 보건복지부는 최선정 차관을 위원장으로 하고, 학계와 의약계의 대표, 소비자단체 대표 등 20인으로 1998년 5월 의약분업추진협의회를 구성하고, 김영삼 정부의 의료개혁위원회에서 건의한 의약분업 모형을 토대로 시행 방안을 8월까지 확정할 것이라고 밝혔다.

6월 30일 의약분업추진협의회는 의료개혁위원회가 제안한 3단계 의약분업 방식을 수정하여 주사제를 제외한 전문 의약품 전체에 대해 1999년 7월부터 의약분업을 실시하기로 결정했으며, 8월 25일 제4차 회의에서 이와 같은 최종안을 확정했다. 최종안에 대해 의·약업계 일부에서는 의약분업의 원칙론에는 찬성하지만 제도적인 장치가 선행되어야 한다며, 의료 전달체계를 확립하고 의약품 분류의 문제를 해결한 후에 의약분업을 시행해야 한다는 시기상조론이 고개를 들기 시작했다. IMF 사태로 심각한 경영난을 겪고 있는 마당에 의약분업을 시행할 경우 더욱 큰 타격을 입는다는 입장을 보이며, 국민이 공감할 수 있는 대안이 마련된 다음에 실시해도 늦지 않다는 것이다. 11월 1일 서울시 의사회장이 연기를 주장한 데 이어, 11월 23일 의사협회장이 공식적으로 분업 연기를 주장했다. 이후 의사협회는 11월 26일 의약분업의 연기청원서를 국회에 제출했다. 병원협회 또한 12월 2일 국회에 연기청원서를 제출했으며, 약사회도 11월 27일 국회에 연기청원서를 제출했다.

지금까지의 정책 과정과는 달리 시민단체들의 활발한 개입이 일어나기 시작한 것은 이 때부터이다. 1998년 11월 참여연대가 약가 차액을 조사하여 발표함으로써 약가 비리가 공개되었다. 참여연대의 약가 비리 폭로는 이익단체들의 의약분업 연기 움직임으로 의약분업의 실시가 무산될 위기에 처하자 사회 이슈화를 시도하기 위한 과정에서 나온 것이라는 판단이 지배적이었다. 12월 10일 국회 보건복지위원회에서 약사법 부칙 조항을 개정하여 의약분업의 시행을 연기하려는 논의가 진행되자, 참여연대는 12월 16일 보건복지위원회 16명 중 10명이 병원장, 의사, 약사, 제약회사 임원 등 이해관계가 있는 의원들이라는 이유로 이들의 자격에 대해 헌법소원을 제기하는 사태가 벌어졌다.

12월 3일 김대중 대통령이 국민회의 당무 보고를 받는 과정에서 여당 주도로 의약분업을 추진하도록 지시하자 이 때부터 여당이 정책결정 과정의 중요한 행위자로 등장했다. 1999년 1월 9일부터 2월 9일까지 새정치국민회의 정책위원회가 의사협회, 약사회와 6차례의 협상을 추진했다. 그러나 협상 최종안에 대해 약사회는 회장에게 위임하는 방식으로 수용했으나, 의사협회는 2월 12일 거부함으로써 최종적인 합의에는 도달하지 못했다. 의사협회의 반대에도 불구하고 2월 18일 정부와 국민회의는 당정협의를 갖고 7월 1일부터 예정대로 의약분업을 강행하겠다는 방침을 발표했다.

그러나 약사회와 의사협회는 다시 각각 1년, 1년 6개월간 실시 연기를 주장했다. 2월 24일 의사협회와 약사회는 시민단체와 2개월 이내에 합의를 도출한다는 합의문을 발표하고 이를 조건으로 의약분업 실시를 1년 연기할 것을 국회, 정부, 국민회의에 건의했다. 국민회의도 입장을 바꾸어 24일 청와대 당무 보고에서 의약분업을 최소한 1년 이상 연기하기로 했고, 25일 의약분업의 연기를 발표했다.

이에 정부와 여당의 정책 혼선에 대한 비판이 거세에 일어났다. 의약분업의 연기 결정과 관련하여 보건복지부가 아무런 역할도 하지 못한 것에 대해 비판과 불만의 목소리가 높았다. 보건복지부 한 관계자는 5년간 준비작업을 했으므로 시행에 문제가 없다며 불만을 토로하기도 했다. 결국 의약분업 연기 결정은 가깝게는 3월 말 재보선, 멀게는 이듬해 4월 총선을 앞둔 정치 논리와 약사회 및 의사협회 등 이익집단의 로비에 밀린 결과라는 비판을 받게 되었다. 1999년 3월 9일 국회 본회의에서 IMF 관리 체제하의 경제적 어려움과 의약분업 전면 실시로 예상되는 국민적 불편은 감안하여 의약분업의 실시 시기를 1년 연기해 2000년 7월 1일부터 시행하는 것을 내용으로 하는 약사법 개정안이 통과되었다.

V. 의료대란과 의약분업안 확정 시기(1999~2001년)

1. 5·10 시민대책위원회 합의안

1999년 3월 25일, 의사협회와 약사회가 합의한 대로 경제정의실천시민연합, 녹색소비자연대, 참여연대, 한국소비자동맹, YMCA 5개 단체 대표를 중심으로 의약분업 실현을 위한 시민대책위원회가 구성되어 새로운 의약분업 모형을 도출하기 위한 협의가 시작되었다. 시민대책위원회는 완전한 형태의 의약분업 실시를 골자로 하는 최종안을 5월 9일 의사협회와 약사회에 제시했고 양 단체는 5월 10일 수용 의사를 발표했다.

그러나 의사협회 내부에서는 여전히 이해 관계에 따라 여러 입장이 대립하고 있었고, 병원협회는 5월 11일 전국 병원장회의를 열고 의사협회와 약사회의 합의안을 거부하는 결의문을 채택했다. 합의안이 의약품 오·남용이 대형 종합병원에서 심각하다고 판단하여 병원을 포함시켰기 때문이다.

의사협회 내에서도 합의안이 주사제를 의약분업에 포함하고 있고, 임의조제와 대체조제를 아무런 제한 없이 허용하고 있다고 반발하는 입장이 강하게 일어났다.

정부는 시민대책위원회의의 합의안을 수용하기로 결정하고, 의약단체 대표, 소비자, 시민단체, 언론계, 학계 대표 25명으로 구성된 의약분업실행위원회를 7월 2일 출범시켰다. 2차례의 전체회의와 11차례의 분과 회의를 통해 각종 건의 사항을 검토한 후 2000년 7월부터 모든 의료기관에서 의약분업을 시행하는 방안을 9월 17일 확정했다. 대상 기관에 모든 병원과 의원을 포함시켜 의료기관의 조제실을 폐쇄하게 했고, 주사제를 포함한 모든 전문의약품에 대해 의사의 처방전을 받아 약국에서 조제하도록 했다. 처방 방식으로는 상품명과 일반명을 병행하며, 약효 동등성을 전제로 대체조제를 허용하고 처방 변경 또는 수정시 의사의 사전 동의를 얻도록 했다. 그러나 의사협회와 병원협회는 정부의 최종안을 거부했고 정부안의 수정을 요구하기 시작했다.

2. 의료계 1차 파업과 약사법 개정 결정

의사협회는 10월 21일 임시대의원 총회에서 의약분업 반대 투쟁을 결의했다. 10월 26일 전국 880여개 병원들은 임의조제 근절, 환자에게 원내·외 약국 선택권 부여 등을 주장하며 의약분업 반대 서명운동에 들어갔다. 11월 30일 장충체육관에서의 의약분업 반대집회를 시작으로 의사들의 집단행동이 시작되었고, 2000년 1월에는 의권쟁취투쟁위원회를 발족시켰다. 2월 17일 여의도 집회에서는 약 3만 명이 모여 향후 협상을 중단하고 거리의 정치를 택할 것임을 선언했고 의사 17,000여 명이 면허증을 반납했다.

2월 28일부터 5일간 휴진을 전국 개원의들에게 시달함으로써 의료계의 1차 파업이 시작되었다. 공정거래위원회는 의사 시위를 주도한 2개 의료단체와 의사협회 회장 직무대행, 의권쟁취투쟁위원회장 등 6명을 독점규제 및 공정거래에 관한 법률 위반 혐의로 검찰에 고발하기로 결정했다. 의료계의 강력 대응은 오히려 정부, 집권당, 시민단체, 언론이라는 반대 연합 세력을 형성하고 의료계의 비도덕성을 비판하는 여론을 강화시킴으로써 정부 정책에 추진력을 제공하는 기회가 되었다는 평가를 받았다.

3월 30일부터 무기한 집단휴진에 들어가기로 한 의사협회와 병원협회 대표들은 김대중 대통령과 면담한 뒤 무기한 휴진을 철회하기로 했지만 곧 이를 백지화하고 4월 4일부터 3일간 집단휴진을 실시했다. 의사협회가 집단행동의 강도를 높이자 정부와 의사협회는 2000년 4월 6일 비공식적인 합의를 도출했고, 집단휴진은 사흘 만에 중지되었다. 의약분업 실시와 함께 약사의 임의조제 감시단을 구성하여 철저히 감시하며, 대체조제는 법률로 허용된 사안이지만 최소화할 수 있는 체제를 마련한다는 내용이었다. 그러나 정부와 의료계가 합의한 사항에 대해 약사회는 의약분업안의 내용을 뒤집는 것이라고 비난하면서 실력 행사를 예고했다. 시민단체들도 밀실합의라고 표현하면서 정부가 집단휴진을 강행한 의료계에 대해 아무런 대처도 하지 않은 것을 비난하고, 의약분업 정착을 위한 시민운동본부를 발족했다.

의약분업의 선(先)보완 후(後)시행을 지속적으로 주장한 의사협회는 5월 21일 처방료와 조제료의 현실화, 전문 의약품 확대, 약사의 임의조제 근절 방안 제시 등의 내용을 담은 10대 요구안을 정부에 제시했다. 그러나 보건복지부가 요구안을 수용하지 않자 6월 4일 정부 과천청사 앞에서 시위를 가지고, 15일까지 정부가 답변을 하지 않으면 20일부터 병·의원 집단폐업과 전공의 사표 제출, 의대생 수업 거부 등 총력 투쟁을 전개하기로 결의했다. 전공의들은 6월 19일 사직서를 일제히 제출했으며, 41개 의과대학 학생들도 동맹휴업에 들어갔다. 22일 서울대교수협의회는 정부의 적절한 조치가 없을 경우 교수직 사퇴와 병원에서의 전면 철수를 결의했으며, 전국의과대학교수협의회 역시 파업 지지 성명을 발표하고 응급실마저 철수할 뜻을 밝혔다.

한편 정부는 6월 18일 의약분업 관계 부처 긴급대책회의를 가지고 7월 1일부터 의약분업을 실시한다는 방침을 재확인했다. 동시에 의약분업 보완책을 제시했는데, 3~6개월 동안 시행 결과를 평가한 후 의료계가 우려하는 임의조제, 대체조제, 의약품 분류 등에 문제가 있는 것으로 판단되면 약사법 개정 등을 통해 제도를 보완하고 3개월 뒤 병원경영평가에 따라 처방료와 조제료 수준을 재조정하겠다고 밝혔다. 또 주사제의 경우 의약분업 예외 대상을 의사의 치료에 필요한 주사제로 확대함으로써 사실상 주사제를 분업에서 제외하기로 했다. 국무총리 산하에 보건의료발전특별위원회를 설치하여 전공의 처우 개선, 의료 분쟁 대책, 의료전달 체계 구축 등 보건의료 발전을 위한 정책대안을 마련하기로 했다. 그러나 의사협회는 정부의 발표는 진료권과 국민건강권을 위한 선보완 요구에 배치된다며 예정대로 폐업 투쟁에 들어갔다. 건강연대, 경실련, 참여연대, YMCA 등 시민단체들로 구성된 의료보험 정착을 위한 시민운동본부는 의료계가 폐업 투쟁을 강행하면 국민건강권 수호 차원에서 국민 행동에 나설 것이라고 경고했다.

6월 21일 의사협회와 정부는 공식 대화를 가졌으나 양측의 입장만을 확인하는 데 그쳤다. 23일 정부와 여당은 의료계가 가장 중점을 두고 있는 의료수가의 단계적 조정, 약사의 임의조제와 대체조제 규제 강화 등 약사법 개정, 전공의 처우 개선과 의과대학 수 동결 등의 보완 대책을 다시 발표했다. 이에 대해 의사협회는 정부와 여당이 국내 보건의료 체제의 문제점을 인정했고 의료환경 개선에 대한 의지를 표명한 것으로 보고 긍정적인 평가를 내렸으나, 곧 정부의 타협안이 변한 것이 없다며 폐업을 장기화하는 강경 투쟁으로 입장을 선회했다.

6월 24일에는 여야 영수회담이 열려 7월 임시국회에서 약사법 개정을 매듭짓기로 했다. 김 대통령은 의약분업 제도를 오랜 기간 준비했으므로 7월 1일부터 시행한다는 방침에 변화가 없다고 밝혔고, 한나라당 이회창 총재는 23일 정부가 발표한 약사법 개정 등 약속한 부분을 국회에서 처리함으로써 의료계로 하여금 정부가 약속을 지킨다는 모습을 보여 줘야 한다고 제의했다. 여야 영수회담의 결과에 따라 의사협회는 집단폐업 철회에 대한 찬반 투표에 들어갔다. 약사회는 현 약사법에 따른 의약분업에는 참여하되 약사법이 개악되면 불복종운동을 펼칠 것이라고 밝혔다. 의사협회는 폐업 철회 찬반 투표를 가진 뒤 결과에 따라 폐업을 철회하기로 결정했으며, 26일 정부는 7월 중 약사법 개정과 의·약계의 준비 부족 등을 고려할 때 한 달 간의 계도 기간을 거친 뒤 8월부터 의약분업을 본격 시행하기로 한다고 밝혔다.

3. 의약분업 시행과 의료계 2차 파업

의약분업 계도 기간 초기 대부분의 병·의원들은 원외 처방전을 발급하지 않거나 환자의 선택에 맡김에 따라 환자들은 병원 내 외래조제실에서 약을 구입하는 경우가 많았고, 원외 처방전을 발급받은 일부 환자들은 약국이 전문 의약품을 미처 준비하지 못했거나 약국과 병원의 협조 체계가 제대로 이루어지지 않아 약을 구하는 데 큰 어려움을 겪었다. 그러나 의사협회 산하 의권쟁취투쟁위원회가 7월 2일 임시국회에서 약사법의 임의조제, 대체조제 관련 조항이 개정될 때까지 원외 처방전을 발행하지 않기로 결정하자 의료계 내부에서도 갈등이 일기 시작했다.

약사법 개정을 위해 국회 보건복지위원회는 약사법 개정 6인 대책소위를 구성하여 의사협회, 약사회, 시민단체 등과 비공개 간담회를 갖는 등 타협안을 마련하고자 했다. 그러나 소위에서 별다른 절충점을 찾지 못했고 의료계와 약계, 정부, 시민단체 대표 등이 참여하는 협의체를 구성하여 합의점을 도출하고자 했으나 여전히 어려움을 겪었다.

약사법 개정을 두고 첨예하게 대립 양상을 보이던 의료계와 약계는 7월 9일 각각 집회를 개최하고 자신들의 입장이 담긴 의약분업안을 정부와 국회에 촉구했다. 의사협회는 약사법의 독소 조항 개정, 의료계에 대한 탄압 중지, 의사와 약사의 올바른 역할 홍보, 의료전달 체계 개선, 적정한 진료수가 보장 등을 정부에 요구했다. 약사회는 원칙이 훼손된 의약분업은 절대 수용하지 않을 것이며 약사법의 개악을 저지하겠다고 밝혔다.

국회 보건복지위원회는 7월 18일 약사법 개정안을 통과시켜 임의조제와 대체조제를 사실상 금지했으며, 의약분업 시행 초기의 혼란을 감안하여 5개월 간의 경과 기간을 두어 낱알 판매를 허용하기로 했다. 대체조제의 경우에는 의약분업협력위원회가 지정한 600개의 상용 처방의약품에 대해 의사가 처방할 경우 약사는 다른 약으로 대체조제할 수 없도록 했다. 의사협회는 20일 의료계가 상용 처방약을 의약품의 7.1%에 불과한 600개로 양보했는데 그것마저 의약분업협력위원회에서 약사와 합의하여 조정하도록 한 것은 의사의 처방권을 침해하는 조치로 국회의 개정안을 절대 수용할 수 없으며 재폐업에 들어가겠다는 입장을 밝혔다. 그리고 김재정 회장의 석방과 의쟁투 지도부에 대한 수배 해제를 촉구했다. 24일 집회에서도 개정된 약사법이 임의조제와 대체조제를 완전히 금지하지 못하고 낱알 판매를 허용하는 등 의사의 처방권을 보장하지 못하고 있다며 재폐업을 벌이겠다는 방침을 재차 밝혔다. 7월 25일 의사협회는 상임이사회를 열고 의권쟁취투쟁위원회가 27일 실시하기로 한 재폐업 찬반 투표를 받아들이지 않기로 결정했다. 그러나 30일 의사협회와 의권쟁취투쟁위원회는 연석회의를 열고 8월 1일부터 재폐업에 돌입하기로 결의했다.

한편, 여당인 민주당이 국회 운영위원회에서 국회법 개정안을 변칙 처리한 데 대해 한나라당이 강력하게 반발하여 파행이 지속되어 온 국회는 7월 31일 오후 본회의를 열어 한나라당 의원이 불참한 가운데 약사법 개정안을 통과시켰다. 대한전공의협의회가 7월 29일 집단 폐업을 시작했고, 전국전임의협회의도 8월 7일 전면 폐업에 들어갔다. 8월 11일에는 정부와 협상에 나섰던 의사협회가 다시 전면 폐업을 결정함으로써 파업은 장기전의 양상을 띠게 되었다.

정부는 의료계의 요구를 반영하여 8월 10일 조정안을 제시했지만, 의료계가 부정적인 반응을 보이자 더 이상 후속 타협안을 내놓지 않을 것이라는 강경한 입장을 밝혔다. 시민단체들의 저항도 시작되어 100여 개의 시민단체가 참여한 의약분업 정착을 위한 시민운동본부는 한국노총, 민주노총, 종교단체와 연대해 의료계의 집단폐업 철회를 위한 범국민대책회의를 발족했다.

지도부의 체포로 인해 분산된 의사협회는 정부와의 협상 창구로 비상공동대표 10인 소위원회를 구성했다. 8월 31일 소위원회는 불법 조제 및 대체조제 금지, 약품 재분류 조항 신설 및 개정, 의사의 진료권을 침해하는 지역협력위원회 폐기 등을 골자로 하는 약사법 재개정안을 대정부 요구안으로 내놓았다. 동시에 의사협회 지도부 구속자 석방, 수배자 해제 등을 전제조건으로 내세웠다. 의료계의 대정부 요구안 제시로 인해 정부와 의료계의 대화가 재개되었지만, 약사회가 정부와 의료계의 협상에 우려를 표함으로써 갈등이 새로운 국면을 맞게 되었다. 정부가 더 이상 양보할 것이 없다는 기존의 태도를 바꾸어 의료계와 협상을 한다면 약사들은 의약분업에 참여할 수 없으며, 의약분업 불참 여부를 묻는 회원 찬반 투표를 실시하겠다고 밝힌 것이다.

9월 들어 파업이 소강 상태를 맞는 듯했으나, 의료계는 10월 6일부터 다시 총폐업을 실시하기로 추진했다. 이에 대응하여 약사회는 의료계가 총파업에 들어가면 직접조제에 나서겠다고 선언했다. 한편 민주당 일부 의원들을 비롯한 정치권에서 의약분업을 한시적으로 연기하거나 임의분업을 허용하자는 주장을 하여 파문을 일으키기도 했다. 9월 24일 최선정 보건복지부 장관이 기자회견을 열어 의약분업 시행 과정에서 준비가 소홀했고 의료계의 의견을 충분히 반영하지 못했다면서 의약분업과 관련한 의료계의 폐업 사태에 대해 국민과 의료계에 대해 유감을 표명했다. 이에 따라 26일 정부와 의료계의 공식적인 협상이 시작되었으나, 서울지방경찰청장의 사과와 의약분업 담당 관료에 대한 문책 문제로 인해 대화가 중단되기도 했으며, 대체조제 등 약사법 개정 사항의 논의에 진전을 보이지는 못했다.

10월 6일 의료계는 약사법 개정과 의료보험 재정 국고 지원 등에 대해 정부의 분명한 대책이 나오지 않은 것을 이유로 예정대로 파업을 강행했고, 정부는 약사법 개정을 논의하기 위해 의료계와 약계가 참여하는 의약정협의회 구성을 제안했다. 10일 의료계는 총파업 철회를 결정했고, 정부와 의료계 간의 협상이 다시 시작되었다. 정부와 의료계는 대체조제 금지, 의약협력위원회 폐지 등 쟁점이 되는 사안들에 대한 합의를 이룬 것으로 알려졌다. 의료계, 약계와의 대화를 통해 어느 정도 대안을 마련한 정부는 정부와 의료계, 약계 3자로 구성된 의약정협의회를 열고 최종안을 도출해 내고자 했다. 10월 31일 첫 회의를 시작으로 최대 쟁점인 대체조제에 대해서는 의료계의 요구를 사실상 받아들이고 약계의 요구를 일부 수용하는 방향으로 합의를 이루었으나, 일반 의약품 최소 포장 단위, 의약품 재분류 등에 대해서는 양측의 합의를 이끌어내기가 어려웠다. 마침내 11월 11일 여러 차례의 대화 끝에 정부와 의약계는 약사법 개정을 위한 잠정합의안을 마련했다. 의사협회는 의약정합의안에 대한 찬반 투표를 실시해 합의안을 국회에 상정하는 것에 찬성했다. 그러나 의권쟁취투쟁위원회는 투표 결과에 의

문을 표시하고 재투표를 요구하는 등 반발의 움직임을 보였다.

4. 약사법 개정과 의약분업안 확정

국회 보건복지위원회는 2001년 2월 22일 주사제를 의약분업에서 제외하는 내용의 약사법 개정안을 표결 처리했다. 이 안에 따르면 기존의 항암제와 냉동·냉장 주사제 외에 일반주사제까지 모든 주사제가 의약분업 대상에서 제외되어 약국을 오가는 불편 없이 병원에서 주사를 맞게 된다. 그리고 의약분업협력위원회의 폐지, 희귀의약품센터 법제화, 임상의약품에 대한 관리 체계 강화 등을 새로 규정했다. 약사회는 주사제 제외 방침에 반발해 처방전이 없는 환자에게 약을 조제해 주겠다고 밝히는 등 의약분업을 거부하기로 했다. 28일 국회 본회의에서 처리하기로 한 약사법 개정안은 그러나 주사제 오·남용을 부추길 수 있다는 비판이 거세어지자 주사제 오·남용 대책 등 보완책을 마련한 후 처리하기로 하고 연기되었다.

3월 이후 의약분업이 의료보험 재정을 파탄시키고 있다는 보고서들이 나오자 의약분업은 새로운 국면을 맞게 되었다. 의약분업에 따른 재정 수요 예측 등 정부가 사전 준비 없이 의약분업을 강행했다는 비난이 거세게 일었고, 지금까지 논의해 온 의약분업을 백지화하고 재검토를 시작하자는 주장까지 나왔다. 5월 17일 감사원이 국민건강보험 재정운영 실태에 대한 특별감사에서, 보건복지부 실무 간부들이 의약분업을 강행하기 위해 재정지출 증가 등 예상되는 부작용을 축소·은폐했을 뿐만 아니라 의료계와 약계의 반발을 무마하기 위해 의료보험 진료 수가를 과다 인상하여 재정 위기를 가속화시켰다는 결론을 내린 것으로 알려지자 의약분업에 대한 책임 논쟁이 일어났다. 의약분업 시행 당시 주무 장관이었던 차흥봉 전 보건복지부 장관에 대한 검찰 고발이 검토되기도 했으나, 차관에 대한 인사 조치와 실무자를 파면시키는 선에서 일단락되었다.

5월 23일 정부와 민주당은 의약분업 보완 대책과 관련하여 의료계가 요구해 온 주사제의 의약분업 전면 제외와 약계가 요구해 온 성분명 처방 및 낱알 판매를 모두 수용할 방침이라고 밝혔다. 2000년 12월 국회에 제출된 약사법 개정안은 2001년 7월 18일 마침내 국회 본회의를 통과했다. 모든 주사제를 의약분업에서 제외했고, 대체조제에 관해서는 의사가 처방한 약품을 약사가 같은 성분의 다른 회사 약으로 바꾸려면 의사의 사전 동의를 얻어야 하지만 생물학적 약효 동등성이 인정된 약은 약사가 대체조제하고 사후에 의사에게 알리도록 했다.

VI. 결론: 정책 과정의 특징

노태우, 김영삼 정부 이후 급격히 증가하기 시작한 각종 이익단체와 시민단체는 김대중 정부 들어 그 규모와 활동 영역에서 급격한 성장을 보였다. 이들은 여론을 조성하기 위해 다양한 방법으로 홍보 활동을 펼치는가 하면, 자신의 이해 관계를 정책 결정 과정에 직접 투입하기 위해 국회 청원 활동, 헌법소원 등의 방법을 사용하기도 했다. 다양한 의견과 이해 관계의 정책 과정 반영은 정부의 권위주의적 정책 결정을 막고 행정의 민주성을 확보하기 위해 필요한 절차이기도 하지만, 반면에 집단이기주의적 행태로 인한 정책 과정의 왜곡이라는 문제점을 가져오기도 한다.

집단이기주의적 행태란 정책에 의해 이익을 받을 집단과 비용을 지불해야 할 집단이 자신들에게 유리하게 정책이 결정되도록 집단행동을 포함한 다양한 유형의 방법으로 영향력을 행사하는 것을 의미한다. 정책 과정에서 집단이기주의적 행태가 많이 나타날수록 비합리적인 내용으로 정책이 결정되며, 정책 결정에서 비일관성을 초래하고, 집단 간 갈등과 불신으로 인한 정책 결정의 지연이 나타나고, 결정된 정책의 집행을 방해하는 정책집행 불응 등의 결과를 가져올 개연성이 높아진다. 1990년대 이후 일어난 한약분쟁, 위천공단, 노동법 개정 등이 바로 집단이기주의로 말미암은 대표적인 정책 결정 실패 사례들이다.

의약분업의 정책 결정 과정 또한 이러한 집단이기주의의 특성이 강하게 반영되어 있다. 의약분업은 강력한 이익집단이 존재하여 갈등의 정도가 심각한 정책이었으며, 제도의 도입과 구체적인 대안을 마련하는 과정에서 해당 이익집단의 이익 갈등에 의해 많은 부분이 변질되었다. 의사들과 약사들을 대표하는 양 이익집단은 다양한 통로를 통해 이익을 표출했다. 국회 청원을 통해 의약분업 시기를 연장시켰고, 정부위원회와 각종 공청회와 회의 등에 적극 참여했으며, 시위나 폐업이라는 극단적인 수단을 통해 자신들의 입장을 반영시키고자 했다.

현대 사회의 정책 문제와 정책환경은 갈수록 복잡해지고 정책 과정의 민주성에 대한 요구는 강해지고 있으며, 시민단체를 비롯한 비공공 부문의 정책참여자의 활동은 그 범위를 넓혀가고 있다. 따라서 정부의 정책 결정 과정에서 이익단체와 시민단체 등의 이해 관계와 활동이 점점 더 중요한 변수가 되고 있다. 이러한 추세에 비추어 향후 다양한 참여자들의 요구를 적절히 반영하고 갈등을 조정하는 정부의 역할은 더욱 중요해질 것이다.

연구 문제

1. 첨예하게 대립하는 이해 관계 갈등을 해결하기 위한 정부의 전략

의약분업은 의료계와 약계의 대립이 매우 첨예한 정책이었다. 그들은 위원회 활동 등을 통해 정책 결정 과정의 공식적인 참여자로 활동했고, 국회 청원이나 로비, 대규모 시위와 폐업 등의 집단행동을 통해 그들의 이해 관계를 정책 과정에 활발하게 투입했다. 의약분업은 정책의 특성상 이해 관계의 대립을 드러내고 있기도 하지만, 1980년대 후반 이후 우리 나라 정책 과정의 민주화로 인해 비공공 부문의 정책 참여가 활발해진 것도 이해 관계 대립의 표출을 더욱 심화시켰다고 판단된다.

의약분업의 정책 과정에서 정부가 갈등을 해결하기 위해 사용한 전략은 주로 위원회나 관련 집단 간 협의회를 만들어서 각 집단들의 이해 갈등을 스스로 조정하도록 하는 것이었다. 그러나 다양한 의견을 수렴하는 데서 그치지 않고, 이를 조정하여 합리적 대안을 도출한 후, 반대 입장을 설득하고 정책에 대한 불응을 최소화할 수 있는 방안을 마련하는 노력은 부족했다. 정부의 소극적 대응은 오히려 관련 집단들로 하여금 대규모 조직력을

토대로 정치권에 대해 집단 로비를 하도록 했으며, 극단적인 집단행동으로 이어가도록 했다. 의약분업 정책 과정에서 정부가 이해 관계 집단의 요구에 이리저리 끌려다녔다는 비판을 받은 가장 큰 이유도 정부가 이해 관계의 대립 속에서 전문가의 객관적인 의견을 토대로 확고한 입장을 견지하지 못했고, 국민 전체의 보건 향상이라는 공공의 가치 동원 전략을 사용해 관련 집단의 반대를 극복하고 순응을 확보하려는 적극적인 노력을 보이지 않았기 때문이다.

정책 과정의 민주성이 중요한 가치가 되고 공공 부문 이외의 행위자들의 정책 과정 참여의 필요성과 이에 대한 요구가 커질수록, 정책 과정에서 이해 관계를 조정하고 갈등을 해결하는 일은 매우 어려워진다. 더구나 정책의 직접적인 이해관계자가 아닌 시민단체 등의 활동이 활발해질 경우 정책의 편익과 비용의 계산은 더욱 복잡해질 것이며, 다수 참여자들 간의 갈등을 중재하는 정부의 전략은 더욱 복잡해진다. 다양한 이해 관계가 대립하고 참여자들의 정책 참여가 활발한 의약분업과 같은 정책 과정에서 합리적으로 정책을 결정하고, 순응을 확보하는 정부의 전략은 구체적으로 어떻게 해야 하는가?

2. 관료의 전문성 확보를 위한 방안

이해 관계 조정과 갈등을 중재하는 정부의 능력이 발휘되지 못한 가장 큰 이유 중 하나는 해당 정책에 대한 전문성 부족이다. 보건복지 분야는 어느 분야보다 더욱 높은 전문성이 요구된다. 그러나 실상 보건복지부 내에 보건행정·정책과 관련된 전문성을 갖춘 인력은 매우 부족했다는 비판이 높다. 한약 분쟁이나 의료보험 통합 과정에서도 보건복지 관료의 전문성 부족이 계속 지적되었다. 정책 과정의 가장 중요한 행위자인 관련 부처의 전문성이 부족한 경우에는 외부의 압력이 더욱 거세어진다. 관련 집단의 이해 관계를 분석하고, 이를 통해 구체적인 정책대안을 정부가 제시하지 못하면, 관련 집단의 요구를 그대로 받아들일 수밖에 없고, 또는 정치적인 의사 결정에 의존할 수밖에 없기 때문이다.

관료의 전문성 부족은 비단 보건복지 부처의 문제만은 아니며, 모든 부처가 공통적으로 안고 있는 문제라고 판단된다. 우리 나라 행정부의 전문성을 제고하기 위한 인적자원 관리 제도의 구체적인 개편 방안은 무엇인가? 공무원 충원과 보직관리, 승진 제도, 교육훈련 제도 등에 초점을 맞추어 논의해 보라. 최근 외부 전문가에 대한 공직 문호 개방이 제도적으로 보장되었지만 활성화되지 못하고 있는 구체적인 이유는 무엇인가?

3. 위원회, 대표자 회의 등을 통한 집단적 의사 결정의 득과 실

위원회를 통한 정책 결정은 정부의 독단적인 결정을 막고, 이해 관계자들의 의견을 수렴하는 과정을 거침으로써 절차적 민주성을 확보하는 방법이 될 수 있지만, 정책 결정의 회피 또는 책임 전가를 위한 수단으로 악용될 위험이 있다.

의약분업 정책 결정 과정에서도 여러 위원회 형태의 의사 결정 기구가 중요한 역할을 했다. 1982년 지역의료보험 시범사업에서 발생한 갈등을 해결하기 위해 설립된 의약협업추진위원회에서 시작하여, 1987년과 1988년 전국민의료보험실행위원회와 국민의료정책심의위원회, 1993년 약사법개정추진위원회, 1997년 의료개혁위원회, 1998년 의약분업추진협의회, 1999년 의약분업 실현을 위한 시민대책위원회, 2000년 의약정협의회 등 많은 위원회가 의약분업 정책 과정에서 활용되었다. 이해 관계자들 스스로가 협의체를 구성해 의견을 수렴하기도 하고, 전문가집단을 동원해 정책을 결정하게 하는 경우도 있었으며, 심지어는 시민단체가 중심이 되어 대안을 마련하고 갈등을 중재하고자 하는 경우도 있었다.

이해관계자들 간에 갈등이 심화되어 정부의 정책 결정이 난관에 봉착할수록 위원회 형태의 기구를 통한 정책 결정이 빈번하게 이루어졌다. 의약분업이 이루어지기까지 수 차례의 정책 결정 단계에서 활동했던 각종 위원회의 공과(功過)는 어떠했다고 평가될 수 있는가? 다양한 이해 관계를 수렴하고, 갈등을 조정하는 등 절차적 민주성을 확보하는 수단으로 활용되었는가, 그렇지 않으면 관료들의 정책 결정 회피 또는 책임을 전가하는 수단으로 악용되었는가? 그리고 좀더 일반적인 질문으로서, 위원회 등 집단적 의사 결정 기구가 정책 결정 과정에서 효율적으로 활용되기 위해서는 어떤 조건이 갖추어져야 하는가?

4. 정책의 지연과 비일관성을 통제하기 위한 수단

의약분업은 1963년부터 논의되기 시작되었으나, 2000년 7월에서야 불완전한 형태이기는 하나 모든 의료기관에서 시행되었다. 본격적으로 대안을 마련하고, 이해 관계의 대립이 이루어진 것은 1980년대 의료보험이 실시되면서이다. 전국 의료보험이 실시됨에 따라 1991년 7월부터 도입하기로 했다가 국회에서 정책 결정이 유보되었고, 1993년 12월에는 당초 개정 약사법 시행 후 2년 이내에 시행하는 것으로 결정했으나 국회를 통과하면서 3년 내지 5년의 범위 내에서 대통령령이 정하는 날로 수정되었다. 법정 시행기간이 다가왔을 때에는 다시 1년을 연기함으로써 마침내 2000년 7월에서야 시행된 것이다. 의약분업의 정책 결정은 이처럼 이해관계자들의 연기전략과 정치권의 이해 관계 등으로 인해 계속 유보되었다. 도입을 결정한 이후에도 시행 시기가 몇 차례 연기되었다. 그리고 구체적인 분업안을 마련하면서 임의조제, 대체조제, 주사제 포함 여부 등 중요한 사안에 대한 정책대안들이 변화를 거듭했다.

오랜 기간을 통해 결정이 이루어진 정책의 경우 사회·경제적 환경의 변화, 정책 과정 참여자의 변화, 기술의 발전 등으로 인해 정책이 변화를 겪을 가능성이 높고, 그러한 변화가 불가피한 경우도 있다. 그러나 의약분업의 경우 이와 같은 외부 요인이나 참여자의 변화가 크지 않았으며, 오히려 관련 집단들의 상충되는 이해 관계가 정책 결정의 지연을 초래했다고 판단된다. 또한 의약분업을 도입하는 것이 대세라고 파악한 참여자들이 일단 도입에는 합의해 놓고, 구체적인 쟁점 사안들을 검토하는 과정에서 지속적으로 자신들의 이익을 주장함으로써 또다시 정책 내용의 변화와 정책 결정의 지연이 나타난 것이다. 이해 관계의 대립이 불가피하고, 이로 인해 이해관련자들이 정책 결정의 지연이나 끊임없는 정책 내용의 수정을 전략적으로 선택할 경우, 이를 효과적으로 통제할 수 있는 수단에는 어떤 것이 있는가?

제7장

교통법규 위반 차량 신고보상금 제도

임 도 빈

I. 서 론

어떤 정책을 집행하는 데에는 정책 대상 집단으로부터 순응을 확보하는 문제와 정책 집행에 소요되는 비용을 최소화하는 문제가 고려되어야 한다. 예컨대 공무원이 직접 집행하지 않으면서 집행 효과를 최대화하는 방안이 모색되어야 한다. 이러한 관점에서 중요한 실험을 한 것이 교통법규 위반 차량 신고보상금 제도이다. 이 제도는 교통법규 위반행위를 사진으로 찍어 경찰에 신고하는 시민에게 1건당 3,000원을 지급하는 제도이다.

이 제도는 교통사고의 주된 원인인 교통법규 위반행위를 줄여 선진 교통 문화를 조성하기 위한 목적을 가지고 있다. 차량 1만 대당 교통사고 사망자는 OECD 가입 국가 29개국 중 한국이 가장 많고, 운전자의 법규위반율도 차량 1대당 연간 1회로 일본보다 8배 이상 높은 것으로 나타나고 있다. 이러한 우리의 교통 현실을 감안할 때, 교통법규 위반 신고에 대한 보상금 제도의 도입은 시민들의 교통법규 준수와 신고정신을 고취시켜 교통사고를 줄일 수 있는 계기를 마련할 수 있을 것으로 기대되었다. 시민들의 교통법규 위반신고의 활성화를 통해 기존의 교통경찰에 의한 경찰행정의 일부를 민간에게로 아웃소싱함으로써 교통 단속 인력을 확충하고, 아울러 교통사고로 인한 경제·사회적 비용을 줄이기 위한 목적으로 실시된 것으로 보고 있다.

이러한 취지에 동조하는 그룹들은 서둘러 이 제도를 시행하려고 했다. 그러나 당초 시행 예정인 2001년 1월 1일에 비해, 시행의 전제 조건인 교통시설 개선 준비 관계로 다소 늦어져 2001년 3월 10일부터 20002년까지 약 2년간 시행된 일종의 실험이다.

Ⅱ. 제도 도입의 배경: 한국의 교통문화

1. 차량 수의 증감 추이

운행하는 차량의 수가 증가하면 교통사고는 증가할 가능성이 높다. 특히 한국은 도로 확충이나 신호 체계의 개선 등을 제대로 할 시간적 여유가 없이 차량의 수가 급격히 증가되는 특성을 가지고 있다. 보통 차량은 <표 7-1>과

〈표 7-1〉 차량 증가 현황

연 도	1993	1994	1995	1996	1997
차량 대수	6,274,008	7,404,304	8,468,901	9,553,092	10,413,427
연 도	1998	1999	2000	2001	2002
차량 대수	10,469,599	11,163,728	12,059,276	12,914,115	13,949,440

차량 증가 현황

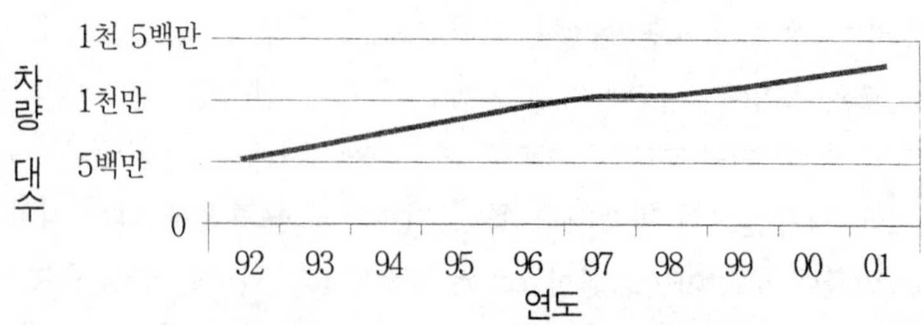

그림에서 보듯이 해마다 100만 여대 가량씩 꾸준히 증가하고 있다. 다만 IMF 외환위기 이후에 가계 등의 급격한 구매 및 소비 감소로 일시 차량 증가 속도가 주춤한 바 있을 뿐이다.

2. 교통사고 현황

교통사고의 발생 현황을 보면, 아래와 같이 해마다 일정한 수준을 유지하고 있다고 할 수 있다. 이것은 전술한대로 차량이 매년 100만여 대가 증가하고 있다는 추세를 감안한다면 상대적으로 점차 교통문화가 개선되고 있는 것이 아닌가 생각해 볼 수 있다. 특히 사망자 수는 인구 증가나 차량 증가 추세에 비춰본다면 줄어드는 추세에 있다.

〈표 7-2〉 교통사고 발생 현황

(단위: 명)

연도 구분	1994	1995	1996	1997	1998	1999	2000	2001	2002	2003
발생	266,107	248,865	265,052	246,452	239,721	275,938	290,481	260,579	230,953	240,832
사망	10,087	10,323	12,653	11,603	9,057	9,353	10,236	8,097	7,224	7,212
부상	350,982	331,747	355,962	343,159	340,564	402,967	426,984	386,539	348,184	376,503

교통사고 현황을 위반 내용별로 보면 <표 7-3>과 같다. 변화의 추이는 일정한 움직임을 찾아내기 어려울 정도로 미묘하게 나타나고 있다. 1990년대 이후 꾸준히 펼쳐온 도로정비사업의 일환으로 신호등의 설치 등 각종 조치가 대폭 증가함으로써 차량의 평균 운행 속도가 떨어져 속도위반 차량은 점차 줄어들었다고 할 수 있다. 이에 비해 신호 위반·차선 위반·교차로 위반 등의 비중은 상대적으로 높아졌다.

〈표 7-3〉 법규 위반별 교통사고 현황

(단위: 건, %)

구 분	1995	1996	1997	1998	1999	2000	2001	2002	2003
합계 (%)	248,865 (100)	265,052 (100)	246,452 (100)	239,721 (100)	275,938 (100)	290,481 (100)	260,579 (100)	230,953 (100.0)	240,832 (100.0)
안전 운전 불이행	135,659 (54.5)	168,133 (63.4)	158,959 (64.5)	154,927 (64.6)	175,772 (63.7)	184,821 (63.6)	166,104 (63.7)	144,018 (62.4)	142,323 (59,1)
중앙선 침범	17,200 (6.9)	22,488 (8.5)	19,377 (7.9)	16,605 (6.9)	17,725 (6.4)	18,315 (6.5)	16,147 (6.2)	14,447 (6.3)	16,959 (7.0)
과속	2,087 (0.8)	2,282 (0.9)	1,948 (0.8)	1,398 (0.6)	1,205 (0.4)	984 (0.3)	781 (0.3)	650 (0.3)	613 (0.3)
신호 위반	13,572 (5.5)	18,061 (6.8)	16,790 (6.8)	17,536 (7.3)	22,145 (8.0)	23,811 (8.2)	20,598 (7.9)	21,201 (9.2)	24,650 (10.2)
교차로 통행 위반	12,909 (5.2)	14,097 (5.3)	13,909 (5.6)	14,122 (5.9)	17,813 (6.5)	19.865 (6.8)	18,102 (6.9)	16,770 (7.3)	17,610 (7.3)
안전 거리 미확보	12,874 (5.2)	13,859 (5.2)	12,458 (5.1)	13,439 (5.6)	17,229 (6.5)	18,267 (6.3)	16,248 (6.2)	13,885 (6.0)	15,431 (6.4)
기타	54,564 (21.9)	26,132 (9.9)	23,011 (9.3)	21,694 (9.1)	11,967 (4.3)	23,802 (8.3)	22,599 (8.7)	19,982 (8.5)	23,246 (9.7)

3. 위반 유형별 단속 현황

위에서 살펴본 것은 교통사고가 발생해 경찰에 신고된 건을 기준으로 이루어진 것이다. 그러나 교통법규를 위반한다고 해서 반드시 사고가 일어나는 것은 아니고, 위반하는 즉시 모두 단속이 이뤄지는 것도 아니다. 실제 위반 건수의 극히 일부분에 불과하겠지만 비록 사고가 발생하지 않더라도 교통경찰에 의한 단속은 이뤄진다. 교통경찰에 의한 위반 단속은 스피드 건과 감시 카메라(police enforcement) 등 기술의 발달에 힘입어 무인 단속이 가능한 속도 위반이 가장 많다. 이 밖에도 다음 <표 7-4>와 그림에서 볼 수 있는 바와 같이 신호 위반, 음주 운전, 중앙선 침범, 무면허 운전 순이다.

〈표 7-4〉 교통법규 위반 유형별 단속 현황

(단위: 건)

구 분 / 연도	중앙선 침범	음주	무면허	속도 위반	신호 위반
2001년	262,948	372,319	149,322	10,608,101	584,129
2002년	163,377	419,805	154,653	9,910,998	484,029
2003년	97,098	485,149	120,144	7,712,020	473,750

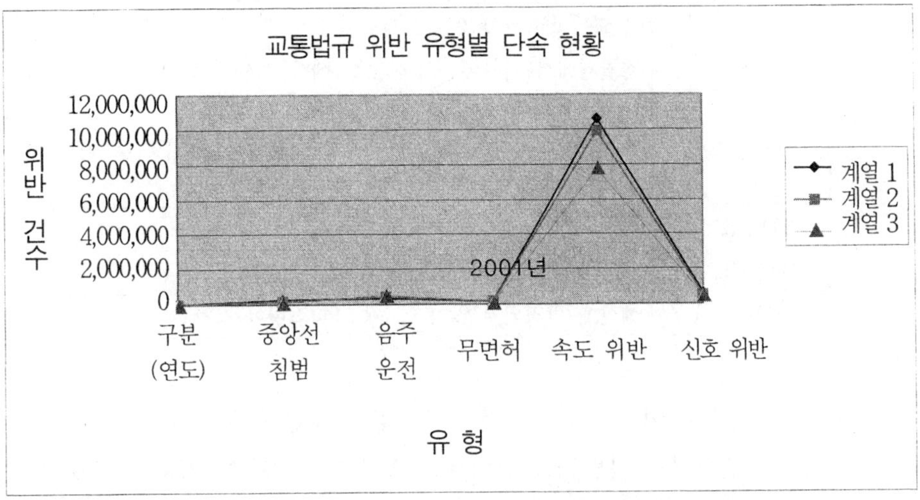

Ⅲ. 신고보상금 제도 집행 현황

1. 제도 도입

교통법규 위반 신고보상금 제도는 교통사고 세계 제1위 국가라는 불명예와 불의의 교통사고를 당한 장면이 거의 매일 매스컴에 보도되고, 사고로 인해 불행을 겪는 유가족이나 부상자 당사자에 고통에 대한 사회적 이슈(social issue)에서 탄생되었다. 즉, 교통질서를 확립해야 하겠다는 사회적 분위기 속에서 그 달성 방법에 대해 고민하던 차에 등장한 것이다. 제도 도입 일지에서 볼 수 있는 바와 같이 국무조정실을 통해 정책 이슈화가 된다.

〈표 7-5〉 제도 도입 일지

1999. 8. 23	국무조정실 소속 부패방지위원회 - 부패방지 종합대책의 일환 - 교통질서 확립을 위해서도 필요하다는 기본 방향 결정
2000. 4. 28	국무조정실 심사평가조정관실 - 사회질서 확립 대책 100대 과제 중 1개 과제로 경찰청에서 '교통법규 위반자 신고보상금제'를 추진하도록 지시
2000. 5	경찰청에서 기획예산처에 소요 예산 편성 요구
2000. 12. 27	2001년도 소요예산(236억 원) 국회에서 확정 ※기획예산처의 건의에 따라 1건당 보상금 3,000원 중 500원은 대한손해보험협회에서 부담하기로 결정
2001. 3. 10	전면 시행
2002. 9. 19	보상 금액 하향 조정(3,000원 ⇒ 2,500원)
2003. 1. 1	예산에 반영되지 않아 동 제도의 집행이 정지

구체적으로 이 제도를 맨 먼저 제안한 사람은 누구인가를 알 수가 없다. 제도에 관계되는 사람들을 인터뷰한 결과 먼저 제안한 사람은 자동차 보험회사라는 것이다.[1] 교통사고의 발생률이 높을 뿐만 아니라 사망 등 피해자에게 고액의 보험보상금을 지급해야 하는 회사들의 입장에서는 교통법규 위반 신고보상금을 회사가 부담해도 영업이익이 좋을 것으로 판단되었기 때문일 것이다.

사회질서를 확립해 보겠다는 국무조정실 차원의 아이디어에 대해 교통사고를 단속하는 당사자인 경찰청이 관심을 갖게 된다. 경찰청은 이 아이디어를 채택하기로 하고 보험회사 부담이 아닌 국가 예산으로 보상금의 대부분을 지불하는 제도로 확정하여 제도를 도입하게 되었다. 이 제도의 구체적인 집행 주체는 경찰청 내의 교통기획계이다.[2]

1) 구체적으로 어느 보험회사의 누가 제안했는가는 확인되지 않음.
2) 당시 계장으로 총괄한 사람은 백○○ 총경이다.

제도 도입시에는 교통법규 위반 차량 신고에 대한 보상금 지급 대상 위반행위의 범위를 어느 정도로 해야 할 것인가를 고민하게 된다.

> 우선 도로교통법 위반 행위 중
> 도로교통법 제5조의 규정에 의한 신호 위반 행위
> 도로교통법 제12조 3항(통행 구분) 위반 행위로서 중앙선 침범 행위
> 다만, 편도 2차로 이상 도로(고속도로를 제외한다)에서의 중앙선 침범에 한한다.
> 도로교통법 제56조 1항(고속도로 갓길 통행금지 위반 행위)
> 도로교통법 제56조 2항(고속도로 버스전용차로 통행) 위반 행위
> 로 한정했다.

신고 방법은 상술한 중앙선 침범, 신호 위반, 고속도로 버스전용차로 위반, 고속도로 갓길 통행의 네 가지에 대해 위반하는 차량을 카메라, 비디오카메라 및 기타 영상기록 매체를 통해 촬영해 증거를 제시하여 각급 경찰관서에 고발·신고하면 1건당 3,000원(2002년 9월부터는 사회적 여론의 변화를 수용하여 2,500원으로 이하)의 신고보상금을 지급하는 것으로 했다. 구체적으로 교통법규 위반 차량에 대해 위반 사실을 증명할 수 있는 사진 2매와 '교통법규 위반차량 신고서'를 위반 장소 관할 경찰서에 15일 이내에 신고하면 된다.

이 제도의 법적 근거는 경찰청 훈령 제150호에 두고 있다. 동령은 범죄 신고자에 대해 피해 정도, 신고의 난이도 등을 고려해 500만 원 이하에서 보상금을 지급할 수 있도록 규정하고 있다.

2. 예산집행 현황

교통법규를 위반해 적발되면 운전자나 차량 소유주는 범칙금 혹은 과태료를 납부해야 한다. 특히 과태료 미납자에 대해서는 국세징수법에 의거해 차량을 압류 조치한다. 따라서 법규 위반 신고가 많으면 국가의 범칙금 수입은 증대된다.

〈표 7-6〉 교통법규 위반에 대한 처벌 내용

위반 내용		범칙금(운전자)			과태료(소유주 등)	
		승용차량 등	승합차량 등	면허 벌점	승용차량 등	승합차량 등
속도 위반	20km/h 이하	30,000	30,000	없음	40,000	40,000
	20~40km/h	60,000	70,000	15점	70,000	80,000
	40km/h 초과	90,000	100,000	30점	100,000	110,000
신호 위반		60,000	70,000	15점	70,000	80,000
중앙선 침범		60,000	70,000	30점	90,000	100,000
고속도로 버스전용차로 통행		60,000	70,000	30점	90,000	100,000
고속도로 갓길 통행		60,000	70,000	30점	90,000	100,000

주: 처벌 내용은 다음과 같다. 승합차량 등, 승합자동차, 4톤 초과 화물, 건설기계, 특수 자동차 속도 위반의 40km/h 초과는 2003년 1월 1일부터 적용된다.

그럼에도 불구하고 예산 제도 등 여러 가지 이유에 의해 범칙금 수입 중 일부를 신고자에 대한 보상금으로 직접 활용할 수는 없게 되어 있다. 따라서 보상금 제도 운용을 위해 2001년도 경찰청 예산에 236억여 원을 편성(1건당 2,500원)하고 손해보험협회에서 28억여 원을 지원(1건당 500원)받아 신고 1건당 3,000원을 지급하기 시작했다. 2002년 9월 19일부터는 보상금을 손해보험협회의 지원을 받지 않고 전액 국고 부담으로 하기로 하고 보상금액도 건당 2,500원으로 하향 조정했다.

이 제도를 통해 2001년 보상금으로 지급한 돈은 139억 3,900여만 원이고,

〈표 7-7〉 교통법규 위반 신고보상금 예산

(단위: 백만 원)

연도 \ 구분	총 액	보상금	인건비	우편료	장비구입비
2001	23,607	13,939	3,050	6,372	246
2002	19,584	8,669	3,281	7,333	301

자료: 국회 국정감사용 제출 자료.

2002년 7월 현재 86억 6,900여 만 원이 지급되었다. 그런데 실제 이 제도의 집행에 소요되는 예산은 경찰청의 추가 인건비, 당사자 통보 및 소명 자료를 위한 우편료, 각종 장비구입비를 포함해야 하기 때문에 총보상 금액의 약 2배 정도에 이른다.

상술한대로 교통법규 위반 신고보상금제는 2001~2002년까지 약 2년간 시행되었다. 상술한 방법으로 경찰서에 신고를 하더라도 실제로 이들이 위반했느냐 여부와 정당한 사유에 의한 위반 등을 고려하여 소명 기회를 준 후 실제 위반이 이루어진 경우에만 보상금을 지급한다. 2001년 3월부터 동년 말까지는 총 2,771,219건의 신고가 접수되었고, 2002년 1월부터 2002년 7월까지 총 1,302,046건(1일 평균 6,142건)이 접수되었다. 따라서 표에서 볼 수 있는 바와 같이 이 제도를 위해 마련된 예산을 모두 사용하지 못했다.

〈표 7-8〉 신고보상금 지급 내역

(단위: 백만 원)

연 도	신고 건수(건)	보상금 지급액	예산액
2001. 3. 10~12. 31	2,771,219	7,212	13,938
2002. 1. 1~7. 31	1,302,046	3,500	8,669
대비(%)	△1,469,173(△53.0)	△3,712(△51.5)	△5,269

3. 정책 수정: 경찰청의 보완 대책

교통법규 위반 신고보상금 제도는 시행 초부터 찬반의 논란이 활발하게 표출되었다. 비판 중의 핵심적인 것은 구조적으로 교통법규를 위반할 수밖에 없는 현실을 간과하고 있다는 점이다. 위반자들이 무더기로 적발된 곳은 상당수가 차량 통행은 많은데 교통신호 주기가 매우 짧거나 긴 도로라든가, 불필요하게 신호기가 설치되어 있어 사실상 위반을 부추기는 경우도 있는 등 현장 교통 여건을 고려하지 않고 있는 것이라는 것이다. 다시 말하면, 제도 시행에 앞서 교통 기반시설의 확충과 교통 운용 정책의 개선 등 사전 활동이 선행되어 교통법규를 준수할 수 있는 여건이 조성되어야 한다는 것이다.

이러한 비판에 대해 경찰청은 시행 3개월 만에 보완을 하게 된다. 아래의 내용은 2001년 6월 15일 경찰청이 국회 행정자치위에 보고한 내용들이다.

· 시설 개선: 2,447개소
  - 실시 전: 1,627개소(중앙선 절선 799, 유턴 완화 828)
  - 실시 후: 820개소(중앙선 침범 633, 신호 위반 172, 갓길 15)
  집중 신고 지역에 '사진 촬영 신고 많은 곳'이라는 플래카드 및 안내 입간판 설치(584개소), 법규 준수 유도

첫째, 신고가 많은 장소에 대한 획기적인 시설 점검 및 보완을 했다. 이것은 교통 체계의 문제 때문에 법규 위반이 쉽게 이루어지는 곳이 많다는 지적에 따른 보완인 것이다.

둘째, 집단 주거 지역에 주민 민원의 대비에 철저를 기한다는 것이다. 즉, 해당 주민들의 민원을 주의깊게 청취하고, 교통사고 요인이 없는 한 주민 편의 위주로 시설을 개선하기로 했다. 그리고 민원 수용이 불가할 때에는 최적 통행 방법을 고지하기로 했다.

셋째, '교통법규 위반차량 신고보상금 지급규칙'의 개정을 추진해, 신고 기간을 단축했다. 당초 15일 이내에 신고하도록 되어 있는 것을 7일 이내로 단축해 특정 장소에서 집중 신고하는 것을 방지하도록 했다(2001년 6월 12일부터 시행).

IV. 교통법규 위반 신고보상금 제도의 효과

교통법규 위반 신고보상금 제도는 시행 초부터 매스컴의 대대적인 보도 대상이 되었다. 이 제도를 지지하는 내용의 보도와 문제점에 대한 보도를 모두 볼 수 있었으나 대체로 긍정적인 시각이 지배적이었다고 볼 수 있다. 경찰은 자체 인력만으로는 단속에 한계가 있는 데다 경찰관이 없어도 단속의 효과가 있다는 점에서 신고보상금제가 불가피하다는 입장인 반면, 시민

들은 늘 감시당하고 있다는 느낌을 받아 불쾌하다며 불신감을 조장하는 이 제도를 폐지해야 한다고 주장하고 있다.

1. 긍정적인 시각: 교통법규 위반 차량 감소

어떤 정책의 효과를 정확히 평가하기는 매우 어렵다. 경찰은 대체적인 효과를 파악하기 위해 간단한 조사도 실시했다. 신고보상금 제도 시행 후

〈표 7-8〉 신고 많은 100개 장소의 월별 교통사고 증감 현황(2000~2001년)

(단위: 건)

구 분	4월	5월	6월	7월	8월	계
2000년	184	203	216	206	207	1,016
2001년	148	152	146	115	92	653
대비(%)	△36 (△19.6)	△15 (△25.1)	△70 (△32.4)	△91 (△44.2)	△115 (△55.6)	△363 (△35.7)

주요 100개 지점의 월별 교통사고 발생 비교

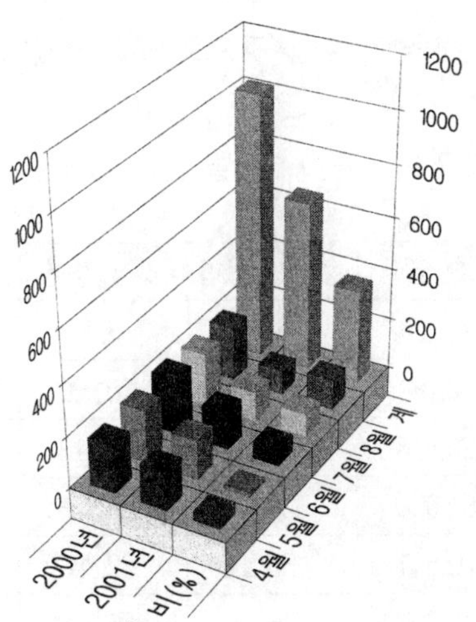

* 신고보상금제 시행 이전과 원년 간의 비교임.

교통 위반이 잦은 장소 100곳을 대상으로 조사한 결과 2001년 4월부터 9월까지의 5개월 간 교통사고 발생 건수는 653건으로 전년도 같은 기간 1,016건과 비교할 때 35.7%가 감소했다. 신고보상금 제도 시행 전과 후의 월별 교통사고 건수를 비교해 보면 상당히 줄어든 것으로 나타나고 있다.

즉, 사고다발 지역으로 선정된 장소 100개소의 4~8월 중 사고발생률은 전년도 동기 대비 최소 19.6%에서 최대 55.6%의 감소를 보였고 평균 35.7%의 감소를 나타냈다. 이것은 적어도 신고가 많은 장소에 관한 한 신고보상금 제도의 교통사고 예방 효과는 차량 대수의 증가와 음의 상관 관계를 띠고 있음을 보여 준다. 따라서 이를 감안할 때 빈도 분석상으로는 신고보상금 제도가 교통사고 예방에 효과가 있는 것으로 보인다.

이러한 긍정적인 현상을 비롯하여 종합적으로 고려할 때 이 제도는 무관심한 교통 문제에 관심을 유발하는 효과를 가져왔고 또한 준법정신을 일깨웠다는 점에서 중요한 역할을 한 것으로 평가할 수 있다. 그리고 습관적으로 교통 위반을 했거나 위반을 당연한 것으로 여기고 있던 사람들의 인식을 바꿔 놓는 계기가 되었다. 이러한 주장의 근거는 제도 시행 후 6월까지는 신고 건수가 급증했으나 6월을 고비로 신고 건수가 급속히 감소하는 추세에서 잘 알 수 있다. 이는 운전자들의 위반 심리를 적극적으로 차단하는 효과가 있다는 것을 입증한 것으로 볼 수 있다.

〈표 7-9〉 월별 · 위반별 신고 내역(2001. 3. 10~8. 31)

(단위: 건)

월 별	신호 위반	중앙선 침범	갓길 통행	버스전용도로 통행	계
3월	11,224	39,735	3,260	77	54,296
4월	72,184	249,403	30,220	1,498	353,305
5월	126,654	325,361	68,118	3,806	523,939
6월	163,096	326,871	48,858	30,347	569,172
7월	102,837	156,388	32,886	32,267	324,378
8월	83,897	65,661	25,866	45,145	220,569
계	559,892	1,163,419	209,208	113,140	2,045,659

이상에서 알 수 있듯이 우리 나라의 교통사고율이 OECD 국가 중 가장 높고 교통법규 위반율도 매우 높은 상황에서 교통법규 위반 신고보상금 제도는 교통법규 위반율을 감소시키는 데 효과가 있다는 주장을 할 수 있다. 즉, 신고보상금 제도는 교통질서 개선에 도움이 되었다는 평가를 받고 있으며, 특히 법규를 잘 준수하는 대다수 운전자들이 찬사를 보내고 있다.

경찰청은 하루 교통 외근 경찰 인력이 1,500여 명으로 단속 인력이 크게 부족한 실정이기 때문에 신고보상금 제도를 좋은 제도로 평가한다. 즉, 신고보상금제가 교통사고를 유발할 수 있는 교통위반 행위를 억제하여 교통사고를 감소시킬 수 있는 효과적인 제도라고 보는 것이다. 특히 경찰관이 안 보이면 질서를 안 지키는 위반 심리를 없애고 스스로 질서를 지키는 문화를 조성하기 위해 도입한 것으로서, 이러한 제도의 시행은 제대로 된 운전문화가 정착될 때까지 계속되어야 한다고 보고 있다.

2. 부정적인 면

1) 전문 신고인의 수익사업화

교통법규 위반 신고보상금 제도가 2001년 3월 10일 시행된 이후 70일 간의 성과를 평가한 자료에 의하면 신고자가 특정인에 집중되어 있음이 밝혀졌다. 특히 전문 신고자들이 이 제도의 본래의 목적과 다르게 교통법규 위반이 많은 곳에서 수익사업의 일환으로 집중적으로 사진을 촬영하는 것이 문제이다. 신고자 중 한 사람이 200건 이상을 신고한 전문 신고인이 606명에 달하며, 심지어 혼자서 9천 648건을 신고한 사람도 있다.

2) 신고자의 사진 촬영 편의와 보상금 높일 수 있는 지역에 집중

신고자가 사진 촬영이 용이하고 최소 시간을 투자하여 최대 보상금을 받을 수 있는 장소를 선택하여 집중적으로 적발하다보니 주로 아파트나 공단 등 집단 거주 지역에 몰려 있는 곳이 주된 신고 대상이 되었다. 예컨대, 200건 이상의 교통위반 신고를 접수한 지역이 전국적으로 720곳에 달했으며, 특히 신고 건수가 많았던 지역은 주민들의 집단민원이 끊이질 않았고 구제를 호소하는 현상이 나타났다. 더구나 제도 시행을 앞두고 정비를 했음에도 불구하고 교통신호 체계의 문제 등으로 교통법규 위반이 쉽게 이루어질 수밖에 없는 곳에 전문 신고꾼들이 몫 좋은 자리로 선호하게까지 되었다. 따라서 법원은 이러한 곳의 위반은 범칙금을 부과하는 것이 부당하다는 판결을 내리기도 했다.[3] 이러한 문제점은 늘어나는 교통량에 거시 체계적인 계획보다는 그때그때 '소 잃고 외양간 고치는 식'의 교통 체계와 도로 체계 개선을 해 온 우리 나라에서 쉽게 찾아볼 수 있다. 경찰청 자료에 따르면, 경기도의 경우 최다 신고 장소는 안산시 선곡동 시화공단 입구의 금강컨테이너 앞 사거리로 9천 601건이었으며, 다음으로 김포시, 구리시, 성남시 순으로 나타났다.[4]

---

3) [인천지법] 신호 체계 잘못 교통위반 "과태료 부과 부당" (2002. 10. 02) 잘못된 신호 체계 탓에 교통법규를 어긴 운전자들은 과태료를 안 내도 된다는 법원 판결이 나왔다. 인천지법 부천지원 박병삼(朴柄三) 판사는 신고포상금을 노리는 카파라치들에게 '명당'으로 통하는 부천 소사삼거리를 지나다 과태료 6만 원을 부과받은 1,088명의 운전자들이 낸 이의신청과 관련, "이 지역의 신호 체계가 잘못됐기 때문에 과태료를 내지 않아도 된다"고 2일 결정했다. 박 판사는 판결문에서 "운전자들이 소사삼거리에서 신호를 위반한 것은 사실이지만, 그것은 잘못된 신호 체계 때문이며 다른 차량이나 보행자의 교통을 방해하지는 않았기 때문에 과태료 처분은 부당하다"고 밝혔다(조선일보: 仁川=崔在鎔 기자 jychoi@chosun.com).

4) [부천 소사삼거리] 1주일 새 교통 위반 6,000건 신고(2002. 08. 13) 교통법규 위반 신고포상금을 노린 카파라치들에 의해 한 장소에서 1주일 동안 6,000여건의 위반이 적발되자 해당 운전자들이 '신호 체계의 문제'라며 이의를 제기하고 나섰다. 부천 남부경찰서는 카파라치들이 지난 5월 14일부터 20일까지 소사삼거리에서 모두 5,981건의 신호 위반 차량을 찍어 옴에 따라 운전자들에게 사실 확인 요청서와 건당 6만 원의 과태료 납부 고지서를 보내고 있다고 12일 밝혔다. 위반 운전자들은 경인옛길에서 소사삼거리 경인로와 만나는 방향으로 가다가 만나는 마지막 횡단보도 위 신호등의 빨간 신호를 무시하고 그 앞 50여m 지점에 있는 삼거리 신호등 앞 정지선까지 나갔다가 카메라에 찍혔다. 운전자들은 그러나 "문제가 된 횡단보도 앞에 서면 바로 위에 있는 신호등은 잘 보이지 않기 때문에 보행자 신호등이 빨간색이면 그 위의 신호등이 파란 신호등일 것으로 생각하고 그냥 지나쳤다"며 "이는 신호 체계의 문제"라고 주장하고 있다. 일반적으로 외길 차로에서 횡단보도 신호등과 차량 신호등은 반대인데 이곳은 그렇지 않았다는 것이다. 이같이 민원이 계속되고 카파라치들의 신고 건수가 갑자기 크게 늘어나자 경찰은 횡단보도 앞쪽으로 운전자가 잘 볼 수 있는 곳에 차량용 신호등을 하나 더 만들어 이제는 문제가 없어졌다. 적발된 운전자들로부터 민원을 접수해 온 한나라당 소사지구당(위원장 김문수 국회의원) 관계자는 "신호 체계가 잘못돼 하루에 세 번 걸린 사람도 있고 이 기간 중 한 사람이 10번을 걸리기도 했다"며 "현재 민원이 600여건 접수되어 있는 만큼 좀더 사례를 모은 다

3) 오인신고 방지를 위한 사전 홍보 부족으로 업무 처리의 지연

신고자들이 교통 위반 신고 대상 항목에 대한 이해 부족으로 오인 신고가 많아 이를 구분하고 처리하는 데 시간이 많이 소요되었다. 이것은 이미 부족한 경찰 인력에 폭주하는 업무에 비해 더 업무 가중을 가져오게 되었다. 즉 한 건 처리에만 10여 분 이상이 소비되는데, 스캐너 1대와 담당직원 2명만 있는 일선 경찰서의 경우 한 번에 수백 건씩 제출되는 교통 위반 차량 신고를 모두 처리하기에는 역부족이었다고 한다.

구체적으로 강원도의 경우 제도 시행 초기에는 교통법규 위반 차량 사진 촬영 신고가 모두 2만 684건이 접수되었는데, 이 가운데 54%인 1만 1,139건이 오인 신고 등으로 반려된 것으로 나타났다(강원지방경찰청, 2001). 전북의 경우도 6만 6,000여 건 가운데 40% 정도가 반려되었다(전북경찰청, 2001).

4) 신고자의 비양심적 행위로 신고보상금 제도의 불신감 조장

교통위반 현장을 촬영한다는 사실이 운전자들에게 알려지게 되면서 교통 위반이 감소하자 (전문)신고자들은 새로운 방법을 사용하게 된다. 즉, 이미 촬영한 사진의 시간을 조작하여 두 번 신고하거나 또는 평일 버스 전용차선 이용 현장 사진을 마치 주말인 것처럼 날짜를 조작하여 위반 차량으로 신고하는 비양심적인 신고자들도 생기게 되었다.

문제는 전문 신고자들이 시간을 바꾸거나 날짜를 조작한 사진을 경찰서에 제출하면 경찰은 사진 조작 여부를 판별할 인력이 부족하다는 데 있다. 따라서 경찰의 엄격한 확인 절차 없이 위반 통지서를 보내는 경우가 있어 신고보상금 제도에 대한 불신이 증가했다. 그뿐만 아니라 신고자가 교통지도 모자를 쓰고 호각과 수갑, 가스총 등 경찰 장구까지 구비해 착용하고 사복 경찰처럼 행세하면서 심지어 사진 촬영에 항의하는 운전자들에 대해 가스총을 발사하는 행동을 일삼아 신고보상금 제도에 대한 시민들의 불신과 불만이 높았다(대구 달서경찰서, 2001).

음 곧 법원에 이의신청을 낼 방침"이라고 말했다(조선일보: 仁川=崔在鎔 기자 jychoi@chosun.com).

5) 1인당 신고보상 금액 지급액 제한 필요성 제기

전문 신고인이 수익을 목적으로 교통법규 위반을 많이 하는 동일 장소에서 계속하여 적발하고 신고하여 거액의 보상금을 지급받는 것은 당초 이 제도의 취지에 맞지 않다. 또한 이는 사회 불신감을 불러일으키는 요인이 되고 있기 때문에 동일인이 지급받을 수 있는 연간 보상 금액을 적정한 수준으로 제한할 필요가 있음이 여론에 등장하게 되었다.

V. 신고보상금 제도에 대한 분석: 윤리이론적 쟁점

교통법규 위반 신고보상금의 정책적 효과에 대해서는 여러 가지 방법으로 측정이 가능하다. 이 가운데 논란거리가 될 수 있는 것은 정말 제도가 의도하는 목적이 달성되었는가에 대한 상반된 평가이다. 그러나 좀더 근본적인 면에서는 과연 이런 제도가 우리 사회의 윤리적 상태를 악화시키지 않느냐라는 점이 논의될 수 있다. 아래에서는 사례분석의 한 가지 예로서 윤리적 관점에서 평가하는 방법을 간단히 제시하고자 한다.

1. 찬성론: 공리주의

밀(J. S. Mill)은 옳고 그름의 판단 기준이 되는 객관적이고 보편적인 원칙이 있다. 그것은 최대 다수의 사람들에 최대의 행복을 가져다 주는 것이면 된다(Badaracco, Jr., 1997: 26). 그러나 벤담(J. Bentham)의 순수 쾌락주의적 공리주의에 대해 밀은 "불만족한 소크라테스가 만족한 바보보다 더 행복하다"라는 주장을 한다. 만족과 쾌락은 다른 개념이다. 쾌락은 만족과 더불어 "충족되지 않은 욕구의 부재"까지 적극적인 개념이다.

공리주의는 구성원들의 행복을 평균적으로 극대화해야 하는가, 아니면 그 구성원들의 행복의 총합을 극대화해야 하는가에 따라 입장이 나뉜다. 전자는 모든 구성원의 행복이 균일한 정도로 증대시켜야 한다는 입장인데 비해(즉, 개인 간 차이를 인정하지 않음), 후자는 개인적 차이를 인정하여 그 공동체 구성원 전체의 행복이 증진되면 된다는 것이다. 세 자녀를 교육시킬 경우, 여러 가지 여건상 모두 명문 학교를 보내지 못할 만한 상황일 때, 세 자녀를 모두 중급의 학교로 보내느냐 혹은 한 자녀는 명문 학교로 보내고 다른 자녀는 평범한 학교를 보내느냐의 선택을 해야 한다고 하자. 전자가 평균적 공리주의적 입장이고, 후자가 총합적 공리주의 입장이다.

교통법규 위반 신고보상금제가 한국에서 교통사고를 감소시키고, 결과적으로 교통사고로 인한 피해자를 산출하지 않게 한다는 점에서 공리주의에 합당하는 정책이라고 할 수 있다. 교통사고 사망자의 가족, 특히 어린 자녀가 있을 경우 그들의 양육 등을 고려한다면 단순히 금전적인 피해보다는 정신적이고 정서적인 측면에서 공리주의적인 제도라고 할 수 있다. 비록 평소에 법규를 잘 지키면서 한 번 위반할 때 전문 감시꾼에 의해 신고를 당했다고 하더라도 그 범칙금을 내야 하는 고통은 사회 전체의 행복에 비해 보잘것 없는 것이라고 생각할 수 있기 때문이다.

2. 반대론: 절대주의 윤리관

합리적인 존재(rational being)는 인격(person)이라고 불린다. 왜냐 하면 합리적 존재는 그 자체가 목적으로서 존재하기 때문이다. 사람은 그 자신의 존재가 필연적으로 이러하다고 생각한다. 이 때 아직까지 이것은 주관적인 원칙이다. 그러나 다른 합리적인 사람도 자신을 이와같이 생각한다면 이 원칙은 이제 동시에 객관적인 원칙이 되는 것이다. 이에 따라 실천적 명법(practical imperatives)을 도출하면 다음과 같다.

너 자신이건 타인이건 인간을 단지 수단으로서만이 아니라 목적으로 다루도록 행하라.

이러한 보편적 법칙에 의하면, 여러 다른 합리적 존재(인간)들이 체계적으로 결합될 수 있는 목적의 왕국(Kingdom ends)에 도달할 수 있다. 이 제도가 전문 신고꾼을 양산하게 된다면, 전문 신고꾼이야말로 다른 사람들을 자기의 돈벌이 수단으로 활용하는 존재인 것이다. 즉, 대부분의 신고가 보상금을 노린 전문 신고'꾼'들에 의한 것으로 드러나고 있으므로 이 제도는 교통문화 선진화에 도움을 주기보다는 국민들 간의 위화감만 조성할 우려가 높다는 것이다.

전술한 바와 같이 이 제도를 시행한 후 간단한 조사에 의하면 교통사고가 줄어든 것으로 파악된다. 이에 대해 이 제도가 교통문화의 선진화를 도모했다기보다는 오히려 금전적인 손실에 의해 일시적으로 반응한 것이라는 견해가 제기되었다. 신고보상금 제도가 폐지되면서 오히려 신호 위반 등의 교통법규의 위반 사례가 일거에 높아지고 있음을 언론에서 보도한 바 있는 것을 이러한 맥락에서 이해할 수 있다. 요컨대 정부의 교통정책의 후진성은 감추고, 돈을 매개로 한 국민에 의한 국민의 감시 체계에 대해 윤리적으로 부정적인 측면이 더 많다는 점을 지적할 수 있다.

VI. 결론: 정책종결

교통법규 위반 차량 신고보상금 제도는 시행 2년 만인 2003년부터 종결되었다. 국회가 2003년 예산 심의에서 교통위반 신고용으로 사용될 경찰청 예산을 전액 삭감했기 때문이다. 특히 운전자들은 길거리의 중요한 여론형성자이기 때문에 주요 선거를 앞두고 이들의 반발을 의식했을 것으로 추측된다.

국회에서는 한나라당이 제도 폐지를 요구하고, 국회 행자위에서 관련 예산을 20% 삭감한 데 이어 국회 예결위에서도 폐지론이 우세하면서 관련 예산이 전액 삭감되었다. 행자위 박종희(朴鍾熙, 한나라당) 의원은 "카파라치에 대한 국민적 저항이 있는 것은 물론 전북 덕진구에선 포상금 실적 1, 2위 기록자들을 강사로 초빙해 49만 원의 수강료를 받는 학원이 등장했고, 인터넷에도 카파라치 동호회가 생기는 등 부작용이 극심하다"며 "관련 예산 전액 삭감이 불가피하다"고 말했다.

이와 관련, 이팔호(李八浩) 경찰청장도 예결위 답변에서 "이 제도는 사고 감소 효과가 있었지만 카파라치 양산과 국민 상호 불신 야기 등 역기능이 있으므로 제도 존치 여부에 대해 국민 여론을 수렴해 전향적으로 검토하겠다"고 밝혔다. 예산의 삭감은 이 정책의 종결을 가져왔다. 경찰청은 관련 자료를 정리하여 백서를 출간하는 작업을 하는 한편, 정책의 부활 내지 계속을 도모하고 있다.

아울러 경찰청은 2003년 교차로 신호 위반 단속용 무인 카메라 401대를 추가로 설치하기로 했다. 이는 시내 교통사고의 90% 이상이 교차로에서 일어난 데다 2002년 상반기 전국 20곳의 교차로 무인 카메라를 설치해 운영한 결과, 교통사고 건수가 34.5%나 줄어든 데 따른 것이라고 경찰청은 설명한 바 있다.

그럼에도 불구하고 한국의 교통문화는 점점 악화되고 있다는 주장도 제기된다. 예컨대 점점 많은 운전자들은 위성항법장치(Global Positioning System: GPS)를 저렴한 가격에 설치하여 단속을 피하면서 속도 위반을 하려는 경향이 있다. 주차 질서의 위반은 이제 보편화되고 있으며, 일방통행으로 표시된 길을 역주행하는 모습도 아주 쉽게 목격할 수 있다. 한국의 교통질서 문화는 언제는 개선될지 걱정을 덜어내기 어렵다.

〈보상금 제도 중단 안내〉

경찰은 2003년도 예산 심의시 교통법규 위반 차량에 대한 신고보상금 예산이 삭감됨으로 인하여 부득이 2003년 1월 1일부터 교통고발 신고보상금 지급을 하지 못하게 되었습니다.

그러나 신고보상금 지급 없이 교통법규 위반 차량의 신고 접수 처리는 계속 시행하므로 교통법규 위반 차량을 발견시 선진 교통질서 확립을 위하여 경찰서에 비치된 신고엽서나 전화 또는 신고보상금제 관련 서식을 이용하여 신고하여 주시면 사실을 확인하여 법에 의해 처리하게 되므로 시민들의 지속적인 협조를 당부 드립니다.

자료: 치안뉴스, 2003년 2월 1일자(제9호)

부록: 신고 포상금제 찬반 논란

'신고 포상금'이 넘쳐난다. 지난 해 초 쓰레기 불법투기 신고 포상금제가 실시된 데 이어 올 들어 교통법규 위반 차량 신고제, 부동산 중개수수료 과다 청구 신고제 등이 잇따라 도입됐다. 이 같은 신고 포상제를 둘러싸고 찬반 논란이 일고 있다. 일부에서는 "불법행위를 뿌리뽑기 위해 필요한 제도이며 실효성도 있다"고 주장하는 반면, 다른 쪽에서는 "공권력이 해야 할 일을 시민에게 떠넘겨 '고자질 문화'를 조장하고 있다"며 우려를 표시하고 있다.

또 포상금제와 관련된 집단 갈등이나 반발도 표출되고 있다. 의사협회와 치과의사협회, 병원협회, 한의사협회, 약사회 등 보건의료 5개 단체 회장들은 25일 오전 긴급모임을 갖고 정부의 '진료 내용 통보 포상제'에 항의하는 공동 성명을 발표하기로 의견을 모았다. 이들은 "의료인들을 사기범으로 보고 현상금을 거는 행위에 분노를 금할 수 없다"며 대(對)정부 투쟁을 선언했다.

▽효과는 있다=지난 해 쓰레기 불법 투기 신고 건수는 총 3만 7,018건, 이 중 2만 1,885건이 불법행위로 확인되어 16억 3,300만 원의 과태료가 부과되었다. 지난해 총 과태료 부과액(70여 억 원) 가운데 23%가 시민의 신고에 의해 부과된 셈이다.

주요 포상금제 내용 및 시행 기관

내용	액수	시행 기관
환자 진료비 허위 청구	3,000원~30만 원	국민건강보험공단
쓰레기 불법 투기 및 소각	2만~5만 원	지방자치단체
불법 선거운동	30만~40만 원	중앙선거관리위원회
교통법규 위반 차량	3,000원	경찰청
부동산 중개 및 이사비용 과다 청구	5만 원	서울시

※ 경찰청 훈령 제150호: 범죄 신고자에 대해 피해 정도, 신고의 난이도 등을 고려해 500만 원 이내에서 보상금 지급

환경부 관계자는 “쓰레기 불법 투기는 주로 전문성이 있는 환경미화원 등 공무원들에 의해 적발되는데 23%의 ‘시민 참여’는 상당히 높은 비중”이라며 “포상금이 아니었으면 이 같은 실적은 불가능했다”고 말했다.

연구 문제

1. 교통법규 위반 신고보상금 제도가 형성된 과정에 대해 평가하시오. 정책형성의 주도는 내부 주도, 외부 주도형 등 다양한 유형으로 나뉜다. 이 사례를 정책형성이론에 비춰서 분석해 보시오.
2. 이 정책이 효과가 있었는가를 본문의 내용을 가지고 생각해 보자. 본문의 긍정적 평가와 긍정적 평가의 내용(혹은 논리)이 적절한지 재비판해 볼 수 있다. 또한 본문에서 제시된 통계 수치를 가지고도 여러 가지 통계분석 방법을 적용하여 재해석해 볼 수 있다. 나아가서 최근의 통계치를 획득하여 좀더 장기적인 관점에서 평가할 수도 있다. 만약 효과가 없었다면 그 원인은 무엇인지 살펴보시오.
3. 교통법규 위반 신고보상금 정책이 어떻게 종결되었는가, 그리고 정책의 전환은 이루어지지 않았는지, 왜 이런 현상이 생겼는지 논하시오.
4. 윤리적 관점에서 볼 때 이 제도가 바람직한지 여부를 좀더 심층적으로 논하시오. 특히 절대주의와 공리주의 이외의 다른 윤리관으로 볼 때 어떤 평가가 가능한지 논하시오.
5. 이 제도 시행을 통해 발생된 문제점이나 비판을 모두 고려하여 좀더 바람직한 대안을 만들 수 있는지 논하시오.
6. 이 제도의 도입 과정, 집행 과정, 그리고 종결 과정에 대해, 각각 경찰청, 운전자, 신고자, 국회, 등의 행위자 입장에서 이루어지는 게임을 생각해 보시오. 왜 이들 행위자들은 그렇게 행할 수밖에 없는지, 무엇이 그들이 그렇게 하도록 하는지 논하시오.
7. 후기에 서술된 대로 각종 신고보상금 제도에 의한 행정이 등장하고 있다. 여러 행위자들이 모여서 사회 문제를 보는 것을 거버넌스라고

생각하고 그 특징을 추출하여 보시오. 관료조직에 의한 행정과는 어떤 차이가 있는지 생각해 보시오.

참고 문헌

김항규(1994), 『행정철학』, 서울: 대영문화사.

김호섭(1991), "행정책임의 윤리," 『한국행정학보』 25:3.

노화준(2002), 『정책평가론』, 서울: 법문사.

박홍식(2000), "Kohlberg의 도덕발달이론과 행정윤리," 『한국행정학회 동계학술대회 발표논문집』.

서울대학교 법과대학 편(2000), 『법률가의 윤리와 책임』, 서울: 박영사.

이문영(1996), 『논어 · 맹자와 행정학』, 서울: 나남출판.

이상안(2000), 『공직윤리봉사론』, 서울: 박영사.

임도빈(2001), "행정윤리의 분석틀: 서양철학을 중심으로," 『행정논총』.

임도빈(2003), 『지방조직론』, 서울: 박영사.

임의영(2000), "행정윤리론의 대안적 인간관: 정치적 실존모형에 관한 연구," 『한국행정학보』, 33:3.

정정길(2001), 『행정학의 새로운 이해』, 서울: 대명출판사.

정현식 · 유임수 · 김광수(1997), 『정치경제학과 경제주의』. 서울: 서울대출판부.

홍준형(1996). "직무상 불법행위에 대한 공무원 개인의 손해배상책임," 『행정논총』 34:1.

황경식 · 정원규 (역) (D. F. Thomson 저)(1999). 『공직의 윤리』. 서울: 철학과 현실사.

Badaracco, Jr., J. L. (1997), *Defining Moments: When Managers Must Choose Between Right and Right*, Harvard Business School Press.

Benedict, R. (1986), "A defense of ethical relativism," in Sommers(1986), *Right and Wrong: Basic Readings in Ethics*, New York: Harcourt Brace College Publishers.

Bentham, Jeremy (1986), "The principle of utility," in Sommers(ed.), *Right and Wrong: Basic Readings in Ethics*, New York: Harcourt Brace College Publishers.

Boiling, T. E. & J. Demsy(1981), "Ethical Dilemmas in Government: Designing an Organizational Response," *Public Personnel Management*.

Chandler, R. C. (1994), "Deontological Dimensions of Administrative Ethics," in T. Cooper(ed.), *Handbook of Administrative Ethics*, New York: Marcel Dekker.

Cooper, Terry L. (1982), *The Responsible Administrator: An Approach to Ethics for the Administrative Role*, London: Kenniat Press.

Dworkin, Ronald & M. Walzer (1983), *The New York Review of Books*, Nyrev Inc.

Feldman, Fred (1978), *Kant's Ethical Theory: Exposition and Critique*, Englewood Cliffs, N.J.: Prentice-Hall Inc.

Foucault, M. (1975), *Surveiller et Punir*, Paris: Gallimard.

Follet, M. P. (1926), "The Giving Orders," in J. M. Shafritz & A. C. Hyde(ed.), 1997. *Classics of Public Administration*, New York: Harcourt Brace College Publishers.

Fox, Charles J. (1994), "The Use of Philosophy in Administrative Ethics," in Cooper ed., *Handbook of Administrative Ethics*, New York: Marcel Dekker.

Harmon, M. (1995), *Responsibility as Paradox: A Critique of Rational Discourse on Governance*, New York: Sage.

Hart, D. K. (1994). "Administration and the Ethics of Virtue in All Things, Choose First for Good Character and Then for Technical Expertise," in T. Cooper(ed.), *Handbook of Administrative Ethics*, New York: Marcel Dekker.

Hobbes, T. (1986), "Of the State of Men Without Civic Society," in Sommers(1986), *Right and Wrong: Basic Readings in Ethics*, New York: Harcourt Brace College Publishers.

Kant, I. (1986), in K. Abbott(trans. by), "Fundamental Principles of the Metaphysics of Morals," in Sommers, *Right and Wrong, Basic Readings in Ethics*, New York: Harcourt Brace College Publishers.

Kekes, J. (1988), *The Examined Life*, Pennsylvania State University Press.

Lerner, M.(ed.) (1950), *Machiavelli's The Prince and the Discourses*, New York: The Modern Library.

Minc, Alain, (1995), *L'ivresse democratique*, Paris: Gallimard.

Peter, Madisen & Jay M. Shafritz(ed.) (1992), *Essentials of Government Ethics*. New York: Penguin Books.

Pops, G. M. (1994), "A Teleological Approach to Administrative Ethics," in T.

Cooper(ed.), *Handbook of Administrative Ethics*, New York: Marcel Dekker.

Rachels, James(1971), "Egoism and Moral Skepticism," in Steven M. Cahn(ed.), *A New Introduction to Philosophy*, Harper & Row, Publishers, Inc.

Rand, Aryn(1987), "The Virtue of Selfishness," in Sommers, *Right and Wrong: Basic Readings in Ethics*, New York: Harcourt Brace College Publishers.

Rohr, John(1998), *Public Service, Ethics and Constitutional Practice*, Lawrence, Kansas: University Press of Kansas.

Sommers, Christina H. (1986), *Right and Wrong: Basic Readings in Ethics*, New York: Harcourt Brace College Publishers.

Specter, Michael (1999), "The Dangerous Philosopher," *The New Yoker*, September 6.

Thompson, Dennis, F. (1997), "The Possibility of Administrative Ethics," in J. M. Shafritz & A. C. Hyde(ed.), *Classics of Public Administration*, New York: Harcourt Brace College Publishers.

Walzer, Michael (1983), *Spheres of Justice*, New York: Basic Books, Inc.

Wiliams, Bernard (1973), "An Outline of a System of Utilitarian Ethics," in J. J. C. Smart & Bernard Wiliams(ed.), *Utilitarianism: For and Against*, Cambridge University Press.

제 8 장

한국전력 구조 개편 및 민영화의 정책비용*

김 준 기

I. 서 론

공기업 구조 개편 및 민영화는 1980년대 영국 대처(M. Thatcher) 정부의 대대적인 민영화 시도 이후 공공 부문 개혁정책의 중요한 위치를 차지하고 있으며, 특히 사회주의 체제 붕괴 이후 구소련을 비롯한 동유럽의 구 사회주의 국가들의 전환경제 체제(transition economy)에서 대두되는 공기업 개혁과 관련하여 특히 그 중요성이 강조되어 왔다. 이후 민영화 정책은 전 세계적인 정부 부문의 축소 추세와 신자유주의 사상의 확산에 따라 빠른 속도로 전파되었으며, 1980년과 1995년간 88개 국가에서 3,800여 개의 대규모 공기업이 민영화되었다.

우리의 경우 공기업의 민영화 논의는 정권이 새로 들어설 때마다 공약사항으로 제시된 것이었고 몇 차례의 민영화 계획을 추진하기도 했으나, 공기업 소유권의 민영화라는 근본적인 해결 노력 없이 정부는 여전히 공기업에 영향력을 행사하고자 했고 민영화 계획도 대부분 실패로 돌아가게 되었다. 그러나 1997년의 IMF 체제를 겪으면서 정부재정을 건전화하고 부실 공기업을 개혁하고자 하는 요구가 절실하게 다가왔고, 1998년의 김대중 정부는 대대적인 민영화 계획을 통해 공기업 개혁에 박차를 가하게 된다. 이

---

* 이 사례연구의 자료 수집 등을 위해 서울대학교 행정대학원 이민호 박사과정생이 수고했다.

러한 민영화 계획은 기존에 이루어진 민영화 계획과는 달리 좀더 의욕적으로 정권 초기부터 활발히 진행되었으나 실제 민영화 정책의 결과를 살펴보면, 국가경제와 연관성이 높은 전력, 통신, 가스 등의 망산업(network industry)에 대해서는 여전히 국가의 민영화 의지가 불투명했고, 민영화 이후에도 정부가 제1대 주주로서 영향력을 계속 행사하려고 하는 한계를 보였다(김준기, 2001). 그러나 이러한 망산업 가운데서도 전력산업의 경우, 전력산업 구조 개편 계획과 맞물려 한국전력의 민영화 작업이 단계적으로 추진되고 있다는 점은 긍정적이라 할 수 있다. 이 연구에서는 이렇듯 한전 민영화와 전력산업 구조 개편 계획이 일부 성공적으로 추진되고 있는 상황에서는 그 성공 요인을 정부의 공기업 민영화와 관련한 정책비용의 효과적인 관리라는 차원에서 살펴보고자 한다. 물론 참여정부 들어 전력산업 구조 개편 계획은 잠정적으로 연기되었으나 이 연구는 지난 국민의 정부의 구조 개편에 한정시켜 논의를 하기로 한다. 특히 2002년 2월의 대규모 발전산업노조의 파업은 정부의 한전 민영화 정책에 대한 정책비용과 그 관리 방식에 대한 큰 시사점을 남겼으며, 공기업 민영화의 정책비용이라는 차원에서 연구의 동기를 제공해 주기에 충분했다.

이 연구는 다음과 같이 구성된다. Ⅱ절에서는 한국전력의 민영화 내용을 살펴보고 민영화 과정에서 발생한 정책비용을 살펴본다. Ⅲ절에서는 한국전력의 민영화 정책에 대한 정치적 비용을 자세히 살펴보고 정부의 성공적인 대응 요인과 한계점을 분석한다. Ⅳ절에서는 연구의 내용을 종합하여 한전 민영화의 정책 비용과 정부의 대응 방안을 정리하고 이후 계속될 한전의 민영화 계획과 관련한 정책적 시사점을 제시하고자 한다.

Ⅱ. 한국전력의 구조 개편과 민영화

1. 한국전력의 민영화

2002년 4월 2일, 한전의 발전 부문이 6개의 자회사로 분리되기 이전, 한국의 전력산업은 한전이 발전과 송전, 배전, 판매 부문 모두에 대해 독점적인 위치를 가지는 수직적으로 통합된 공기업 체제를 갖추고 있었다. 이러한 수직적 통합의 독점 공기업화는 전력산업 자체가 가지는 망산업의 특징과 국가 기간산업이라는 산업적 특수성으로 인해 국가적 차원에서 제도적으로 정당화되었다.

그러나 독점공기업으로서의 한전은 국가 정책적 차원에서 매력적인 수단으로 인식되었고, 이로 인한 한전 경영에서의 정부의 개입은 전체 전력산업의 효율화를 저해하고 방만한 공기업 운영을 가져오게 함으로써, 전력산업에서 독점 공기업 체제에 대한 회의를 가져오게 했다. 이와 함께 1980년대 이후 영국을 포함한 세계 각국의 경쟁적 전력산업 구조 개편과 민영화의 바람은 기존의 독점적 공기업 체제에서 새로운 경쟁적 민간운영 체제로 변화시키는 데 결정적인 원인으로 작용했다.

1) 1998년 이전의 한국전력 민영화 정책

1961년 5·16 혁명 이후 독점적 공기업 형태로 유지되어 오던 한국전력에 대한 민영화 계획은 1998년 민영화 계획 이전에도 두 차례 시도된 바 있다. 1987년의 제3차 민영화 추진계획과 1993년의 제4차 민영화 추진계획이 그것이다.

1987년의 제3차 민영화 추진계획에서, 노태우 정부는 거대 공기업에 대해서는 부분적 배당권 민영화, 즉 정부가 대주주의 역할을 유지하며 주식의 일부를 일반 국민에게 매각하는 방식을 시도했고, 한전은 거대 공기업의 하나로서 배당권 민영화 계획에 포함되었다. 제3차 민영화 추진계획으로 한전은 총 정부 지분의 21%를 국민주의 형태로 매각하는 성과를 나타냈다. 그러나 이러한 국민주 방식에 의한 소유권 분산은 감시 체계상의 무임승차의 문제를 야기하여 지배구조상의 문제와 감시 체계상의 비효율성을 초래했다. 또한 한전의 경우 정부가 경영권을 통제하고 있는 상황에서 이러한 점진적인 공기업 개혁은 한전 경영자들로 하여금 현저한 내부적 변화를 가져올 만큼 강한 시그널 효과를 주지 못했다(김준기, 1999). 결국 제3차 민영화 추진계획은 한전의 주식을 국민주 방식으로 부분 매각하여 증시에 상장시킨 1989년 이후 증권시장의 불황으로 인해 중단되었다.

1993년의 제4차 민영화 추진계획에서, 김영삼 정부는 58개 공기업의 지분 매각, 10개 공기업의 통폐합을 계획했다. 김영삼 정부의 민영화 정책은 이전의 국민주 방식의 민영화를 포기하고 공기업의 효율성 제고에 우선순위를 두어 경영권 매각의 방식을 통한 민영화를 추진하고자 했다. 그러나 경영권 매각 대상이었던 한전을 포함한 정부투자기관 6개 기관은 실제로 민영화되지 못했으며, 결국 1996년에는 초기의 급진적인 민영화 정책을 포기하고 공기업의 내부 개혁과 경영합리화에 치중한 민영화 계획을 발표하게 된다. 이후의 점진적인 개혁 방식의 민영화 정책에서도, 정부가 여전히 공기업의 최대 주주로 남아 있고, 직·간접적인 정책 채널로 정부가 개입할 여지가 남아 있는 점은 한계로 지적된다.

2) 김대중 정부의 한국전력 민영화 계획과 정책의 효과

(1) 한국전력 민영화 계획

1994년 7월에서 1996년 6월까지 수행되었던 한전에 대한 경영진단평가에서는 다음과 같은 진단을 했다. 이 평가에서 급격한 전력 수요 증가 추세와 전면적인 민영화 추진으로 인한 경제력 집중의 문제 등을 고려할 때, 한전의 민영화는 단계적으로 추진하되 민영화 추진의 기본 전제로서 전력산업 구조 개편의 필요성을 제기했다. 따라서 한전의 민영화 계획은 전력산업의 구조 개편과 맞물려 동시에 이루어지도록 기획되었다. 전력산업의 수직적 분할(vertical disintegration)을 통한 구조 개편과 함께 한전이 독점적으로 소유하고 있는 발전과 배전 부문을 분할하여 민영화하는 방식으로 확정되었다. 1999년 1월 산업자원부가 발표한 '전력산업 구조 개편 기본계획'에서는 준비 단계, 발전 경쟁 단계, 도매 경쟁 단계, 소매 경쟁 단계의 4개 단계로 전력산업 구조 개편과 민영화를 추진할 것을 확정했다.

① 준비 단계(1999. 1~1999. 12.)

제1단계로서 준비 단계는 전력산업 구조개편안의 발표 이후 실질적인 구조 개편을 위한 제도적 준비 단계이다. 이 단계에서는 전기사업법을 포함한 법령의 정비와 한전의 자산 실사와 회사 분할, 자회사의 설립, 발전 입찰시장의 준비 등의 내용을 포함하고 있다. 또한 발전 자회사 분할과 관련하여 1999년 중에 1개 회사에 대해서는 매각을 시작하기로 했다.

② 발전 경쟁 단계(1999. 10~2002)

제2단계로서 발전 경쟁 단계는 발전 부문의 경쟁 실시와 배전 부문의 분할 및 민영화를 그 주요 내용으로 하고 있다. 발전 부문의 자회사들을 모두 민영화하고 독립법인화하며, 발전 입찰제(price bidding)를 통한 발전 자회사들 간의 경쟁 체제의 운영을 목적으로 한다. 배전 부문의 분할 및 민영화와 관련해서는 2000~2001년 사이에 배전 부문을 분할하고 2001년 이후 민영화를 실시하도록 한다. 발전 경쟁과 관련하여, 풀(pool) 시장의 운영규칙을 제정하고 운영 요원의 양성과 설비 및 소프트웨어의 구축, 설비 등의 양방향 전력 입찰시장의 준비를 포함한다. 배전 부문 경쟁과 관련하여 2000년 말까지 대수용가에 대한 전력 직거래 허용도 발전 경쟁 단계에 포함된다. 이뿐만 아니라, 제2단계에서는 전력산업 전반을 관리, 감독할 독립규제위원회의 설립을 목적으로 한다. 그 중간 단계로서 1999년 2월 산업자원부 내에 '전기위원회'를 신설 운영하고, 2001년에 '전력관리원'을 설립하기로 한다.

③ 도매 경쟁 단계(2003~2009)

제3단계로서 도매 경쟁 단계에서는 발전회사와 배전회사의 자유경쟁에 의한 전력 거래를 목적으로 한다. 배전사업도 지역별 수요자 분포 및 채산성 등을 감안하여 지역별로 적절히 수개의 회사로 분할하고, 경쟁입찰 방식에 의한 양방향 입찰제(two-way bidding)를 도입한다. 각 배전회사는 관할 지역의 배전망을 운영하고 자체적인 전기요금 체제를 운영하게 된다. 그리고 배전회사를 통하지 않고 발전회사로부터 전력을 직접 거래하는 직거래의 허용 규모를 확대시키게 된다.

④ 소매 경쟁 단계(2009년 이후)

마지막 4단계인 소매 경쟁 단계에서는 배전망의 개방을 통한 배전회사의

〈표 8-1〉 한국전력 자본금 및 주주 구성

구분	1999년		2000년		2001년	
	지분 비율(%)	금액(억 원)	지분 비율(%)	금액(억 원)	지분 비율(%)	금액(억 원)
정부	52.22	16,707	52.20	16,707	32.35	10,353
민간	25.22	8,069	21.53	6,890	40.96	13,104
외국인	22.36	7,155	26.11	8,356	26.53	8,491
기타	0.2	64	0.16	52	0.16	57
합계	100	31,995	100	32,005	100	32,005

주: 연도는 매년 말 기준임.

지역독점을 해소한다. 소비자조합이나 전력 전문 판매 업체 등 새로운 형태의 전력 업체의 등장과 소비자 선택권의 확립을 통한 소비자 주권의 실현이 전력 구조 개편의 최종 목적이라 할 수 있다.

(2) 민영화 정책의 기대 효과

한전은 1999년 말 기준으로 자본금 규모가 3조 2천 원에 달하는 거대 공기업이다. 따라서 한전의 민영화는 정부 보유 지분의 매각을 통한 정부 재정수입의 증가를 가져왔다. <표 8-1>에서 보는 바와 같이 1999년 말 기준으로 정부 보유 지분 비율은 52.2%에 이르고, 그 금액은 1조 6천억 원을 넘어서고 있다. 계속되는 재정적자 확대에 대한 압박과 외환 위기 극복 과정에서 IMF가 제시한 강력 긴축 재정에 대한 요구는, 대규모의 재정 확보를 가능케 하는 한전의 민영화 정책을 더욱더 매력적으로 만드는 요인으로 작용했다. 실제로 1999년에는 한전의 해외DR 발행을 통해 재정 수입과 기타 수입을 포함하여 1조 4천억 원의 매각 수입을 획득했다(기획예산처, 제6차 공기업민영화추진위원회, 2000).

한전 민영화 정책은 전체 전력산업 구조 개편 계획과 맞물려 이루어지기 때문에 구조 개편에 따른 기대 효과를 예상할 수 있다. 1999년 1월의 '전력산업 구조 개편 기본계획'에서는 전력산업 구조 개편에 따른 기대 효과를 다음의 네 가지로 분류하고 있다.

첫 번째로 전력산업 구조의 선진화를 들 수 있다. 독점 체제에서 경쟁 체제로의 산업구조 전환으로 산업의 효율성을 증진시킬 수 있다. 사업계획, 예산 및 인력 운영, 영업 방식 등의 모든 사업 단계에서 경쟁 개념의 도입은 효율성을 증진시키고자 하는 동기를 부여하게 된다. 또한 소비자의 전력 선택권을 다양화하여 편익을 증진시킨다. 민간 주도의 전력산업 구조 개편은 민간의 창의성을 충분히 이용할 수 있는 기회를 조성하게 되고, 전원 배분, 전력 공급 등 의사 결정의 투명성을 제고할 수 있다.

두 번째로 전기 요금의 인하를 들 수 있다. 발전 부문과 배전 부문의 경쟁 도입을 통한 전기 요금의 인하 요인이 존재한다. 전기 요금의 인하 부분이 크게 실현되지 않더라도 기존의 공기업 체제에서 전기 요금 결정이 정책적인 고려로 인해 상당히 왜곡되어 있던 부분을 교정하여 정상 요금을 책정할 수 있다. 에너지경제연구원의 분석에 따르면, 경쟁구조가 되면 설비투자의 합리화, 운용 효율 개선 등 원가 절감으로 전기 요금 인하 요인이 발생할 것이며, 구조 개편·민영화가 완료되는 2009년경까지 전체적으로 11.28%의 실질적인 전력 요금 인하 요인이 발생할 것이라고 한다.

세 번째로 전기 공급 서비스의 수준 향상을 들고 있다. 발전, 배전 부문의 경쟁 도입과 송전 부문의 효율성 제고로 전기 공급 서비스의 수준이 제고될 것으로 예상할 수 있으며, 이는 영국의 사례에서 확인할 수 있다.

마지막으로 시장 원리에 따른 합리적 전원 구성으로 에너지 배분의 효율성이 제고되고 민영화에 따른 경영합리화로 전기사업자의 경영수지 개선의 효과를 달성할 수 있다.

〈표 8-2〉 영국의 전기 공급 서비스 수준 개선

연 도	1991/92	1992/93	1993/94
공급 기준 미달에 따른 수용가의 보상 건수	13,061	12,255	8,087
정전 횟수	41,018	12,723	2,817
수용가 불만 신고 건수	17,479	15,521	10,926

2. 한국전력의 민영화 추진 과정

1999년 1월 산자부의 '전력산업 구조 개편 기본계획' 발표 이후, 정부의 민영화 정책 추진 연혁을 살펴보면 다음과 같다.

1) 법제도적 추진 기반 확보

1999년의 전력산업 구조 개편 기본계획은 크게 다음 세 가지의 내용을 주요 골자로 하고 있다. 발전 부문을 5~7개의 자회사로 나누어 원자력 부문을 제외하고 나머지 부문을 단계적으로 민영화한다. 송전 부문은 망산업(network industry)의 특성상 정부 소유의 독점이 불가피하다. 배전 부문은 발전 부문 민영화 이후 지역적으로 분할하여 경쟁 체제를 도입한다.

우선 1999년 1월 26일부터 3월 18일까지 구조 개편 추진 기반 확보를 위한 '전력산업구조개편추진기획단'이 구성·운영된다. 이 기획단은 구조 개편 계획 확정 후 구체적인 실시를 위해 '전기위원회'와 사무국 설립 이전 단계의 준비 기구로서 설립되었다. 1999년 5월 24일, 정부조직 개편으로 산업자원부 내에 '전력산업구조개혁단'이 설치·운영되었다. 당해 7월 2일에는 산업자원부 공무원과 한전 담당자, 그리고 학계와 연구계로 구성된 자문단을 포함한 '구조개혁실행위원회'가 구성되어, 구조 개편과 관련된 실질적인 정책 사항을 심의·결정했다.

1999년 6월 이후 전력산업 구조 개편 관련 법안의 제·개정을 추진했으나, 12월 국회에서는 이에 대한 심의 보류 결정을 내림으로써 '전력산업 구조 개편 기본계획'에서 확정한 구조 개편과 민영화 추진 일정이 큰 타격을 받게 되었으며, 이후 일정들이 지연되게 되는 가장 큰 원인으로 작용했다. 이후 2000년 한 해 동안은 구조 개편 법안을 제16대 국회에 재상정하기 위해 법안 내용을 재검토, 보완하여 관계 부처와의 협의 등 입법 절차를 재추진하게 된다. 그 결과로 2000년 12월 23일 '전력산업 구조 개편 촉진에 관한 법률'이, 2001년 2월 24일에는 '전기사업법'이 공포됨으로써 전력산업 구조 개편과 관련한 추진 기반 확보 작업이 마무리된다.

2) 민영화 정책의 본격적인 추진

① 발전 자회사 분할

1999년 10월부터 실시되기로 예정되었던 발전 자회사 분할과 매각 추진은 구조 개편 관련 입법의 지연으로 인해, 2001년 4월 2일에 이르러 발전 부문의 자회사가 한전으로부터 분할됨으로써 발전 경쟁 단계에 돌입하게 된다. 발전 부문의 자회사 분할은 원자력 발전과 수력 발전을 묶은 1개 사와 기존의 42개 발전소를 화력발전 회사 5개 사(남동, 동서, 중부, 서부, 남부)로 분할하는 방식으로 이루어졌다. 수력 발전의 경우는 건설교통부의 수자원관리의 중요성에 대한 고려 요구로, 민영화 대상에서 제외되는 원자력 부문과 통합되어 민영화 대상에서 제외되었다. 원자력 부문은 안전상의 문제 등을 이유로 단일 회사로 구성되었다.

분할 방식과 관련해서는, 안정적인 발전으로 재정 자립의 중심적 역할을 수행할 수 있는 핵심 발전소 5개 사(삼천포, 보령, 태안, 하동, 당진)를 선정하여, 선정된 핵심 발전소를 중심으로 자산 및 수익가치가 균등하도록 여타 발전소를 배분했다. 분할된 발전 자회사의 규모는 다음의 표와 같다.

〈표 8-3〉 발전 자회사 규모

구 분		남동발전	중부발전	서부발전	남부발전	동서발전	수력·원자력
발전용량 (천 KW)	가동중	5,565	6,393	6,346	5,575	6,300	14,251
	건설중	1,600	1,600	1,600	2,300	1,200	4,000
자산(억 원)		25,568	23,516	27,043	35,561	47,285	174,095

자료: 전기위원회 홈페이지.

② 전력거래소 설립

2001년 4월 2일, 발전회사의 분할과 함께, 전력 경쟁시장 및 계통 운영을 위해 발전회원 7개 사와 판매회원 1개 사로 구성된 전력거래소가 설립되었다. 전력거래소는 전력시장의 개설·운영에 관한 업무, 전력 계통의 운영에 관한 업무, 시장운영규칙 등 제반 규칙의 제·개정에 관한 업무 등을 담당하는 비영리 특수법인의 형태를 갖추고 있다. 전력 거래는 원가 반영 시장

(cost-based pool)이라는 시장 운영 원칙에 따라 운영되는데, 발전회사는 매일 각 발전기별로 다음날의 시간대별 공급 가능 물량을 전력거래소에 입찰하고, 전력거래소는 매 시간대별로 수요를 만족하도록 운전비용이 싼 순서대로 운전해야 할 발전기와 발전량을 결정, 전기를 급전(dispatch)한 후 발전된 발전기 중 가장 비싼 운전비용을 시장거래 가격으로 하여 모든 발전기에 정산 시행하게 된다.

③ 전기위원회 설립

2001년 4월 28일에는 구조 개혁의 추진과 전력시장의 관리를 위한 규제감독기구로서 '전기위원회'와 위원회 산하 사무국이 발족되었다. 전력산업 구조 개편으로 추가되는 규제 기능(소비자 보호, 시장 감시 등)을 담당할 새로운 규제기관이 필요하게 되었고, 규제담당 부서는 정책담당 부서와 분리되어야만 전문성과 독립성을 가지고 일관성 있고 공정한 업무 수행을 가능하게 하기 위해, 산업자원부와는 별도의 위원회 조직인 전기위원회를 설립하게 되었다. 전기위원회는 본래 기능인 사업 허가, 요금 인하 등의 심의 기능, 분쟁의 재정 기능, 조사 기능을 제외하고도, 전력 거래시장의 조성 및 공정경쟁을 위한 시장 감시, 사업자 간, 사업자·소비자 간 분쟁 조정과 소비자 권익 보호, 전력산업 구조 개편의 지속적인 추진을 위한 업무를 담당하고 있다. 산하 사무국은 총괄정책과, 시장관리과, 계통운영과, 소비자보호과, 경쟁기획과로 나뉘며, 실무적인 사항을 담당하고 있다. 기본계획에 따르면 2001년 이후 전력 규제를 담당하는 독립규제위원회의 형태인 '전력관리원'을 설치하기로 예정되었으나 구조 개편 추진의 지연으로 인해 2002년 10월 현재까지 전기위원회가 전력산업 구조 개편과 한전의 민영화 계획을 전담해 담당하고 있다.

④ 정부 지분 매각과 발전 자회사 매각 추진

2002년 4월 2일 발전 자회사가 분리되기 이전에 한국전력 민영화와 관련한 두 가지 시도가 있었고, 그것은 해외 DR 발행과 열병합발전소의 매각이었다. 1999년 3월 26일, 정부는 해외 DR 발행을 통한 정부 보유 지분의 5%인 7.5억 달러를 매각했으며, 이후 1999년 6월부터 시작된 안양·부천 열병합발전소의 매각이 2000년 6월에 7,710억 원으로 LG 칼텍스(지금의 GS 칼텍스) 컨소시엄에 매각되었다.

발전 자회사 분할 매각과 관련해서는 1999년 10월 20일, 민영화 추진 연구기획팀이 구성되면서부터 시작되었다. 학계, 연구계, 시민단체 등 관계 전문가 17명으로 구성된 이 연구기획팀은 2000년 1월부터 5월에 걸쳐 17차례의 기획팀 검토 회의 및 5차례의 외부 전문가 자문회의를 개최하여 세부적인 민영화 정책을 심의, 협의하여 민영화 방안 시안을 작성했으며, 이후 5월부터 7월 사이에는 공청회를 개최하고 한전노조의 의견을 수렴하는 기회를 가졌으며, 민영화 방안의 정부건의안을 접수하여 이해 관계자들의 요구 사항을 수용하는 과정을 거쳤다. 이를 통해 연구기획팀은 9월 28일 발전부문 민영화 방안을 보고했다. 2001년 6월 이후에는 연구기획팀이 해체되고 새로이 발전 자회사 민영화 추진팀이 구성되어 발전회사 민영화 계획을 검토했으며, 11월 17일에 '발전회사 민영화 기본계획'의 산자부 시안이 확정되었다. 이후 12월에는 노사정 설명회를 개최했고, 2002년 1월에는 공청회를 통해 의견 수렴의 과정을 거친 후, 4월 9일에 '공기업민영화추진위원회'에서 '발전회사 민영화 기본계획'을 확정하게 되었다.

'발전회사 민영화 기본계획'에서는 수력·원자력을 제외한 5개 화력발전회사를 민영화 대상으로 선정했다. 매각 일정에 관해서는 1단계로 2002년 상반기부터 1개 사씩 2개사 매각 후, 2단계로 나머지 3개 사는 1단계 직후 매각을 추진하기로 결정했다. 매각 방법에서는 경영권 매각을 기본으로 하되 기업 공개(IPO)를 함께 추진하는 방식을 채택했으며, 외국인 참여 한도는 국내 전체 발전 설비의 30% 이내로 제한하기로 했다.

정부안 확정에 따라, 한전에서 최초 매각 대상 선정 등 세부 민영화 업무를 맡게 될 매각 자문사 선정 절차를 추진했고, 금융 자문사인 JP모건-UBS워버그-대우증권 컨소시엄을 선정했다. 이후 7월 15일, 한전은 자문사와의 협의하에 한국 남동발전주식회사를 우선 매각 대상으로 선정하여 국제 경쟁입찰을 통한 매각을 추진중이다.

3. 한국전력 민영화 과정의 정책비용

아래에서는 전력산업 구조 개편 계획을 포함한 한국전력의 민영화 과정에서 발생한 정책비용들을 경제적·정치적·사회적·법제도적 비용의 측면에서 살펴본다.

1) 경제적 비용

2000년 국정감사에 제출한 민주당 김방림 의원의 자료집에 따르면, 한전 민영화 정책을 포함한 전력산업 구조 개편과 관련한 경제적인 정책비용을 <표 8-4>와 같이 분류하고 있다.

김방림 의원은 전력산업 구조 개편과 한전 민영화를 통해 5조 5,911억 원의 비용이 소요될 것으로 분석했으며, 이는 2000년도 총 전기 요금인 17조 8,822억 원의 31.3%에 달하는 규모라고 설명하고 있다. 또한 산업은행에 대한 현물 출자금 3조 원을 제하더라도 총 전기 요금의 14.5%에 해당하는 규모의 경제적 비용이 발생할 것으로 보고, 이로 인해 전기 요금이 민영화 이후 14.5% 이상 상승할 가능성이 있다고 분석했다.

그러나 이러한 김의원의 전력산업 구조 개편과 관련한 경제적 비용 산정에서, 실제 발생하지 않은 부분에 대해 추정을 통해 비용을 예상함으로써 상당한 논란의 여지를 남기고 있다고 보인다. 예를 들어, 전기 요금 결정 방법 변경으로 인한 비용의 증가분에 대해서는 최고 가격 이하의 발전가격을 제시한 발전기가 획득하게 되는 급전(dispatch)의 이익은 효율성 증가로 인한 정당한 이윤의 허용이라고 볼 수 있을 것이므로 비용에 산정해서는 안 되는 부분이다. 또한 전력산업기반기금 증가에 따른 비용의 발생 부분에 대해서는, 김의원 본인이 지적한 바와 같이 산업자원부의 부처이기주의로 인한 부적절한 증가분이라고 간주할 경우 정당한 구조 개편의 비용으로 산정할 수 없는 부분이라고 하겠다. 만약 위의 분석표에서 산업은행에 대한 현물 출자금 3조 원과 전기 요금 결정 방법 변경으로 발생할 비용이라는 1조 6천억 원을 제할 경우 총 전기 요금에 대한 비용 증가분은 5%를 조금 웃도는 수준으로 바뀌게 되며, 전력산업기반기금의 증가로 인한 비용 증가분마저 제할 경우에는 총비용 증가 내용이 3%에도 미치지 못하는 수준으로 낮게 책정되게 될 것이다. 결국 전력산업 구조 개편과 한전 민영화 정책에 대한 경제적 비용을 측정하는데 실제로 구조 개편과 민영화가 완료되기 전에는 모든 비용을 완벽히 측정해 내기란 거의 불가능하다고 할 수 있다. 또한 앞서 가정한 것과 같이 비용 증가분에 대한 견해가 차이가 날

〈표 8-4〉 구조 개편 비용 종합

항 목	비 용
전력산업기반기금 증가에 따른 비용	2,317억 원(연간)
전력 거래시장 구축 비용	944억 원
연대 채무 해소 비용	3조 원(지급보증에 대한 현물출자) 보증료 37.4억 원(예상)
채무 해소 비용	1,780억 원
발전 자회사 설립 비용	53억 원
배전-판매회사 설립 비용	26억 원
배전 분할시 계량기 설치 비용	160억 원
전력 거래비용	300억 원(연간)
규제비용	1,000억 원(연간)
특별 성과급 지급	929억 원
노조의 구조 개편 저지 관련 활동비	26억 원 이상
발전 자회사 민영화 관련 비용	1,000여억 원(추정)
전기 요금 결정 방법 변경으로 인한 비용	1조 6천여억 원(연간, 추정)
전력산업 운영비용 증가	10억 원(최소 추정)
전력 거래와 관련한 위험 회피 비용	1,072억 원(연간, 추정)
자문 및 용역 비용	246억 원
홍보비	9억 원
해외 전력산업 현황 조사비	1억 원
공청회, 세미나, 각급 위원회 관련 비용	4천만 원(최소)
합 계	5조 5,911억 원(31% 인상)

자료: 김방림 의원 자료집, 2001.

경우 총 비용 증가분이 31%에서 3%로 바뀌는 경우도 가능하다고 볼 수 있으며, 이는 민영화에 대한 입장 차이에 따라 얼마든지 자료의 분석이 왜곡될 수 있음을 보여 준다.

2) 정치적 비용

한전의 민영화 계획 추진과 전력산업 구조 개편 과정에서 발생한 정치적 비용은 노조와 정부 간의 갈등과 대립으로 인한 비용 발생 부분으로 분석할 수 있다.

영국의 전력산업 구조 개편 과정에서도 볼 수 있듯이 구조 개편과 민영화는 대규모의 고용 감축을 가져오게 되고, 그에 대한 불안감은 한전노조로 하여금 적극적으로 정부의 민영화 방침에 대항하고자 하는 투쟁적인 노사 관계를 만들어 냈다. 실제로 기존의 한전노조가 주로 어용적인 노조로서 회사에 대한 특별한 적대감 없이 여타 공공 노조에 비해 안정적인 노사 관계를 유지해 왔다고 볼 수 있다. 그러나 한전 민영화 계획의 발표 이후 민영화를 저지하고자 하는 노조는 정부의 민영화 정책 추진 과정에서 계속적으로 저항하고 정치적인 갈등 관계를 만들어 냈다.

노조와 정부의 민영화를 둘러싼 정치적 대립은 민영화 정책의 입법 과정부터 시작되었다. 1999년 초의 '전력산업 구조 개편 계획'이 확정된 이후, 민영화와 구조 개편을 추진하기 위한 입법 노력이 15대 국회에서 시작되었다. 그러나 국회 외부에서는 정부와 노조 간의 민영화를 놓고 힘 겨루기가 계속되었으며 이러한 모습은 국회의 법안 처리 과정에도 영향을 미쳤다. 결국 기본계획에서 예정한 민영화 관련 법안의 통과는 다음 국회로 미루어지게 되었고, 이는 이후의 모든 민영화와 산업 구조 개편 계획이 1년이나 지연되는 결과를 낳게 되었다. 2000년 16대 국회에서의 입법 과정에서도 이러한 정부와 노조의 대립 관계는 지속되었고 결국 국회에서 관련 법안이 통과되기는 했지만 민영화와 관련하여 1년의 유예 기간을 둔다는 조항을 삽입하게 함으로써 정부의 신속한 구조 개편과 민영화 계획의 집행을 상당히 지연시키는 결과를 가져왔다.

노조와 정부 간의 민영화를 둘러싼 정치적 갈등이 최고조에 달했던 것은

2002년 2월의 발전산업 노조의 대규모 파업 사태를 통해서였다. 당시 5천여 명에 달하는 발전산업 노동자는 정부의 발전 자회사 민영화에 반대하여 한 달 넘게 계속된 발전노조의 총 파업에 적극적으로 참여했다. 이러한 노조의 파업 사태에 대해 정부는 불법 파업으로 간주하고 강경 대응 자세를 견지했으며 회사 측도 3차에 걸쳐 340여 명의 노동자를 해임 의결하고 3,000여 명의 노동자들에 대해 가압류를 신청하는 등 노사 간의 갈등이 극에 달했다. 4월 2일의 노정 합의를 통해 파업 사태가 진정되기는 했으나, 파업으로 인한 경제적 손실로 인해 낮은 발전비용의 순위대로 발전기를 가동하는 경제 급전(dispatch)을 하지 못하게 되면서 총 373억 원의 경제적 손실이 발생한 것으로 발전회사 측은 발표했다. 그러나 주목해야 할 부분은 파업 과정에서 발생한 373억 원의 경제적 손실보다 정부가 한전 민영화와 전력산업 구조개편 의지를 확고히 하고 민영화 정책을 계속적으로 추진해 나갈 수 있게 되었다는 점이다. 대규모의 파업 사태에도 불구하고 정부가 민영화 정책에 대한 입장을 명확히 함으로써 앞으로의 전력산업 구조 개편과 한전의 민영화 계획이 손상되지 않고 추진될 수 있게 되었다는 점에서 정부는 노조와의 갈등 관계로 인한 정치적 비용을 효과적으로 관리했다고 볼 수 있다. 다만 파업 사태 해결 이후에도 계속적으로 남아 있는 노조의 적대적 입장을 어떻게 해결할 것인지가 문제이며, 이는 이후의 배전 부문 분할 매각 과정에서 발생할 수 있는 또 한번의 노조와의 대립을 예상하게 한다.

3) 사회적 비용

한국전력 민영화와 전력산업 구조 개편으로 인한 정책의 사회적 비용의 발생은 민영화 이전에 정부가 전력산업에 대한 독점 사업자의 위치를 보유함으로써 가능할 수 있었던 사회 정책적 배려를 민영화와 구조 개편으로 인해 포기하게 되면서 발생하는 사회적 후생의 손실 부분이라 할 수 있다.

우선 생각할 수 있는 것이 전력요금 체계의 변경으로 인한 사회적 손실 부분이다. 기존 한전의 전력요금 체계는 주택용 · 산업용 · 일반용 · 농사용 등 여섯 가지 용도로 분류하고, 용도별 차등 요금을 적용하여 비생산 부문의 에너지 절약을 유도하기 위해 일반용과 주택용에 대해서는 높은 요금을 부과하고, 산업경쟁력 향상 및 농어촌 경제 지원을 위해 산업용과 농사용에 대해서는 낮은 요금을 부과하는 방식을 취해 왔다.

〈표 8-5〉 용도별 전력 요금 체계

구 분		호 수 (천 호)	판매량 (백만kWh)	(%)	판매 단가 (원/kWh)	원가 회수율 (%)
주택용	일반주택	11,084	38,135	15.9	107.30	114.8
	심야전력	427	6,734	2.8	24.52	48.8
	소 계	11,511	44,869	18.7	94.72	108.9
일반용		1,837	47,700	19.9	106.04	133.7
산업용		275	137,372	57.3	58.30	96.1
농사용		855	5,451	2.3	43.04	48.0
교육용		15	2,285	1.0	90.16	116.4
가로등		483	1,759	0.7	65.92	101.3
종 합		14,976	239,535	100	74.65	106.4

이러한 기존의 전력 요금 체계에 대해, 구조 개편과 함께 새롭게 제시된 전력 요금 체계는 전력요금 차등의 폭을 줄이고 현실 원가 수준을 반영하는 방향으로 설정되었다. 2002년 8월 27일의 전력 요금 체계 개편 공청회에서는 단기적으로 2년 내에 주택용 전력 요금을 8% 인하하고 산업용 전력 요금은 10% 인상하며, 장기적으로는 일반용·산업용·교육용을 단계적으로 통합하여 동일한 전력 요금 체계를 만든다는 것이 산자부안(案)으로 채택되었다.

전력 요금 체계의 개편은 기존 요금 체계에서 원가보다 높은 가격을 지불했던 주택용·일반용 전력 사용자에게는 가격 인하를 통한 이익을 가져올 것이 당연하다. 그러나 산업용과 농사용으로 낮은 수준에서 공급되던 전력 요금에 따른 이익을 누려온 산업계와 농어민들은 기존의 이익을 포기하는 결과를 낳게 될 것이며, 이는 사회적 비용의 발생이라고 할 수 있을 것이다.

전력 요금 체계의 개편뿐만 아니라, 정부의 에너지 정책 차원에서 실시되던 전력산업의 에너지원 교차 보조가 구조 개편으로 인해 불가능하게 됨으로써 발생하는 사회적 비용도 생각할 수 있다. 그 대표적인 예가 무연탄을 이용한 발전이라고 할 수 있겠다. 고가의 무연탄을 전력 부문의 발전 에너지원으로 일정 부분 소비함에 따라 얻어지는 국내 석탄산업의 지원 효과가 전력산업의 구조 개편과 민영화를 통해 소실되는 것이며, 이는 또 하나의 사회적 비용의 발생이라고 할 수 있다는 것이다. 무연탄뿐만 아니라, LNG 소비도 에너지원 다변화라는 목적에 따라 고가의 연료를 한전이 소비함으로써 발생하는 이익 또한 포기하게 되는 것이다.

일반적으로 민영화의 사회적 정책비용으로 분석되는 또 하나의 내용은 사회적 약자에 대한 형평성의 악화 여부이다. 한전의 민영화는 공기업 체제에서와 달리 전기와 같은 기초 서비스에 대해 사회적 약자들이 충분히 사용할 수 있는 기회를 제한하는 결과를 가져오게 된다. 이러한 부분에 대해서는 구조 개편 과정에서 전력산업기반기금을 조성하여 해결하고자 하는 방안을 채택하고 있으나, 현재까지 민영화가 완료되지 않은 시점에서 민영화로 인한 사회적 불평등의 심화와 같은 사회적 문제를 다루기에는 아직 이른 것으로 보인다.

4) 법제도적 비용

한전 민영화와 구조 개편의 법제도적 정책비용은 관련 법안의 제정과 개정을 둘러싸고 벌어지는 국회 내부에서의 갈등 부분을 말할 수 있다.

1999년 1월 21일의 전력산업 구조 개편 기본계획이 확정된 이후, 전력산업 구조 개편과 관련한 법안의 제·개정의 문제가 구조 개편 계획의 첫 번째 과제로 대두되었다. 구조 개편 기본계획안에 따르면, 이러한 관련 법안의 제·개정은 1999년 말까지 이루어지도록 예정되어 있었으나 1999년 15대 국회의 심의 과정에서 심의 보류 판정을 받게 됨으로써 구조 개편 계획에 첫 번째 차질을 빚게 되었다. 이후 구조 개편 주체로서 산자부는 2000년 16대 국회에 구조 개편 관련 법안을 재상정할 것을 준비했고, 정부 내 관련 부처와의 협의와 국무회의의 의결을 거쳐 6월 30일 국회에 제출했다. 산자부는 구조 개편 관련 법안의 통과를 위해, 여당 보좌관, 야당 보좌관 초청

간담회를 비롯하여, 11월 23일의 국회 주관 토론회 등을 통해 국회 산자상임위원회의 위원들을 설득하기 위한 노력을 기울였으며, 12월 4일 국회 산자위에서 관련 법안이 의결되었고, 12월 8일에 국회 본회의에서 의결되었다. 그러나 급속한 민영화에 대한 우려로 인해 한나라당이 주장하는 민영화 1년 유예 조항을 삽입함으로써, 또 한 번의 구조 개편에 차질을 빚게 된다.

12월 23일자로 공포된 '전력산업 구조 개편 촉진에 관한 법률'과 '전기사업법'의 제·개정은 전력산업 구조 개편 추진을 위한 법적인 기반을 마련하는 계기가 되었다. 하지만, 본래 구조 개편 계획에서 의도한 1999년 내 법적 기반의 마련이라는 목표가 1년 지체됨으로써 구조 개편 전체 계획 자체가 1년 지체되는 결과를 가져왔으며, 민영화 1년 유예 조항의 삽입을 통한 민영화 추진의 1년 지연은, 전력산업 구조 개편 과정에서 발생한 법적 전환비용이라고 할 수 있을 것이다.

5) 소결: 정치적 비용에로의 수렴

앞서 살펴본 한전 민영화 정책의 네 가지 정책비용들은 그 자체가 성공적인 민영화 계획의 추진을 위해 고려되어야 할 부분으로 의미를 가진다고 하겠다. 그러나 현재 한전 민영화와 전력산업 구조 개편이 추진되어 가는 과정을 살펴볼 때 다른 어느 요인보다 정치적 비용 부분이 정책의 추진 과정에서 가장 큰 장애 요인으로 작용하는 것을 볼 수 있으며, 또한 나머지 요인들도 정치적 비용으로 수렴되는 모습을 보인다.

경제적 정책비용의 경우 정책이 완결되지도 않은 시점에서 정책과 관련된 경제적 비용을 완벽하게 예상하는 것은 무리가 있다고 생각된다. 따라서 앞서 민영화 추진 과정에서 제시한 경제적 이익 부분과 비교하여 한전의 민영화 정책을 통해 어떠한 결과를 가져올 수 있는지 예상하고 정책의 정당성을 논하기에는 부족하다고 할 수 있다. 또한 앞에서 언급한 바와 같이 정확한 예상이 가능하다 하더라도 어느 부분까지 정책의 정당한 비용으로 산정할지는 민영화 정책에 대한 입장에 따라 달라질 수 있을 것이다. 전력산업 구조 개편의 비용을 상당히 확대하여 분석하고 있는 김방림 의원의 비용 추정이 노조의 민영화 반대 주장에 대한 경제적 논거로서 노조의 주장을 뒷받침하는 역할을 하고 있다는 점은 하나의 예가 될 수 있다.

사회적 정책비용의 경우 어떤 의미에서는 그것을 비용이라고 할 수 있을지 의문이 드는 부분이기도 하다. 즉 배분적 효율성이라는 경제학적 개념에 비추어 보았을 때, 전력 요금의 왜곡으로 인한 전력 사용의 행태 왜곡이나 에너지원 교차 보조를 통한 비효율적인 에너지 소비 행태 발생은 그것이 민영화 정책으로 인해 보상받을 수 있는 비용인지 의구심을 불러일으킨다. 또한 일반적으로 사회적 비용과 관련해서 논의되는 사회적 불평등의 문제에 대해서는 아직 전력산업의 민영화가 완료되지 않은 시점에서 논의하는 것이 무의미하다고 보이며, 그런 점에서 민영화 정책과 관련한 사회적 비용은 현재까지 큰 장애가 되어 보이지는 않는다. 정치적 비용과의 관계에 대해 살펴보면, 기존에 낮은 전력 요금으로 혜택을 받고 있던 산업계와 농어민들의 한전 민영화에 대한 반발이 정부와 직접적인 갈등 관계에 있는 노조에게 힘을 실어 주었다는 점을 지적할 수 있다.

법제도적 정책비용은 전력산업 구조 개편 과정에서 상당한 차질을 가져온 요인으로 작용했다. 관련 법안의 보류로 인해 구조 개편 계획이 1년간 지연되었다는 사실은 전체 구조 개편과 한전 민영화 계획 추진에 차질을 가져왔고 성공적인 민영화 정책 집행에 큰 저해 요인으로 작용했다고 볼 수 있다. 그러나 이 부분도 정치적 비용과의 관계를 통해 살펴보면 순전히 법제도적인 요인으로 인한 결과라고 할 수는 없다. 관련 법안의 지연은 국회와 정부와의 갈등이라기보다는 민영화와 관련한 정부와 노조 간의 상반되는 입장에 대해 15대 국회가 노조의 반발로 인한 정치적 부담을 피하기 위한 목적으로 관련 법안을 심의 보류시켰다는 점에서 법제도적 비용의 발생 또한 정치적 비용과 연관된다고 볼 수 있다.

한전의 민영화에 대한 정책비용과 관련하여 세 가지 점을 지적할 수 있겠다.

첫째는 민영화 정책의 비용 분석을 통해 편익과 비용에 대한 계량적인 편익·비용분석을 할 수 없다는 점이다. 앞서 경제적 비용 부분에서도 언급했듯이 수치적으로 계량 가능한 경제적 비용의 분석 과정에서도 객관적이고 정당한 비용 계산이 불가능하다. 또한 민영화를 통한 경제적 편익에 대한 부분에서도 예상 추정치만 존재할 뿐 절대적으로 신뢰할 수 있는 자료가 없다. 따라서 이 연구에서 밝힌 민영화의 정책비용은 단순히 민영화 과정 속에서 정부가 효과적으로 관리해야 할 대상으로서의 비용이지 편익·비용분석을 위한 비용의 개념이 아니라는 점이다.

둘째로는 현재까지의 민영화와 관련한 정책비용이 정치적 비용을 중심으로 나타나고 있다는 것이다. 이는 앞서 개별적인 정책비용들을 분석하는 가운데서 발견된 것이며, 개별 정책비용들의 관계를 살펴볼 때도 민영화의 정책비용이 정부와 노조의 정치적 갈등으로 인한 정치적 비용을 중심으로 수렴되고 있다는 점이다.

셋째는 각각의 정책비용은 정책 과정에 따라 그 중요성이 달라진다는 점이다. 즉 경제적 비용의 경우에는 정책의 전반적인 과정을 통해 중요성을 지니는데 반해 정치적 비용의 경우는 정책의 집행 과정에서 중요한 의미를 가지게 된다. 사회적 비용의 경우는 정책이 집행되고 난 이후에 중요성을 가지게 되며, 법제도적 비용은 정책이 결정되는 과정에서 가장 주목된다. 결국 현재 한전 민영화 정책의 정책 단계를 고려할 때 한참 정책이 집행되고 있는 과정에서 당연히 정치적 비용이 가장 큰 장애 요인으로 작용하게 되는 것은 당연하다고 볼 수 있다.

다음에서는 한전의 민영화 정책을 둘러싼 정부와 노조의 대립 관계를 통해 민영화 정책의 정치적 비용 부분을 좀더 구체적으로 살펴보고, 이에 대한 정부의 성공적인 대응 자세와 한계점에 대해 분석해 보기로 한다.

III. 노조와의 갈등으로 인한 정치적 비용 발생과 정부의 대응

1. 한국전력 민영화 과정의 정치적 비용

1) 입법 과정에서의 갈등

(1) 1999년 구조 개편 관련 법안 국회 심의 보류 결정

전력산업 구조 개편 기본계획안에 따르면, 1999년 말까지 구조 개편과 관련한 법안 정비를 마칠 것을 예정하고 있다. 이에 따라 1999년 6월, 국회 산자위원회에 한전 민영화와 전력산업 구조 개편에 관한 법안의 제·개정안이 상정되었다. 당시 15대 국회의 산자위의 상황은, 단계적인 한전 분할 매각을 골자로 하는 전력산업 구조개편안에 대해, 여당인 국민회의측에서는 한전의 부채 규모가 상당하며 취약한 재무구조로 볼 때 민영화와 구조 개편이 불가피하다는 입장이었으며, 야당인 한나라당 측에서는 한전이 자회사들로 분할될 경우, 해외 부채 92억 달러가 정부에게 떠넘겨질 것이며, 전력산업 구조 개편 이후에도 전력 요금이 상승할 것이라는 주장으로 구조 개편을 반대하는 입장이었다.

산자부에서는 한전의 부채가 외채 100억 달러 등으로 총부채 규모가 32조 원에 달하기 때문에 발전 자회사 분할 매각을 통한 구조조정을 하지 않고서는 도저히 버틸 수가 없다는 입장을 표시했고, 산자부 간부들은 법안에 반대하는 의원들을 개별적으로 접촉하여 설득하는 데 집중했다. 정부측에서는 구조 개편 관련 법안의 정비가 1999년 말로 계획되어 있고, 법안의 통과가 거부될 경우, 한전의 민영화는 사실상 어려울 것으로 보고 있었기 때문에 총력을 기울일 수밖에 없는 상황이었다.

이와는 반대로 한전노조 측에서는 국가기반사업을 해외에 매각할 수 없다는 식의 여론몰이와 함께, 여야 당사 앞에서 항의 집회를 열거나 법안에 찬성하는 의원에 대해서는 총선 때 낙선운동을 벌이겠다는 위협과 함께 구조 개편 법안 통과 저지에 총력을 기울였다. 또한 한국노조총연맹과 연대를 통해 노동계 전체의 반대 입장을 분명히 하며 법안 통과 저지를 주장했다. 한전노조는 자회사의 분할 매각에 따른 고용 불안의 위험과 작업환경의 악화에 대한 우려감으로 인해 법안 통과 저지에 총력을 기울일 수밖에 없는 상황이었다.

이러한 국회 상임위를 둘러싼 산자부를 중심으로 한 정부와 한전노조를 중심으로 한 노조와의 갈등 관계는, 2000년의 총선이라는 변수로 인해 12월 13일 산자위 전체회의에서 심의 보류 결정으로 인해 노조의 승리로 돌아가게 된다. 여당인 국민회의 측에서는 구조개편 관련 법안을 강행 통과시키고자 하는 의지를 보였으나, 한전노조와 한노총을 비롯한 전 노동계의 반대 입장을 의식한 몇몇 국민회의 소속 의원과 자민련 의원들로 인해 강행 돌파가 불가능했기 때문이다.

(2) 2000년 구조 개편 관련 법안 국회 통과

1999년 15대 국회에서 심의 보류된 전력산업 구조 개편 관련 법안에 대해 산자부가 중심이 되어 법안 자체의 보완과 정부 부처간 협의를 거쳐, 2000년 4월 18일에 구조 개편 관련 법안이 입법 예고된다. 이후 국무회의의 의결을 거쳐 7월 24일에는 16대 국회 산자위원회에 법안이 제출됨으로써 전력산업 구조 개편 관련 법안 제・개정의 제2라운드를 맞이하게 된다.

전력산업 구조 개편과 관련하여 16대 국회 산자위의 입장은, 15대 국회의 상황보다 더 부정적인 모습을 보였다. 야당인 한나라당 소속의 의원들뿐만 아니라 여당인 민주당 소속 의원들까지도 적극적으로 반대 입장을 표명하는 양상을 나타내었다. 게다가 당시 산자위 의장이었던 박광태 의원도 결코 법안의 강행 처리는 없을 것이며 중립적으로 처리하겠다는 소신을 표시했다.

전력산업 구조 개편 관련 법안의 재상정에 대해, 한전노조와 전국전력 노동조합은 2000년 9월 24일 서울역 광장에서 3천여 명이 참가한 가운데, '민영화 저지를 위한 투쟁 선포식'을 갖고 분할 매각을 통한 공기업 민영화 계획의 즉각 철회를 주장하며, 관련 법안 국회 통과 저지를 위한 본격적인 활동에 들어가게 된다. 관련 법안의 국회 상임위 심사가 계속되고 있던 11월경에는 본격적인 실력 행사의 방법으로 노조는 전력 부문의 파업 가능성을 시사함으로써 국회와 정부에 압박을 가하고자 했다. 그리고 11월 17일에는 한전노조의 한전 민영화 방안의 철회를 요구하는 파업을 의결하고 24일부터 총파업에 돌입할 것을 결정했다. 그러나 23일, 중앙노동위원회에서 열린 '한국전력공사 노동쟁의 특별조정위원회'의 노사정 협상 끝에 29일까지 조정 기간을 연장하고, 그에 따라 파업을 연기한다는 합의로 인해 24일의 총파업을 철회하게 된다. 이후 두 차례 계속된 노사정 협상에도 불구하고 전력산업 구조 개편에 관한 정부의 전면적인 수정 노력이 없다는 주장과 함께, 한전노조는 28일에 본부와 각 지부 노조간부 100여 명이 참가한 가운데 중앙위원회를 열고 30일 오전부터 전면 파업에 들어갈 것을 결의한다. 그러나 이 같은 총파업 결의 또한 29일 중앙노동위원회에서 열린 노사정 협상의 결과 조정 기간을 12월 3일로 한 번 더 연기하며 이에 따라 30일로 예정한 총파업을 철회하는 데 합의하게 된다. 이러한 한전노조의 파업 유보는 단지 국민의 불편을 고려하여 철회했다는 한전노조의 주장과는 달리 한전노조의 대정부 교섭력을 떨어뜨리게 되었고, 한전 노동자들도 한전노조를 신뢰하지 못하는 결과를 가져왔다. 결국 12월 4일 전면 파업을 지시한 한전노조의 지시에도 불구하고, 파업 참가자는 20,000여 전체 노조원 가운데 5,000여 명만이 파업에 참가하는 부분 파업의 양상으로 나타났고, 한전 노조의 국회 구조 개편 관련 법안 통과 저지 활동의 실패로 나타나게 되었다.

15대 국회에서 구조 개편 관련 법안의 심의 보류 결정이라는 실패를 경험한 정부 측에서는, 한전의 민영화가 실패할 경우 나머지 한국통신, 가스공사, 철도공사의 민영화 계획 역시 성공하기가 불가능하다는 전제하에, 여야 국회 의원들에 대한 전력산업 구조 개편의 정당성을 홍보하고 설득하는 작업을 활발히 진행하는 한편, 한전노조의 총파업에 대해 강경 대응하기로 하는 방침을 세우게 된다. 11월 24일의 한전노조의 총파업 결의와 관련하여, 신국환 산자부 장관은 필수 공익사업장으로서 한전은 어떤 경우에도 파업이 불법이며, 파업 돌입 즉시 주도자 고발 조치 등의 강력 대응하겠다는 의지를 표명했다. 이와 함께, 파업시 퇴직자와 사무직, 협력업체 관계자 등 대체 인력 9,500여 명을 즉각 투입하고 파업 가담자를 강력 의법 조치하기로 결정함으로써, 24일의 총파업에 대한 강경 대응 자세를 견지했다. 이러한 정부의 강경 대응 자세는 한전노조와의 협상 과정에서도 민영화와 구조 개편에 대한 강력한 의지 표명의 자세로 나타났고, 결국 한전노조로 하여금 파업을 유보하게 하는 성공적인 협상 결과를 가져왔다. 이후 계속된 몇 차례의 간담회와 노사정 협상에서도 정부 측은 구조 개편과 민영화에 대한 강력한 의지 표명을 보였고, 계속되는 파업 결정과 파업 유보 속에서 노사정 협상이 정부측에 유리한 방향으로 돌아가게 하는 결과로 이어졌다.

이러한 한전노조와 정부 간의 파업을 둘러싼 공방전은 민영화와 구조 개편에 대한 확고한 의지를 표명한 정부에 대해 한전노조가 총파업을 유보함으로써 한전노조와 정부의 구조 개편을 둘러싼 제2라운드 대결은 정부 측의 판정승으로 매듭짓게 된다. 한전노조의 반발에 대한 정부의 적극적인 대응과 성공적인 결과는 국회에 대해서도 정부의 영향력을 훨씬 강하게 미칠 수 있는 계기로 작용했다. 이후 전력산업 구조 개편에 적극적인 반대 의사를 표명하던 한나라당이 11월 29일 당무회의를 거쳐 법률안에 대한 지지를 결정함으로써, 12월 4일 관련 법안이 국회 산자위에서 의결되게 된다. 다만 급속한 민영화에 대한 부담을 느끼고 있던 한나라당의 의견을 수렴하여 민영화 1년 유예 조항을 삽입하게 된 점이 정부의 민영화 정책 추진에 대한 한계로 남아 있긴 했지만, 12월 23일에 '전력산업 구조 개편 촉진에 관한 법률'과 '전기사업법'을 국회가 공포함으로써 전력산업 구조 개편과 관련한 법률적 기반 확보라는 정부의 첫 번째 구조 개편 작업이 완료되었다.

2) 발전 자회사 분할 매각 과정에서의 갈등

(1) 발전 산업노조의 결성과 민영화 저지 활동의 전개

'전력산업 구조 개편 촉진에 관한 법률'과 '전기사업법'의 제·개정 이후, 정부는 본격적으로 발전 자회사 분할과 매각계획을 추진하게 된다. 2001년 4월 2일 한전의 발전 부문은 5개의 화력발전회사와 1개의 원자력수력발전회사의 6개의 발전 자회사가 분할된다. 발전 자회사 분할 이후의 노조의 민영화 저지 활동은 발전 산업노조를 중심으로 한 공공 부문 노조의 연대 파업으로 변화하게 된다.

2001년 4월에 발전 산업노조가 결성된 이후, 7월에는 발전 산업노조가 전국전력노조에서 분리되어 나옴에 따라, 그간 한전노조와 전력노조를 중심으로 한 노정 간의 갈등이 발전노조를 중심으로 한 발전 자회사 분할 매각에 초점을 맞춘 민영화 저지 움직임으로 바뀌게 된다. 그리고 8월에는 발전노조가 상급 단체로서 민주노총을 선택함에 따라 더욱 투쟁적인 입장에서 광범위하게 민영화 저지 활동을 전개할 수 있게 되었다.

2001년 9월 17일부터 시작된 발전 회사의 노사 단체협상은, 민영화 반대를 협상 대상으로 채택하고자 하는 발전노조의 주장에 대해 사측이 민영화는 노사 협상의 대상이 될 수 없다는 주장으로 맞서게 됨에 따라 노사간 합의점을 찾지 못하고 지지부진하게 된다. 노사 협상이 진행되는 가운데 발전노조는 10월 31일, 철도, 가스, 고속철도, 지역난방, 전력기술 등의 민주노총 산하 5개 공공노조와 함께 '국가 기간산업 민영화 저지를 위한 공동투쟁본부(공투본)'를 결성하고 향후 강력한 민영화 저지 활동을 벌여 나가기로 결의했다. 11월 30일에는 민영화 방침의 철회라는 자신들의 주장이 받아들여지지 않을 경우, 12월 초에 총파업 투쟁을 벌여 나갈 것이라는 위협을 정부에 표시하기도 했다. 그러나 이러한 총파업의 위협에도 발전회사 측은 민영화가 단체협상의 논의 대상이 될 수 없다는 정부의 입장을 굽히지 않음으로써, 노사 단체협상의 타결 가능성은 점점 희박해져 가는 국면으로 접어들게 된다.

2002년 2월 3일, 발전노조가 포함된 양 노총 산하 7개 공공노조의 연합체인 '공투본'의 조합원 8천여 명은 서울 종묘공원에서 '국가 기간산업 민영화 저지, 노동조건 개선을 위한 공공노동자 총력투쟁 결의대회'를 가지고, 국가 기간산업 민영화 및 해외 매각 철회, 공공 부문 인력 감축 중단 및 인력 증원, 노동조건 개선, 국가 기간산업 민영화에 대한 협상 및 대국민 TV 토론 등을 정부에 촉구하는 결의안을 채택하고 이 같은 요구가 받아들여지지 않을 경우 2월 25일부터 전 조합원이 무기한 총파업에 돌입할 것을 결의했다. 발전노조의 경우, 발전소 매각 철회, 단체협약 체결, 해고자 원직복직, 노동 강도 강화 즉각 중지, 발전회사 경영자율권 보장이라는 5대 요구 조건을 내걸고, 정부와 발전사들이 요구를 수용하지 않는다면 25일부터 모든 발전노조원이 무기한 총파업에 들어갈 것임을 통보했다.

무기한 총파업이라는 발전노조의 위협에도 발전사 측은 민영화에 대해서는 어떠한 협상의 여지도 없다는 입장을 표명했고, 2월 9일 발전노조 측은 교섭 결렬을 이유로 중앙노동위원회에 조정 신청을 내게 된다.

(2) 2·25 발전노조의 파업 사태

2월 9일 발전노조가 단체교섭 결렬을 이유로 중앙노동위원회에 조정 신청을 낸 후, 22일에는 25일에 있을 발전노조의 총파업 결의안을 노조원 투표를 통해 확정하게 된다. 중앙노동위원회의 조정안에도 불구하고 노사 간의 민영화를 둘러싼 이견의 다툼은 조정이 이루어지지 못했고, 결국 25일 중앙노동위원회의 최종 조정안을 노조측이 거부함으로써, 발전노조는 다른 철도노조, 가스노조 등과 함께 총파업에 돌입하게 된다.

이러한 공공노조의 총파업에 대해, 정부는 이한동 국무총리의 '대국민 호소문'을 통해 파업의 즉각적인 철회와 함께 강력 대응을 표명했다. 검찰이 1차로 파업 주동자 12명에 대해 체포영장을 발부받아 검거에 착수했고, 발전회사 측은 1차로 파업 주동자 52명을 고소하는 등 발전노조 파업에 대한 강력 대응 의지를 보였다.

다음날인 26일, 제1차 노사 교섭이 시작되었고, 7차에 걸친 교섭 결과 대부분의 단체협약 사항에 대한 합의를 이룰 수 있었으나, 민영화 문제에 대한 노사 간의 의견 조정이 불가능하여 교섭이 결렬된다. 27일의 제8차 회의에서도 단체협약 사항의 143개 조항 중 141개 항목에 합의했으나, 민영화와 해고자 복직과 관련한 2개 조항을 합의하지 못했고, 이후의 4차례 추가 노사 협상에서도 민영화에 대한 노사 양측의 입장차를 좁히지 못함으로써 파업은 장기화 국면을 맞이하게 되었다.

3월 1일, 민영화 문제로 인해 발전노조와 발전사들 간의 노사 협상으로는 발전노조 파업의 해결 기미가 보이지 않자, 정부가 적극적으로 개입하여 협상의 국면은 노사정 협상으로 확대된다. 노조와의 협상 가운데에도, 검찰은 발전노조 파업 주도자 10여 명에 대해 추가적으로 체포영장을 청구하는 등 정부는 파업에 대한 강경 대응 자세를 늦추지 않았다.

3월 4일 발전회사 측은 징계심사위원회를 소집하여 파업 주동자 52명을 해임 의결하고, 2차로 파업 주동자 192명을 추가 고소했으며, 3월 11일 1차 해임 의결 대상자 52명 중 49명을 해임하기로 결정했으며, 3차로 파업 주동자 404명을 추가 고소하게 된다.

3월 14일, 발전회사 측은 경력사원 채용계획을 공고함으로써 파업 주동자 해임 의결에 따른 향후의 인력 수급에 대한 대비와 파업 참여자들에 대한 강경 대응의 의지를 전달하게 된다.

3월 18일에는 발전회사 측이 2차로 징계심사위원회를 개최하여 149명을 해임하기로 결정했다. 또한 한국수력원자력발전회사 노조의 총파업 참가 여부를 묻는 노조원들의 투표가 진행되었으나 15%에 미치지 못하는 저조한 투표율로 인해 동조 파업을 포기했다. 이로써 총 발전량의 40%를 책임지고 있는 한국수력원자력발전회사의 파업에 따른 최악의 전력 대란을 막을 수 있게 되었고, 발전노조와 정부와의 치열한 힘겨루기는 정부 쪽으로 기우는 모습을 보였다. 이러한 모습은 당일 여야 국회의원 26명이 제시한 권고안에 대한 노조와 정부의 입장 차이에서도 드러난다. 발전노조 측이 긍정적인 검토를 약속한데 반해, 정부의 입장은 권고안 자체가 민영화와 관련된 사항인 한 절대 수용할 수 없다는 강경 자세를 보임으로써, 국회의 발전노조 파업의 중재안도 파업 해결에 도움이 되지 못했다.

3월 20일, 발전회사 사장단의 기자회견을 통해 25일까지 현장복귀 명령에 불응하는 파업 노조원은 전원 해임할 것이라는 특단의 조치를 발표함으로써, 정부는 발전노조 파업과 관련한 최강의 대응책을 내놓고 발전노조가 파업을 철회할 것을 촉구했다.

3월 25일, 발전회사 측은 복귀 시한까지 현장에 복귀하지 않은 노조원들에 대해서는 모두 해임 절차에 착수할 것이며, 파업으로 인한 피해액에 대해서는 노조원들에게 그 손해 배상을 청구할 것이라고 발표했다.

3월 26일, 민주노총은 대의원 대회를 열고 계속되는 정부와 발전회사 측의 강경 대응 방안에 대해 4월 2일에 제2차 총파업 투쟁을 벌일 것을 결의했고, 정부와 노조 간의 대립 관계는 극에 달하게 된다.

3월 27일, 민주노총과 발전노조는 전날 총파업 투쟁 결의의 모습과는 달리, 정부에 조건 없는 대화를 요청함으로써 협상의 가능성을 제시했다. 그러나 28일 정부는 노조가 민영화를 수용할 경우 대화에 응하겠다고 발표함으로써 정부의 민영화에 대한 굳은 의지를 다시금 표명했다. 또한 다음날인 29일에는 추가로 발전회사 노조원 144명을 해임 결정함으로써 민주노총과 발전노조에 대해 결단을 내릴 것을 강요하게 된다.

4월 1일, 총파업 투쟁을 하루 앞두고 재개된 노정 간의 협상은 4월 2일, 노조가 발전소 민영화와 관련한 교섭은 논의에서 제외한다는 점을 합의함으로써, 37일간에 걸친 장기간의 발전노조 파업은 종결되게 된다. 합의안의 내용은 다음과 같다.

〈4. 2 발전노조 파업과 관련한 노정 합의안〉

1. 노조는 2002년 3월 8일자 중노위 중재재정을 존중하며 발전 민영화 관련 교섭은 논의 대상에서 제외한다.
2. 회사는 조합원의 민형사상 책임과 징계가 적정한 수준에서 해결되도록 노력하며 필요한 경우 이를 관계 당국에 건의한다.
3. 노조는 파업을 중단하고 현장에 복귀한다.

2. 정부의 성공적인 대응 요인

전력산업 구조 개편을 반대하는 노조와의 갈등에서 빚어지는 정치적 전환비용에 대해, 정부의 성공적인 대응으로 전환비용이 발생하지 않았다고 할 수는 없을 것이다. 오히려, 37일간에 걸친 발전노조의 파업 과정에서 발생한 경제적 손실 부분은 효율적인 발전이 저해됨으로써 발생한 비용만 370억 원에 이르렀다. 또한 파업 해결 과정에서 보인 정부의 강경 대응에 대한 반발로서 사회 각계의 민영화 유보 성명 발표는 정부의 민영화 방침 실현에 커다란 부담으로 작용하게 되었다.

그러나 노조와의 관계에서 정부가 일궈낸 가장 큰 성과는 정부의 전력산업 구조 개편과 민영화 방침을 온전히 지켜냈다는 점이다. 이 점은 전체 전력산업 구조 개편 정책의 집행시에 계속될 수밖에 없는 노조와의 갈등에서 우위를 점하고 구조 개편의 전체 정치적 전환비용을 완화시키는 데 성공적이었다고 평가할 수 있을 것이다.

1) 민영화에 대한 정부의 일관적인 협상 태도

전력산업 구조 개편 관련 법률의 입법 과정과 발전노조 파업 사태의 해결 과정에서, 정부는 전력산업 구조 개편과 민영화에 대한 확고한 입장을 표명하고 노조와의 협상 과정에서 일관된 입장을 견지함으로써 노조와의 대립 관계에서 성공적인 결과를 얻어 낼 수 있었다.

협상론의 입장에서 설명하자면, 정부는 구조 개편과 민영화 과정에서 발생하는 모든 노조와의 대립 관계에서 자신의 입장에 의거한 경성 협상전략

(hard negotiation game)을 활용했다고 할 수 있다. 경성 협상의 주요 특징은 협상의 당사자를 적으로 상정하고 자신의 입장을 상대방에게 관철시켜 승리를 얻어내는 것을 목적으로 한다. 이러한 경성 협상전략은 위협이나 압력을 통해 상대방으로부터 양보를 얻어내는 것을 주요 협상전략으로 가정한다.

마찬가지로, 전력산업 구조 개편과 관련한 노정 협상 과정에서 정부는 구조 개편의 원칙과 민영화에 대한 입장을 확고하고 일관되게 주장했고, 이를 반대하는 노조의 파업에 대해 위협과 압력으로 정부의 입장을 수용하게 하는 전형적인 경성 협상전략을 사용했다. 이는 전력산업 구조 개편이 향후에 추진될 철도, 가스 부문의 구조 개편 집행의 모범 사례가 될 수 있다는 판단하에 절대 양보할 수 없다는 정부의 강력한 의도로 인해 이루어진 것이었다.

2000년 말, 구조 개편 관련 법률안의 입법 과정에서, 한전노조의 총파업이라는 위협에도 불구하고 정부는 구조 개편 추진이라는 입장을 확고히 함으로써, 오히려 파업에 대한 부담감을 느낀 한전노조 측의 총파업 유보라는 결정을 이끌어냈고 이에 따라 노정 협상에서 우월한 협상력을 점할 수 있게 되었다. 정부의 경성 협상전략은 이후의 2001년 발전노조 파업 사태에서 더욱 명확히 드러나고 있다. 정부는 2월 25일 파업의 시작과 동시에, 국무총리의 대국민 성명서를 통해 발전노조의 파업이 불법이라는 것을 선언하고 강경 대응하겠다는 방침을 밝힘으로써 협상 대상자로서의 노조를 적으로 간주하는 경성 협상전략을 고수했다. 이후 4차례에 걸쳐 계속된 파업 주동자의 고소와 발전소 손실 부분에 대한 가압류 신청, 2차례에 걸친 파업 주동자 해임 결정은 전형적인 경성 협상에서 나타나는 위협과 압력의 방식이라고 할 수 있다. 특히 3월 25일 복귀 시한을 설정하고 미복귀 노조원에 대해서는 전원 해임 절차에 착수할 것이라는 발표는 정부의 강력한 경성 협상전략이라고 볼 수 있다. 다만, 구조 개편 법안의 입법 과정에서 한전노조가 한 발짝 양보하여 물러선 것과 달리, 초유의 발전노조 파업 사태가 발생한 것은 정부의 이러한 경성 협상전략을 발전노조가 의심하고 똑같이 경성 협상전략을 채택함에 따라 발생한 불가피한 상황이었다.

정부의 경성 협상전략에 대한 모습은 3월 18일 국회의 권고안 수용을 거부한데서 더욱 잘 드러난다. 여야 국회의원 26명이 파업 사태의 조속한 해결을 위해 제시한 발전정상화 권고안에 대해 노조 측이 긍정적으로 검토하고 조합원의 의견 수렴을 거치겠다고 함으로써 긍정적인 반응을 보여 준데 반해, 정부 측에서는 국회의 권고안이라도 민영화와 관련된 사항이라면 내용에 상관 없이 수용할 수 없다고 밝힘으로써 민영화와 관련해서는 경성 협상전략을 일관적으로 유지했다.

이러한 정부의 경성 협상전략을 좀더 효과적으로 작용하게 된 것은, 민영화를 제외한 나머지 노사 협상 사항에 대해서는 연성 협상전략(soft negotiation game)을 취했다는 점 또한 지적할 수 있을 것이다. 노조의 요구사항 가운데 민영화 저지를 제외한 고용 승계의 최대한 보장과 근로환경의 개선 등 노조가 주장한 단체협상 사항에 대해 정부는 민영화에 대한 입장과는 달리 연성 협상전략을 취함으로써 상대적으로 정부의 민영화 정책에 대한 입장을 더욱 강화시켜 주는 결과를 가져왔다. 2001년 9월 17일에 시작된 발전노조의 단체협상은 2002년 2월 9일에 노조측이 교섭 결렬을 이유로 중앙노동위원회에 조정 신청을 제출했다. 이후 발전노조의 파업 과정에서 2월 26일 다시 노사 협상이 시작되었고 당일 일곱 차례에 걸친 교섭 결과 민영화와 해고자 복직을 제외한 대부분의 단체협상 사항이 타결되었다는 것이 정부의 연성 협상전략의 일면을 보여 주는 것이라 하겠다. 정부는 노조가 가장 중요하게 생각하는 고용 승계 문제에 대해서도 최대한 고용 승계를 보장하겠다는 최대한의 양보를 약속하는 등 민영화를 제외한 나머지 협상 대상에 대해서는 기존의 공공노조와의 협상 과정에서 일반적으로 나타난 것과 같이 연성 협상전략을 채택했다.

결국 민영화에 대한 정부의 경성 협상전략과 나머지 협상 대상에 대해서는 최대한의 양보를 제안한 연성 협상전략을 동시에 구사함으로써, 경성 협상전략을 채택한 민영화에 대해 정부의 협상력을 강화시켜 주는 결과를 가져왔다. 결국 발전노조의 파업 사태에서도 정부의 민영화와 관련한 확고한 의지를 확인한 노조 측은 37일간의 장기 파업에 따른 고충과 4월 2일 총파업에 대한 부담으로 결국 정부의 '민영화에 대한 협상 논의 제외'라는 주장을 수용할 수밖에 없는 결과로 나타났다.

2) 정책결정자의 확고한 의지와 리더십

한전 민영화에 대한 노조의 반발에도 불구하고 민영화 계획을 추진해 나갈 수 있었던 또 하나의 요인으로 대통령을 비롯한 정책결정자의 확고한 의지와 리더십을 들 수 있다.

최고 정책결정자로서의 대통령의 강력한 의지는 공기업에 대한 관할권을 유지하고자 하는 관료정치를 무력하게 하는 유일한 수단으로 작용한다(류상영, 1999). 한전 민영화의 사례에서도 김대중 대통령의 강력한 민영화 의지의 피력은 대외적으로 반민영화 세력인 노조에 대한 영향력보다도 대내적으로 정부 내의 민영화 의지를 확인하고 민영화 세력을 결속시키는 데 큰 영향력을 미쳤다고 할 수 있다.

발전노조 파업 사태와 관련하여, 김대중 대통령은 2월 26일 개최된 국무회의에서 "이번 파업을 대하는 정부의 자세에 원칙이 확실해야 한다. 노조가 정부나 기업을 상대로 노동자의 권익 문제, 근로조건 개선 문제에 대해 주장하고 합법적으로 싸우는 것은 보장한다. 그러나 경영에 대한 문제는 노조 본연의 임무에 맞지 않다"고 지적하고, "불법, 폭력에 대해서는 원칙대로 처리해야 한다"고 밝힘으로써 이후 발전노조 파업에 대응하는 정부의 입장을 명확히 했다. 이러한 김대중 대통령의 노조 파업에 대한 태도는 발전노조의 파업이 장기화된 3월 19일에도 다시 확인할 수 있다. 김대중 대통령은 국무회의 석상에서 "발전노조 파업은 부당하고 불법이며 일부 노조가 월드컵을 앞둔 상황을 약점으로 삼아 문제를 일으키는 경향이 있으나 정부는 법과 원칙에 따라 중심을 잡고 정정당당하게 대응할 것"이라 밝히고, "안 되는 것은 안 되는 것이며, 민영화 철회 요구는 안 된다"고 강조함으로써 파업 장기화 사태에도 불구하고 노조의 민영화 철회 요구에 대한 확고한 거부 의사를 표시했다. 이러한 대통령의 확고한 의지는 그것이 실제로 구체적인 정부의 파업 대책에서 온전히 나타나고 있다는 점에서 의의를 찾을 수 있으며, 정부 내적인 민영화 세력의 결속에서 대통령의 정치적 리더십이 크게 작용하고 있음을 살펴볼 수 있다.

김대중 대통령의 리더십이 원칙적인 차원에서 노조 파업에 대한 대응 원칙을 제시하고 정부 내적인 결속을 확고히 하는 역할을 한 데 반해, 실제 한전 민영화 정책을 주도했던 산업자원부의 신국환 장관과 한전의 최수병 사장의 경우는 좀더 실무적이며 대외적인 측면에서의 리더십을 보여 주고 있다. 신국환 장관과 최수병 사장의 민영화에 대한 확고한 의지와 리더십은 2000년 16대 국회에서 한전 민영화 관련 법안의 입법 과정부터 2002년 2월의 발전노조 파업 사태에 이르기까지 한전 민영화 정책의 결정과 초기 집행 과정의 어려움 속에서도 한전 민영화 정책을 고수할 수 있게 된 원동력이 되었다.

신국환 장관은 발전노조의 파업 사태의 과정에서 신속한 파업 대책의 마련과 발전노조 파업에 대응하는 정부의 입장 홍보를 통해 그의 리더십을 충분히 보여 주었다. 신국환 장관은 파업 직전인 2월 23일에 열린 관계 기관 대책회의에서 25일로 예정된 발전노조 파업과 관련해 “발전회사 경영평가에 이번 파업의 대응 태도를 반영할 계획”이라고 밝힘으로써 발전회사들이 자체적으로 노조 파업에 대한 적극적인 자세를 취할 것을 요구했고, 이는 이후 파업 과정에서 나타난 발전회사의 파업 노동자의 해임 결의와 사법적 고소 결정과도 상통하는 부분이다. 파업이 실행된 2월 25일, 신국환 장관은 한전과 발전회사 사장단이 참석하는 비상대책회의를 주재하여 발전노조 파업에 따른 대책을 논의했으며, 이후에도 매일같이 한전 종합상황실에서 비상대책회의를 개최하여 파업 동향과 이에 따른 제반 대비 상황을 점검했다. 대국민 홍보와 관련해서는 파업이 장기화되던 시점인 3월 6일의 산업자원부 장관 성명서 발표와 3월 14일의 산업자원부 장관 호소문, 3월 18일의 산자부·노동부 장관 공동 기자회견을 통해 민영화 정책을 강력히 추진해 나갈 것이며, 노조의 민영화 철회 요구는 수용할 수 없는 내용임을 밝히고 있다. 이러한 대국민 성명서의 방법 외에도 3월 16일에는 신국환 장관을 비롯한 산업자원부 전 직원과 한전 등 관계자들이 명동 입구, 서울역 등지에서 발전노조 파업의 불법성과 민영화의 당위성을 설명하고 에너지 절약에 관한 홍보 책자를 시민들에게 나누어 주는 등 캠페인을 전개하기도 했다. 이러한 신국환 장관의 리더십은 발전노조 파업의 장기화에도 불구하고 정부가 민영화 정책에 대한 입장을 견지해 나갈 수 있게 한 긍정적인 요인의 하나라고 할 수 있다.

최수병 사장의 경우, 전임 장영식 사장이 정부의 한전 민영화 방침에 대한 개인적인 반대 의사를 표시하고 경질되었던 데 반해, 정부의 민영화 계획을 적극 수용하고 한전 내의 민영화 세력을 결속하는 역할을 담당했다. 민영화 관련 법안의 입법 과정에서는 한전 간부들을 독려하여 민영화 관련 법안의 통과에 대한 적극적인 자세를 보였고, 2000년 6월 안양·부천의 열병합발전소의 매각과 관련하여 "이번 매각이 전력산업 민영화라는 대장정의 첫걸음을 내딛는 중요한 프로젝트이며 민간 기업에서 열병합발전소를 인수한 뒤 더 높은 경영 효율을 보여 줄 수 있기를 바란다"고 밝히는 등 한전 민영화에 대해 적극적인 수용 자세를 나타냈다. 비록 최수병 사장이 발전노조 파업 사태와 관련하여 도의적인 책임을 지고 사장직을 사퇴했으나, 민영화 과정 초기에 정부의 민영화 방침에 동참해 한전 내의 민영화 세력을 결속시키고 민영화 정책의 초기 정착 과정에서 한전 내부의 반발을 최소화했다는 점에서 중요한 기여를 한 것으로 보인다.

3) 안정적인 전력 수급 계획

발전노조의 파업 기간 내내 별다른 전력 공급의 차질이 없이 안정적으로 전력이 공급되었다는 점 또한 노조와의 협상 과정에서 우위를 차지하고 성공적인 파업의 해결을 가져올 수 있었던 한 요인이 될 수 있을 것이다.

민주노총은 파업이 시작되기 전인 2월 22일, 성명서를 통해 정부의 노조 파업에 대비한 전력 수급 대책을 폄하하면서, 파업이 시작되면 정부의 전력 수급 대책은 효과를 거두지 못할 것이며, 이에 따라 전력 대란까지 올 수 있다고 주장했다. 노조의 논리는 발전기기의 운용이라는 것이 단순한 대체 인력의 투입으로 가능한 것이 아니며, 오랜 기간 훈련받지 않은 단순 인력의 대체 투입은 전력 공급에 큰 차질을 가져올 것이며, 제한 송전이나 광역 정전과 같은 큰 피해를 발생시킬 수 있다는 것이었다.

그러나 발전노조 파업 기간에도 몇 곳의 발전시설이 고장을 일으킨 것을 제외하고는 대부분의 국민이 안정적인 전력 공급을 받을 수 있을 만큼 원

활한 운영이 가능함으로써, 파업을 통해 대정부 협상력을 증대시키고자 했던 발전노조의 의도가 빗나가게 되었다.

안정적인 전력 공급면에서 정부의 비상 대체 인력 투입이 적절히 이루어졌다는 측면을 생각할 수 있다. 발전노조 파업 이전에 발전노조가 100% 파업에 참여하더라도 일주일은 버틸 수 있도록 간부로 구성된 대체 인력 2천여 명을 대기시키도록 했다. 그러나 파업의 장기화와 함께 산자부와 발전회사는 간부로 구성된 대체 인력만으로는 발전소 운전이 어렵다고 판단, 퇴직 기술 인력과 한전기공 및 한전산업 등의 인력을 비상 대기시키도록 했다. 2조 2교대인 대체 인력 운용 방식을 3조 3교대로 바꾸어 파업의 장기화에 대비하는 한편 발전소 전문가로 구성된 '특별 패트롤 팀'을 통해 순회점검을 벌여 전력 공급에 만전을 기하고자 했다. 또한 두산중공업 등 국내 발전설비 제작·정비업체 16개 사에 협조 요청을 통해 고장이 발생할 경우 긴급복구 가능한 준비 태세를 갖추도록 했다. 이와 함께 3월 14일, 경력직 사원의 채용 공고 발표와 18일의 전력 관련 군 인력의 발전소 투입을 통해 파업이 장기화되는 가운데서도 안정적인 전력 공급을 위해 모든 노력을 기울였다.

이러한 비상 대체 인력의 확충과 함께, 3월 18일에 있은 한국수력원자력발전회사 노조의 동조 파업의 포기는 전체 발전량의 40%를 담당하는 수력·원자력 발전소의 원활한 운용이 가능하게 했고, 이는 발전노조 파업과 관련해 결정적인 전환점으로 작용했다. 즉, 한국수력원자력발전회사의 파업 참여 거부로 발전노조의 대정부 협상력은 더욱 약해질 수밖에 없었고, 안정적인 전력 공급이 가능해진 정부의 입장에서는 좀더 강력한 협상 자세를 취할 수 있게 됨으로써 발전노조 파업 해결 협상에서 주도권을 쥐게 되는 계기로 작용했다.

4) 장기적인 정책 준비와 정책의 체계성

이전의 실패한 공기업 민영화 정책에서 정부 내 정책조정의 실패와 짧은 준비 기간, 그리고 경제 부처의 민영화 의사 결정 과정상 독점은 심각한 집행상의 문제를 야기했으며, 나아가 민영화 정책의 신뢰성을 저하시키는 요인으로 작용하게 되었다. 정부의 정치적인 고려에 의해 급조된 거창한 민영화 계획은 공기업을 다루는 관련 부처와의 면밀한 협의 없이 도출되었으며, 또한 여러 가지 부작용과 혼란을 초래하면서 미흡한 성과에 그친 과거의 민영화 계획은 민영화에 대한 충분한 준비 과정 없이 2~3개월의 짧은 기간 동안 마련된 것이었다(김준기, 1999).

그러나 이전의 공기업 민영화 정책의 실패와는 달리, 김대중 정부 들어 준비된 한전의 민영화는 장기간의 준비 단계를 거쳐 계획되었으며 그 과정에서 유관 부처들과의 정책 조정은 물론 대외적인 의견 수렴을 거침으로써 이후의 정책집행 과정에서 정책의 일관성을 유지할 수 있게 되었다. 1993년 12월, 정부투자기관 경영평가위원회에서 한전에 대한 경영진단을 실시했고, 1994년 7월에는 각계의 전문가들로 구성된 '한국전력공사 경영진단반'이 구성되어 한전에 대한 총괄적인 경영진단이 실시되었다. 2년에 걸친 경영진단의 결과, 한전의 민영화는 단계적으로 추진하되 민영화의 기본 전제로서 전력산업 구조 개편의 필요성이 제기되었다. 1997년 6월에는 경영진단에 따른 구조 개편을 좀더 근본적으로 실행해 나가기 위해 각계 전문가로 구성된 '전력산업구조개편위원회'가 구성되었으며, 이를 통해 1999년 1월 21일 '전력산업 구조 개편 기본계획'안이 확정되었고, 이후 2000년 12월에 전력산업 구조 개편 관련 법안이 국회에서 의결되었다. 결국 정책이 결정되기까지 7년이라는 기간 동안의 장기적인 준비 과정이 전제되었다는 점을 알 수 있다. 이러한 점은 같은 시기에 진행되고 있는 다른 공기업의 민영화 계획과 비교해 볼 때도 상당히 체계적이며 장기적인 정책 준비를 해 왔음을 보여 준다. 장기적인 정책 준비 과정에서 한전의 민영화 정책은 다른 유관 부처와의 정책 조정을 하거나 외부의 의견을 수렴할 수 있는 기회를 더 많이 가질 수 있게 되어 정책에 대한 체계성이 높아지게 되었다. 특히 구조 개편 기본계획안의 확정을 앞두고 열린 1998년 11월 16일의 대규모 공청회와 관련 법안의 국회 의결과 관련해 열린 2000년 11월 23일의 국회 주관 토론회는 모두 한전의 민영화 계획과 관련하여 외부의 의견을 수렴할 수 있는 좋은 기회가 되었다. 전력산업 구조 개편 계획이 1999년부터 2009년까지의 10년 동안 준비 단계, 발전 경쟁 단계, 도매 경쟁 단계, 소매 경쟁 단계의 4단계로 단계적인 추진 과정을 준비하고 있는 것 또한 전력산업 구조 개편의 체계적인 계획을 통해 한전의 민영화가 성공적으로 집행될 가능성을 높여 주고 있다.

이와 같은 한전 민영화의 장기적인 정책 준비와 정책의 체계성은 노조의 정치적인 공세에도 불구하고 정부가 민영화 계획을 고수할 수 있었던 요인의 하나로 작용했다. 즉 정부는 장기적인 준비 과정 속에서 한전의 민영화를 포함한 전력산업 구조 개편이 사회적 합의를 통한 정당성을 가지고 있다고 주장했으며, 특히 관련 법안의 입법 이후에는 한전의 민영화를 다시 되돌릴 수 없는 계획으로 확정했기 때문에 대국민 성명서 등을 통한 홍보자료에도 이러한 민영화 정책의 정당성을 주장하고 있다.

〈산자부 · 노동부 장관 공동 기자회견, 3. 18〉

" …… 발전회사 민영화 방침은 오랜 기간 각계의 의견을 수렴하여 국회에서 만장일치로 입법화된 사항으로서, 이를 철회하라는 것은 정부로서는 도저히 받아들일 수 없는 사항입니다.…" (신국환 산업자원부 장관 호소문, 3. 14)

" …… 현재와 같은 한전의 독점이 바람직하냐 민영화가 바람직하냐의 문제는 1994년 이래 여러 차례 전문가의 검토 의견을 수렴하고, 노사정이 합의하고 국회 등에서 수 차례의 토론회를 거쳐 검증한 결과 분할하여 민영화하는 것이 국민경제에 이롭다는 결론에 도달하여 만장일치로 법을 제정했습니다. 따라서 지금 일부 노조가 민영화를 반대한다고 해서 민영화 계획을 변경 내지 수정할 수 없는 것입니다.……"

결국 정부의 한전 민영화 계획에 대한 고수는 장기간의 정책 준비 과정과 입법 과정을 통한 정책의 정당성과 타당성에 대한 자신감이 바탕에 깔려 있었기 때문에 가능한 것이었다. 또한 관련 내용을 법률로 확정함으로써 정부조차도 민영화 계획에 구속되어 함부로 변경할 수 없는 수준에 이를 정도로 정책의 일관성이 유지되어 왔다고 볼 수 있다.

[그림 8-1] 전력산업 관련 노조 구성

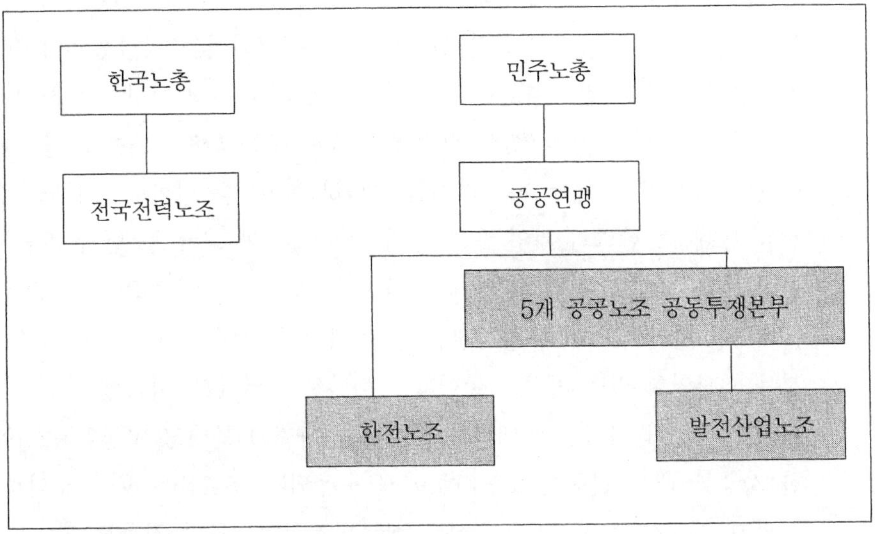

5) 노조의 내적인 갈등과 협상전략 부재

민영화 과정 이전의 전력산업과 관련한 노조의 형태는 기업별 노조인 한국전력노조와 산업별 노조인 전국전력노조로 양분되어 존재해 왔다. 한전노조는 민주노총을 상급 단체로 두었던 데 반해 전국전력노조는 한국노총을 상급단체로 두어 각기 다른 노총에 소속되어 있었으며, 이후 민영화 계획 추진 과정에서 2001년 4월 2일 발전 자회사가 분리되었고, 분리된 발전 자회사의 노조들은 7월 19일 발전산업노조를 새로 결성했으며, 8월 10일에는 민주노총을 상급단체로 선정함으로써 전력산업 관련 노조의 형태는 [그림 8-1]과 같은 구성을 갖추게 되었다.

민영화 관련 법안의 입법 과정을 살펴보면, 한전노조의 정부 민영화 정책에 대한 대응이 원칙 없이 진행되어 왔음을 볼 수 있다. 기존의 한전노조가 상급단체로 민주노총을 선택했음에도 불구하고 전통적으로 친회사적인 모습을 보여 왔으며, 따라서 적극적인 대(對)사용자 전략을 가지고 있었다고 말할 수 없다.

이러한 모습은 정부의 민영화 관련 법안의 입법 과정에서 보여 준 한전노조의 반복적인 파업 결정과 유보 결정에서 잘 나타난다. 2000년 11월 17일 한전노조는 한전 민영화의 철회를 요구하는 파업을 의결했고 24일부터 총파업에 돌입할 것을 결정했다. 그러나 23일의 노사정 협상을 통해 총파업을 철회하게 된다. 이후 협상 과정에 만족치 못한 한전노조는 11월 30일부터 전면 파업에 들어갈 것을 다시금 결의하고 정부를 압박했으나 노사정 협상을 통해 또 한번의 파업 유보를 결정하게 된다. 결국 두 번의 파업 유보 결정 이후 실제로 12월 4일 전면 파업을 개시했을 때에는 2만여 노조원 가운데 5천 명만이 파업을 참가하는 부분 파업의 형태로 전락했고, 이는 결국 정부의 민영화 입법 의도가 실현되는 결과로 나타났다. 이러한 과정은 기존의 한전노조가 적극적인 대사용자 전략을 가지지 못했고 민영화 논의에 대한 강경한 대응 원칙이 노동자들에게 수용되지 못했음을 보여 준다.

발전 자회사 분할 이후 구성된 한국발전산업노조의 경우도 민주노총을 상급단체로 선정하고 좀더 적극적인 대정부 활동을 펼치고자 했으나, 기존 한전노조에서와 마찬가지로 정부 민영화에 저항하고자 하는 의식이 노동자들에게 확고히 자리잡히지 않고 있었다. 이러한 모습은 파업이 시작되기 전 노동자의 1/3이 어용적인 상태, 1/3은 민주파, 그리고 1/3이 유동층이라고 분석했던 노조 내부 자료에서 드러나고 있다(이영면, 2002: 38).

2000년 2월 25일의 발전노조 파업 사태는 5개 공공노조가 연대한 '국가기간산업 민영화 저지를 위한 공동투쟁본부'의 총파업의 일환으로 계획된 것이었다. 그러나 실제로 파업이 돌입하자 연대 파업을 시작한 가스노조는 파업 당일인 2일 25일 파업을 철회했고, 철도노조의 경우도 2월 27일 노사협상을 통해 파업을 철회함으로써 발전노조 홀로 정부의 민영화 계획에 대한 저지 투쟁을 벌여야 하는 버거운 상황에 처하게 된다.

발전노조의 파업은 파업 이전의 내부 결속이 미약했음에도 불구하고 파업 과정을 통해 노조의 연대감을 확고히 하고 내부 결속을 공고히 함으로써 전 조합원인 5,300여명이 한 달 이상 파업에 참가하는 강경 대응 자세를 보여 주었다. 그러나 대정부 교섭 당사자로 위임한 민주노총의 경우 파업을 통해 발전회사의 민영화를 끝까지 저지하려는 발전노조의 입장과는 달리 파업을 통해 대정부 협상력을 증대하는 방향에서 정부와의 교섭을 유리하게 끌어보고자 하는 입장을 취하고 있었다. 결국 4월 2일의 제2차 총파업에 대한 부담으로 민주노총은 노사정 협상을 통해 합의안을 도출하고 파업을 철회하게 된다. 이러한 민주노총 지도부의 파업 철회 결정은 민주노총 내부의 강경 세력과 발전산업노조의 비판을 받게 되었고, 단병호 민주노총 위원장을 포함한 지도부의 사퇴 결과로 나타났다. 이는 정부와 발전회사가 노조 파업에 대한 입장을 확고히 하고 신속한 협조 속에 전략적인 대응을 보인데 반해, 노조 내부의 실제 파업 주도집단이었던 발전노조와 협상 주도집단이었던 민주노총 지도부 간의 의견 조정이 충분하지 못했고, 이로 인한 내부적 갈등이 발생했음을 보여 주고 있다.

3. 정부 대응 방식의 한계점과 정책적 함의

1) 정부 대응 방식의 한계점

정부가 구조 개편과 민영화에 대한 노조의 반발에 대해 경성 협상전략을 채택함으로써, 전력산업 구조 개편 계획을 온전히 지켜냈다는 점에서, 정부는 구조 개편과 관련한 정치적 전환 비용을 효과적으로 관리하는 데 성공했다고 평가할 수 있다.

그러나 4·2 노정 합의안이 노조 측의 절대적인 민영화 수용 방침이라고 할 수 없고 단지 잠정적인 합의안의 성격을 가진다는 점에서 향후 배전 부문 분할과 관련해 또 한번의 정치적 이슈가 발생할 수 있음을 예상할 수 있다. 이와 함께 파업에 승리했다고 생각한 정부와 사측이 복귀 노조원에 대한 서약서를 강요하고 손해 배상을 청구함으로써, 계속적으로 노조와 적대적인 관계를 유지하고 있다. 또한 정부와 노조의 치열한 기싸움으로 인한 장기간의 발전노조 파업 사태는, 사회 전체적으로 민영화에 대한 관심을 불러일으키게 되었고, 민영화에 대한 상당한 반발 세력을 발생시켰다는 점에서, 노조의 민영화 반대 운동이 다시금 힘을 얻게 되는 계기를 만들어 주게 되었다.

(1) 노조에 대한 정부의 적대적 태도

4·2 노정 합의안에 대해 강경 투쟁의 입장을 견지한 민주노총의 일부 세력은 정부의 민영화 방침을 수용한 노조 교섭단에 반발하여 4월 3일 노정 잠정 합의안을 폐기한다는 결정을 내린다. 이들은 잠정 합의안으로서 4·2 노정합의안에 대해 정부가 노사 간의 완전 평화선언으로 해석하고 노조 측이 발전소 매각 방안에 대해 합의한 것이 아님에도 불구하고, 노조가 발전소 매각에 대해 합의한 것으로 발표했음을 지적했다. 이들은 공동투쟁 본부를 결성하여 파업 철회 이후에도 계속적으로 민영화 반대 투쟁을 벌여 나갈 것을 주장했다. 이러한 노조 내의 갈등으로 인해 민주노총은 4월 8일 중앙위원회에서 단병호 위원장을 제외한 총임원진이 사퇴할 것을 선언하고, 이후 노조원들에 대한 정부와 사측의 조직적 탄압이나 국가 기간산업 민영화의 강행 처리가 있을 경우, 언제든지 총파업에 재돌입할 수 있음을 결의했다. 이렇듯 노조의 입장은 4·2 잠정 합의안이 정부안에 대한 노조의 완전 수용이 아니며, 앞으로도 민영화 저지 운동과 관련하여 실력 행사를 할 수 있다는 입장을 드러냈다.

그러나 정부와 사측은 이러한 노조의 태도에도 불구하고, 4·2 합의안에 대해 노조 파업과 관련한 정부의 승리라고 생각하고 협상 과정에서 보여준 강경 대응 자세를 파업 철회 이후에도 견지했다. 복귀 노조원들에 대한 파업 불참에 대한 서약서를 강요하고 파업 관련 경제적 손실 부분에 대해 파업 참가자들에 대한 거액의 손해 배상을 청구했다. 또한 기존의 발전산업노조의 산업별 노조 형태를 회사별로, 사업본부별로 파편화하려는 의도를 나타냈다. 영국의 전력산업 민영화 과정에서도 볼 수 있듯이 노조의 파편화는 결국 노동자의 단체협상력을 저하시키고 개별 고용 조건을 악화시키는 결과로 나타나게 마련이다. 이러한 정부의 노조에 대한 적대적인 자세는 가뜩이나 위기감을 느끼는 노동자들로 하여금 더욱 정부의 민영화 정책을 수용하지 못하게 만드는 장애 요인으로 작용하고 있다. 파업 사후 처리와 관련한 정부의 강경 방침은 노조원들의 불만을 증대시키고 있으며, 향후 예정된 배전 부문 분할 매각 등의 남은 구조 개편 과정을 통해 좀더 증폭된 불만이 터져 나올 수 있는 위험을 내포하고 있다.

(2) 사회적 반대 여론의 결집

발전노조의 파업이 장기화되면서, 정부는 민영화에 대한 노조의 반발뿐만 아니라 그 동안 드러나지 않았던 민영화에 대한 반대 여론은 노조 파업을 통해 결집시켰다는 점에서 앞으로의 전력산업 구조 개편과 관련하여 정치적 전환비용이 증대되는 상황을 만들어 냈다.

민주노총이 3월 17일 보도 자료로 제시한 국민 여론조사 결과에서, 발전소의 매각을 미루고 국민 합의를 먼저 이루어야 한다는 의견이 86.2%이며, 기간산업 민영화에 대한 찬반이 50% 대 43%로 팽팽하다고 발표했다. 물론 장기간의 파업 사태에 따른 국민들의 고충이 일단 파업을 해결하고 보자는 입장에서, 국민 합의에 따른 민영화 처리를 지지하는 비율이 높았다고 분석할 수 있을 것이다. 그러나 민영화 반대에 대한 여론이 43%에 달한다는 결과는 앞으로 정부가 구조 개편을 진행해 나가는 데 상당히 거센 정치적 반대를 무릅써야 한다는 점을 지적하고 있다.

또한 3월 7일부터 시작된 각계각층의 민영화 유보 성명 발표는 노조로 하여금 민영화 저지 활동에서 좀더 큰 정치적 교섭력을 부가시켜 주는 것이라고 할 수 있다. 3월 8일의 민주화를 위한 교수협의회의 발전소 매각 유보 시국선언과 27일의 환경연합, 녹색연합, 참여연대, 여성연합의 전력민영화 유보 촉구 공동 성명 발표, 28일의 문화예술인 105명의 발전소 매각 유보 선언 등은 구조 개편과 관련하여 기존에 드러나지 않았던 정치적 반대 여론이 노조의 파업을 통해 결집되는 결과를 가져왔다. 이러한 여론에 힘입은 발전노조는 4월 2일 파업 철회 이후에도 계속적으로 발전소 매각 반대 운동을 추진할 수 있는 정치적 근거를 확보하게 됨으로써, 정부에는 부담으로 작용할 수 있을 것이다.

2) 정책적 함의

(1) 협력적 노사 관계로의 전향

우선 공기업 민영화 정책의 선도 주자였던 영국의 경험을 살펴보기로 하자. 일단 민영화 반대 투쟁이 실패로 끝나자 노조들은 민영화된 회사들의 내부 개혁에 대해 장기적으로 경쟁력을 키워 일자리를 보호하기 위한 조치로 보고 이를 수용하고자 하는 태도를 보였다. 이들 노조들은 '협상을 통한 변화의 수용'이라는 전략 아래 각종 인사 제도, 임금, 노동 조건의 변화 요구에 대해 협상을 통해 노동 조건이 악화되지 않도록 하면서 수용해 왔다. 이러한 노조의 실용주의적인 대응은 회사 측이 노조를 무시한 대결적인 스타일이 아니라 노조를 설득하고 협상을 통해 문제를 해결하려는 끈질긴 협력주의적인 태도를 보인 데 대한 대응으로 나온 것이며, 이러한 노조의 실용주의는 영국 통신과 전력 회사의 민영화, 경쟁의 도입, 회사의 구조 개편 등의 급격한 변화 과정 속에서도 노사 관계가 큰 갈등 없이 진행될 수 있었던 원동력이 되었다. 이러한 협력적 노사 관계의 대표적인 성공예로 스코티시 파워(Scottish Power)의 전력 생산 및 도매사업본부를 들 수 있다. 1,200여명을 고용하고 있는 스코티시 파워의 전력생산사업본부는 관련 노동조합들과 파트너십 협약(partnership agreement)을 체결했으며, '노사협력교섭위원회(partnership council)'를 두고 노동 조건과 직급구조에 대한 협상을 가능하게 했다.

영국의 경험에서 민영화로 인해 개별적인 고용 조건이 악화된데 반해 노조의 실용주의적인 대응은 회사 측으로부터 집단적인 고용 조건의 안정을 이끌어 낼 수 있었다.[1] 그리고 이러한 노조의 실용주의적인 대응은 급격한 영국의 민영화 정책 집행 과정에서 노조와의 정치적 갈등을 최소화할 수 있었던 중요한 원인으로 작용했다. 그러나 지적해야 할 부분은 이러한 노조의 전향적인 실용주의적 태도가 단순히 민영화 저지에 대한 실패로 인해 발생한 것이 아니라, 회사 측이 노조에 대한 대결적인 스타일을 버리고, 노조를 설득하고, 협상을 통해 문제를 해결하고자 하는 협력적인 자세를 끈질기게 보였기 때문이다. 즉 노조는 회사 측이 보이는 협력적인 자세를 신뢰하고 그에 따라 회사와의 협상을 통해 고용 조건의 문제를 해결하고자 한 것이다. 협상론에서 얘기하는 '어깨 두드려 주기 전략(Tit-for-Tat strategy)'을 회사 측이 사용했다고 볼 수 있다. 이러한 회사 측의 적극적인

1) 개별적인 고용 조건의 악화에는 고용 불안, 노동의 유연화를 위한 근로 형태와 노동 시간의 연장, 성과급제의 도입, 비정규직의 증가, 단체교섭의 분권화, 직제 개편 및 감시의 강화, 노동환경의 악화 등을 포함한다.

협력적 태도는 우리의 전력산업 구조 개편과 한전 민영화 정책에 대해 많은 시사점을 준다. 그것은 우리의 전력산업 구조 개편 과정이 영국에서의 과정을 흡사하게 닮아가고 있기 때문이다. 노조의 민영화 반대운동을 저지한 이후 노동자를 몰아붙이고 노조를 기업별·사업본부별로 파편화하려는 정부의 움직임은 영국의 전력산업의 결과로 나타난 노조의 파편화와 단체교섭력의 약화 과정과 매우 유사하다. 그러나 다른 점이 있다면 영국의 경우 회사 측이 보였던 노조에 대한 전향적인 자세를 우리 정부나 발전회사 측은 보여 주고 있지 못하다는 점이다. 이는 민영화를 통해 악화될 개별적인 고용 조건에 대해 노조가 수용할 수 있는 여지를 주지 못하고 노조로 하여금 정부와 회사에 대한 갈등적 태도를 지속하도록 할 우려가 다분하다는 점을 보여 준다.

한국노동연구원의 2000년 자료에 따르면, IMF 이후 한국의 노사 관계의 변화는 노동자나 회사 측 모두 대결적인 측면보다는 협력적인 측면으로 이동하고 있음을 동의하고 있다(김훈·박준식, 2000: 77-81). IMF 체제라는 초유의 경제 위기를 경험하면서 한국의 일반 기업들은 극도로 어려워진 경제 여건하에서 경영을 정상화시키고, 나아가서는 치열한 국제경쟁 환경 속에서 살아남을 수 있는 새로운 경쟁력을 창출해야 하는 위기에 봉착했다. 이러한 기업 외적인 어려움으로 인해 기업 내적인 노사 관계는 좀더 협력적인 방향으로 움직이게 되었다고 분석할 수 있다. 이에 반해 공기업의 노사 관계는 계속 치열한 대결 국면으로 치닫고 있다. 정부는 발전노조 파업사태와 관련하여 정부의 일방적인 승리로 생각하고 노조를 더욱더 압박하고자 하며, 노조는 배전 부문의 분할 매각과 관련하여 민영화 문제를 들고 다시 한 번 싸울 태세를 갖추고 있는 현실은 한전의 민영화가 성공적으로 추진될 수 있을지에 대한 의구심을 자아내게 한다. 노사 간, 노정 간의 상호 신뢰를 바탕으로 한 협력적인 자세가 필요하며, 앞으로의 갈등 조정도 힘겨루기를 통한 해결보다는 협상을 통한 협조적인 문제 해결의 노사 관계로 전환해야 한다는 것이 한전 민영화를 포함한 공기업 민영화 정책의 성공적인 추진을 위해 절실히 요구되는 사항이다. 이러한 점에서 파업 사태 해결 이후 9월 25일의 한국동서발전에서 이루어진 '노사평화 선언식'을 통해 협력적인 노사 관계를 이끌어 나가고자 한 점은 주목할 부분이다.

〈노사평화선언 - 2002. 9. 25. 한국동서발전(주)〉

1. 노사는 향후 상호 신뢰의 기반 위에서 대화와 타협을 통해 모든 노사 문제를 평화적으로 해결한다.
2. 회사는 조합의 건설적인 비판과 제안을 적극 수용하고 활기찬 근무 분위기를 조성한다.
3. 회사는 경영상의 이유로 복지후생을 후퇴시키거나 인위적인 인원 감축으로 고용 안정을 저해하지 않는다.
4. 발전소 매각의 최종 선택은 국민의 몫으로 남겨 둔다.
5. 노사는 2002년 흑자 원년 달성을 위해 서로 협조하고 총력을 다한다.

(2) 민영화 정책에 대한 사회적 합의의 조성

민영화가 효과적으로 집행되기 위해서는 민영화를 하고자 하는 정책연합이 형성되어야 한다. 대통령과 경제관료, 개혁적 기술관료, 외국 자본, 국내 경제계, 민간 노동계, 국민 등이 두터운 정책 네트워크로 연결되어 민영화에 대한 합의를 형성하고 민영화 이념을 생산하여 강력한 추진 주체로서 역할을 해야만 한다(류상영, 1999).

김대중 정부의 한전 민영화 정책은 1994년부터 추진되어 온 전력산업 구조 개편 계획과 맞물리면서 상당한 기간의 정책 준비 과정을 거쳤고, 그 과정에서 정부 유관 부처와의 정책 조정이나 이해 관계 집단들과의 의견 수렴 과정을 통해 상당 부분 국민적인 합의를 조성했다고 생각되며, 이는 과거의 공기업 민영화 추진계획들이나 같은 시기의 다른 공기업들의 민영화 방식과 비교해 보았을 때도 상당히 긍정적인 평가를 내릴 수 있는 부분이다.

그러나 실제 민영화 추진 과정에서 발전노조의 파업 사태가 발생했고, 이를 통해 한전의 민영화와 전력산업 구조 개편 계획에 대한 전 국민적인 각성이 일어난 것도 사실이다. 장기간의 파업 사태 속에 발전노조의 입장을 지지하며 정부가 한전 민영화를 유보할 것을 요구하는 상당수의 성명서들이 각계각층에서 쏟아져 나왔다. 물론 정부 또한 파업 사태의 과정 속에서 발전회사 민영화에 대한 국민적 지지를 얻기 위해 언론을 통해 이루어지는 모든 토론회와 인터뷰, 기자 회견에서 민영화의 정당성을 적극적으로 홍보했으며, 이를 통해 민영화에 대한 국민적 지지와 발전노조의 파업에 대한 비판 여론을 어느 정도 확보할 수 있었던 것도 사실이다.

그러나 주목해야 할 부분은 민영화 정책에 대한 긍정적인 환경이 변화되어 가고 있다는 것이다. 1997년 이후의 경제 위기 극복 과정에서 절실히 요구되었던 재정 확보 노력과 외국 자본의 투자가 경제 상황의 호전과 함께 그 필요성이 감소되고 있다는 점이다. 이러한 경제적 환경 변화는 공기업 민영화를 통한 개혁의 국민적 지지를 감퇴시킬 우려가 있다. 발전노조 파업 과정에서 시민들이 보여 준 공기업 민영화에 대한 의식은 자신이 불편하지 않으면 상관 없다는 식이었고, 민영화로 인해 요금이 상승할 경우에는 당연히 민영화를 반대하겠다는 등의 공기업 개혁에 대한 절실함이 부족한 것으로 나타났다.[2)]

또한 공기업 민영화 추진에 적극성을 보이던 김대중 정부의 임기가 다 되었다는 점 또한 공기업 민영화 계획의 장래를 불투명하게 하는 요인의 하나이다. 이러한 부정적인 환경 변화에도 불구하고 계속적으로 공기업의 민영화를 추진해 나가고, 한전의 민영화를 추진해 나갈 수 있는 것은 민영화에 대한 사회적 합의가 뒷받침될 때 가능한 것이다. 정부는 한전 민영화에 대한 정책 네트워크를 더욱 공고히 하되, 기존에 중심이 되어 왔던 전문가집단 중심의 네트워크 구성에서 사회 각계의 세력들을 포함하는 더욱 확장된 수준의 정책 네트워크 구성으로 정책의 지지 기반을 넓힐 필요가 있다. 그리고 이러한 정책 지지 기반의 확보는 정권의 변동이나 경제적 환경의 변화에도 불구하고, 정책의 안정적이고 일관된 집행을 가능케 하는 원동력이 될 수 있다.

---

2) 매일경제신문(2002. 3. 14.), 기업 개혁의 걸림돌: 소비자의식.

Ⅳ. 결론: 그 이후

1980년대 이후 세계 각국에서는 정부 부문의 축소와 재정 안정을 위한 목적으로 대규모의 공기업 민영화가 시도되었고, 그에 따른 공기업 매각 이익과 부실 공기업의 생산력 제고 등의 긍정적인 결과를 가져왔다. 그러나 정부의 입장에서는 민영화를 통한 재정적 이익과 함께 공기업 민영화 과정에서 발생한 정책비용에 대한 고려도 요구된다. 이 사례연구에서는 민영화의 정책비용을 경제적·정치적·사회적·법제도적 비용으로 분류하고 한전 민영화의 사례를 통해 실제적인 정책비용의 발생을 분석했다. 분석의 결과 현재 민영화의 초기 과정을 겪고 있는 한전 민영화 정책의 경우 노조와의 정치적 갈등으로 인한 정치적 비용의 발생이 정책비용 분석에서 현저한 장애 요인으로 나타났으며, 이에 대한 정부의 효과적인 대응 방안이 성공적인 한전 민영화의 열쇠라고 진단했다.

이러한 한전의 구조개편과 민영화 계획은 지난 2004년 6월 노사정에 의해 최종 중단되는 상태를 맞게 된다. 즉, 노사정위원회는 6월 17일 개최된 제70차 공공부문구조조정특별위원회에서 '합리적인 전력망산업 개혁 방안 마련을 위한 공동연구단'으로부터 연구 결과를 보고받고, "전력 부문 배전 분할 추진은 중단하되 내부 경쟁 촉진을 위해 자율성과 독립성을 강화하는 독립사업부제를 도입한다"는 내용을 골자로 한 대정부 결의문을 채택했다. 특히 노사정위는 배전 분할을 통한 도매시장 도입시 전기의 특수성과 과점 시장 폐해로 전기 요금 상승 및 공급 불안정성 발생이 우려되므로 기대편익이 불확실할 뿐만 아니라 외국과 고립된 우리 나라의 특수성으로 인해 전력 대란의 가능성이 있고 한전에 의해 운영되는 현 체제가 저렴한 가격으로 전력을 안정적으로 공급한다는 임무를 비교적 성공적으로 수행중이라는 판단에 따라 현 체제가 전면 개편되는 배전 분할 추진은 중단되어야 한다는 공동연구단의 연구 결과에 대해 진지한 논의 끝에 존중하기로 했으며, 이를 정부에 정책 권고하기로 했다고 밝혔다. 이에 대해 주무부처인 산업자원부는 노사정위 공공특위의 정책권고를 존중하여 한전의 배전 부문 분할 추진은 중단하되, 독립사업부제를 도입해 내부 경쟁 및 경영효율성을 제고해 나가겠다고 최종 입장을 발표했다. 특히 전력산업 구조 개편 중 한전에서 배전 부문을 분할해 민영화한다는 배전 분할 정책은 전면 다시 검토하게 된다.

연구 문제

1. 정부가 의도하는 민영화정책의 목적을 정치적인 측면과 비정치적인 측면을 구분하여 생각해 보자. 한전의 경우 이러한 목적들이 어느 정도 달성되었다고 평가할 수 있는가?
2. 정부는 관료의 단기적 시계(時界) 및 정치성 등의 문제로 신뢰성 있는 공약(commitment)을 하기 어렵다고 한다. 그럼에도 불구하고 한전의 구조 개편과 민영화계획이 김대중 정부에서 일관되게 추진될 수 있었던 요인에 대해 설명하시오.
3. 정부의 성공적인 정책비용 관리를 위해 필요한 조건들에 대해 논하시오.
4. 한전의 구조 개편 및 민영화와 관련된 정책 네트워크의 작동에 대해 논하고, 관련된 행위자 간의 상호작용에 대해 논하시오.
5. 한전 사례에서의 나타난 정책결정자의 리더십 유형을 대통령 및 관련 부처 장관 및 한전 사장으로 구분해 설명하시오.
6. 민영화 정책의 공론화를 통한 새로운 사회적 합의의 조성이라는 정책과제를 달성하기 위한 정부의 역할에 대해 논하시오.
7. 공기업 민영화정책의 추진 과정은 노조를 중심으로 하는 민영화 반대 세력과의 정치적 갈등을 조정해 나가는 과정이라고 할 수 있다. 이러한 과정을 성공적으로 수행하기 위한 정부 관료의 '협상자' 역할에 대해 논하시오.
8. 한전의 배전 분할과 관련해 정책의 전환이 발생한 이유에 대해 논하

시오.

참고 문헌

김방림(2000), 전력산업구조 개편: 주요 쟁점과 문제점, 국회 산업자원상임위 제출 자료.

김준기(1999), "공기업개혁과 민영화: 정책의 부재?," 『한국정책학회보』, 8:1.

———(2001), "전력산업 구조개편에 따른 정책적 과제: 규제체제를 중심으로," 『공기업논총』 13:1.

———(2001), "김대중정부의 공기업 민영화정책에 대한 평가," 『행정논총』, 39:1.

김훈 · 박준식(2000), 『구조조정과 신노사관계』, 한국노동연구원.

남일총 외(2000), "전력산업 구조개편 이후 규제체계에 관한 연구," 한국개발연구원.

류상영(1999), 『한국의 민영화와 구조조정: 위기시의 정치경제학』, 세종연구소.

산업자원부(1999), "전력산업 구조개편 기본계획."

에너지경제연구원(1999), "전력산업 민영화 연구: 제1차 중간보고서," 한국전력공사.

이강국(1998), "민영화정책에 대한 비판적 연구: 영국 대처정권의 정책 경험이 주는 시사점," 서울대학교 석사학위 논문.

이병훈 외(1998), 『구조조정과 노동조합의 대응: 주요국 사례』, 한국노동연구원.

이병훈 · 황덕순 편저(2000), 『공기업의 민영화와 노사관계: 5개국의 사례비교 연구』, 한국노동연구원.

이영면(2002), "발전노조의 파업과 시사점," 『조정과 분쟁』 2002년 여름, 중앙노동심판위원회.

임원혁 외(2000), 『민영화와 집단에너지사업』, 한국개발연구원.

전기위원회(2001), 『전력산업 구조개편 추진 연혁』.

————(2002), 『발전노조 파업과 정부의 대응』.

조성봉 · 김진우(2000), 『전력산업의 개혁 방향과 주요 정책과제』, 에너지경제연구원.

Bangura, Yusuf (2000), *Public Sector Restructuring: The Institutional and Social Effects of Fiscal, Managerial and Capacity-Building Reforms*, United Nations Research Institute for Social Development.

Casazza, J. A. (2001), "Electricity Choice: Pick Your Poison," *Public Utilities*

Fortnightly, Vol. 139, No. 5.

Economic and Social Commission for Asia and the Pacific (1992), "Social Costs of Economic Restructuring in Asia and the Pacific," *Development Papers,* No. 15, United Nations.

Guislain, Pierre (1997), *The Privatization Challenge: A Strategic, Legal, and Institutional Analysis of International Experience*, The World Bank.

Nellis, John R. (1999), *Time to Rethink Privatization in Transition Economies,* The World Bank and International Finance Corporation.

Pohl, Gerhard et al.(1997), *Privatization and Restructuring in Central and Eastern Europe: Evidence and Policy Options*, The World Bank.

The World Bank (1995), *Private Sector Development in Low-income Countries.*

Van der Hoeven, R, & Sziraczki, G. (1997), *Lessons from Privatization: Labour Issues in Developing and Transitional Countries*, International Labour Organization.

제 9 장

디지털 TV방송 방식 선정 과정*

박 정 훈

I. 서 론

디지털 관련 기술의 발달과 더불어 지상파 TV의 방송 방식도 기존의 아날로그식 형태에서 디지털 형태로 전환되어야 할 필요성이 1980년대부터 방송 기술의 선진국인 미국, 일본, 유럽 등지에서 제기되었다. 디지털 TV의 국제 표준은 미국의 ATSC(Advanced Television System Committee), 유럽의 DVB-T(Digital Video Broadcasting-Terrestrial), 일본의 ISDB-T (Integrated Service Digital Broadcasting-Terrestrial) 등이 제안되어 있다.

국내에서는 1997년 2월에 세계적인 디지털 방송 추세에 대비하여 방송 방식의 디지털 전환 방침을 결정하고, 그 해 11월에 지상파디지털방송추진협의회의 건의를 받아 디지털 지상파 TV방송 방식을 미국 표준인 ATSC 방식으로 결정했다. 1999년 7월에 관계 부처 공동으로 2001년 본방송 실시 등 일정 및 정부 지원 방안을 포함하는 디지털 지상파 TV 조기 방송 종합계획을 확정했다. 1999년 6월부터 관계 기관 공동으로 실험 방송을 실시했

---

* 이 사례의 본문은 2003년 말을 시점으로 하여 작성되었다. 이후 2004년 1월에 디지털 전송 방식 표준 논란 해결을 위한 4인 대표위원회(정보통신부 장관, 방송위원회 위원장, KBS 사장, 전국언론노동조합 위원장)가 구성되었다. 이 위원회는 당해 7월에 위성 DMB 이동멀티미디어방송 사업과는 별도로 유럽 방식에 기반을 둔 지상파 DMB의 도입과 함께, 고정수신 디지털 방송 방식은 미국식으로 합의했다.

고, 2000년 8월에는 본방송을 위한 시험방송을 개시했다. 2001년 5월 방송위원회의 디지털 방송국 허가 추천에 이어, 8월에는 KBS, EBS, MBC, SBS 등 수도권 방송사가 디지털 방송국 허가를 받았다. 2001년 10월에는 SBS가 본방송을 시작했고, 11, 12월에 걸쳐 KBS1, EBS, MBC, KBS2 역시 본방송을 시작했다.

정보통신부의 전환계획에 따르면 디지털 TV로의 전환은 2003년까지 광역시, 2004년까지 도청 소재지, 2005년까지 시·군 지역 소재의 방송사 순으로 단계적 확대가 이루어진다. 2010년에는 우리 나라 전 지역에서 현재의 아날로그 TV방송을 중단하고 디지털 방송만 하게 된다. 따라서 2010년부터는 시청자들은 현재의 아날로그 TV로는 방송을 시청할 수 없고, 별도의 셋톱박스를 구입하거나, 디지털 TV를 새로 구입해야 시청할 수 있게 될 전망이다.

디지털 지상파 TV의 방송 방식 선정과 관련하여 관련 방송노조와 시민단체들이 미국식 방식 선정의 재고와 유럽 방식으로의 변경을 강하게 주장하고 있다. 유럽의 경우는 디지털 방송의 전환에 앞서 다양한 설문조사를 통해 수신의 용이함, 아날로그보다 많은 채널 수, 멀티미디어 서비스, 전국적인 휴대 및 이동 수신, 주파수 자원의 효율적 이용, 세계 각국의 방송환경에 적합한 구체적 표준의 개발, 고음질, 고화질의 방송 등을 디지털 방송의 서비스 목표로 삼고 그에 적합한 규격 제정에 들어갔다. 유럽 방식이 이처럼 사전 준비를 거쳐 제정된 데에 반해, 미국 방식은 제조사와 정책기관의 주도로 일방적으로 개발된 성격이 짙다. 1999년 미국의 싱클레어 방송그룹(Sinclair Broadcast Group)이 ATSC 방식의 도심 내 난시청의 문제점을 지적하며 방송 방식을 변경할 것을 요구한 바 있는데, 위의 사례에 대한 『뉴욕타임스(*New York Times*)』의 보도를 동아일보가 게재한 것이 국내의 디지털 방송 방식 논쟁의 발단이 되었으며, 이러한 갈등은 시민단체·언론노조·방송기술인 대(對)정보통신부·가전업체·국책연구소 간의 대결 양상으로 치닫고 있다.

디지털 방송 전송 방식 결정은 서비스가 제공될 향후 50여년간 국내의 경제, 사회, 문화, 기술 분야와 궁극적으로 방송 서비스 수요자에게 지속적이며 엄청난 영향을 미칠 수 있는 사안이다. 따라서 충분한 논의와 고민을 통해 장기적이며 전략적인 관점에서의 의사 결정이 필요하다. 이러한 시점에서 디지털 TV방송 방식을 둘러싼 각종의 사안에 대해 논쟁의 논점과 정책적 함의를 살펴보는 것은 의미 있는 일이라 하겠다. 이 사례에서는 기존에 발표된 디지털 방송 방식 논쟁과 관련한 자료를 바탕으로 주요 논점들을 간략한 사례 형식으로 요약했다.

II. 디지털 방송 개발 현황

1. 디지털 방송의 특징

디지털 TV는 제작, 편집, 전송, 수신 등 방송의 모든 단계를 0과 1의 디지털 신호로 처리하는 TV 방송 시스템이라 정의할 수 있으며, 이는 정보의 종류인 영상, 음성, 문자 등에 따라 서로 다른 신호로 처리하는 아날로그 TV와 대비되는 개념이다. 전화, PC 등 다른 통신 부문은 이미 디지털로 전환되었고, 현재 TV 분야가 가장 늦게 디지털로 전환되고 있는 추세이며, 이에 따라 세계 선진 각국은 TV 및 방송 분야의 디지털화에 주력하고 있다.

디지털 TV의 특징 및 장점은 다음과 같다.

첫째, 디지털 TV는 아날로그 TV에 비해 잡음과 화면 겹침 현상(ghost)을 줄일 수 있고, 전송 과정에서 발생한 신호 오류를 자동으로 교정할 수 있기 때문에 화질과 음질을 획기적으로 향상시켜 방송 서비스의 고품질화를 실현시킬 고화질 방송인 HDTV를 제공한다.

둘째, 디지털 TV는 정보의 손실 없이 신호를 압축하여 더 많은 정보량을 전송할 수 있다. 기존 아날로그 TV 1채널인 6MHz대역으로 영화 수준의 고화질 및 CD 수준의 음질을 제공하는 HDTV 1채널, 또는 SDTV 3~5채널의 서비스가 가능하다. 또한 음성, 영상 외에 증권 교통 뉴스 등의 부가 데이터 신호도 제공 가능하다.

셋째, 디지털 TV는 영상음성 데이터 신호를 동시에 0 또는 1로 변환 처리하여 프로그램을 자유자재로 편집·저장·가공·재사용할 수 있고, 필요에 따라서 영상 음성 데이터 정보량을 유연하게 조정할 수 있다.

넷째, 디지털 TV는 PC 등 디지털화된 다른 통신 미디어와 접속하여 연계 사용이 용이하다. TV 프로그램과 인터넷상의 콘텐트 등을 공유할 수 있고, 시청자가 TV를 통해 각종 생활정보를 볼 수 있는 데이터 방송 서비스가 가능하다. 아울러 인터넷 접속 및 전자상거래(T-commerce) 등 다양한 대화형(interactive) 서비스도 가능하다. 따라서 TV 리모콘을 통해 쉽게 정보에 접근할 수 있는 종합매체 역할을 수행할 것으로 예상된다. <표 9-1>은 미국의 NTSC 아날로그 방송 방식과 ATSC 디지털 방송 방식을 비교한 것이다.

〈표 9-1〉 미국식 아날로그와 디지털 TV 방식의 비교

구 분	아날로그 방식(NTSC)	디지털 SDTV(ATSC)	디지털 HDTV(ATSC)
채널(6MHz)	1 채널	3-4 채널	1 채널
음성다중	2 채널	5.1 채널	5.1채널
부가 서비스	단순	다양	다양
화면비	4:3	4:3, 16:9	16:9
주사선 수	525	480×640	720×1280, 1080×1920
방향성	단방향	양방향	양방향
수상기 가격	낮음	중간	높음
변조 방식	VSB	8-VSB	8-VSB
외부 잡음	약함	강함	강함
송신 전력	높음	낮음	낮음

디지털 방송 방식은 크게 영상신호 압축 방식, 음성신호 압축 방식, 전송 방식 등으로 구분할 수 있는데, 이 중 현재 논란이 되고 있는 부분은 전송 방식이다. 전송 방식이 다르면 방송 신호를 방송사의 송신탑에서 각 가정의 TV로 신호를 실어 보낼 때 그 신호의 형태에서 차이가 발생한다. 방송사에서 제작용으로 사용하는 방송장비는 방송 방식에 관계 없이 동일하며,

디지털로 제작된 방송 프로그램은 전송 방식의 차이에 관계 없이 활용이 가능하다. 따라서 전송 방식과 관련한 방송장비는 송신기에 국한되며, 가정의 시청자는 전송 방식에 따라 수신기를 따로 구매해야 한다.

〈표 9-2〉 디지털 방송 방식

구 분	미국 방식	유럽 방식	일본 방식
방송 방식	ATSC	DVB-T	ISDB-T
영상 압축	MPEG-2	MPEG-2	MPEG-2
음성 압축	AC-3	MPEG-2	MPEG-2, AAC
전송	8-VSB	COFDM	BST-OFDM

지상파 디지털 전송 방식을 정리해 보면 <표 9-2>와 같다. 미국은 전송 방식으로서 8-VSB를 채택하고 있으며, 유럽 방식은 COFDM을 채택하고 있다. 일본의 ISDB-T 방송 방식은 유럽 방식을 수정 변형한 형태이며 일본 지역에 국한되어 있기 때문에 전 세계적으로 논란이 되고 있는 디지털 전송 방식은 미국 방식과 유럽 방식으로 요약된다. <표 9-3>은 2000년 6월의 기술 수준에서 각 방식에 대해 장·단점을 요약한 것이다.

2. 미국식 방송 방식 개발 현황

1980년대 초반 미국 전자 산업계는 일본이 HDTV를 개발해 판매할 것이란 소식에 크게 자극을 받았다. 일본에서는 미국식 컬러 TV 방송인 NTSC의 뒤를 이을 새로운 방송 표준으로 1970년대부터 개발에 착수한 MUSE라는 이름의 아날로그 기반 HDTV가 거의 완성 단계에 이르렀고, MUSE를 HDTV 표준으로 내세울 계획이었다. 이에 따라 미국 연방통신위원회인 FCC(Federal Communications Commission)는 미국 내 58개 방송연합회의 요청으로 차세대 TV, 즉 ATV(Advanced Television) 연구에 착수한다고 발표했다. 뒤이어 1988년 ATTC(Advanced TV Test Center)라는 비영리 민간 차세대 방송 테스트센터가 개설되었고, 같은 해 케이블 TV

시스템 연합회는 Cable TV Lab을 만들어 차세대 방송 시대에 케이블 방송의 몫을 챙기는 데 나섰다. 초기에 FCC는 아날로그 방식의 고화질 TV를 고려한 것으로 알려졌으나, 1990년대 미국과 유럽은 일본의 아날로그 방식의 HDTV를 포기했다.

미국과 유럽의 디지털 방송 관련 컨소시엄들은 4개의 디지털 전송 방식을 제안했고, FCC는 미국의 차세대 방송 전송 방식을 디지털로 결정했다. 미국의 ATSC는 HDTV를 중심으로 한 시스템 연구를 1987년에 시작했고,

〈표 9-3〉 디지털 전송 방식의 장·단점 비교

전송 방식		ATSC 8-VSB	DVB-T COFDM
압축 방식	비디오	MPEG-2 VIDEO	
	오디오	Dollby AC-3	
Transport system		MPEG-2 TS Stream	
변조 방식		8-VBS	COFDM, QPSK, 16QAM, 64QAM, 계층 변조 MODE: 2K, 8K
고화질(HD)		가능	가능
이동 수신(Mobile)		불가능	가능
실내 수신(Indoor Reception)		어려움	쉬움
단일 주파수 망(SFN)		불가능	가능
다중경로 내성(Multi Path)		약함	강함
데이터 전송률(Data Rate)		19.4Mbps(Fixed)	3.7-23.7Mbps(Fixed)
위성, 케이블 연계		어려움	쉬움
데이터 방송 규격 통일		불가능	가능
송신기 소모 전력		적음	높음
수출시장		적음	넓음
주파수 대역		6, 7, 8MHz	6, 7, 8MHz
국내 기술 경쟁력		높음	낮음

출처: 『DTV 전송 방식 백서: 지상파 디지털 TV 전송 방식 쟁점과 문제점』, 사회정책연구소, 2002.

1996년 12월에 FCC 승인을 받았다. 미국 방식인 ATSC는 고화질/고음질에 목표를 둔 안방극장이 주요 목표였으며, 침체된 가전시장에 활력을 높이기 위한 방편으로 도입되었다. 미국 방식은 7개의 제조 업체가 중심이 된 연합기관에서 개발했으며, 제니스(Zenith)가 제안한 8-VSB 방식이 미국식의 DTV 전송 방식으로 결정되었다. FCC는 1997년 발간한 규정과 정책에 관한 보고서에서 2005년 안에 방송 방식 전환 작업을 끝마치겠다는 공격적인 정책을 발표했다.

8-VSB 전송 방식은 6MHz대역에서 고정 수신을 주목적으로 HDTV 구현에 목표를 두었다. 미국 방식은 19.39Mbps의 데이터 전송률을 제공하며, 상황에 따라서는 7, 8 MHz대역에도 시스템 클럭을 변경한 적용이 가능하다. 일반적으로 ATSC 방식은 AWGN(Additive White Gaussian Noise: 다중 경로에 의해 발생하는 전파 지연 현상 등 자연계에 존재하는 여러 종류의 잡음이 배제된 실험실 내의 환경) 환경에서 신호가 강인하며, 아날로그 TV 채널에 간섭 현상이 적은 것으로 알려져 있다. 단일 반송파 변조 방식을 채택한 점이 다른 방송 방식과 많은 차이를 보이고 있다. 실험실의 실험 결과는 다른 방식에 비해 저출력으로 넓은 방송 영역을 확보할 수 있는 것으로 나타났으나, 실제 방송 환경에서는 다중경로로 인한 잡음 때문에 저출력의 실효성은 많이 저하되는 것으로 나타났다.

저출력의 이점에도 불구하고, 미국 방식은 디지털 위성방송과 디지털 케이블 TV와의 호환이 어렵고, 특히 데이터 방송 규격이 다른 매체와 호환이 안 되어 방송 운영상 많은 어려운 점을 안고 있다. 이렇게 매체간 상호연동성이 떨어지는 속성은 데이터 방송 등의 다양한 서비스를 받을 수 없게 하여 시청자가 불편할 뿐 아니라, 서비스 규모나 내용이 발전할 토대가 취약해지게 된다. 이를테면 방송사와 TV 관련 영상산업계는 내용이 동일한 것임에도 불구하고 방식상의 차이로 인해 전송물을 따로 제작해야 하므로, 방송산업 발전에 부담을 주게 된다. 미국 방식도 매체간 호환성의 문제를 중요하게 여겨서 ATSC 규격 제정시 처음에는 디지털 케이블 TV에도 적용할 수 있도록 16-VSB 방식을 규격에 포함시켰으나, 미국 케이블 TV 업계가 여러 가지 이유를 들어 새로 OPENCABLE 방식을 채택한 바 있다.

3. 유럽식 방송 방식 개발 현황

유럽의 DVB(Digital Video Broadcasting)는 1991년 말 지상파 디지털 TV 방식을 만들기 위해 방송사, 가전사, 그리고 관련 기관 등으로 구성된 특별위원회인 ELG에서 출범시킨 것이다. 1993년 9월에 DVB라는 컨소시엄이 구성되었으며, 여기서 개발된 방식이 1997년 유럽통신 표준화 기구인 ETSI에서 승인되었다. 유럽의 경우는 디지털 방송의 전환에 앞서 시청자·방송사·제조사·학계의 의견을 면밀하게 수렴함으로써 다음과 같은 디지털 TV의 목표를 설정한 다음, 규격 제정 작업에 착수했다. 즉 DVB는 시청자들의 다양한 설문 조사를 통해 수신의 용이함, 아날로그보다 많은 채널 수, 멀티미디어 서비스, 전국적인 휴대 및 이동 수신, 주파수 자원의 효율적 이용, 세계 각국의 방송환경에 적합한 구체적 표준의 개발, 고음질, 고화질의 방송 등을 디지털 방송의 서비스 목표로 삼고 그에 적합한 규격 제정에 들어갔다.

유럽의 COFDM 전송 방식은 여러 나라들이 컨소시엄으로 구성한 DVB의 프로젝트에 의해 개발되었다. 지상파 디지털 TV 방송 방식인 DVB-T는 케이블 TV용 DVB-C, 위성방송용 DVB-S, 마이크로웨이브 송수신용 DVB-MT 등과 함께 DVB 방송 방식군의 통일된 기술 표준으로 구성되어 있다. 유럽 방식인 DVB는 표준 제정 당시부터 통합 단말기 구현 가능성과 콘텐트 유통의 원활화를 꾀하기 위해 다양한 미디어의 규격을 일관성 있게 개발해 왔다.

디지털 지상파 TV 전송 방식인 DVB-T는 PAL, SECAM 환경의 국가들에서 개발되었지만, 6,7,8 MHz의 모든 방송 환경에서 적용이 가능하도록 개발되었다. 미국 방식의 데이터레이트가 19.39Mbps로 고정되어 있는 반면, 유럽 방식은 코딩 파라미터, 변조 방식, 가드 인터벌 등의 조합을 통해 3.7Mbps에서부터 23.7Mbps까지 구현이 가능하다. 특히 정적·동적 환경에서 발생하는 다중 경로에 강하게 설계되어 디지털 방송에서 수신율을 높일 수 있도록 설계되었다. 또한 계층 변조 기술의 적용이 가능하여 한 채널로 별도의 콘텐트를 HDTV와 이동 수신용으로 제공이 가능하다. 즉, 해당 국가나 방송 지역의 방송환경에 따라 적절하게 파라미터를 적용하여 다양한 방송 서비스를 시청자들에게 제공할 수 있다.

4. 방송 방식별 도입 국가 현황

미국의 ASTC 방식은 캐나다가 1997년 11월에, 한국이 1997년 11월에, 대만이 1998년 5월에, 아르헨티나가 1998년 10월에 채택하기로 결정한 바 있다. 아르헨티나는 이후에 미국 방식의 선정을 철회했고, 대만 역시 현장 비교 실험을 거쳐 유럽 방식으로 변경했다. 따라서 현재 미국 방식을 채택한 나라는 미국, 캐나다, 그리고 한국 등이다.

유럽의 DVB-T 방식은 유럽의 거의 모든 국가와, 태국, 싱가포르, 대만 등 아시아의 몇몇 국가, 호주, 인도, 러시아, 아프리카의 일부 국가 등 현재 약 50여 국가에서 채택된 바 있으며, 그 숫자는 증가 추세에 있는 것으로 보인다.

이 밖에 일본의 독자 표준이 있는데, 이는 브라질에서 실시한 필드테스트에서 우수한 평가를 받은 바 있으나, 현재 일본 이외의 국가에서 채택된 바가 없으며, 방송장비의 종속성에 대한 우려와 시장의 폐쇄성으로 인해 채택 국가가 늘어날지의 여부는 불분명하다. 중국은 시장잠재력에 기반한 막강한 영향력을 바탕으로 고유 방식의 개발을 추진중이며, 현재 제안된 기술 표준을 대상으로 성능 실험을 하고 있는 것으로 알려져 있다.

Ⅲ. 디지털 TV 전송 방식과 관련한 검토

1. 기술적 측면

1) 수신율 및 난시청의 문제

전송 방식 간 장·단점에 대한 양측의 의견이 분분한 바, 미국 방식의 고수를 주장하는 측에 따르면 8-VSB 형식은 낮은 출력으로 넓은 지역의 서비스가 가능하고, 약한 신호에서도 수신이 가능하며, 따라서 산악 지형이 많은 국내에 적합하다고 한다. 유럽 방식으로의 변경을 주장하는 측의 주장에 따르면, 국내외 테스트 결과 미국 방식은 장애물에 취약한 근본적인 기술적인 한계로 인해 도시 지역이나 산간 지역에서 난시청이 심하다고 한다. 이러한 주장은 모 방송사의 현장 비교실험 결과와도 부합한다. 위에서 언급한 바와 같이 미국 방식은 AWGN 환경에서 신호가 강인하지만, 실제 방송 환경에서는 다중 경로로 인한 잡음 때문에 저출력의 실효성은 많이 저하되는 것으로 판단된다.

1999년 10월에 볼티모어에서 시행된 싱클레어 방송그룹(Sinclair Broadcasting Group)의 수신 성능 비교실험 결과도 이러한 유럽 방식 변경론의 주장을 뒷받침한다. 이 실험 결과를 바탕으로 300여 방송사는 FCC에 ATSC 방식에 문제점이 많으니, 유럽에서 개발된 DVB-T를 표준에 추가하여 방송사들이 선택할 수 있게 해달라는 청원을 제출하기도 했다. 이 청원서는 결국 기각되었으나, 미국 방식의 기술적 결함에 대한 지적을 포함하고 있고, 그 당시 알려져 있던 유럽 방식의 단점은 실험실이 아닌 실제 수신 환경에서는 문제되지 않을 수 있다는 내용을 지적함으로써 미국 내부에서도 전송 방식을 둘러싼 많은 논쟁을 야기한 바 있다.

유럽 방식 변경론은 2000년 미국의 3대 메이저 방송사 중 NBC, ABC가 미국 방식에 대한 재고를 요청했다는 점에서 또 한번 힘을 얻었다. ATSC는 다중 경로 환경에서는 수신 성능이 불량해지며, 이는 기존 NTSC 방송 권역을 커버하려는 방송사를 어렵게 만들고, 또한 새로운 휴대 및 이동 디지털 서비스를 고려하여 디지털 방송의 표준 방식을 재고해야 한다는 것이다. 이러한 지적들은 언론에서 되풀이되었고, 이는 하원에서의 청문회로 이어졌다. 계속되는 논쟁의 결과 ATSC는 수신 성능 향상을 위한 태스크포스를 구성하고 성능 개선을 추구하고 있다. 이러한 실무팀에 방송사들이 요구한 항목을 살펴보면 수신의 용이함, 이동·휴대 수신이 포함되어 있음은 주목할 필요가 있다.

2) 주파수 사용의 효율성

주파수 사용의 효율성에서도 양 방식 간 기술적 차이가 존재한다. 유럽 방식의 DVB-T는 단일 주파수망(SFN: Single Frequency Network)을 위해 설계되었다. 즉 각 방송 권역별로 SFN의 구현이 가능하므로, 전체적으로 주파수 사용을 크게 줄일 수 있는 것이다. 미국 방식에 의하면 최소한 아날로그 방송과 같은 수 혹은 그 이상의 주파수가 필요하다. 유럽 방식의 단일 주파수망 가능성은 주파수 자원이 부족한 현실에서 상당히 큰 장점으로 작용할 것이다. 하지만 SFN의 장점을 누리기 위해서는 더 높은 송신 출력과 강한 코딩 레이트를 필요로 하며 ATSC 수준의 수신을 보장하기 위한 추가적인 송신 출력의 증가까지 감안하면 큰 부담을 져야 한다는 점이 미국 방식 옹호론자에 의해 제기된다. 이를 해결하기 위해 지향성이 우수한 수신 안테나를 사용할 수 있지만 이 경우 성능의 향상은 ATSC도 마찬가지이다.

미국 방식 옹호론에 의하면 SFN의 또 다른 문제점은 채널 할당이다. 대부분의 국가에서 이미 아날로그 방송 중계를 위해 주파수를 사용하고 있으므로 전환 기간 동안 동시 방송을 하는 경우 채널의 재배치와 추가적인 송신 사이트의 확보에 따른 경제적·기술적 사항은 상당히 곤란한 문제이다. 반면 유럽의 COFDM 수신 방식은 여러 송신소 중 가장 양호한 송신 신호를 골라 수신을 할 수 있는 장점이 있다. SFN을 유지하기 위해서는 SFN의 모든 송신기의 신호가 엄밀히 비트 대 비트 단위까지 동기를 맞추어야 한다. 그래야만 수신기의 입장에서 다른 여러 신호들을 하나의 고스트, 다중 경로 신호로 해석할 수 있고 이 조건이 맞지 않으면 SFN은 이루어지지 않게 된다. 따라서 SFN을 위해서는 별도의 동기를 위한 네트워크를 구성해야 하고 항상 동기가 이루어져 있어야 함은 물론 부분적인 지역방송을 실시할 수 없는 단점이 있다.

3) 간섭·잡음 및 송신 출력

미국 방식은 냉장고, 헤어드라이어 등의 가전제품의 전자파 잡음(impulse noise)에 강한 것으로 알려져 있다. 또한 기존 아날로그 방송의 간섭 영향이 작아서, 높은 송신 출력이 요구되어 추가적 간섭 문제가 발생하는 유럽 방식에 비해 우월하다고 한다. 하지만 유럽 방식 변경을 주장하는 측에 따르면 위에서 언급된 바와 같이, AWGN 상태에서의 송신 출력 차이는 실제 수신 환경의 차이를 고려하지 않은 것으로서, 이미 각국에서 행해진 실험 결과에 따르면 이론상의 차이에도 불구하고 실제 환경에서 미국 방식의 서비스 구역이 유럽 방식보다 그다지 넓지 않다고 주장한다. 실제 방송 환경은 순수 잡음만 있는 것이 아니라 멀티패스가 다양하게 존재할 수밖에 없는 것이므로, 실험실 환경에서 측정한 양 방식 간 차이는 그 의미성이 떨어질 수 있다. 이러한 점에서 유럽 방식 옹호론자들은 송신 전력의 문제는 양 방식 간 차이가 거의 없으며, 서비스 지역이 좁은 우리 환경에서는 그 차이의 영향이 더욱 미미할 것이라고 주장한다.

2. 서비스 측면

1) 이동 수신

이동 수신은 ATSC 방식에서는 애초부터 고려 대상이 아니었으며, 1991년 처음 MIT 대학 등이 HD 영상을 완전 디지털로 전송하겠다고 제안한 이래, 미국식 디지털 방송의 초점은 어떻게 하면 6MHz 대역의 주파수에 HD 프로그램을 전송할 것인가에 맞추어져 있었다. 하지만 인터넷이 보편화되고 이동통신 수단이 급속도로 발전하고 있는 요즈음 이동 수신의 가능성은 상당히 중요한 항목으로 여겨지고 있으며, 이동 수신에 기술적 어려움이 따르는 미국 방식은 불리한 위치에 있다고 할 수 있다.

이러한 점에 대해 미국 방식을 표준으로 정한 정보통신부 측에서는 이동 수신 서비스를 원하는 시청자 비율이 지극히 낮고, 서비스의 실시를 위해서는 중계비 설치 부담으로 인해 실제 싱가포르를 제외한 다른 국가에서 실시되고 있지 않으며, 디지털 위성방송, 디지털 라디오방송(DAB), 지능형 교통 시스템 등 다양한 대체 서비스를 통한 이동 서비스 수요의 충족이 가능하다는 점을 들어 미국 방식 선정에 별 무리가 없음을 주장하고 있다. 하지만 정보통신부의 서비스 수요가 낮다는 주장의 근거가 되는 도이치텔레컴의 시장조사는 시장 상황이 변하기 훨씬 이전인 자료이며, 현재는 이동수신에 대한 수요가 상당히 증가했다. 큰 운동경기가 있는 날이면 거리가 한산해지고, 차량용 TV 판매가 폭증하고, 달리는 차량에서 위성방송을 즐길 수 있게 된 현실은 이동 수신에 대한 늘어가는 서비스 수요의 반증일 것이다. 이러한 이동 수신에의 요구에 대해 위성 DMB나 DAB 등이 대체 서비스로 제시되고 있다.

2) HDTV 서비스

미국 방식은 데이터 전송률이 6MHz 주파수 환경에서 19.39Mbps로 고정되어 있는데 반해, 유럽 방식은 동일한 환경에서 3.7Mbps에서 23.7Mbps까지 자율적으로 선택이 가능하다. 유럽 방식 변경론자에 따르면 높은 데이터 전송률을 사용하여 더 선명한 고화질을 구성할 수 있는 유럽 방식이 HDTV에 더 적합하다고 한다.

이러한 유럽 방식 옹호 주장에 대해 미국 방식은 유럽 방식이 SFN과 이동 수신이 가능하지만 이는 표준 화질(SD)급에서 그러하며, HD급에서는 비트 전송률이 떨어져 구현이 곤란하다고 주장하고 있다. 또한 현 아날로그 채널이 사용하는 6MHz 대역에 7, 8MHz를 사용하는 유럽 방식을 적용하는 것은 곤란하다고 말하고 있다.

정보통신부의 주장에 따르면 유럽식은 HDTV가 애초부터 불가능한 것이었다고 하나, 이는 1998년 미국의 NAB 국제 방송기기 박람회장에서의 시연을 통해 가능함이 알려졌다. NAB2000에서의 시연에서는 미국 방식으로 수신이 안 되는 지역에서도 유럽 방식이 HDTV 수신이 되며, 한 채널 내에서의 이동 수신에 대해서는 SDTV를 수신할 수 있는 기술을 선보임으로써 유럽 방식에 의한 HDTV가 가능함을 증명했다. 이러한 기술적 가능성에도 불구하고 아직 유럽에서 HDTV를 적용하지 않은 이유에 대해 유럽 방송연합은 이는 기술적 문제가 아닌 수상기 가격의 효율성, 제작 비용 등 경제적 문제에 의한 것으로서 DVB는 HDTV의 추이를 주시하고 있다고 밝힌 바 있다. 따라서 HDTV의 가능성에 비추어 생각해 볼 때 현재로는 미국 방식이 우위로 보이나, 그 기술 정도의 차이는 그다지 크지 않은 것으로 보인다.

3) 매체 간 호환성

방송 매체 간의 융합이 진행되고 있는 현 시점에서 매체 간 호환성의 문제는 상당히 중요하게 고려된다. 그런데 우리 나라의 방송 표준을 살펴보면 위성은 DVB-S(유럽식), 케이블은 OpenCable(미국식), 지상파는 ATSC(미국식)로 채택하여 일관성이 결여되어 있음을 볼 수 있다. 이러한 미국 방식과 유럽 방식의 혼재는 통합 수신기의 제작을 어렵게 함으로써 부대비용을 증가시키며, 동일한 콘텐트를 매체에 맞게 변환시키는 과정에서 또 한번 추가적인 비용이 발생한다. 유럽과 일본에서는 매체 간 서비스 및 시장 통합을 매우 중요시하여 호환성을 유지할 수 있는 단일 방식을 채택한데 반해, 미국은 업계의 반발로 인해 위성과 케이블에 유럽 방식을 인정하고, 케이블에 대해서는 OpenCable 표준을 인정함으로써 매체 간 호환성 저하에 따른 추가적인 비용이 예상된다.

3. 경제적 측면

1) 수출산업시장

미국은 단일 시장으로서 가장 큰 시장이며, 따라서 미국식 방송 방식을 채택하는 것이 디지털 수상기의 수출에 유리하다는 견해가 있다. 하지만 국내의 방송 방식 선정이 수출에 직접적인 영향을 주는지의 여부는 불분명하다. 국내의 아날로그 TV 전송 방식은 미국과 같은 NTSC인데, 이와 다른 PAL 방식을 채택한 유럽에도 많은 TV 수상기를 판매하고 있는 것을 보면 전송 방식의 차이가 수출에 미치는 영향은 작을 것으로 보인다. 다른 예인 휴대전화의 경우에도, 미국식 CDMA 방식을 채택한 우리 나라가 유럽에 GSM 방식 시장의 상당 부분을 점유하고 있다는 사실 역시, 방식 선정의 차이가 수출에 미치는 영향이 작다는 점을 입증해 주고 있다.

TV 수상기는 크게 전파 수신부와 화면 및 음향 장치로 구성되는데, 여기서 전파 수신부는 지상파 방송의 전파를 수신하는 부분으로서 TV 내에 장착될 수도 있고, 외장형으로 외부에 장착될 수도 있다. 현재 미국에 수출되는 디지털 TV와 우리 나라 내수용으로 판매되는 디지털 TV 중 외장형 셋톱박스를 채택하고 있는 비율은 95%에 육박한다. 셋톱박스를 제외한 외장형 TV는 케이블 방송, 지상파 방송, 위성방송을 불문하고 모두 사용 가능하며, 따라서 전송 방식의 차이는 외장형 TV가 대부분인 현 상황에 비추어볼 때 수출량에 별다른 영향을 주지 못할 것으로 보인다. 그 밖에 세계 전체적으로 유럽 방식을 채택한 나라가 더 많다는 사실을 감안하면, 방송 방식에 따른 수출시장의 영향에 대한 평가는 아직 미지수이다.

2) 특허료의 문제

방송 방식의 차이는 우리가 지불하고 또 지급받는 특허료에서 차이를 가져온다. 미국 방식은 1990년부터의 산·학·연·관 공동의 기술 개발로 핵심부품 제조법과 다수의 응용 특허 및 원천 특허를 보유하고 있어, 소니 등 경쟁사에 비교해 이미 기술 우위를 확보한 상태이다. 통계에 따르면, 우리의 특허권 보유 비율은 미국식이 80%, 유럽식이 20%로 특허권 소유 비율이 높은 미국식을 택할 경우, 저렴한 수상기 공급과 지속적인 성능의 향상이 가능할 것이란 것이 미국 방식을 선호하는 측의 주장이다. 이러한 주장에 대해 유럽 방식 변경을 주장하는 측의 입장에 따르면, 우리가 가지고 있는 응용 특허는 개별 기업이 제품을 생산하는 과정에서 취득한 기술로서 특허료 수입과는 별다른 관련이 없는 주변 기술에 대한 것이며, 특허 기술의 대부분이 기본적인 것으로 핵심 기술이 많지 않아 별 의미가 없다고 주장한다. 또한 기술료 수입을 가져오는 원천 기술은 MPEG-2와 관련하여 우리 대기업이 일부 권리를 가지고 있는 것으로, 이는 미국식이나 유럽식 모두에 적용되는 것으로 방송 방식에 대한 선택과 무관하게 활용할 수 있는 것이라고 주장한다.

특허료에 대해서는 우리 기술에 대해 로열티를 지급받는 경우만이 아닌 대외적으로 지급해야 하는 로열티도 고려해야 한다. 산업연구원의 한 연구에 따르면 HDTV의 경우, 미국식 특허료가 16.9달러로 유럽식의 3.2달러보다 5배 정도 비싸고, 오디오 2채널의 표준 화질은 미국식 특허료가 10.8달러로 유럽식의 3.2달러보다 3배 정도 비쌀 것으로 예상된다. 또한 미국 방식은 2010년까지 총 특허료로 1억 4,400만~1억 7,000만 달러가 지불될 것으로 보이나 유럽 방식을 채택할 경우 그 지불액은 2,750만~3,200만 달러에 그쳐 특허료의 해외 유출면에서 유럽 방식이 유리할 것이라는 전망도 있다. 이런 점들을 고려하면 미국 방식에서 우리가 가진 특허가 더 많은 것이 사실이지만, 이는 기술료 수입과 무관한 주변적인 기술에 대한 것이 많고, 실제 문제가 되는 대외 지급 로열티의 경우에는 유럽 방식이 미국 방식에 비해 저렴해서 유럽 방식이 유리한 것으로 예측된다.

3) 방식 변경 비용의 문제

미국 방식으로 지상파 디지털 TV의 본방송을 진행하고 있는 시점에서 방식을 변경하는 것은 사회적으로 혼란을 초래하여 불필요한 부담을 지게 한다는 것이 미국 방식 옹호측의 주장이다. 이들에 따르면 방송 방식 변경시 변경 절차, 수신기 개발, 사전 시험, 규격 제정, 채널 재배치 등으로 최소 1~2년 가량 사업이 지연되어 세계적 확산 추세인 디지털 TV 시장의 초기 선점이 불가능해진다고 한다. 기존 정부 정책을 신뢰한 제조업체 및 중소 벤처업체, 그리고 이미 HDTV를 구입한 시청자들의 수상기 교체 문제가 따름으로써 방식 변경은 더더욱 어렵다고 한다.

이러한 변경 불가론에 대해 방식 변경을 주장하는 측은 미국 방식 역시 기술 개선 작업으로 인해 발전이 지연되고 있으며, 미국 방식을 고수하더라도 기술 개선시 셋톱박스의 변경이 불가피하기 때문에, 이미 HDTV를 구매한 소비자들의 부담 때문에 방식 변경이 불가능하다는 주장은 설득력이 없다고 한다. 2002년 4월 정보통신부 보도 자료에 따르면 현재까지 판매된 디지털 TV는 982,030대로 이 중 일체형 TV의 비율은 42,500 대 정도로서 약 5% 정도밖에 되지 않음을 감안하면, 방식 변경에 따라 시청자가 입게 될 손해의 정도는 생각만큼 크지 않다는 것이다. 또한 중소 제조업체를 비롯한 가전사들은 이미 미국 방식과 유럽 방식 시장 모두를 위해 국내 방식과 무관하게 TV나 셋톱박스를 개발해 왔으며, 따라서 방식 변경시의 기술 지체는 정보통신부 예상치만큼 심각하지 않을 것이란 전망이다.

남은 문제는 방송사의 기기 교체 문제인데, 위에서 언급된 바와 같이 방송 방식의 차이는 방송 기기 전체의 교체를 요구하는 것이 아니라, 송신기의 일부에 해당하는 변조기만 교체하면 되는 것이다. 문화방송이 비교 실험을 실시할 당시 유럽 방식의 송신기는 미국 방식 송신기를 변조기만 유럽 방식으로 변경한 것을 사용했는데, 이것이 가능한 점을 보더라도 실제 양 방송 방식의 차이에 따라 요구되는 방송사의 기기 변경 정도는 그다지 크지 않음을 알 수 있다.

방송 방식의 변경에 따른 부대비용은 고정된 것이 아니며, 수상기가 보급되고 본방송이 확장되어 감에 따라 더욱 증가할 것이 예상된다. 하지만 현재 디지털 방송의 진행 추이를 살펴보면, 본방송이 시작되긴 했으나 HDTV 프로그램의 비율은 의무 시간인 주당 10시간 내외에 불과하고, 나머지 시간은 기존 아날로그 방송 프로그램을 단지 많은 주사선을 이용하여 방송하고 있을 뿐이다. 방송사 입장에서 HDTV를 방송하더라도 기존 방식에 비해 추가적인 수입이 거의 없는데 반해 프로그램의 제작에는 훨씬 많은 비용이 들기 때문에 이러한 지체는 계속되고 있는 것이다. 또한 본방송이 시작된 것은 수도권 일대에 국한되며, 광역시 소재 방송사의 경우에는 2003년 12월까지 본방송을 개시하도록 되어 있어 아직까지 방송 장비에 대한 투자는 많지 않은 것으로 보인다. 또한 방식 변경에 따른 기기 변경은 송신기의 변조부에 국한되므로 아직은 그 변경에 따른 비용이 크지 않은 것으로 예상된다.

Ⅳ. 결 론

이 사례는 지상파 디지털 TV방송 방식 선정과 관련하여 여러 경로를 통해 보고된 관련 내용을 사례 형식으로 요약한 것이다. 디지털 TV 전송 방식의 결정은 서비스가 제공될 향후 50여년 간 국내의 경제·사회·문화적으로 커다란 영향을 미칠 수 있는 사안이다. 이해 당사자들의 불필요한 갈등을 방지하기 위해 관련 정책의 결정 과정은 투명하고 예측 가능하게 진행되어야 한다. 방식 채택과 관련한 평가는 기술적·경제적·문화적 측면이 균형 있게 고려되어야 하며, 궁극적으로는 수요자 측면의 고려가 심도 있게 반영되어야 한다. 방송 방식 결정과 관련한 논란이 일고 있는 것은 관련 정책 결정 과정이 이러한 사회적 요구에 충분히 부합하지 못하는 문제점들을 안고 있다는 것을 시사한다. 디지털 TV 방송 방식의 선정은 국가의 장래와 국민의 생활 방식에 지대한 영향을 미칠 중대한 정책 결정임을 고려할 때 모든 가능성을 열어두고 단기적인 시각에서 벗어나서 중장기적인 전략적인 시각에서의 문제 해결 노력이 필요할 것이다.

부록: 디지털 TV 전송 방식 등에 관한 4인 공동대표 합의문

이 사례의 본문은 2003년 말을 시점으로 하여 작성되었다. 이후 디지털 TV 전송 방식 등에 관해 사회적 합의를 도출하기 위해 2004년 1월 30일에 4인 대표위원회(정보통신부 장관, 방송위원회 위원장, KBS 사장, 전국언론노동조합 위원장)가 구성되었다. 위원회는 그 동안 디지털 전송 방식 표준 논란 해결을 위해 가능한 모든 방안들에 대해 논의하고, 산하에 설치된 8인 실무위원회는 필드테스트를 포함한 다양한 해법을 찾기 위한 노력을 기울여 왔다. 이 위원회는 당해 7월 8일 지난 4년 동안 지속되어 온 디지털 전송 방식 표준 논란에 대해 다음과 같이 합의했다.

4인대표위원회는 아래와 같이 주요한 사항에 관해 합의하고, 향후 디지털 방송의 조기 보급 확대와 디지털 방송 기술과 산업의 발전을 위해 공동 노력하기로 했다.

□ 4인대표위원회는 디지털 텔레비전 전송 방식에 대한 문제 제기와 이에 따른 사회적 논의가 관련 기술 및 산업의 발전에 크게 기여했음을 높이 평가하며, 방송 방식을 변경할 경우 야기될 사회적·경제적 비용 등을 감안하여 현재의 방송 방식을 변경하는 것은 바람직하지 않다는 데 인식을

같이했다.

□ 고정수신 부문에서는 현행 미국 방식(ATSC)이 수신기 개선을 통해 유럽 방식(DVB-T)과 유사한 성능을 갖게 된 반면, 이동 수신, 주파수의 효율적 사용, 통합 수신기 활용 등에서는 유럽 방식이 좀더 뛰어난 점에 인식을 같이하고 유럽 방식에 기반을 둔 지상파 이동 멀티미디어 방송을 도입하기로 했다. 또한 지상파 이동 멀티미디어 방송은 사업자 선정과 도입 시기, 주파수 배정 등 추진 과정에서 수도권 방송사업자와 지역 방송사업자의 차별이 없도록 추진하는 것을 원칙으로 하고 이를 위해 최대한 노력하기로 했다.

□ 4인대표위원회는 2001년 실시한 MBC의 비교 시험 결과를 긍정적으로 평가하고, 현재 이 분야의 기술이 빠른 속도로 발전하고 있고, 국내외에서 관련 연구가 활발히 진행되고 있는 점 등을 고려하여 현시점에서 별도의 비교 시험을 실시하지 않기로 했다.

□ 4인대표위원회는 향후 디지털 방송 관련 국가 표준 등 중요 정책을 결정할 때에는 이해 당사자들의 충분한 의견 수렴과 면밀한 기술 검토 등을 위해 관계 기관과 방송사 등이 참여하는 협의체를 구성, 운영할 필요가 있음을 공감했다.

□ 4인대표위원회는 디지털 방송 서비스의 확대와 품질 개선이 첨단방송 서비스 제공을 통한 국민의 삶의 질 향상, 방송산업의 발전에 매우 중요한 과제라는 점에 대해 공감하고, 특히 광역시를 포함한 방송 구역 내의 아테네올림픽 고화질(HD) TV 중계, 금년 말까지 도청 소재지의 디지털 방송 개시 등을 위해 공동 노력해 나가기로 했다.

□ 방송위원회와 정보통신부는 또한 지상파 DMB를 실시하고자 하는 현실적 요구와 상용화 시기를 고려하되, DVB-H 서비스의 활용 등을 모색하기 위한 DVB-H 프로젝트를 조속한 시일 내에 착수하기로 했으며, 라디오의 디지털화를 위한 주파수 확보가 어려운 점을 감안하여 지상파 라디오 디지털화를 위한 새로운 방안을 적극 모색하기로 했다.

연구 문제

1. 디지털 방송 방식이 선정되는 과정을 정책형성이론의 관점에서 설명하시오.
2. 선정 과정상의 문제점을 논하고 바람직한 대안을 제시하시오.
3. 사례에 제시된 내용 외에 추가적인 정보를 인터넷을 통해 검색한 뒤 사례와 검색된 정보를 바탕으로 본인의 입장에서는 어떤 방식을 지지할 것인지를 판단하고 그 결정에 영향을 준 주요 요인과 논리적 근거를 제시하시오.
4. 디지털 TV 전송 방식 등에 관해 사회적 합의를 도출하기 위해 구성된 4인대표위원회(정보통신부 장관, 방송위원회 위원장, KBS 사장, 전국언론노동조합 위원장)의 대표성을 논하시오.
5. 디지털 TV 전송 방식 등에 관한 4인대표위원회의 공동대표 합의문을 비판적인 관점에서 논하시오.
6. 통방 융합이라는 미래의 매체환경을 고려할 때 국내에서 진행되고 있는 통방 관련 정책의 문제점과 바람직한 대안을 제시하시오.

참고 문헌

김원웅(2002), 『DTV 전송방식 백서: 지상파 디지털 TV 전송방식 쟁점과 문제점』, 사회정책연구소.

디지털 TV 방송방식 비교시험 추진협의회(2001), 『지상파 DTV 전송방식 비교시험(ATSC vs DVB-T)』.

———(2002), 『DTV 방송방식 비교시험에 대한 정보통신부 보도자료 및 감리위원회 주요 지적 사항의 문제점』.

박경세(1996), "공중파 TV방송의 디지털화를 위한 기술정책 연구: 지상파TV 방송방식을 중심으로," 『한국방송개발원 연구보고』, 96-17.

방송위원회(2000), "전문가 토론회 / 디지털 지상파TV 전송방식 전문가 토론회," 『방송과 기술』, 통권 76호.

———(2000), 「디지털 지상파 TV 전송 방식에 관한 공청회 자료집」.
———(2001), "디지털 시장파 TV 전송 방식에 관한 방송위원회의 입장," 『방송과 기술』, 통권 77호.
———(2002), 『디지털방송추진위원회 종합보고서』.
이완기(2002), "TV방송 방식 현장 비교시험 결과 보고," 『방송과 기술』, 통권 82호.
전국언론노동조합(2002), 『디지털 방송 방식과 지역 방송사의 미래』.
정보통신부(2001), 『국내 디지털 지상파TV 방송 방식(ATSC) 세미나 자료집』.
한국언론정보학회(2002), 『지상파 디지털 전송 방식의 의미와 전망』.

제10장

지상파 디지털 방송 전송 방식 변경의 비용·편익분석

박 상 인

I. 서론: 디지털 방송 전환정책의 진행 과정

한국에서 지상파 방송을 디지털 방식으로 전환하는 것과 관련된 정책적 논의가 본격화된 것은 1997년 2월 정보통신부가 '지상파 방송의 디지털 방식 전환 기본계획'을 발표하고, 3월에 16명의 위원으로 '지상파 디지털 방송 추진협의회'를 구성하면서부터라고 볼 수 있다.

'지상파 디지털방송 추진협의회'는 같은 해 11월, 새로운 디지털 방송 방식을 미국식(ATSC 방식)으로 결정했고, 이러한 내용을 담은 『지상파 디지털 방송 전환계획 조사보고서』를 1998년 8월에 발간했다. 이에 기초해 '방송개혁위원회'는 1999년 2월 '지상파 방송의 디지털 전환정책'을, 정보통신부는 4월 '지상파 TV의 디지털 전환추진계획(안)'을 제안했고, 뒤이어 5월에 정부는 '지상파 디지털방송 추진전담반'을 구성하여, 정부 5개 관련 부처(재경부·문화부·산자부·정통부·환경부) 공동으로 '지상파 디지털TV 조기방송 종합계획'을 7월에 발표했다.

이와 함께 1999년 5월 18일에는 한국방송공사가 지상파 디지털 TV 실험방송을 시작했다. 1999년 12월는 새 방송법이 제정되어 2000년 3월 방송정책행정 총괄기구인 '방송위원회'가 발족되었고, 디지털 방송 추진 과제는 방송위원회의 주요 과제로 이전되어 방송위원회가 지상파 방송의 디지털 방식 전환사업에 본격적으로 참여하게 되었다.

2000년 7월에는 방송위원회 산하 '디지털방송 추진위원회'가 구성되었고, 추진위원회에서의 논의를 바탕으로 방송위원회는 2000년 12월에 '지상파 TV의 디지털 전환을 위한 종합계획'을 수립·발표했다. 이와 더불어 SBS와 MBC도 각각 2000년 8월 31일과 9월 3일부터 지상파 디지털TV 시험방송을 시작했다.

종합계획에 따르면, 디지털 지상파TV 본방송은 2001년 하반기 중에 방송사 자율에 따라 시작하되, 본방송 실시 1차 연도, 즉 2001년에는 HDTV 최소 방송 시간을 주당 10시간으로 정했다. 이어 2002년까지는 수도권 지역에, 2003년까지는 광역시 지역에, 2004년까지는 도청 소재지 지역에, 2005년까지는 시·군 지역까지 본방송을 확대 실시하고, 2010년까지 전 지역을 디지털로 전환 완료하려는 일정을 제시했다. 이와 함께 채널 배정은 기존 방송사별로 6MHz 할당하며, SDTV/HDTV 수용 여부는 궁극적으로는 HDTV를 지향하되 전면적인 HDTV 실시 전까지는 방송사 선택에 맡기고, 2010년까지 2조 634억 원이 소요될 것으로 추정되는 방송국의 디지털 전환 소요 비용의 재원은 방송사가 광고 수입, 수신료, 자금 차입 등을 통해 자체적으로 투자 재원을 조달하도록 하되 일본수출입은행(JEXIM) 및 체신금융 자금을 활용하도록 계획했다. 그리고 위성방송의 경우는 유럽 방식인 DVB-S를, 유선방송은 미국 방식인 Opencable을 각각 디지털 방식으로 채택했다.

그런데 1999년 9월 미국의 『뉴욕타임스』에 ATSC 방식이 도심에서 깨끗한 화면을 전송할 수 없으므로 바꿔야 한다는 싱클레어 방송그룹의 조사 결과가 실리고, 이 사실이 국내 신문을 통해 크게 보도되면서 국내 방송계에서도 이에 대한 논란이 일기 시작했으며(동아일보, 1999. 9. 16.), KBS, MBC, SBS 등 3대 방송사업자가 모두 지상파 디지털 TV(DTV) 시험 방송을 시작할 무렵인 2000년 중반부터는 '한국방송기술인연합회'와 같은 방송 전문가 단체와 언론 유관 시민단체를 중심으로 지상파 DTV 전환에 대해 본격적인 문제를 제기했다.

2000년 7월에 '한국방송기술인연합회'는 지상파 DTV 변조 방식에 관한 질의서를 제출했고, 9월에는 '디지털 방송 방식 재검토를 위한 시민대책위원회'가 결성되어 미국 방식과 유럽 방식에 대한 기술표준 비교실험 시행 요구가 제기되었고, 이와 관련된 공청회와 전문가 토론회·세미나·설명회 등이 본격적으로 열리기 시작했다. 이 와중에 2000년 6월 미국 FCC에서 ATSC 방식의 전송 성능 개선 작업에 착수했으나 별다른 진전이 없는 상태에서 2001년 1월 ATSC 방식을 유지하기로 결정이 내려졌는데, 이에 대한 해석을 두고 갈등이 심화되었다.

한편, 2001년 9월부터 11월까지 문화방송 주관으로 '지상파 DTV 비교시험추진협의회'가 비교 실험을 실시하고, 이 실험 결과가 발표된 2001년 12월부터는 YMCA 등을 비롯한 시민단체들까지도 디지털 TV 전송 방식 전환 또는 재검토 주장을 거들고 나서, 문제가 매체 소비자운동 차원으로 점차 확산되었으며, 2002년 3월에는 40여 시민단체가 참여하는 '디지털 TV 방송 방식 변경을 위한 소비자운동'이 발족되었다. 이후부터는 유럽 방식으로의 변경을 요구하는 방송국과 방송노조, 시민단체 및 관련 학자들의 요구와 미국 방식을 고수하려는 정통부와 관련 학자, DTV 생산 업체들의 반박이 치열하게 전개되었다.

2002년 9월에는 정보통신부 국정감사에서 한나라당 김원웅 의원이 전송 방식의 재검토를 요구하고 나서는 등, 정치권으로 논의가 확산되었다. 특히 2002년 12월 대통령 선거를 앞두고 2002년 11월에는 문화방송이 「PD수첩」을 통해 지상파 디지털 TV 전송 방식 문제를 제기하여 여론의 호응을 받았으며, 방송노조 및 관련 시민단체들이 유력한 대통령 후보들에게 지상파 디지털 TV 전송 방식 재검토를 요구하고 나섰다.

하지만 이러한 문제 제기에 대해 정통부는 양 방식의 비교 시험을 허가하면서도 시험 결과는 결코 수용하지 않겠다는 입장을 미리부터 천명하는 등 이미 논의를 거쳐 확정된 표준 문제를 재론할 필요가 없다는 입장을 계속 유지하는 한편, 지상파 방송의 무료 송신, 이동 수신을 위한 DMB 활용 등의 대안을 제시하여 여론을 설득하기 위해 노력했다.

2002년 12월 대선 결과 노무현 후보가 대통령으로 당선되고 그 이듬해인

2003년에는 KBS 사장에 정연주 씨가 임명되면서 방송노조 및 시민단체의 DTV 전송 방식 비교 및 재검토 요구가 거세졌고, 2003년 8월에는 KBS가 자체적으로 미국 방식과 유럽 방식의 비교 실험을 추진하기로 결정하기에 이른다. 그러자 정통부도 가급적 빠른 시간 내에 재검토를 끝내는 방향으로 입장을 바꾸었고, 그 결과 11월에는 미국, 멕시코, 캐나다, 일본, 대만, 호주, 싱가포르 등 8개국 18개 기관을 방문하여 전송 방식별 현황을 파악, 비교하기 위해 언론노조와 학계, 정통부 관계자, 가전업체 등에서 선발된 인사들로 구성된 'DTV 해외 실태조사단'을 25일간 파견하는 데 동의하게 되었다.

2003년 12월 16일에 귀국한 조사단의 보고서는 우여곡절 끝에 이듬해인 2004년 2월 발표되었고, 이보다 앞선 1월 말에는 노성대 방송위원장, 진대제 정보통신부 장관, 정연주 KBS 사장, 신학림 언론노동조합 위원장 등 4인은 "DTV 논쟁 종식을 위해 'DTV 필드테스트 추진위원회(이하 추진위)'를 구성, 2004년 6월 말까지 비교 시험과 최종 보고서 작성을 끝마치기로 합의하기에 이른다. 이후 DTV 관련 논쟁은 비교 시험 결과가 나온 후로 미루어지면서 이 문제에 대한 여론의 열기는 급격히 식어버리게 된다.

나아가 2004년 4월 말경에 이동 수신과 관련하여 DTV 필드테스트를 담당해 온 KBS가 유럽식이 우리 실정에 맞지 않는다는 결론을 내린 것을 계기로 하여 DTV 전송 방식 논란은 미국식을 유지하는 것으로 급선회하게 되었고, 이에 대해 방송노조나 언론 관련 시민단체들의 반응도 이전의 것에 비해 매우 미미하자, 자신감을 회복한 정통부는 이동 수신과 관련하여 최종 합의가 이루어지지 못할 경우에는 DMB와 DVB-H 방식 모두를 허용하고, 방송사가 자율적으로 선택하도록 허용하겠다고 융통성까지 발휘하게 된다. 게다가 6월에는 미국식 전송 방식에 대해 문제를 제기했던 싱클레어 방송그룹이 LG전자의 5세대 수신 칩셋을 장착한 수신기의 성능을 확인한 뒤 ATSC에 대한 지금까지의 부정적인 입장을 철회하는 일까지 벌어지게 된다. 이러한 상황 변화에 힘입어 마침내 2004년 7월 8일에는 DTV 필드테스트 추진위원회를 출범시켰던 정통부 장관 등 4인이 미국식을 유지하는 것으로 최종 합의를 보게 되었고, 이로써 DTV 전송 방식 관련 논쟁도 막을 내리게 된다.

Ⅱ. 연구 목적과 기본 전제

위에서 살펴본 것처럼, 지상파 디지털 방송 전송 방식 결정 및 변경과 관련된 논의와 언론의 보도는 두 전송 방식의 기술적 우열에 대한 논쟁에 초점을 두고 있다. 어떤 정책의 평가에서, 그러나, 대안 간의 기술적 우열에 대한 고려도 필요하나 각 대안의 사회경제적 효과라는 좀더 종합적 분석이 필요하다. 사회경제적 효과는 각 대안의 비용과 편익으로 추정될 수 있는데, 대안 간의 기술적 우열 또한 비용과 편익에 영향을 미치는 한 요소로 계량화될 수 있다.

이 연구는 전송 방식 변경 여부가 2003년 말에 결정될 경우, 각 대안의 사회경제적 비용과 편익을 2007년까지 계량적으로 추정하고자 한다. 2003년 말을 변경 시점으로 삼고 2007년까지 분석한 것은 기본적으로 가용한 자료의 한계 때문이다. 변경 여부의 결정이 지연될 경우 비용·편익 추정치의 변화 방향에 대해서는 이 연구의 말미에서 논하기로 한다.

이 연구에서는 유럽 방식의 실제 HD급 본방송 가능성에 대한 논란은 뒤로 하고 일단 두 방식 모두 기존 방송사에 배정된 6MHz 대역에서의 HD급 전송이 된다고 전제하기로 한다. 또한 전송 방식을 DVB-T로 변경할 경우 시설 전환 기간을 약 2년 상정하고 그 기간만큼의 디지털 송출 및 수용 가구의 진전이 지연될 것을 상정한다.[1)]

일반적으로 어떤 정책의 비용·편익 분석에서 비용의 계산은 용이하나 편익의 분석은 대단히 힘든 경우가 허다하다. 편익은 주로 소비자 잉여와 생산자 잉여로 분류될 수 있는데, 소비자 잉여의 계산을 위해서는 수요함수나 소비자의 지불의사 금액(willingness to pay)에 대한 정보가 필요하며, 생산자 잉여의 계산을 위해서는 생산비용에 대한 정보가 필요하다.

1) 대만의 경우 SD급 전송 방식 변경에 1년이 소요되었고, 호주의 경우 HD급 전송 방식 변경에 4년이 소요되었다.

이 연구는 전송 방식 변경시의 DTV 수신기 산업에서 소비자 잉여와 생산자 이윤의 증감이라는 경제적 효과의 추정 방식에 초점을 두고자 한다. 미국식 유지 결정이 경제적으로 타당한 결론인지를 검토하기 위해, 기술적 열위에 따른 비용과 전송 방식 변경시 교체 비용에 대한 기존 연구의 추정치를 소개한 후, 종합적인 비용·편익에 대한 논의를 마감하기로 한다.

Ⅲ. 사례의 비용과 편익분석 및 대안 비교

1. DTV 수신기 산업의 비용과 편익

현재 HDTV 수신기 시장은 미국을 중심으로 초기 형성 단계(emerging market)에 있다. 2002년 8월 미국 FCC는 2007년 7월까지 미국 내에서 판매되는 13인치 이상의 TV 수신기는 의무적으로 ATSC 튜너(tuner)를 내장해야 한다고 규정(Mandate)을 공지했다. FCC Mandate로 인해 미국에서 이러한 일체형 HDTV 판매량이 2004년부터 급증할 것으로 예상된다(In-Stat/MDR, 2003년 1월 참조).

또한 FCC의 지상파 수신장치 내장 의무화 규정 등의 영향으로 향후

〈표 10-1〉 DTV 판매량 및 판매 수입 전망(북미 지역)

(단위: 천 대, US 백만 달러)

구 분 \ 연 도		2002	2003	2004	2005	2006	2007
분리형 HDTV	출하량	2,319	3,195	2,590	1,875	450	0
	판매 수입	3,899	4,407	3,458	2,493	735	0
일체형 HDTV	출하량	512	1,126	2,957	5,790	10,170	15,505
	판매 수입	948	1,202	2,665	4,917	8,180	12,326
Direct View EDTV & SDTV Sets	출하량	1	20	250	1,760	7,100	18,000
	판매 수입	1	13	138	827	2,911	6,480
판매 수입 총계 (백만 달러)		4,847	5,621	6,260	8,237	11,826	18,806

주: In-Stat/MDR, 2003년 1월 자료 참조.

HDTV 수신기는 일체형이 대다수를 차지할 것으로 전망된다. 기술적 측면에서 볼 때, 초기 형성 단계의 시장 특히 일체형 TV시장에서는 학습곡선효과가 매우 중요하다. 기존의 연구 결과에 의하면, HDTV와 같은 복잡한 구조의 신제품의 경우에 누적 생산량이 2배가 되면 생산원가는 15~25% 정도 하락한다(Rodney Stewart, “Cost Estimator's Reference Manual,” 2nd ed.). 반면, 분리형 수신기와 셋톱박스의 생산원가는 전송 방식의 유지·변경에 큰 영향을 받지 않을 것으로 전망된다.

이 연구에서는 일체형 HDTV 수신기 생산의 학습률(learning rate)을 20%로 가정하여 전송 방식 변경시 일체형 HD 수신기의 판매량이 줄어들면서 생산원가가 높아지고 이에 따르는 소비자 잉여와 생산자 잉여의 변화를 계산하고자 한다. 앞서 논의한 것처럼, 소비자 잉여와 생산자 잉여의 계산을 위해 수요에 대한 예측치와 생산비용에 대한 정보가 필요하다.

일체형 HDTV 수신기에 대한 수요는 미국 수출용과 내수용으로 구분해 볼 수 있다.[2] 수출용과 내수용 수요에 대한 기본 예측치로 <표 10-1>의 자료를 활용한다. 미국 수출량은 미국 시장 점유율에 미국에서 일체형 HDTV 판매량 예상치를 곱한 값으로 계산한다(<표 10-2> 참조). 또한 국내 기업의 미국 시장 점유율은 유럽 방식으로 변경될 때 현재의 예상치에 비해 30% 정도 낮을 것으로 가정한다(LG전자 국내 방송 방식 관련 쟁점사항, 2001년 11월 내부 자료). 2004년부터 일체형의 국내 판매 추정치는 국내 HDTV 판매량 추정치에 미국에서 일체형의 비율을 곱하여 계산한다. 국내 HDTV 판매량 추정치는 정보통신부 내부 자료(2003. 11.), In-Stat/MDR, 2003년 1월의 아시아 판매량 추정치 자료, 한국전자통신연구원 정보화기술연구소 자료(2002. 11.) 등을 고려하여 <표 10-2>와 같이 산정한다. 유럽 방식으로 변경할 경우에는 2년간 국내 일체형의 판매가 없을 것으로 가정하며, 그 다음 2년간 DVB-T 방식의 일체형의 판매 수준은 2004년,

2) 미국과 일본을 제외한 다른 외국의 경우, 2007년까지 일체형 HDTV 수신기의 판매량은 미미할 것으로 예상된다. 일본의 경우 독자적 전송 방식을 채택하고 있으므로, 국내산 일체형 HDTV 수신기의 수출량은 미국식이나 유럽식 전송 방식에 상관 없이 미미할 것으로 예상된다.

〈표 10-2〉 HDTV 수신기 시장점유율, 수출량, 내수 판매량, 가격 예상치

구 분 \ 연 도	2004	2005	2006	2007
미국 시장 점유율	19%	22%	30%	40%
변경시 미국 시장 점유율	12.6%	15.4%	21%	28%
미국 수출량 (단위: 천 대)	562	1274	3051	6202
변경시 미국 수출량 (단위: 천 대)	393	892	2136	4341
한국 일체형 판매량 (단위: 천 대)	906	1813	3304	3750
변경시 한국 일체형 판매량 (단위: 천 대)	-	-	906	1813
미국 시장가격 (단위: 천 원)	1,081	1,019	965	954
변경시 미국 시장가격 (단위: 천 원)	1,081	1,019	965	954
내수 시장가격 (단위: 천 원)	1,298	1,223	1,158	1,145
변경시 내수 시장가격 (단위: 천 원)	-	-	1,298	1,223

2005년 ATSC 방식의 일체형 수준으로 가정한다.

일체형 HDTV의 미국 시장가격 예상치는 <표 10-1>의 판매 수입을 판매량으로 나눈 값으로 산출한다. 미국 시장가격은 한국의 전송 방식 변경 여부와 상관 없는 것으로 가정한다. 즉, 유럽 방식으로 변경할 때에도 미국 시장의 가격은 일본 기업 등의 대체 효과로 불변이라고 가정한다. 또한 한국 내 시장 가격은 미국 시장가격의 1.2배 수준에서 결정된다고 가정하며,[3] 전송 방식 변경시 2년간 국내 일체형의 판매가 없을 것이므로, 그 다음 2년간 한국 내 시장 가격은 2004년, 2005년의 수준으로 가정한다.

전송 방식 변경 여부에 따른 일체형의 생산원가를 계산하기 위해 다음의 가정을 더한다. 즉, 2003년의 수출 가격을 한계 생산비용과 동일하며,[4] 2003년까지 일체형의 누적 생산량은 국내 판매량 87천 대(=211천 대×0.414)와 수출량 92천 대(660천 대×0.14)의[5] 합계인 179천 대로 상정한다.

---

3) HDTV 산업 전문가와의 상담 결과, 이와 같이 가정한다.

4) 가격과 한계생산비용이 동일한 경우는 학습 효과가 큰 산업에서 제품 초기 도입 시점에 흔히 발생한다.

5) 미국 내 일체형 누적 판매량(660천 대)에 한국 기업의 시장점유율(14%)을 곱한 값으로 LG전자의 내부 자료를 활용한 계산이다.

그러면 <표 10-3>에서 위의 가정들을 바탕으로, 전송 방식 변경시 한계생산비용의 변화를 계산할 수 있다.[6)]

한계 생산비용을 계산한 후, <표 10-2>에서 주어진 판매량과 가격 변화의 예상치를 이용하면, 전송 방식 변경시 기업의 이윤 감소를 계산할 수 있다. 전송 방식 변경시 2004년부터 2007년까지 기업 이윤 감소 총액은 8조 8,077억 원으로 계산된다.

일체형 HDTV 수신기 구매에 따른 한 해의 소비자 후생은 지난해 가격과 올해 가격의 차이 곱하기 올해의 판매량으로 <표 10-3>에서 계산했다. 이 결과, 전송 방식 변경시 2004년부터 2007년까지 소비자 후생은 2,641억 원이 줄어든 것으로 계산된다. 변경시의 소비자 후생의 감소는 2년간 일체형에 대한 소비의 지연으로 인해 주로 발생한다. 이러한 소비자 후생 계산법은 수신기의 품질 향상이나 또는 HDTV 프로그램 수의 증가에 의한 HDTV 수신기 수요곡선의 이동을 고려할 때 소비자 후생 변화를 과소 평가할 수 있다.

〈표 10-3〉 전송 방식 변경시 가격, 이윤, 후생 효과

구 분 \ 연 도	2004	2005	2006	2007
한계 생산비용 (천 원)	970	600	440	337
변경시 한계 생산비용 (천 원)	1,011	803	626	480
변경시 기업의 이윤 감소 (백만 원)	331,959	1,469,522	3,147,698	3,858,518
변경시 소비자 잉여 감소 (백만 원)	216,946	135,825	-3,352	-85,297

2. 기술적 열위에 따른 비용 추정

우리 나라 지상파 수신 가구의 지역적 분포하에서, 유럽 방식과 미국 방식의 고정 수신율의 차이가 어느 정도인지에 대해서는 의견이 엇갈리고 있

6) 학습 효과가 국내 기업 간에 확산(spillover)됨을 암묵적으로 가정하고 있다. 이 장 뒤에 실은 부록을 참고하라.

다. 흔히 산악 지역에서는 미국 방식의 도달률이 높아서 유럽 방식의 난시청이 문제가 될 수 있을 것이나, 미국 방식은 유럽 방식에 비해 상대적으로 반사파에 따른 처리 기술이 약점이 되어 높은 구조물이 밀집해 있는 도심 지역에서는 수신율이 높지 않다고 주장되고 있다. 최근 KBS의 서울 시내에서의 수신율 조사에서는 개선된 안테나를 사용한 결과 미국 방식의 HD 수신율이 99%로 측정되었다. 따라서 안테나 기술이 발전하면서 고정 수신의 경우 난시청 문제는 심각하지 않을 수 있을 것이다. 실내 안테나의 경우 미국 방식이 유럽 방식에 비해 상대적으로 취약하다고 알려지고 있으나 대부분의 한국의 고층 주거공간에서는 건물 상부에 공청 안테나를 통해 수신하고 있어서 실내 안테나를 사용하는 경우가 대단히 예외적이므로 큰 문제가 되지 않는다고 판단된다.

김동욱 · 박상인(2004)의 연구에 의하면, 미국 방식의 수신율이 유럽 방식에 비해 2004년 4%, 2005년 3%, 2006년 2%, 2007년 1%의 열위에 있고 2008년에는 동일해진다는 가정하에서, 케이블 방송 또는 위성방송 등의 유료방송 서비스 수신료의 10%를 난시청 해소 비용으로 계산하더라도 3억 원의 비용만이 고정 수신율 차이에서 발생하는 미국 방식 유지시 소비자 후생 감소분으로 추정된다.

현재 미국식 8-VSB의 경우 이동 수신이 불가능하고 유럽식 DVB-T의 경우 SD 수준(4Mbps)의 차량 이동 수신은 가능하다는 것을 확인했으나 HD 수준의 차량 이동 수신은 제한적으로 가능하다고 볼 수 있다.[7)] 2001년 MBC 비교 실험에서도 이동 차량에서 유럽 방식의 HD 수준(19.76Mbps)에서는 72.5%로 나타나서 현재로는 상용화를 위해 많은 중계기(Gap Filler)를 추가적으로 가설해야 한다. 싱가포르의 경우 부산 면적의 70%에 해당하는 지역의 SD급 이동 수신 채널을 위해 9개의 추가 중계기를 설치했다. HD급 이동 수신을 위해서는 SD급의 몇 배의 송신 · 중계기가 필요할 것으로 예상된다.

---

7) 유럽 방식의 휴대 수신의 경우 지상파 HD용 휴대 수신기가 개발된다고 하더라도 수신기의 가격이 지나치게 높고 건전지의 성능 문제 등으로 가까운 미래에 상용화되기 어려울 것이다.

〈표 10-4〉 기술적 열위에 따른 비용

2004~2010년	미국 방식 유지	유럽 방식으로의 변경
난시청	비용 3억 원	N/A
이동 수신	N/A	편익 105억 원 비용 3,294억 원(중계기 비용)
추가 송출 비용	N/A	비용 135억 원(추가 전력 사용)

김동욱·박상인(2004)의 연구에 의하면, 유럽 방식으로 차량 이동 수신을 위한 송출시설 투자가 2006년부터 서울 시내, 2007년 수도권, 2008년 6대 광역시로 확대되고 2009년 도청 소재지, 2010년 시 지역으로 확대된다는 가정하에, 2005년부터 2010년까지 차량 수신을 위해 추가로 설치될 중계기 비용은 3,294억 원에 이른다. 이에 반해 위성방송을 수신하는 경우 부담해야 하는 수신료 중 10%를 차량이동 수신의 편익으로 산정하면, 2010년까지 총 105억 원이 시청자 편익으로 산정된다. 그러므로, 유럽 방식으로 HD 차량 수신을 시행하는 것은 경제적인 실현 가능성이 전혀 없다고 볼 수 있다.

2010년까지 전국에 있는 지상파 아날로그 송출기 1205개[8]만큼 디지털 송출기가 설치될 경우 유럽 방식은 미국 방식의 3배의 전력을 소모하므로 장비 교체 비용과 전력 사용 비용을 산정할 수 있다. 유럽 방식으로 변경할 경우 2006년 100개, 2007년 200개, 2008년 400개, 2009년 800개, 2010년 1,200개의 송출기를 운영한다고 가정한다. 송출기 당 연간 500만 원의 추가 전력비용이 소요된다면 2010년까지 약 135억 원이 추가적 전력 소비에 따른 비용으로 소요된다. 추가 전력 비용은 2011년 이후에도 매년 135억 원씩 지속적으로 발생할 것이다.

---

8) KBS는 TV/FM 송신소 22개, 중단파 송신소 33개, TV/FM 중계소 11개, 중파중계소 43개, TV/FM 간이중계시설 315개를 운영중이고 이 중 수도권의 남산송신소, 관악산송신소, 용문산중계소와 불광, 백련, 정릉, 장위 간이중계소(DTVR)에서 지상파 디지털 TV방송을 송출하고 있다.

3. 전송 방식 변경시 교체 비용

지상파 DTV 전송 방식의 변경은 방송사, 시청자, DTV 수신기 제조 업체의 지금까지의 구매나 투자된 장비 및 시설, 그리고 기술에서 폐기되거나 감가상각되는 부분에 상응하는 금액의 변경 비용을 유발할 것이다.

기존 HD 관련 수신기 구매자의 경우 전송 방식 변경에 따른 기기 교체 비용이 소요된다. 일체형 HDTV 수신기, 셋톱박스, PC HD 수신카드 구매자 등의 교체에 따른 기기 비용, 소비자 순응 비용, 판매자 교체 노동 비용 등을 계산해야 한다. 또한 이들 가구와 분리형 HDTV 수신기만 구매한 가구는 전송 방식 변경 기간 동안의 감가상각과 구매 시점에서 기대된 HD 시청 프로그램의 감소에 따른 비용을 부담해야 한다.

방송사의 경우, 기존 미국 방식에 맞는 송신·중계장비의 교체 비용 및 감가상각 비용을 산정해야 한다. 하드웨어와 더불어 전송 관련 인력의 기술교육 비용 및 숙련도 상실 비용도 고려되어야 한다.

전송 방식 변경시, DTV 수신기 제조 업체가 미국 방식에 대한 연구 개발에 대한 투자비용 중 상당 부분은 포기할 수밖에 없을 것이다. 마케팅 비용의 일부도 매몰비용으로 간주할 수 있다. 국내 지상파 HD 서비스가 일정

〈표 10-5〉 변경시 교체 비용

<table>
<tr><th colspan="2" rowspan="2">구 분</th><th colspan="3">유럽 방식으로의 변경시 교체 비용 추정치</th></tr>
<tr><th>김동욱·박상인</th><th>방송노조</th><th>정보통신부</th></tr>
<tr><td rowspan="3">교체 비용 분류</td><td>수신기 기구매 시청자</td><td>수신기 교체 비용 1,747억 원
교환 부대비용 50억 원
HD중단 기간 감가상각비 421억 원</td><td>비용 410억 원</td><td>비용 2,114억 원</td></tr>
<tr><td>방송사</td><td>추가 송신 중계시설 비용 670억 원
교육훈련비 9억 원</td><td>비용 10억 원 이하</td><td>비용 3,370억 원</td></tr>
<tr><td>제조 업체</td><td>연구개발 비용 3,440억 원
제조설비 10,480억 원
마케팅 비용 210억 원</td><td>비용 5억 원 이상</td><td>비용 35,850억 원</td></tr>
</table>

기간 중단되면서 판매량이 감소하고 판매 증가세도 지연된다. 미국식 전송 방식에 관련되는 부품의 생산 라인은 일정 수준 교체되거나 생산 규모 감축에 따라 유휴시설로 남을 수 있다. 제조 설비의 일부를 매몰비용으로 간주하고 방송 방식 교체 준비 기간 동안의 감가상각 비용도 포함한다. 위에 나열한 비용들을 추정한 세 연구들의 결과는 다음과 같다.

4. 미국 방식 유지와 유럽 방식으로의 변경 대안 비교

Ⅲ절에서 논의된 것을 종합하면 다음과 같다.

2003년 말 현재 상태에서 지상파 디지털 방송 전송 방식을 유럽 방식으로 변경할 경우, 일체형 HDTV 수신기 시장에서 발생할 소비자 잉여와 생산자 잉여의 감소는 2004년부터 2007년까지 약 2,641억 원과 8조 8,077억 원으로 추정된다. 이에 반해 유럽식의 기술적 장점으로 생각되는 이동 수신은 추가 중계기 설치 및 운영 비용이 막대하기 때문에 경제적·재정적으로 실현 가능성이 없는 방안으로 평가된다. 또한 미국 방식 유지시, 고정 수신율의 차이에서 발생하는 소비자의 후생 감소는 3억 원 정도이나, 송출 전력 사용량의 상대적 절감에서 발생하는 경제적 이득이 압도적임을 알 수 있다. 즉 미국 방식의 기술적 열위를 가정하더라도, 이로 인한 사회경제적 손실의 발생에 대한 우려는 근거가 없다고 하겠다. 그러므로 상당한 금액의 교체 비용을 고려하지 않더라도, 미국식 유지 결정이 경제적으로 타당한 결론임을 알 수 있다.

만약에 지상파 디지털 방송 전송 방식의 변경에 대한 결정이 2003년 말 이후로 연기된다면, 위에서 논의된 추정치들은 어떻게 변할 것인가? 전송 방식의 변경이 연기될수록, 소비자들의 DTV 특히 일체형 수신기의 구매가 지연될 것이다. 전송 방식 변경시 생산자 잉여의 감소가 초기 생산에서 학습 효과를 극대화함으로써 달성되는 효율성 우위의 상실에서 발생하기 때문에, 전송 방식의 변경 지연은 생산자 잉여의 감소를 증가시킬 것이다. 또한 학습 효과의 지연은 가격의 하락을 지연시킴으로써 소비자 잉여의 감소를 초래할 것이다. 전송 방식의 변경이 연기될수록, 교체 비용은 증가하나 유럽 방식의 기술적 우위는 상대적으로 축소될 것이다. 그러므로 전송 방식 변경의 연기는 변경시 사회경제적 비용의 상승을 유발할 것이다.

이 연구의 비용·편익 추정치들은 많은 가정들에 기초하고 있다. 위에서 논의된 바, 지상파 디지털 방송 전송 방식의 변경시 가장 큰 손실은 일체형 HDTV 수신기 제조 업체의 이윤 감소에서 비롯되는데, 이 계산은 가정된 학습률에 영향을 받는다. 이 연구의 전송 방식 변경에 따른 사회경제적 편익과 비용의 상대적 비교(qualitative comparison)가 다른 가정하에서도 여전히 불변하는지(robust to assumptions)를 검토하기 위해, 학습률이 18%인 경우의 생산자 잉여의 변동을 계산해 보기로 한다.

<표 10-6>에서 보는 것처럼, 학습률이 18%인 경우, 지상파 디지털 방송 전송 방식의 변경시 일체형 HDTV 수신기 제조 업체의 이윤 감소는 7조 5,728억 원으로, 학습률이 20%인 경우에 비해 약 2,350억 원만큼 덜 줄어든다. 학습률의 감소가 전송 방식의 변경시 일체형 HDTV 수신기 제조업체의 이윤 감소의 폭을 줄이는 것은 당연하나, 그 하락폭이 전송 방식 변경에 따른 사회경제적 편익과 비용의 상대적 비교에 영향을 줄 정도로 크지는 않다. 학습률이 17% 이하인 경우, 2004년의 생산원가가 가격 예상치보다 커지는 결과를 가져오므로 학습률이 17% 이하라는 가정은 가격 예상치 자료와의 일관성을 상실한다고 할 수 있다.

〈표 10-6〉 전송 방식 변경시 생산자 잉여 감소와 학습률

2004~2007년	학습률 20%	학습률 18%
수신기 제조업체 이윤 감소	88,077억 원	75,728억 원

Ⅳ. 결 론

정부에 의해 기술 표준이 설정될 때에는 선택되지 않는 기술의 우위 가능성이 항상 제기되어 왔다. 기술 표준은 기술적 측면뿐만 아니라 사회경

제적 측면도 고려되어야 한다. 이 연구에서는 여러 가지 가정하에서 미국 방식을 유지하는 방안에 비해 유럽 방식으로 교체하는 방안은 2004년부터 2007년까지 약 11조 원의 교체비용과 수신기 제조 업체 이윤 감소, 소비자 후생 감소 등을 수반한다고 추정했다.

더욱이 이 연구의 계산에서 언급되지 않은 규모의 경제, 시장 선점 효과와 평판 쌓기, 전송 방식이 다른 DTV 수신기 생산에서의 기술 선점 효과, HD 콘텐트 공급 및 수출에 미치는 파급 효과, 미래 성장산업에서의 전략적 핵심 고리 확보 등의 측면을 고려한다면 전송 방식의 변경이 가져올 사회적 손실 비용 추정치는 더욱 커질 것으로 판단된다.

부록: 한계생산비용 계산

생산 과정에서 학습 효과가 존재할 때, 일반적으로 한계생산 비용함수는 다음과 같이 설정된다.

$$(A.1) \qquad mc = cB^{r}$$

식 (A.1)에서 mc는 한계생산비용, c는 초기 (즉, 생산 경험이 전무한 상태에서의) 한계생산비용, B는 누적 생산량, 그리고 r은 학습 탄력성을 의미한다. 학습 효과가 존재할 때 한계생산비용을 계산하기 위해서는 c, B, r에 대한 정보가 필요한데, 흔히 생산량에 대한 정보나 추정치 정보는 가용하므로, B의 계산은 용이하다.

생산량과 가격에 대한 충분한 양의 정보가 가용한 경우, 생산자의 이윤 극대화 행위를 활용한 회귀방정식을 통해 c와 r을 추정할 수 있으나, 정책 시뮬레이션의 경우 이러한 추정치를 구하는 것이 원천적으로 가능하지 못한 것이 일반적이다. 그러므로 우리는 특정 가정을 더하거나 유사 사례의 추정치들을 이용해 c와 r를 계산하고자 한다.

먼저, c를 계산를 계산하기 위해 2003년의 수출 가격을 한계생산비용과 동일하다는 가정을 한다. 학습 효과가 큰 산업에서 제품 도입 초기에 기업의 이윤이 음(−)이나 영(0)이 되는 것이 일반적 현상이다. 2003년의 수출 가격을 한계생산비용으로 가정하는 것은 다소 임의적이나, 가용 정보의 한계에서 기인한다. 이 가정의 민감도 조사를 위해 2002년이나 2004년의 수출 가격을 한계생산비용으로 가정해 볼 수 있다.

학습탄력성 r은 HDTV와 같은 복잡한 구조의 신제품의 학습률에 대한 기존의 연구 결과를 인용하여, 0.2로 가정한다. 학습률(s)에 대한 정보가 가용하면, r과 s 사이의 다음과 같은 관계를 이용하여 r을 계산한다: $(1-s)=2r\times100$.

연구 문제

1. 지상파 디지털 방송 전송 방식 변경시 가장 큰 손실은 일체형 HDTV 수신기 제조 업체의 이윤 감소에서 비롯됨을 알 수 있다. 그러므로, 어떤 정책의 평가에서 대안 간의 기술적 우열에 대한 고려도 필요하나 각 대안의 사회경제적 효과라는 종합적 분석이 필요하다 하겠다. 기술적으로 우위에 있으나 경제성에서의 열위 때문에 시장에서 사장된 기술의 예를 들어 보시오.
2. 이 연구의 비용·편익 추정치들은 많은 가정들에 기초하고 있다. 지상파 디지털 방송 전송 방식의 변경시 가장 큰 손실은 일체형 HDTV 수신기 제조 업체의 이윤 감소에서 비롯되는데, 이 계산은 가정된 학습률뿐 아니라 초기 한계생산비용에도 영향을 받는다. 2004년의 수출 가격을 한계생산비용과 동일한 것으로 가정하는 경우, 지상파 디지털 방송 전송 방식의 변경시 일체형 HDTV 수신기 제조 업체의 이윤 감소를 부록의 공식을 이용하여 계산해 보시오.
3. 초기 한계생산비용이 2004년의 수출 가격과 동일한 경우가 <표 10-6>의 학습률 감소의 경우보다 전송 방식의 변경시 일체형 HDTV 수신기 제조 업체의 이윤 감소의 폭에 덜 영향을 준다. 그 이유를 설명해 보시오.

4. 일체형 HDTV 수신기 구매에 따른 한 해의 소비자 후생은 지난 해 가격과 올해 가격의 차이 곱하기 올해의 판매량으로 <표 10-3>에서 계산했다. 이러한 소비자 후생 계산법은 수신기의 품질 향상이나 또는 HDTV 프로그램 수의 증가에 의한 HDTV 수신기 수요곡선의 이동을 고려할 때 소비자 후생 변화를 과소 평가할 수 있다. 그 이유를 그림을 그려 설명해 보시오.
5. 지상파 디지털 방송 전송 방식 변경시의 소비자 후생의 감소는 2년간 일체형에 대한 소비의 지연으로 인해 주로 발생한다. 미래에 대한 할인율이 증가할 때, 소비자 후생의 감소 폭은 증가할 것인지 감소할 것인지 논하시오.

참고 문헌

강상현(2001), "국내 디지털 방송정책의 주요 현안과 과제," 한국언론정보학회 가을철 정기학술대회.

김광호(2002), "디지털 지상파 방송 방식의 문제점과 대안 모색," 한국언론정보학회 봄철 정기학술대회.

———(2002), "지상파 디지털 전환정책 재수립과 시청자 방송 주권 회복," (디지털TV 방송방식 변경을 위한 소비자운동, 지상파 디지털 전환정책 재수립과 시청자 방송 주권 회복을 위한 국민대토론회 발제문), 2002. 8.

———(2003), "디지털 지상파 텔레비전의 서비스 모델 및 발전 방안," 한국언론정보학회 특별세미나, 방송의 디지털전환정책과 쟁점, 2003. 10.

김국진(2003), "DTV 표준 논쟁과 이해," 정보통신정책연구원, 2003. 11.

김동욱·박상인(2004), 『지상파 디지털방송 전송방식 결정의 사회경제적 효과 추정』.

김원웅 편(2002), 『DTV 전송방식 백서 : 지상파 디지털 TV 전송방식/쟁점과 문제점』, 사회정책연구소

김평호(2003), "지상파 디지털 TV 전송방식 문제의 복합적 의미," 한국언론정보학회 특별세미나, 방송의 디지털 전환정책과 쟁점, 2003. 10.

디지털지상파방송비교시험추진협의회(2002), "디지털지상파 방송정책의 문제점 및 그 대안 모색," 2002. 3.

민원기(2003), "디지털 지상파TV 전송 방식," 서울대학교 행정대학원 정보통신방

송정책과정 신디케이트 자료집, 2003. 11.

방송노동조합 DTV 비상대책위원회(2003), "지상파디지털TV 전송방식 무엇이 문제인가?" 2003. 9. 30.

방송위원회(2000), 『지상파TV방송의 디지털 전환을 위한 종합계획』, 2000. 12.

방송위원회, 『방송 21』.

삼성경제연구소, 경제동향 브리프, 2003. 4.

이경숙(2002), "디지털 지상파방송의 전송방식 변경이 경제에 미치는 영향," 한국언론정보학회, 지상파 디지털 전송방식의 의미와 전망 토론회.

이상근(2003), "지상파 디지털TV 전송방식 문제점과 제언," 서울대학교 행정대학원 정보통신방송정책과정 신디케이트 자료집, 2003. 11.

정보통신부(2003), 『디지털 지상파TV 전송방식 관련 논쟁 검토 · 분석(내부 자료)』, 2003. 11.

정보통신연구진흥원, "정보통신연구 진흥."

정윤식(2003), "DMB의 시장 전망 및 발전 방안," 한국언론정보학회 특별세미나 방송의 디지털 전환정책과 쟁점, 2003. 10.

정인숙(2003), "방송기술정책의 결정요인 연구: 지상파 디지털TV 전송방식 결정 사례를 중심으로," 『한국언론학보』, 47: 2.

주정민(2003), "라디오 매체의 디지털 전환 정책 문제," 한국언론정보학회 특별세미나 방송의 디지털 전환정책과 쟁점, 2003. 10.

최성진(2003), 디지털 케이블TV 시스템의 진화 방향, 2003. 10.

한국방송기술인연합회, 『방송과 기술』.

한국방송기술인연합회, 『방송기술연합회보』.

한국방송협회, 『방송문화』.

한국언론학회, "위성 DMB 연구," 2003. 7.

한국전자통신연구원, "주간기술 동향."

CEA, (DTV) Projected Sales 2002~2006, www.ce.org

EBU, DigiTAG Exploratory Meeting 발표 자료 2003. 9. www.ebu.ch

In-Stat/MDR(2003), Digital TV Sets : A New Day Has Dawned, 2003. 2.

LG전자(2001), 국내 방송 방식 관련 쟁점 사항(내부 자료), 2001. 11. 30.

제11장

부품 · 소재 기술개발사업의 사업평가 사례

이 석 원

Ⅰ. 서론: 사업평가의 중요성과 사례의 구성

현대 사회에서 정부의 개혁은 '데이터에 입각한 개혁(data-driven reform)'이라는 말이 있을 정도로 새로운 정책이나 사업이 객관적으로 그 효과성이 입증되어야 비로소 개혁의 수단으로서 그 의미를 갖게 된다. 이러한 시대적 요청에 부응하여 공공 부문의 정책이나 사업의 결과를 객관적으로 평가하는 작업이 점점 더 중요성을 더해 가고 있다. 원래 정책평가는 "정부의 행정이나 정부 간섭의 산물에 대한 객관적 · 사후적 검증"을 의미한다. 정책평가가 좀더 장기적이고 광범위한 정책의 결과에 대한 평가라면 사업평가는 특정 사업이 의도한 바를 실현했는가에 대한 평가로 정의할 수 있다. 그러나 대부분의 정부정책이 사업(program)으로 이루어져 있을 뿐 아니라 장기적이고 광범위한 정책에 대해서는 객관적 방법론의 적용이 어렵다는 점에서 사업평가가 정부 정책평가에서 핵심적 논의의 대상이 되고 있다.

사업평가는 공공사업 또는 정책과 관련한 정부의 의사 결정을 합리화할 수 있는 정보를 제공해 줄 뿐 아니라 수요자(국민)들에게 정부의 사업 운영과 관련한 정보를 제공하고, 만약 수요자에게 사업 참여의 선택권이 있다면 수요자의 이익이 극대화될 수 있는 의사결정을 하게끔 도와 주는 역할을 한다는 점에서 중요성을 가진다. 이 밖에 개별 사업의 효과성에 대한 객관적인 정보를 바탕으로 사업의 개선 전략을 수립하도록 도와 주며, 국가적으로 사업의 비효율성을 제거할 수 있도록 하여 재정 절감에 기여하기도 한다.

최근 민간위탁이나 민영화 등 제3섹터에 의한 공행정의 수행이 증가하고 있는데 사업평가의 결과에 근거하여 제3섹터의 책임성을 확보하고 성과관리의 도구로도 사용할 수 있으며, 사업 추진의 필요성과 정당성에 대한 대(對)국민, 대(對)정치권 논쟁의 중요한 근거를 마련해 주기도 한다. 사업평가는 평가를 수행하는 주체에 따라 분류하면 공적인 기관에 의해 공식적으로 이루어지는 공식적 평가와 학문적 목적에 의해 학자들에 의해 이루어지는 학술적 평가로 크게 나눌 수 있다. 또한 평가설계의 방법론에 따라 구분하면 사업에 참여한 참여자들만을 대상으로 하여 성과지표를 추적·분석하는 방법, 사업에 참여한 객체들과 사업에 참여하지 않은 비동질적 객체들의 자료(또는 사업에 참여한 객체들의 사업 참여 이전이 자료)를 상호 비교하여 분석하는 방법, 사업에 참여한 객체들과 사업에 참여하지 않은 동질적 객체들의 자료를 비교하여 분석하는 방법 등이 있을 수 있다.

사업평가를 요구하는 시대적 상황과 사업평가를 수행하는 본질적 목적은 평가의 '객관성'을 핵심적 사항으로 요구하기 때문에 사업평가에서 가장 중요한 이슈는 객관적인 사업의 효과성을 측정하는 방법론이 될 것이다. 이 사례는 주어진 환경 속에서 가능한 한 객관적 방법론을 적용하여 실제의 사업을 어떻게 평가하는지를 이해하는 데 도움을 주고자 작성되었다. 이 사례에서는 실제로 산업자원부에 의해 2000년도부터 시행된 부품·소재기술개발사업의 성과를 평가하는 절차와 방법론, 그리고 그 결과를 제시하고 있다.

이 사례는 다음과 같은 내용으로 구성되어 있다. 먼저 부품·소재기술개발사업의 내용과 현황에 대해 소개한 후 부품·소재기술개발사업을 어떻게 평가해야 하는가에 관한 평가전략에 대해 소개한다. 그 다음 부품·소재기술개발사업의 평가 내용에 따라 집행 성과의 평가와 효과성 평가로 나누어 사업평가의 방법론과 그 결과를 제시하고 있다.

II. 부품·소재 기술개발사업의 개요

부품 또는 소재산업은 그 자체가 서비스를 창출할 수 있는 독자적인 기능을 가지지는 못하지만 다른 부품 또는 구성품과의 통합을 통해 각종 기계·장비류 등 완성품을 생산해 내기 위한 중간재 또는 소재로 투입되어 부가가치를 높이고 생산성을 향상시키는 기초산업이다. 우리 나라의 경우 1970년대 이후 중화학공업 육성정책에 힘입어 기계·장비류 산업이 급속히 성장해 왔으나 대부분의 경우 관련 중간재를 수입하여 이를 완제품으로 조립·수출하는 역진적인 형태로 발전이 이루어져 왔다. 공업화의 초기부터 채택한 이러한 가공무역형 성장 전략은 기계·장비류 산업의 기술력 증진과 신뢰도 확보에 실패하는 구조적 문제점을 드러냈고 수입 유발적 산업구조를 체질화시켜 국제수지의 만성적인 적자 요인으로도 작용했다. 최근에 들어서는 1997년 외환 위기로 인해 소비심리가 크게 둔화되었고 이는 생산 둔화로 이어져 그 동안 고성장세를 유지해 오던 기계·장비류 산업이 급속히 위축되었고 아울러 부품·소재산업의 생산도 급격히 감소되었다. 우리 나라 부품·소재산업이 당면한 이러한 문제점은 부품·소재산업이 21세기 산업 경쟁력 강화의 핵심이자 지식집약화와 부가가치 창출의 주역이라는 중요성과 맞물려 정부 차원에서 여러 가지 다양한 부품·소재산업 육성정책을 수립하도록 하는 계기로 작용했다.

현재 우리 정부에서는 2001년 4월 부품·소재산업의 항구적이고 체계적인 육성을 위한 법적 기반을 마련하여 위해 '부품·소재육성특별조치법'을 제정했고, 동년 7월 부품·소재발전기본계획(MCT-2010)을 수립하여 향후 10년간 부품·소재산업의 비전 및 추진전략을 제시하고 있다. 부품·소재발전기본계획은 2010년까지 핵심 부품·소재의 세계적 공급기지화를 달성한다는 목표와 비전 아래 차세대 핵심 부품·소재의 독자적 기술 기반의 구축, 부품·소재의 신뢰성 향상을 통한 시장 진입 촉진, 부품·소재산업의 수출 촉진 및 투자 유치 지원, 부품·소재 기업의 전문화와 대형화 지원 등 다양한 전략을 마련해 추진중에 있다. 이러한 추진 전략들 중에서 가장 핵심적인 위치를 차지하고 있는 사업이 바로 부품·소재 기술 개발과 관련한 연구·개발 활동에 대해 재정적 보조금을 지급하는 부품·소재 기술개발사업이다.

부품·소재 기술개발사업은 부품·소재산업 분야 기업들의 기술경쟁력 강화를 목적으로 정부에서 지원하는 연구·개발비 지원사업이다. 우리 나라의 부품·소재산업은 과거 고도 경제 성장과 더불어 지속적으로 성장해 왔다. 현재 우리 나라의 부품·소재산업은 전체 제조업의 29%, 생산액의 33%를 점유하고 있으며, 2001년 현재 전체 수출의 41.4%인 623억 달러를 부품·소재 수출이 차지하는 중요한 기반산업으로 자리매김하고 있다. 그럼에도 불구하고 급속하게 변화하는 핵심 부품·소재 분야의 기술력은 아직도 선진국과 현격한 격차를 보이고 있으며, 그러한 이유로 말미암아 대일(對日) 부품·소재 무역수지는 좀처럼 개선되지 못하고 있는 실정이다. 이에 우리 정부는 21세기 산업경쟁력의 핵심인 부품·소재산업 분야의 전문기업을 집중 육성하여 2010년까지 핵심 부품·소재의 세계적 공급 기지화를 달성하려는 목적으로 2000년부터 '부품·소재 기술개발사업'을 시행해 오고 있다. 현재 정부에서 추진되고 있는 부품·소재산업 육성 시책은 부품·소재 기술개발사업을 비롯하여 부품·소재 종합기술지원사업, 신뢰성 향상 기반 구축, 신뢰성 보험 등으로 이루어져 있는데, 이 중 부품·소재 기술개발사업만이 연구·개발 활동에 대한 재정적 보조금을 지급하는 사업이다.

그 동안 학계에서 이루어진 논의들을 종합해 보면, 정부에서 민간 기업의 연구·개발 활동에 대해 공적인 보조금을 지급하는 이유는 크게 두 가지로 정리해 볼 수 있다.

첫째로, 연구·개발 활동에서 발생하는 사회적 편익이 기업 차원에서의 편익보다 클 수 있다는 점이다. 연구·개발 활동의 사회적 편익이 개인적 편익을 초과하는 이유는 연구·개발이 창출하는 외부 효과(externality) 또는 확산 효과(spill over effect) 때문인데, 일반적으로 외부 효과를 창출하는 활동을 장려하기 위해서는 정부가 보조금을 지급해야 한다는 것이 공공

경제학의 일반적인 설명이다.

둘째로, 정부의 공적인 지원 활동이 기업가와 투자자 사이에 존재하는 정보의 비대칭성 문제를 해결할 수 있다는 점을 들 수 있다. 다시 말해, 투자자는 투자 대상 기업의 기술력이나 상업적 성공 가능성에 대해 충분한 정보를 가지고 있지 못하기 때문에 기업의 입장에서 볼 때 자금 유치에 어려움을 겪을 수 있다. 재무경제학에서는 이러한 문제점은 벤처 투자회사가 투자 대상 기업에 대해 철저한 실사를 실시함으로써 극복될 수 있다고 하나 정부의 지원에 비해서는 그 지원 수준이 크게 미치지 못할 수밖에 없다. 이런 경우 정부가 기업에 대해 공적인 지원을 제공한다면 기업에 대한 인지도와 신뢰도가 향상하여 민간 투자자의 투자가 증가할 수 있다.

부품·소재 기술개발사업은 연구·개발 활동에 대한 정부의 지원 활동을 정당화하는 이러한 두 가지 근거에 정확하게 합치하는 사업이라고 할 수 있다.

첫 번째로 부품·소재산업은 연구·개발 활동이 가져오는 외부 또는 확산 효과가 매우 큰 분야이다. 산업자원부에 따르면 21세기 국제경쟁 시대에는 산업경쟁력의 핵심이 완제품에서 부품·소재 중심으로 전환되고 있으며, 생산원가에서 부품·소재의 비중이 최소한 60% 이상을 차지하고 있다는 현실에서도 증명되고 있듯이 부품·소재산업이 산업 경쟁력의 핵심 요소이다. 특히 부품·소재산업은 전·후방 연관 효과가 매우 커 소재산업이나 완제품 산업의 성장의 핵심적 요소이다. 따라서 부품·소재산업 분야의 기술력이 전·후방 산업의 기술력은 물론 상업적 성장에도 결정적인 역할을 하는 것으로 인식되고 있다.

두 번째로 선진 외국의 부품·소재 업체들은 M&A를 통한 전문화 및 대형화를 통해 규모의 경제를 누리고 있는데 비해 현재 우리 나라 부품·소재 산업 분야의 업체들은 대부분이 중소기업으로서 자체적인 마케팅 능력이나 투자 유치 역량이 크게 떨어진다는 점도 부품·소재 기술개발사업의 하나의 근거로 설명될 수 있다. 다시 말해, 기업의 영세성은 기술 개발 역량을 제한할 뿐 아니라 앞서 언급한 정보의 비대칭성 때문에 민간 부문에서의 투자 유치에도 애로 요인으로 작용하게 되는데 부품·소재 기술개발사업은 이러한 문제점의 극복에 특히 초점을 둔 시장 친화적 사업이다.

2004년으로 시행 5년차를 맞이하는 부품·소재 기술개발사업의 시장 친화적 성격은 지금까지 국내·외에서 시행된 그 어떤 종류의 연구개발 지원사업과도 차별화되는 특성으로 평가할 수 있다. 부품·소재 기술개발사업은 두 가지의 다른 유형, 즉 '투자기관 연계 지원 개발' 유형과 '생산기업 공동 개발' 유형의 사업으로 이루어져 있는데, 지원 과제의 수와 금액의 규모면에서 절대적인 비중을 차지하고 있는 투자기관 연계 지원 개발사업이 시장 친화적 기술 개발에 한해 연구개발비를 지원하는 것을 내용으로 하고 있다. 시장 친화적 기술이라 함은 부품·소재 분야의 연구개발 성과가 단순한 기술 개발에 그치지 않고 수익성 있는 사업으로 연계되어 상업적 성과를 기록할 수 있는 기술을 일컫는다. 이러한 시장 친화적 기술 개발을 선택적으로 지원하기 위해 투자기관 연계 지원 개발사업에서는 지원 대상 과제의 기술성 평가와 아울러 사업성 평가를 실시하여 지원 대상 기업을 선정한다. 기술성 평가는 산·학·연 전문가로 구성되는 평가위원회에서 실시하는데 반해 사업성 평가는 민간 투자기관으로 구성되는 부품·소재 투자

[그림 11-1] 부품·소재 기술개발사업 추진 체계

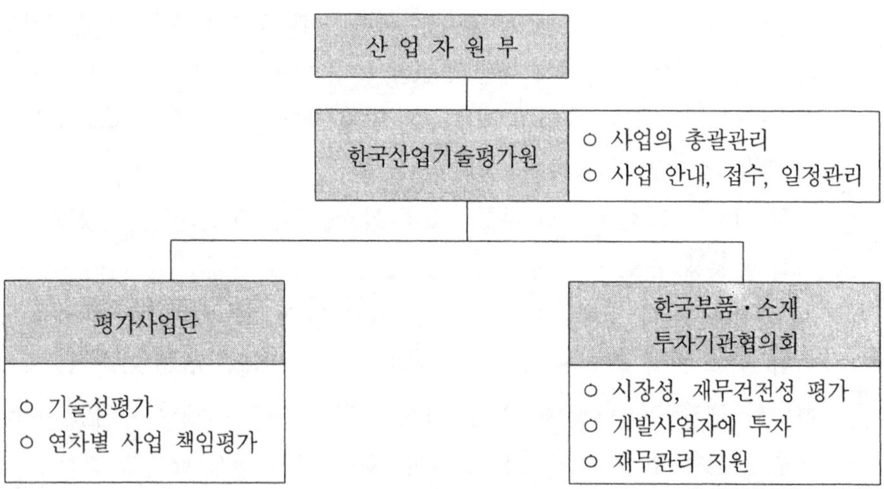

기관협의회(Korea core Industrial Technology Investment Association: KITIA)에서 실시하며 사업성 평가까지 통과해 지원 대상으로 선정된 기업들에 대해서는 정부 출연금과 더불어 민간 투자기관의 투자자금이 지원된다. 지원금을 지원받은 기업들은 협약 체결시 정해진 기간 내에 과제를 완료하여 최종보고서를 제출하고 국가에 기술료를 납부하도록 되어 있다.

아래의 <표 11-1>에서 볼 수 있듯이 2000년부터 시행해 오고 있는 부품·소재 기술개발사업은 시행 첫해 45개 과제(투자기관 연계사업 42개, 생산기업 공동개발사업 3개)에 3백 20억 원을 지원한 것을 시작으로 하여 2002년도까지 총 198개 과제(투자기관 연계사업 171개, 생산기업 공동개발사업 27개)에 대해 정부지원금 2천 9백억 원, 민간 투자기관 투자유치금 1천 7백 50억 원, 기업부담금 1천 8백 70억 원 등 총 6천 5백억 원이 개발사

〈표 11-1〉 부품·소재 기술개발사업 지원 현황

(단위: 천 원)

구 분		지원 과제 수	총정부 출연금	투자기관	평균 정부출연금	평균 투자유치금
투자기관 연계	기계/자동차	14	15,317,748	11,250,000	1,094,125	803,571
	금속 소재	18	32,442,931	18,649,395	1,802,385	1,036,078
	전기부품	13	19,090,774	10,410,000	1,468,521	800,769
	전자부품	87	116,582,355	90,736,237	1,340,027	1,042,945
	섬유 소재	6	12,025,720	8,000,000	2,004,287	1,333,333
	화학 소재	33	40,987,244	35,520,420	1,242,038	1,076,376
	소계	171	236,446,772	174,566,052		
생산기업 공동	기계/자동차	6	12,474,484		2,079,081	
	금속 소재	9	19,944,305		2,216,034	
	전기부품	3	5,203,724		1,734,575	
	전자부품	3	4,653,295		1,551,098	
	섬유 소재	3	4,987,933		1,662,644	
	화학 소재	3	6,487,169		2,162,390	
	소계	27	53,750,910			
계		198	290,197,682	174,566,052		

업비로 지원되어 오고 있다.

표에서 볼 수 있듯이 부품·소재 기술개발사업은 부품·소재산업 분야를 기계·자동차, 금속 소재, 전기부품, 전자부품, 섬유 소재, 화학 소재 등 6개 분야로 나누어 지원해 오고 있으며, 전자부품 분야가 87개 과제에 걸쳐 정부 출연금 1천 1백 60억 원, 투자기관 투자유치금 9백억 원 등 가장 많은 사업비가 지원되어 오고 있다.

Ⅲ. 부품·소재 기술개발사업의 평가전략

부품·소재 기술개발사업을 비롯한 공공사업의 평가는 대체로 다음과 같은 절차로 이루어진다. 여기에서는 다음의 절차에 따라 부품·소재 기술개발사업을 평가하는 절차에 대해 설명한다.

① 사업의 목적과 목표를 평가 가능한 형태로 구체화하여 파악한다.
② 사업이 목표를 달성하는 인과 관계를 파악하여 평가모형을 개발하고 평가 내용을 결정한다.
③ 연구설계를 개발하고 방법론을 결정한다.
④ 지표 체계를 개발하고 데이터를 수집한다.
⑤ 수집된 데이터를 분석하고 결과를 해석한다.

1. 사업의 목표 파악

국가에서 지원하는 대부분의 연구·개발사업은 정부의 지원이 없을 경우 과소 투자가 우려되는 연구·개발 분야에서 연구·개발 역량을 증대시켜 기술력을 향상시키는 것을 목적으로 한다. 그러나 부품·소재 기술개발사업과 같이 시장 친화적인 연구·개발사업의 경우에는 상업성의 검증이 사업의 목적 달성 여부를 확인하는 궁극적인 작업이 될 것이다. 따라서 부품·소재 기술개발사업의 궁극적인 목적이 상업적 효과성의 제고라고 한다면 연구·개발 역량의 제고와 기술력의 증대는 궁극적 목적 달성을 위한 중간 목표로 파악할 수 있다. 연구 · 개발, 기술력, 상업성 등의 세 영역으로 구성되는 성과지표 영역은 법령이나 관련 문헌에 명시된 부품 · 소재 기술개발사업의 목표를 통해서도 파악할 수 있다. 부품 · 소재 기술개발사업의 근거를 규정하고 있는 '부품 · 소재 전문기업 등의 육성에 관한 특별조치법' 제1조는 이 법의 목적을 "부품 · 소재 관련 산업의 발전 기반을 조성하고 부품 · 소재 전문기업 등의 육성을 통해 국민경제의 균형 있는 발전에 이바지함"이라고 규정하고 있고, 근거 규정인 제19조 ①항은 "정부는 부품 · 소재 기술력 향상을 효율적으로 추진하기 위하여……부품 · 소재 기술개발사업을 실시하게 할 수 있다"라고 규정하고 있다. 또한 산업자원부에서 출간한 『2002년도 부품 · 소재 정부 지원제도 안내』에서 명시하고 있는 부품 · 소재 기술개발사업의 목적은 "부품 · 소재 분야의 글로벌 소싱(global sourcing) 참여 유망 품목, 생산자 간 경쟁 확대 필요 품목, 기술 파급 효과가 큰 품목 등의 원천 기술을 개발하고자 하는 기업을 발굴하여 기술개발자금 지원, 투자기관 투자 연계 지원 등의 지원을 통해 세계적인 부품 · 소재 전문기업으로 집중 육성함으로써 부품 · 소재산업의 경쟁력을 획기적으로 제고"하는 것으로 되어 있다. 따라서 근거 법령이나 관련 문헌을 통해 파악할 수 있는 부품 · 소재 기술개발사업의 목표는 참여 기업의 연구개발 역량의 축적과 기술력 향상, 수익성 제고를 통한 국내 · 외 경쟁력 제고 등으로 요약할 수 있다.

2. 평가모형의 개발

공공사업의 평가에서는 해당 사업의 목표를 달성했는지 여부를 검증하는 활동이 핵심적인 요소이다. 부품 · 소재 기술개발사업의 목표를 참여 기업의 연구개발 역량의 축적과 기술력 향상, 수익성 제고를 통한 국내 · 외 경쟁력 제고로 파악한다면 이들 목표의 달성과 부품 · 소재 기술개발사업을 비롯한 여러 가지 원인 요소들 간의 인과 관계를 파악하는 평가모형을 개발해야 한다. [그림 11-2]는 부품 · 소재 기술개발사업의 평가를 위한 인과 관계 모형을 예를 들어 보여 준다. 아래의 모형에서는 부품 · 소재 기술개

[그림 11-2] 부품·소재 기술개발사업의 평가모형

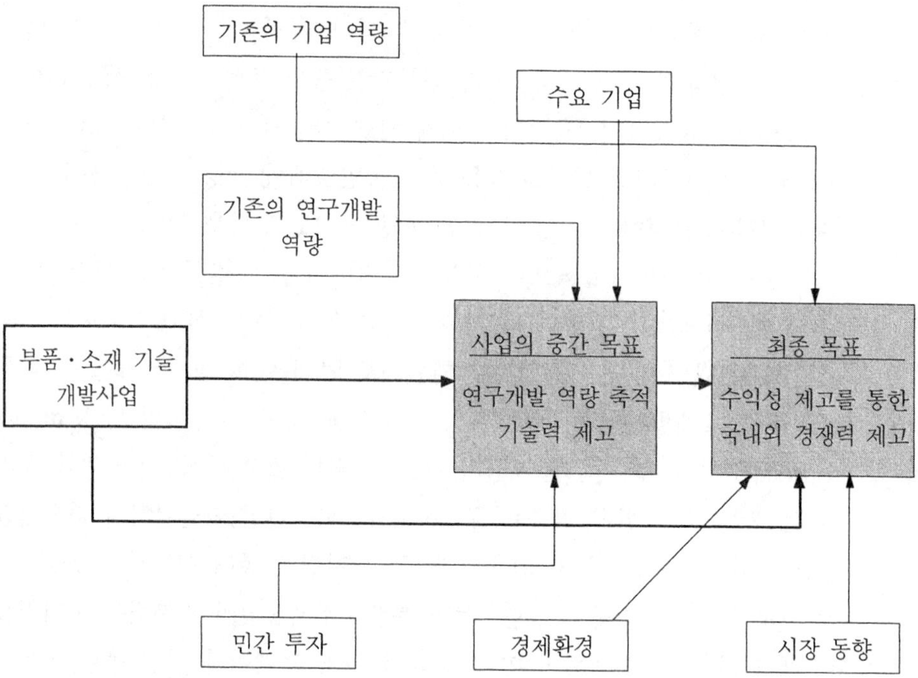

발사업 이외에 참여 기업들의 연구개발 역량과 기술력, 그리고 수익성 제고에 기여하는 원인 요소들로서 기존의 기업 역량과 연구개발 역량, 수요기업의 지원, 민간투자, 경제환경, 시장 동향 등을 들고 있는데, 이들 이외에도 많은 다른 요소들이 존재할 수 있다. 부품·소재 기술개발사업의 평가의 핵심은 결국 이들 기타의 원인 요소들의 영향을 통제한 채 부품·소재 기술개발사업이 사업의 목표 달성에 미친 영향, 즉 [그림 11-2]에서 굵은 선으로 표시된 인과 관계의 경로를 파악하는 작업이라고 할 수 있다.

3. 평가 내용의 결정

사업평가 결과 사업이 목적을 달성하는 데 실패했다는 결론을 얻었다면

[그림 11-3] 부품·소재 기술개발사업의 평가 내용

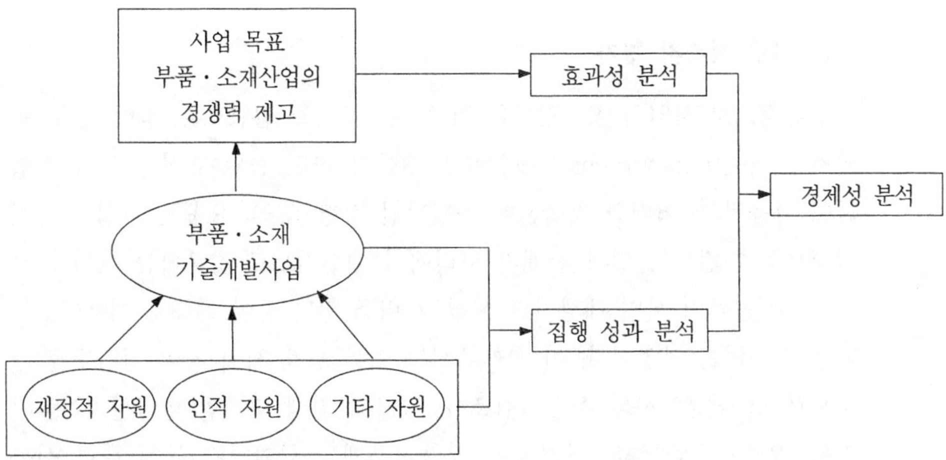

그 이유는 처음부터 사업의 설계가 잘못되었을 확률이 크지만 사업의 설계는 제대로 되었지만 제대로 집행이 이루어지지 않은 결과일 수도 있다. 따라서 공공사업의 평가는 사업 자체가 사업 목적을 달성했는지 여부를 검증하는 효과성 평가와 아울러 사업이 의도한 대로 집행되었는지 여부를 검증하는 집행평가가 반드시 함께 이루어져야 한다.

따라서 부품·소재 기술개발사업의 평가도 [그림 11-3]에 나타난 바와 같이 부품·소재 기술개발사업이 과연 처음 의도한 대로 집행되었는가를 분석하는 작업, 즉 사업 목표 달성 과정을 분석하는 집행 성과에 대한 평가와 부품·소재 기술개발사업이 의도한 대로의 효과를 창출시키고 있는가의 여부를 평가하는 효과성 평가를 내용으로 해야 한다. 부품·소재 기술개발사업의 집행 성과 평가를 통해 부품·소재 기술개발사업 추진의 효율성 및 공정성을 확보하고 정책담당자의 책임성을 제고할 수 있으며, 효과성 평가를 통해 사업의 지속성 여부와 정책결정자의 의도가 구현되었는가를 판단하게 된다.

4. 평가설계와 분석 방법

1) 집행 성과의 평가

일반적으로 사업의 집행평가를 위해서는 포커스 집단토론, 참여 관찰, 민족지적 분석(ethnographic analysis), 전문가 판단 등의 질적인 분석 방법들이 사용된다. 어떠한 방법론이 동원되던 집행평가의 요체는 사업의 목적 달성으로 연결되는 인과 관계의 고리에서 핵심적으로 작용하는 사업의 요소들, 예를 들어 사업 대상자의 선정, 서비스 전달 등이 제대로 이루어졌는가를 검증하는 작업이다. 이 사례에서는 이를 위해 사업 참여 기업들을 대상으로 한 설문조사와 심층면접조사, 그리고 집행 주체인 한국산업기술평가원, 부품·소재투자기관협의회, 부품·소재 통합연구단 등에 대한 심층면접조사를 병행하여 실시했다. 참여기업에 대한 설문조사는 주로 리커트(Likert) 5점 척도로 구성된 설문 문항들로 이루어져 있으며, 부품·소재 기술개발사업의 운영 체계와 운영 주체들에 대한 참여 기업들의 인식과 만족도를 주요 내용으로 하고 있다. 한편 설문조사를 통한 자료 수집은 다양한 참여 업체들의 의견을 종합하여 분석할 수 있는 장점이 있으나 사업의 집행과 관련된 자세한 질적인 정보는 수집하기 어렵기 때문에 이러한 한계를 극복하는 한편 설문조사의 분석 결과를 해석하는 데 보완적인 설명을 제공하기 위해 참여 업체들 중 부품·소재 기술개발사업 선정 과제를 완료한 기업들을 대상으로 심층 면접조사를 실시했다.

2) 효과성 평가

(1) 평가설계의 선택

엄격한 의미의 효과성 평가를 위해서는 대응적 사실의 개념에 기초하여 부가가치로서의 사업의 효과성을 측정해야 한다. 즉 부품·소재 기술개발사업의 경우 사업의 효과성은 "부품·소재 기술개발사업에 참여한 기업들이 사업에 참여함으로써 얻은 성과와 만약 동일한 기업이 사업에 참여하지 않았더라면 얻었을 성과와의 차이"라고 정의할 수 있다. 이 때 효과성을 평가하기 위한 설계의 핵심은 대응적 사실, 즉 만약 사업에 참여하지 않았더라면 얻었을 잠재적 성과를 추정하는 작업이다. 정부의 R&D 지원사업의 효과성을 엄밀하게 측정하기 위해서는 무작위 배정(randomized assignment)을 사용한 실험평가를 통해 타당한 대응적 사실을 추정해야 한다. 그러나 R&D 지원사업을 무작위 배정을 통해 지원 여부를 결정하는 것이 객관적인 사업평가를 위해서는 바람직하지만 본질적인 정책 목적의 달성이라는 측면에서는 효율성과 형평성 모두에 문제점을 갖고 있고, 더구나 부품·소재 기술개발사업의 경우에는 이미 사업이 시행되었기 때문에 무작위 배정을 통한 지원 대상의 결정이 시간적으로 불가능하다. 따라서 편의의 가능성을 없애지는 못하지만 가능한 한도에서 최소화하는 비실험적 설계의 채택이 불가피하다. 이 사례에서는 설문조사를 통해 수집한 데이터를 활용한 단일 집단 사업 전·후 비교설계(one group pretest-posttest design)를 통한 효과성 평가와 외부 데이터를 활용한 코호트 순차설계(cohort sequential design)를 통한 효과성 평가를 수행할 것이다.

(2) 설문조사를 이용한 단일 집단 사업 전·후 비교설계

기본적으로 부품·소재 기술개발사업의 효과성 분석은 설문조사를 통해 수집된 자료들을 바탕으로 연도별 성과지표의 추이를 분석함과 아울러 사업 참여 전·후를 비교함으로써 수행할 수 있다.

[그림 11-4]에서 어두운 영역은 사업 참여 시점 이전을 나타내고 빗금친 영역은 사업 참여 시점 이후를 나타내는데, 그림에서 볼 수 있는 바와 같이 부품·소재 기술개발사업에 참여한 연도를 기준으로 하여 분류한 기업군들마다 상이한 개수의 사업 참여 이전의 데이터와 이후의 데이터가 존재하게 된다. 이는 모든 설문조사 대상 기업들을 대상으로 하여 1999~2003년 동안의 5개년도만의 데이터를 수집했기 때문이다. 단일 집단사업 전·후 비교 설계에서 만약 사업 참여 연도를 기준으로 분류한 기업집단별로 사업의 효과성을 측정한다면 어두운 영역에 해당하는 자료의 연도별 평균과 빗금친 영역에 해당하는 자료의 연도별 평균의 차이가 될 것이다. 마찬가지로 전체 참여 기업들의 효과성은 그림에서의 어두운 영역에 해당하는 자료의

[그림 11-4] 부품 · 소재 기술개발사업 참여 기업의 자료측정 연도와 사업참여 이전과 이후 시점

참여 연도 \ 측정 연도	1999년	2000년	2001년	2002년	2003년
2000년 참여 기업					
2001년 참여 기업					
2002년 참여 기업					
2003년 참여 기업					

전체 연도별 평균과 빗금친 영역에 해당하는 자료의 전체 연도별 평균의 차이로 측정할 수 있다.

(3) 외부 데이터를 활용한 코호트 순차설계

단일 집단사업 전·후 비교설계는 사업의 전과 후를 비교함으로써 사업평가의 타당성을 위협하는 왜곡 요인들을 극복하려고 하지만 근본적으로 하나의 집단에 대한 시차적 비교에 그치기 때문에 시간의 경과에 따른 왜곡 요인 등에 노출될 위험이 있다. 따라서 좀더 타당성이 높은 효과성 평가를 위해서는 외부적으로 존재하는 데이터를 활용하여 좀더 정교한 비실험적 평가설계를 구축할 수 있다. 먼저 부품·소재 기술개발사업의 평가를 위해 활용할 수 있는 데이터로는 한국부품·소재투자기관협의회(KITIA)에서 수집·관리하는 참여 기업의 재무자료 데이터가 있다. KITIA 재무자료 데이터는 부품·소재 기술개발사업의 시작 연도인 2000년부터 2002년까지 참여한 총 150개 기업들의 총자산, 자본금, 차입금, 영업이익, 당기순이익 등에 관한 재무지표와 총정부출연금, 기업부담현금, 기업부담현물, 투자기관 투자금 등 사업 지원금에 관한 자료, 그리고 업체명, 업종 등의 자료들을 수록하고 있다. 연도별로 수집된 이들 기업들의 데이터를 중복되는 변수들에 한해 통합하여 횡단면 자료와 시계열 자료의 혼합 형태인 패널자료로 구축해 150개 기업들의 3년치 데이터 총 450개의 관측치를 할 수 있다. KITIA 데이터가 포함하고 있는 데이터와 변수들은 <표 11-2>에 제

시된 바와 같다.

KITIA 데이터를 활용하여 효과성을 평가할 경우 가장 높은 타당성을 확보할 수 있는 설계 대안은 단기 단절적 시계열 설계(short interrupted

〈표 11-2〉 KITIA 재무 데이터와 변수

변수명		변수의 정의	평 균
종속변수	SALE	총 매출액	48억 6천만 원
	NP	당기 순이익	2천 9백만 원
	TA	총자산	85억 5천 6백만 원
독립변수	AP	사업 참여 이후를 나타내는 가변수	65.8%
	AP1	사업 참여 이후 1년 경과 여부를 나타내는 가변수	33.3%
	AP2	사업 참여 이후 2년 경과 여부를 나타내는 가변수	23.8%
	AP3	사업 참여 이후 3년 경과 여부를 나타내는 가변수	8.7%
	YR00	측정 시점이 2000년임을 나타내는 가변수	33.3%
	YR01	측정 시점이 2001년임을 나타내는 가변수	33.3%
	YR02	측정 시점이 2002년임을 나타내는 가변수	33.3%
	CHT00	2000년도 참여 기업 여부를 나타내는 가변수	26.0%
	CHT01	2001년도 참여 기업 여부를 나타내는 가변수	45.3%
	CHT02	2002년 참여 기업 여부를 나타내는 가변수	28.7%
	MSH	기계/자동차 분야 여부를 나타내는 가변수	10.7%
	ELEC	전기부품 분야 여부를 나타내는 가변수	3.3%
	ETEL	전자통신 분야 여부를 나타내는 가변수	56.0%
	MET	금속 분야 여부를 나타내는 가변수	9.3%
	CHEM	화학 분야 여부를 나타내는 가변수	16.0%
	FAB	섬유 분야 여부를 나타내는 가변수	4.7%
	AMWA	무형자산	5억 4천 5백만 원
	SC	자기자본	43억 6천만 원
	TC	자본금	15억 3천만 원
	WL	총 차입금	22억 9천만 원
	DEPO	당좌자산	35억 4백만 원
	MME	판매관리비	9억 2천 2백만 원
	TFUND	총연구개발자금 (총 정부출연금+민간 대응자금)	33억 원
	GSR	총 정부출연금	0.41
	CBAR	기업부담 현물	0.11
	CBCR	기업부담 현금	0.16
	INVR	투자기관 투자금	0.32

time-series design)와 코호트 설계를 혼합한 설계이다. 원래 단절적 시계열 설계는 다시점에 걸친 총량 데이터(aggregate data)를 시계열 분석 기법을 사용하여 분석할 때 일반적으로 사용되지만 비교적 단기간의 데이터를 회귀분석 기법을 사용하여 분석할 수도 있다. 이러한 단절적 시계열 설계와 부품·소재 기술개발사업 기업들이 참여 시점에 따른 코호트로 분류될 수 있다는 점에 착안한 코호트 설계를 결합하여 효과성 추정의 타당성을 높이는 평가설계를 구축할 수 있다. 이러한 형태의 설계는 횡단면 설계(cross-sectional design)와 경선적 설계(longitudinal design)의 복합 형태이며 샤이에(Schaie)가 가장 효율적인 설계라고 주장한 순차적 설계(sequential design)의 한 형태인 코호트 순차설계에 속한다.

즉 [그림 11-5]에서와 같이 부품·소재 기술개발사업에 참여한 기업들은 사업에 참여한 시점을 기준으로 분류할 때 2000년 참여 기업, 2001년 참여 기업, 2002년 참여 기업 등 세 개의 코호트 집단으로 나눌 수 있다. 각각의 코호트 집단은 사업 참여의 시점이 각각 다른 데 공통적으로 사업 참여 전과 후를 비교할 때 성과지표의 추세가 절편이나 기울기의 양 측면에서 모두 변할 수 있다. 만약 각 코호트별로 성과지표의 사업 참여 이전 추세의 연장선과 사업 참여 이후의 실제 추세가 차이(deviation from trend)를 보이게 되면 이를 효과성으로 파악할 수 있다. 사업 참여의 효과는 사업 개시 이후 시간이 지남에 따라 $\alpha 1 \rightarrow \alpha 2 \rightarrow \alpha 3$으로 그 크기가 증대될 것으로 예측할 수 있으므로 그림에서와 사업 참여 이후 경과된 연수에 따라 효과를 분리해 측정할 수 있다. 이 그림에서 나타낸 사업의 효과성은 연령 효과(age effects)에 해당하며 사업 참여 연도에 따른 성과지표의 차이는 코호트 효과(cohort effects)에, 데이터 측정 연도에 따른 성과지표의 차이는 시간적 효과(time effects)에 해당한다. 이와 같은 평가설계는 타당한 효과성의 추정에 위협이 될 수 있는 성숙 효과나 회귀인공 효과 등 시간과 관련된 요인들을 효과적으로 통제함과 아울러 사업 참여의 시점의 차이에서 오는 효과까지 통제할 수 있는 장점을 지닌다.

다만 α_2나 α_3가 모든 코호트나 모든 연도에 걸쳐 측정될 수 있는 것이 아니고, 측정 연도마다 모든 코호트의 성과가 측정되지 않는다는 점은 코호

[그림 11-5] 부품·소재 기술개발사업의 효과성 평가를 위한 코호트 순차설계

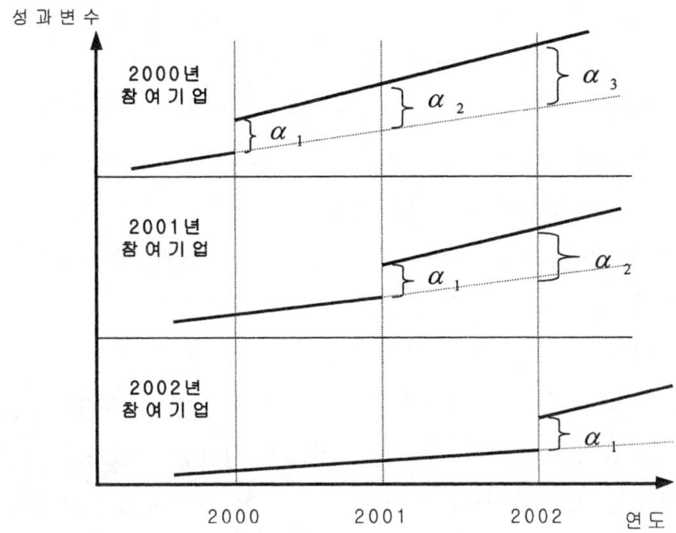

트 효과나 시간적 효과의 통제가 불완전함을 의미하며, 이는 현시점에서 존재하는 데이터의 범위로 볼 때 불가피한 제약이다.

코호트 순차설계를 통한 효과성의 평가는 회귀식 형태의 모형을 활용해 분석할 수 있다. 아래의 식 (1)은 그러한 분석모형을 나타내고 있는데, 코호트에 고유한 효과, 측정 시점에 고유한 효과, 개별 기업에 고유한 효과를 통제한 채 사업 참여 전후를 비교해 효과를 측정하고 있다.

$$Y_{ijt} = \alpha P_{ijt} + \sum_k \beta_k X_{ijtk} + \gamma_j + \delta_t + \mu_i + \varepsilon_{ijt} \tag{1}$$

Y_{ijt} = t 시점에 측정된 j코호트에 속하는 i기업의 성과 변수
P_{ijt} = j 코호트에 속하는 i기업이 t시점을 기준으로 하여 사업 참여 이후이면 1, 아니면 0의 값을 갖는 가변수
X_{ijtk} = 과변수에 영향을 미치는 기타의 통제 변수
γ_j = j 코호트에 고유한 효과(j=2000, 2001, 2002)
δ_t = 측정 시점 t에 고유한 효과(t=2000, 2001, 2002)
μ_i = 기업 i에 고유한 효과

여기에서 분석 대상으로 삼고 있는 기업들은 2000년, 2001년, 2002년에 지원 대상으로 선정된 기업들이다. 따라서 이들 기업들이 사업자로 선정된 연도를 기준으로 하여 코호트를 분류할 수 있으며, 위의 식에서 γ_j는 바로 이들 세 코호트에 고유한 효과를 통제하는 항이 된다. 지원 대상 기업의 선정은 실제로는 동일 연도 내에서도 2000년과 2001년에는 1차와 2차로 나누어, 2002년에는 1차, 2차, 4차에 걸쳐 이루어졌으나 여기서는 동일한 시점에 이루어진 것으로 가정하고 분석한다. δ_t는 측정 시점에 고유한 효과를 통제하고 있다. 예를 들어 2001년에 측정한 2000년 코호트 기업들의 성과가 사업 참여 전에 비해 우수하게 측정이 되었다면 그것은 사업의 효과일 수도 있지만 2001년에 한정된 시간적 효과이거나 과거의 추세의 연장(예: 성숙 효과)일 수도 있다. 이러한 가능성을 통제하기 위해 삽입된 항이 δ_t이다. 아울러 여기에서 사용된 데이터가 횡단면 자료와 시계열 자료의 혼합 형태인 패널 데이터라는 점을 활용하여 기업에 고유한 효과 μ_i를 통제한다. 부품·소재 기술개발사업의 상업적 성과에 영향을 미치는 기업에 고유한 특성들 중 관찰 불가능한 요인들은 모두 이 μ_i에 반영되어 있다고 볼 수 있으며 이러한 요인들의 영향을 통제할 수 있게 되는 것이다. 만약 부품·소재 기술개발사업에의 참여 시점을 결정하는 요인과 이러한 관찰 불가능한 특성들이 상관 관계를 가지고 있다면 μ_i를 통제하지 않은 채 식 (1)을 추정할 경우 α_1의 추정치는 타당하지 않을 수 있다. P_{ijt}의 회귀계수 α는 바로 이 사례에서 측정하고자 하는 부품·소재 기술개발사업의 효과성을 측정하고 있다. 효과 α는 식 (1)에서와 같이 시간이 지남에 따라 변화하지 않고 일정할 수도 있지만 앞서 논의한 바와 같이 시간이 지남에 따라 그 크기가 변화할 수 있는데, 이는 아래의 식 (2)와 같이 식을 재구성함으로써 추정할 수 있다.

$$Y_{ijt} = \sum_{l=1}^{3} \alpha_l D_{ijtl} + \sum_k \beta_k X_{ijtk} + \delta_t + \mu_i + \varepsilon_{ijt} \tag{2}$$

$D_{ijtl} = j$ 코호트에 속하는 i 기업이 t시점을 기준으로 하여 사업 참여 이후 l년이 경과했으면 1, 아니면 0의 값을 갖는 가변수(l=1, 2, 3)

위의 식에서 데이터의 측정 시점인 t와 코호트의 분류 기준인 사업 참여 시점 j와의 차이, 즉 l이 사업 참여 이후 경과한 시간, 다시 말해 연령에 해당되는 기간을 측정한다. 그런데 데이터의 측정과 사업 참여 모두 2000~2002년에 걸쳐 이루어졌는데, 데이터의 측정은 해당 연도의 말에 이루어졌기 때문에 데이터 측정 시점과 사업 참여가 동일한 연도에 이루어졌다고 하더라도 데이터의 측정이 한 해 늦게 이루어진 것으로 가정하고 분석한다. 따라서 $l=t-j+1$이 되며 1, 2, 3의 값을 갖게 된다. 위의 식에서 α_l, 즉 α_1, α_2, α_3은 앞서 논의한 바와 같이 부품·소재 기술개발사업에의 참여 이후 시간이 경과함에 따라 발생하는 사업 효과의 크기를 나타낸다. 위의 식 (2)와 식 (1)의 차이점은 코호트 효과를 통제하는 γj가 포함되어 있지 않다는 점이다. 이는 하나의 회귀식을 사용하여 코호트 효과, 연령 효과, 시간 효과의 세 효과를 모두 추정하려고 할 때 포함되는 독립변수들의 정의상 상호의존성(definitional interdependencies), 즉 완벽한 공선성(perfect collinearity)이 발생하기 때문이다. 즉 시간 효과 δt를 측정하기 위한 변수를 T_{it}, 코호트 효과 γ_j를 측정하기 위한 변수를 C_{ij}라고 한다면 $D_{ijtl}=(T_{it}+1)-C_{ij}$의 관계가 성립하기 때문에 완벽한 공선성이 있게 되며, 따라서 회귀식의 식별(identification)이 불가능해진다. 결과적으로 식 (2)에서는 코호트 효과를 추정하는 변수가 포함되지 않게 되는 것이다.

5. 평가지표 체계

부품·소재 기술개발사업의 평가를 위한 다음 단계는 성과지표 체계를 결정하고 데이터를 수집하는 작업이다. 평가를 위한 지표 체계를 살펴보기 전에 앞서 논의한 기존의 연구들에서 설정한 지표 체계에 대해 살펴보면, 먼저 대부분의 학술적 연구들은 연구·개발 지원 사업에 대한 종합적 평가가 아니라 타당한 효과성 측정의 방법론에 초점을 둔 연구들이 대부분이어서 대다수의 연구들이 단일의 또는 소수의 관련된 평가지표들만을 사용하고 있다. 반면 공식적 평가연구는 학문적 연구보다는 다양한 성과지표를 개발해 활용하고 있는데, 예를 들어 SBIR 사업을 평가한 미국 General

Accounting Office의 보고서는 집행기관의 보조금 출연과 관련한 규정 준수, 회계감사, 선정 과정과 funding cycle의 효과, 보조금의 지역별 배분, 보조금의 영세기업과 여성 CEO 기업에 대한 지원 여부 등 다양한 집행 영역에 걸쳐 성과지표를 개발하여 집행 성과를 분석하고 있으며, 효과성의 경우에는 기술력 증대, 상업화, 수익성 등의 영역에 걸쳐 성과지표를 개발해 사용하고 있다.

따라서 부품·소재 기술개발사업의 평가를 위해서도 다른 국내·외 공식적 연구·개발사업 평가연구와 마찬가지로 집행 성과 영역과 효과성 영역에 포함되는 다양한 성과지표를 개발하여 궁극적으로 사업의 목적 달성 여부를 평가해야 한다. 먼저 집행 성과를 분석하기 위한 지표 체계는 기술개발사업의 참여 현황, 기술개발사업 참여 동기, 지원 대상 부문 및 사업자 선정 과정, 지원 활동, 사후관리 활동 등의 영역으로 구분할 수 있다. 부품·소재 기술개발사업의 지원 절차 및 활동은 지원 대상 부문 공고, 신청 및 접수, 평가 및 선정, 협약 체결, 정부출연금 지원 등 지원 서비스 제공, 중간보고 및 평가, 최종 보고 및 평가, 협약 체결 내용의 변경, 개발사업비 사용 실적 보고 및 정산, 기술료 징수, 지적재산권 및 발생품의 처리, 참여 제한 및 환수 등으로 구성되어 있는데, 이러한 부품·소재 기술개발사업의 지원 절차 및 활동은 다시 지원 대상 부문 및 사업자 선정 과정, 지원 활동, 사후 관리 활동의 3개 영역으로 크게 구분할 수 있다. 집행 성과 분석을 위해서는 이러한 3개 영역의 활동의 적정성, 충분성, 신속성, 효율성, 효과성, 유용성, 만족도 등을 측정하는 것이 필요하다. 따라서 부품·소재 기술개발사업의 집행 성과를 분석하기 위한 지표 체계를 지원 대상 부문 및 사업자 선정 과정, 지원 활동, 사후관리 활동 등의 3개 영역과 아울러 부품·소재 기술개발사업의 집행 체계를 별도의 영역으로 추가하여 총 4개의 영역으로 구분해 설정할 수 있으며, 각 영역별 세부평가 요소는 다음의 <표 11-3>에 제시된 바와 같다.

다음으로 부품·소재 기술개발사업의 효과성을 분석하기 위한 지표는 앞서 파악한 부품·소재 기술개발사업의 목표에 따라 설정할 수 있다. 앞서 언급했듯이 부품·소재 기술개발사업의 목표는 참여 기업의 연구 개발

〈표 11-3〉 부품·소재 기술개발사업의 집행성과 분석을 위한 지표 체계

평가 영역	평가 대상 요소	평가 지표
지원 대상 부문 및 사업자 선정 과정	자격 기준/지원 대상/홍보	- 신청 자격의 적정성 - 지원 대상 규모의 적정성 - 홍보 활동의 적정성
	신청 절차	- 신청서 교부 및 접수의 편리성 - 전산 양식 등록 방법의 편리성
	선정 업무	- 선정 절차의 적정성 - 선정 업무의 공정성, 신속성, 투명성
	사전조사 및 기술성·사업성 평가	- 사전조사의 적정성 - 기술성 평가 기준의 타당성, 공정성 - 투자적격 대상 결정 기준의 타당성, 공정성 - 투자적격 대상 우선순위 결정 기준의 타당성, 공정성 - 기술성 평가 절차의 적정성 - 투자심사 절차의 적정성 - 사업비 선정 및 조정의 합리성
	평가위원회	- 평가위원회 구성의 적정성 - 평가위원회 운영의 공정성, 투명성
	부품·소재 투자기관협의회	- 부품·소재 투자기관협의회 구성의 적정성 - 운영의 공정성, 투명성
	투자소위원회/투자 계약	- 투자소위원회 구성의 적정성 - 투자 조건 협상의 공정성 - 주간사 선정의 필요성 - 투자 계약 유형의 적정성
지원 활동	정부출연금	- 적정성, 신속성, 유익성 - 지원 기간의 적정성 - 지원 규모의 만족도 - 지원 기간의 만족도
	투자기관 투자자금	- 적정성, 신속성, 유익성 - 만족도
	재무관리 지원 서비스	- 신속성, 필요성, 유익성
	차등 지원	- 사업 수행 형태에 따른 차등 지원의 적정성 - 사업자 유형에 따른 차등 지원의 적정성

사후관리 활동	사후관리 지원 계약/ 중간점검	- 사후관리 지원 계약의 만족도 - 이행 점검의 만족도 - 중간 점검의 유용성, 타당성, 만족도
	중간보고서 제출 및 평가	- 중간보고서 제출 및 평가의 타당성, 평가의 공정성과 투명성 및 유용성
	최종 보고서 제출 및 평가	- 최종 보고서 제출 및 평가의 타당성, 평가의 공정성과 투명성 및 유용성
	체결 내용/협약 변경	- 여건 변화에 따른 협약 체결 내용의 변경 또는 수정의 탄력성
	사용 실적 보고 및 정산	- 개발사업비 사용 실적 보고 및 정산 절차의 타당성, 편리성, 만족도
	기술료 징수	- 기술료 수준, 징수 기간의 적정성 - 만족도
	지적재산권 처리	- 현행 지침의 적정성 - 만족도
집행 체계	사업 집행·서비스	- 집행 시스템의 효율성 - 전문기관을 통한 충분한 서비스의 제공 - 필요한 서비스 제공의 편리성, 종합성 - 사업 집행의 투명성, 공정성 - 사후관리기관들 간의 협력, 커뮤니케이션
	집행기관 만족도	- 한국산업기술평가원 - 부품·소재통합연구단 - 부품·소재투자기관협의회 - 투자소위원회 - 과제선정평가위원회 - 점검전담위원회 - 중간·최종보고서평가위원회

역량의 축적과 기술력 향상, 수익성 제고를 통한 국내·외 경쟁력 제고 등으로 요약할 수 있으며, 부품·소재 기술개발사업의 효과성 평가를 위한 지표도 연구 역량, 기술성, 상업성 등 크게 세 가지의 목표 영역에 걸쳐 설정할 수 있다. 다만 코호트 순차설계를 활용한 효과성 평가에서는 데이터의 제약으로 말미암아 상업적 성과에 대해서만 분석이 가능하다. 세부적인 성과지표는 다음 <표 11-4>에 제시된 바와 같다.

〈표 11-4〉 부품 · 소재 기술개발사업의 효과성 분석을 위한 지표 체계

평가 영역	평가지표
연구 · 개발 역량 성과	- 연구 · 개발 인력 비율 - 연구 · 개발 인력 수 - 연구 · 개발 인력의 질 - 연구 · 개발비의 규모 - 연구 · 개발비 비율
기술적 성과	- 신제품 개발 - 지적재산권의 출원 · 등록
상업적 성과	- 총자산, 고용인력, 자기자본, 매출액(기업의 규모와 건전성 측정지표) - 당기순이익, 수출액, 수입액, 순수출액, 수출 비율(기업의 수익성 지표)

6. 데이터의 수집

코호트 순차설계를 활용한 효과성 평가는 앞서 설명한 바와 같이 KITIA에서 축적한 재무 데이터를 활용한다. 이 밖에 집행 성과평가와 단일 집단 사업 전 · 후 비교설계를 통한 효과성 평가를 위해서는 부품 · 소재 기술개발사업 참여 기업들을 대상으로 설문조사를 실시한다. 설문조사는 투자기관 연계 지원 개발사업 참여 기업들만을 대상으로 실시했다. 그 이유는 생산기업 공동개발사업의 경우에는 참여한 기업의 수가 적기 때문에 의미 있는 분석을 하기 어려웠을 뿐 아니라, 정부출연금만으로 이루어진 생산기업 공동개발사업에 비해 민간투자자금도 함께 지원하는 투자기관 연계 지원 개발사업이 지원 과제 수나 지원 금액의 규모면에서 부품 · 소재 기술개발사업의 큰 부분을 차지하고 있기 때문이다. 또한 민간투자자금을 연계하여 지원하는 투자기관 연계지원 개발사업이 시장 친화적 연구 · 개발 지원을 지향하는 부품 · 소재 기술개발사업의 목적을 구현하는 사업의 핵심적인 위치를 차지하고 있다는 점도 고려할 수 있다. 성과분석의 표본틀이 되는 2000~2003년도 투자기관 연계 지원 개발사업 참여 기업 200개 기업들에 대해 설문조사를 실시하여 총 152개 기업들이 응답했다. 한편 부품 · 소재 기술

개발사업의 선정 과제를 완료한 기업에 한해 심층 면접조사도 실시했는데 2004년 현재 과제를 완료한 28개 기업들 중 조사에 응한 16개 기업들이 조사 대상이 되었다.

Ⅳ. 부품 · 소재 기술개발사업의 평가 결과

1. 집행 성과평가 결과

다음 <표 11-5>~<표 11-8>은 부품 · 소재 기술개발사업의 집행 성과를 분석한 결과를 나타내고 있다. 표들에 제시된 평균 점수는 리커트(Likert) 5점 척도로 측정한 참여 기업들의 응답을 평균한 수치를 나타내고 있다. <표 11-5>는 부품 · 소재 기술개발사업의 선정 과정의 적정성, 신속성, 투명성 등에 대한 응답 기업들의 평가 결과를 요약해 나타내고 있다.

표에서도 볼 수 있듯이 선정 과정에 대한 평가의 전체 평균 점수는 5점 만점에 3.72점으로 전반적으로 긍정적인 평가가 이루어지고 있음을 알 수 있다. 자세히 살펴보면, 대체로 신청 자격 기준, 선정 절차의 적정성, 선정 업무의 공정 · 투명성, 평가위원회 운영 등에 대해서는 3.7~3.9점 사이의 상대적으로 긍정적인 평가가 이루어진 반면, 선정 업무의 신속성, 지원 대상 규모, 홍보 활동, 사업비 선정 및 조정 등에 대해서는 3.4~3.6 사이의 상대적으로 부정적인 평가가 이루어져 이들 항목들에 대한 개선이 필요함을 시사하고 있다.

한편 민간의 투자자금을 유치하기 위해 2003년까지 운영해 오고 있던 투자소위원회와 이를 통한 투자 협상에 대해서는 다른 평가 항목들에 비해 전반적으로 상대적으로 낮은 점수(3.3~3.5)가 부여된 것도 흥미로운 발견이다. 이러한 결과는 부품 · 소재 기술개발사업의 사업성 평가 절차와 관련이 있다.

전술했듯이 부품 · 소재 기술개발사업 중 투자기관 연계 지원 개발사업의 경우에는 민간 투자자금의 유치가 정부출연금 지원의 조건으로 되어 있

〈표 11-5〉 부품·소재기술개발사업의 선정 과정에 대한 평가

평가 항목	평균 점수	평가 항목	평균 점수
자격 기준·홍보		투자적격 대상 우선순위 결정 기준의 공정성	3.75
신청 자격 기준의 적정성	3.80	기술성 평가 절차의 적정성	3.91
지원 대상 규모의 적정성	3.46	투자심사 절차의 적정성	3.62
홍보 활동의 적정성	3.60	사업비 선정 및 조정의 합리성	3.46
신청 절차		**평가위원회**	
신청서 교부 및 접수의 편리성	3.67	평가위원회 구성의 적정성	3.72
전산 양식 등록 방법	3.71	평가위원회 운영의 공정성	3.86
선정 업무		평가위원회 운영의 투명성	3.86
선정 절차의 적정성	3.73	**부품·소재 투자기관협의회**	
선정의 공정성	3.89	투자기관협의회 구성의 적정성	3.64
선정 업무의 신속성	3.64	투자기관협의회 운영의 공정성	3.76
선정 업무의 투명성	3.86	투자기관협의회 운영의 투명성	3.73
사전조사 및 기술성·사업성평가		**투자소위원회·투자 계약**	
사전조사의 적정성	3.60	투자소위원회 구성의 적정성	3.49
기술성 평가 기준의 타당성	3.85	투자 조건 협상의 공정성	3.42
기술성 평가 기준의 공정성	3.88	주간사 선정의 필요성	3.57
투자적격 대상 결정 기준의 타당성	3.69	투자 계약 유형의 적정성	3.35
투자적격 대상 결정 기준의 공정성	3.68	**평 균**	3.72
투자적격 대상 우선순위 결정 기준의 타당성	3.72		

으며, 이를 위해 기술성 평가를 통과한 기업들은 사업성 평가를 거치도록 되어 있다. 사업성 평가는 평가 대상 기업들이 투자유치신청서를 제출하고 투자설명회를 개최한 후 부품·소재 투자기관협의회 회원사가 투자의향서를 제출하는 형식으로 이루어진다. 이 때 투자 조건의 협상을 위해 투자소위원회가 구성되는데 투자소위원회는 3개 이상의 부품·소재 투자기관협의회 회원사와 사업성 평가 대상 기업으로 이루어진다. 그런데 참여 기업들의 심층 면접조사 결과에 따르면 사업성평가는 취지는 긍정적으로 인식하지만 투자기관들이 투자를 유치해야만 하는 참여 업체의 입장을 이용해

지나치게 기업의 가치를 낮게 평가하려고 하는 폐단이 있는 것으로 밝혀졌는데 정부의 지원금에 의한 현금 흐름은 기업 가치에 반영하지 않고 사업성을 평가하는 것이 하나의 예이다.

또한 3개 이상의 투자기관을 유치하도록 하는 규정이 참여 기업의 입장에서는 과중한 부담으로 작용하며 3개의 투자기관이 담합하여 참여 기업의 가치를 낮게 평가하기도 하는 부작용도 있는 것으로 나타났으며, 바로 이러한 점들이 투자 조건 협상, 투자 계약과 관련한 부정적인 평가의 원인으로 판단된다.[1] 또한 주간사 선정의 필요성에 대해서도 상대적으로 부정적인 평가가 이루어지고 있는 것으로 나타났다. 이는 부품·소재 투자기관협의회에 대한 심층 면접조사 결과 밝혀진 바대로 주간사가 그 지위를 이용해 참여 업체의 가치를 저평가하려는 우려가 있기 때문에 일부 업체들이 주간사 제도를 부정적으로 인식하고 있기 때문인 것으로 풀이된다.

다음으로 <표 11-6>은 부품·소재 기술개발사업의 지원 대상 기업으로 선정된 이후 이들 기업들을 위한 지원 활동에 관한 평가 결과를 요약해 나타내고 있다. 부품·소재 기술개발사업이 제공하는 지원 활동은 정부출연금 지원, 민간투자자금 지원, 그리고 부품·소재 투자기관협의회의 재무관리 지원 서비스 등으로 구성되어 있다. 먼저 사업의 핵심적 지원 활동인 정부출연금에 대해서는 신속성·유익성에 상당히 긍정적인 평가가 이루어진 반면 적정성이나 지원 기간에 대해서는 비교적 덜 긍정적인 평가 결과를 나타내고 있다. 반면 투자기관의 투자자금에 대해서는 거의 모든 항목에 걸쳐 정부출연금에 비해 상대적으로 부정적으로 평가되었다. 부품·소재 투자기관협의회가 제공하는 재무관리 지원 서비스의 경우에는 유익성을 제외하고 필요성·신속성 등의 항목에서는 부정적인 평가가 이루어졌다. 부품·소재 투자기관협의회에 대한 심층 면접조사에 의하면, 현재 재무관리 지원 서비스에 대한 업체의 불만 사항이 별도로 제기되고 있지는 아니하나

1) 이러한 문제점은 부품·소재 투자기관협의회에 대한 면접조사에서도 나타났는데 원래 담합의 가능성을 통제하기 위해 3개 이상의 회원사로 투자소위원회의 구성을 제한했던 규정이 오히려 부작용과 참여 업체들의 불만의 소지가 되어온 것으로 인식하고 있었다. 바로 이러한 이유 때문에 2003년도에 개정된 '부품·소재 기술개발사업 운영요령 및 지침'은 투자소위원회의 회원사를 3개 이상으로 제한한 규정을 삭제했다.

〈표 11-6〉 부품·소재 기술개발사업의 지원 활동에 대한 평가

평가 항목	평균 점수	평가 항목	평균 점수
정부출연금		투자자금 지원의 만족도	3.63
정부출연금의 적정성	3.62	투자자금 지원의 유익성	3.51
정부출연금 지급의 신속성	3.98	**재무관리 지원 서비스**	
정부출연금 지원 기간의 적정성	3.50	투자기관협의회의 재무관리 지원의 신속성	3.47
정부출연금 지원 규모(비율)의 만족도	3.85	재무관리 지원 서비스의 필요성	3.60
정부출연금 지원 기간의 만족도	3.81	재무관리 지원의 유익성	4.13
정부출연금의 유익성	4.45	**차등 지원**	
투자기관 투자자금		사업 수행 형태에 따른 차등 지원의 적정성	3.79
투자기관 투자자금의 적정성	3.38	사업자 유형에 따른 차등 지원의 적정성	3.91
투자자금 지원의 신속성	3.93	**평 균**	3.69

재무관리 지원 서비스를 비롯한 기타 지원 서비스를 제공하는 데 필요한 예산과 인력이 부족한 것으로 나타났으며, 재무관리 지원 서비스에 대한 상대적으로 낮은 점수는 이러한 이유에 기인한 것으로 보인다.

다음 <표 11-7>은 부품·소재 기술개발사업의 진행 및 사후관리 활동에 대한 설문 응답 결과를 나타내고 있다. 부품·소재 기술개발사업을 성공적으로 완수하기 위해서는 기술개발 업체들이 지원된 자금과 기타 서비스를 효과적으로 활용하도록 유도하기 위한 진행 및 사후관리 활동이 적절히 수행되어야 하는데, 이러한 활동들은 중간점검, 사후관리 지원 계약 이행 점검, 중간보고서와 최종보고서의 제출 및 평가, 협약 체결 관리(내용 변경 또는 수정 등), 개발사업비 사용 실적 보고 및 정산 등으로 이루어져 있다. 먼저 점검 전담위원이 연도별로 2회 이상 수행하도록 되어 있는 중간점검 활동과 관련해서는 점검 결과의 유용성이나 절차의 타당성 측면에서 비교적 긍정적인 평가가 이루어지고 있는 것으로 보여 중간 점검 활동이 부품·소재 개발사업의 사후관리 활동으로서 의미 있는 제도적 장치일 뿐

〈표 11-7〉 부품·소재 기술개발사업의 진행 및 사후관리 활동에 대한 평가

평가 항목	평균 점수	평가 항목	평균 점수
사후관리 지원 계약/중간 점검		**체결 내용/협약 변경**	
사후관리 지원 계약의 만족도	3.36	체결 내용의 탄력성	3.45
사후관리 지원 계약 이행점검 만족도	3.56	협약의 변경 및 해약에 대한 만족도	3.67
점검 전담위원 점검 결과의 유용성	3.81	**사용 실적 보고 및 정산**	
투자기관협의회 점검 절차의 타당성	3.72	사용 실적 보고 및 정산 절차의 타당성	4.15
중간 점검에 대한 만족도	3.78	사용 실적 보고 및 정산 절차의 편리성	3.69
중간보고서 제출 및 평가		개발사업비 사용 실적 정산에 대한 만족	3.77
중간보고서 제출 및 평가의 타당성	4.09	**기술료 징수**	
중간평가위원회의 전문성	3.84	기술료 수준의 적정성	3.15
중간보고서 평가의 유익성	3.83	기술료 징수 기간의 적정성	3.30
중간보고서 제출 및 평가에 대한 만족도	3.83	기술료 징수에 대한 만족도	3.37
최종보고서 제출 및 평가		**지적재산권 처리**	
최종보고서 제출 및 평가의 타당성	4.26	지적재산권에 대한 현행 지침의 적정성	3.39
최종평가위원회의 전문성	3.88	지적재산권 처리에 대한 만족도	3.49
최종보고서 평가의 유익성	3.89	**평 균**	3.83
최종보고서 제출 및 평가에 대한 만족도	3.89		

아니라 기술개발 활동에도 긍정적으로 기여하고 있음을 시사한다. 투자기관 연계 지원 개발사업자는 연차별 기술개발 기간 종료일로부터 7일 이내에 중간보고서 및 공인시험기관 시험성적서를 제출해야 하며, 기술개발 기간 종료일로부터 2개월 이내에 참여 기업의 수행성과 확약서와 함께 최종보고서 및 시험성적서를 산업기술평가원에 제출해야 한다. 이러한 중간보고서와 최종보고서의 제출 및 평가에 대한 참여 업체들의 인식은 상당히 긍정적으로 나타나고 있어 이들 활동이 지극히 당연한 활동이며 사업 수행에 긍정적으로 기여하고 있음을 나타내고 있다. 반면 산업자원부 장관과 부품·소재 기술개발사업자 대표와 체결된 부품·소재 기술개발사업 협약에 대해서 부품·소재 기술개발사업자가 이를 변경 또는 해약하고자 하는 경

우에는 산업기술평가원에 신청하여 산업자원부의 승인을 변경하거나 해약할 수 있는데, 이러한 협약 체결 내용의 탄력성에 대해서는 상당히 부정적인 평가가 이루어져 협약 내용의 변경이 용이하지 않음을 말해 주고 있다.

다음으로 부품 · 소재 기술개발사업자는 연차별 기술개발사업비 사용실적보고서 및 회계법인의 의견서를 연차별 기술개발 기간 종료일로부터 1개월 이내에 제출해야 하며, 최종 연도 기술개발사업비 사용실적보고서 및 회계법인의 감사보고서는 기술개발 종료일로부터 2개월 이내에 제출해야 하는데, 이러한 사용 실적 보고 및 정산 절차에 대해서는 그 타당성에서는 대부분 긍정적으로 인식하고 있으나 편리성은 다소 떨어지는 것으로 인식하고 있다.

또한 협약 기간 종료 후 산업자원부로부터 기술료 징수를 통보받은 부품 · 소재 기술개발사업자는 기술료를 납부해야 하는데 이러한 기술료 납부 수준과 기술료 징수 기간의 적정성에 대해서도 상대적으로 부정적인 평가가 이루어져 현행 총 정부출연금의 20~40% 이내의 기술료 징수 수준과 3

〈표 11-8〉 부품 · 소재 기술개발사업의 집행 체계에 대한 평가

평가 항목	평균 점수	평가 항목	평균 점수
사업 집행 · 서비스		**집행기관 만족도**	
효율적인 사업 집행 시스템 정도	3.59	한국산업기술평가원에 대한 만족도	4.13
전문기관을 통한 충분한 서비스 제공 정도	3.55	부품소재 통합연구단에 대한 만족도	3.77
필요 서비스의 편리한 제공 정도	3.46	부품소재 투자기관협의회에 대한 만족도	3.60
필요 서비스의 종합적 제공 정도	3.41	투자소위원회에 대한 만족도	3.47
사업 집행 투명성 확보에 적합성 정도	3.73	과제선정평가위원회에 대한 만족도	3.78
사업 집행의 공정성 확보에 적합성 정도	3.74	점검 전담위원에 대한 만족도	3.82
사후관리기관들 상호간 협력 정도	3.48	중간 · 최종보고서 평가위원회에 대한 만족도	3.79
커뮤니케이션 기회의 보장 정도	3.31	**평 균**	3.54

년 또는 5년으로 되어 있는 기술료 징수 기간에 대해 많은 업체들이 수긍하지 못하고 있는 것으로 보인다.

마지막으로 부품·소재 기술개발사업 수행중에 발생한 기자재 및 시설, 지적재산권, 보고서의 판권 등에 대해서는 정부출연금 지분만큼은 기술료 납부 전까지 산업자원부 장관의 소유로 하도록 규정되어 있는데, 이러한 지적재산권 및 발생품의 처리에 관한 현행 규정의 적정성에 대해서도 상당히 부정적인 평가가 이루어지고 있음을 알 수 있다.

<표 11-8>은 부품·소재 기술개발사업의 집행 체계에 대한 평가 결과를 나타내고 있다. 개별 집행 주체들에 대한 만족도나 이들의 집행 활동에 대해서는 대체적으로 긍정적으로 평가하고 있으나 복수의 집행 주체들이 사업을 운영하고 있는 부품·소재 기술개발사업의 다원화된 집행 체계와 관련 있는 커뮤니케이션, 상호 협력, 서비스의 편리성 등의 항목에서는 상대적으로 부정적인 평가가 이루어지고 있다. 현재 부품·소재 기술개발사업은 산업자원부, 한국산업기술평가원, 부품·소재 통합연구단, 평가사업단, 한국부품·소재투자기관협의회 등의 기관들에 의해 집행이 이루어지고 있는데, 위에서 나타난 부정적 평가 결과는 이처럼 다원화된 집행 체계가 접촉 창구의 다원화로 인한 불편, 업무 처리의 단절, 업무 지원 시스템의 이중 구축, 업무의 전문성 축적 제약, 정보 공유의 한계 등의 문제를 발생시킨 결과로 풀이된다.

2. 효과성 평가 결과

1) 단일 집단 사업 전·후 비교설계를 통한 평가 결과

위에서 논의한 분석 결과가 부품·소재 기술개발사업의 목적 달성을 위한 집행전략(implementation strategy)에 대한 평가라면 <표 11-9>는 부품·소재 기술개발사업의 서비스 전략(service strategy)에 대한 평가 결과인 사업의 효과성 분석 결과를 나타내고 있다. 사업의 효과성 분석은 앞에서도 논의했듯이 연구·개발 역량, 기술적 성과, 상업적 성과 등 세 가지로 분류한 집단에 속하는 세부 성과지표들에 대해 이루어졌다.

먼저, 분석 결과 부품·소재 기술개발사업은 참여 기업들의 연구·개발 역량을 뚜렷이 증가시킨 것으로 보인다. 연구·개발 인력에서는 부품·소재 기술개발사업이 참여 기업의 연구·개발 인력 비율을 7.6% 포인트 증가시키고 연구·개발 인력을 평균 7.6명 증가시키는 것으로 나타났다. 또한 부품·소재 기술개발사업은 연구·개발 인력의 고급화도 유도한 것으로 보이는데, 박사급 연구 인력을 0.5명, 석사급 연구 인력을 2.2명 증가시킨 것으로 나타났다.

〈표 11-9〉 부품·소재 기술개발사업의 효과성 분석

	사업 참여 이전	사업 참여 이후	차이	% 증감
연구개발 역량 성과				
연구 인력 비율	39.7%	47.3%	7.6%P	19.1%
연구 인력의 수	8.3명	15.9명	7.6명	91.4%
박사급 연구 인력	1.0명	1.5명	0.5명	46.4%
석사급 연구 인력	2.3명	4.6명	2.2명	94.3%
학사급 연구 인력	3.5명	5.5명	2.0명	58.4%
기타 연구 인력	2.3명	3.1명	0.9명	38.0%
연구개발비	309,963,235	803,832,407	493,869,172	159.3%
연구개발비 비율	32.6%	124.3%	91.8%P	281.9%
기술적 성과				
신제품 개발 건수	3.7건	5.5건	1.9건	51.1%
특허 출원	3.64건	6.22건	2.58건	70.8%
특허 등록	1.10건	4.11건	3.01건	273.3%
상업적 성과				
총자산	78억6천6백만 원	129억4천3백만 원	50억7천7백만 원	64.5%
자기자본	19억1천2백만 원	57억5천7백만 원	38억4천5백만 원	201.0%
총 종업원 수	44.4명	64.2명	19.8명	44.6%
매출액	85억4천5백만 원	110억8천6백만 원	25억4천만 원	29.7%
당기 순이익	4억2천4백만 원	5억3천1백만 원	1억8백만 원	25.4%
수출액	28억8천만 원	38억6천5백만 원	9억8천5백만 원	34.2%
수출 비율	25.4%	44.6%	19.3%P	76.1%

한편 더욱 큰 효과가 발생한 항목은 연구·개발 비용인데, 연구개발 비용을 평균 4억 9천만 원, 연구·개발비의 비율을 91.8% 포인트 증가시킨 것으로 나타났다. 이는 부품·소재 기술개발사업의 핵심적 사업 내용이 기업의 연구·개발비용을 직접적으로 보조해 주는 것을 내용으로 하고 있기 때문에 당연히 예상되는 결과이다. 부품·소재 기술개발사업이 연구·개발 역량을 크게 제고했다는 사실은 기존의 R&D 지원사업에 대한 연구 결과들과 비교하여 매우 긍정적인 결과이다.

다음으로 부품·소재 기술개발사업의 기술적 성과도 전반적으로 긍정적인 것으로 나타났는데, 신제품 개발 건수는 사업 참여 이후 평균 1.9건 증가해 51.1%, 특허 출원은 평균 2.58건 증가해 70.8%, 특허 등록은 평균 3.01건 증가해 273.3%의 증가율을 보였다. 한편 참여 업체들에 대한 심층면접조사 결과 지적재산권의 출원과 등록을 지원해 주는 서비스가 제공되기를 바라고 있는 것으로 나타나 이러한 서비스가 제공될 경우 기술적 성과가 한층 더 제고될 수 있을 것으로 보인다.

위의 분석 결과가 전체적인 특허 출원과 등록에 대한 성과는 매우 긍정적임을 나타내고 있기는 하지만, 국외 특허의 출원과 등록은 건수의 증가는 미미한데(표에는 제시되지 않았음), 이는 참여 기업들이 국외 특허 출원과 등록에 관한 정보나 기술이 부족한 것도 하나의 원인으로 작용한 것으로 보인다. 기술력 증대의 궁극적 결실이 지적재산권의 창출이라는 측면에서 특허 맵(Map) 서비스를 제공하거나 특허 출원과 관련한 예산의 신축적 운영을 허용해 특허 출원을 실질적·직접적으로 지원하는 서비스를 부품·소재 기술개발사업의 지원 활동의 하나로 포함시키는 방안을 고려해 볼 필요가 있다.

부품·소재 기술개발사업의 상업적 성과도 연구·개발 역량에 대한 성과나 기술적 성과보다는 상대적으로 작지만 전반적으로 긍정적인 효과가 창출된 것으로 파악된다. 먼저 가장 뚜렷한 효과가 창출된 항목은 총자산과 자기자본이다. 부품·소재 기술개발사업에 참여한 기업의 총자산은 평균적으로 50억 8천만 원 또는 64.5%가 증가했으며 자기 자본의 경우에는 평균 38억 5천만 원 또는 201%가 증가했다. 이는 부품·소재 기술개발사업이 지원하는 정부출연금이 직접적으로 기업의 자산을 증대시키기 때문에 당연히 예상되는 결과이다.

앞에서도 설명했듯이 부품·소재 기술개발사업은 기술성 평가와 사업성 평가를 통과해 지원 대상으로 선정된 기업에 대해서는 협약 기간에 걸쳐 정부출연금이 지원된다. 아울러 부품·소재 기술개발사업 정부출연금의 지원 조건은 투자기관 투자금을 유치해야 할 뿐 아니라 주관기관 및 참여 기업이 현금과 현물을 출연해야 한다고 규정되어 있다. 결과적으로 부품·소재 기술개발사업을 통해 지원되는 정부출연금, 투자기관의 투자금과 지원 조건으로 규정되어 있는 기업 부담 현금 및 현물 등의 항목들은 대차대조표상 자산의 부에 직접적으로 계상되기 때문에 총자산과 자기자본의 증가에 직접적인 영향을 미치게 된다. 한편 총자산, 자기자본과 아울러 기업의 외형적 규모를 나타내는 지표인 총 종업원 수도 크게 증가한 것으로 나타났는데, 총 종업원 수는 부품·소재 기술개발사업 참여 이후 평균 19.8명 또는 44.6%가 증가한 것으로 나타났다.

이와같이 기업의 외형적 규모를 나타내는 지표들의 뚜렷한 증가 효과는 기업의 경제적 성과에 영향을 미치는 규모의 경제, 시장 지배력, 조직구조, 갈등 조정 능력 등과 연관된 잠재적 역량이 증대했음을 시사한다. 기업 규모는 기업이 재량적으로 동원할 수 있는 자원의 양을 나타내기 때문에 기업의 과거의 활동을 반영할 뿐 아니라 미래의 활동을 가능케 하는 잠재적 역량을 반영하는데, 이 사례에서 파악한 총자산을 비롯한 기업의 외형적 규모의 증대 효과는 기업의 경제적 성과에 영향을 미치는 기업의 잠재적 역량에 부품·소재 기술 개발사업이 미친 영향을 나타내고 있다고 할 수 있다.

다음으로 부품·소재 기술개발사업은 매출액, 순이익을 비롯한 기업의 수익성 지표에도 대체로 긍정적인 효과를 발생시킨 것으로 나타났다. 매출액과 순이익은 기업의 경제적 성과를 나타내는 대표적인 지표로서 많은 경영학 연구들에서 분석의 대상이 되어온 지표인데, 부품·소재 기술개발사업은 매출액을 평균 25억 4천만 원 또는 29.7%, 당기순이익을 평균 1억 8백만 원 또는 25.4% 증가시킨 것으로 나타났다.

또한 부품·소재 기술개발사업은 참여 기업의 수출 증대에도 기여한 것으로 보이는데 수출액의 경우에는 평균 9억 9천만 원 또는 34.2%가 증가했으며, 매출액에서 수출액이 차지하는 비중인 수출 비율의 경우에는 19.3% 포인트 또는 76.1% 증가시킨 것으로 나타났다. 이는 부품·소재 기술개발사업이 기업의 매출구조를 내수 위주에서 수출 위주로 변환시켜 나갔음을 시사하는 것이다.

결론적으로 부품·소재 기술개발사업이 전반적으로 긍정적인 상업적 성과를 창출한 것으로 분석되고 있지만 연구·개발 역량에 대한 성과나 기술적 성과에 비해서는 아직 그 성과가 뚜렷하지 않다고 할 수 있다. 그 이유로는 통상 장기적 시간이 소요되는 상업적 성과 창출을 측정하기에는 부품·소재 기술개발사업의 시행이 아직 초기에 머물고 있다는 점을 들 수 있겠으나 심층 면접조사에서 밝혀진 바와 같이 투자기관 연계 지원 개발사업에 참여한 업체들이 기술 개발을 상품화로 연결시키는 데 상당한 애로를 겪고 있는 점이 주요 원인으로 판단된다. 따라서 기술 개발을 완료했을 경우 수요 기업과 연계하여 개발 기술이 원활하게 상품화로 연결될 수 있도록 하는 지원 서비스의 보완을 강구할 필요가 있다.

2) 코호트 순차설계를 통한 효과성 평가 결과

<표 11-10>은 매출액, 순수익, 총자산의 세 가지 결과 변수에 대해 부품·소재 기술개발사업이 창출한 효과를 위의 식 (1)과 식 (2)로 추정한 결과를 나타내고 있다. 앞서 언급했듯이 식 (1)은 부품·소재 기술개발사업에 참여한 시점을 기준으로 하여 그 이후에 발생한 효과가 일정하다는 가정하에 평균적인 효과를 추정한 것이고, 식 (2)는 연도별로 발생되는 효과가 변화한다는 가정하에 변화하는 효과를 추정한 것이다.

표에서 어두운 부분으로 표시된 영역이 부품·소재 기술개발사업의 효과를 나타내는 회귀 계수의 추정치들이다. 우선 식 (1)의 추정 결과를 보면 사업 참여 이전과 비교하여 부품·소재 기술개발사업에 참여한 이후 참여 기업의 총자산이 약 51억 8천만 원 증가했으며 이는 통계적으로 매우 유의미한 수준인 것으로 나타났다. 한편 부품·소재 기술개발사업에 참여한 이후 참여 기업들의 매출액과 순이익도 각각 11억 5천만 원, 2억 2천만 원 증

〈표 11-10〉 부품·소재 기술개발사업의 상업적 효과 추정 결과

(단위 억 원)

독립변수 \ 종속변수	매출액		순이익		총자산	
	(1)	(2)	(1)	(2)	(1)	(2)
상수항	-25.550*	-18.350	-7.220	4.230*	-0.649	19.811
	(14.378)	(11.468)	(4.881)	(-8.276)	(17.185)	(16.803)
사업 참여	11.508		2.229		51.827***	
	(17.388)		(5.438)		(15.398)	
사업 참여 후 1년		4.143		5.052*		16.862*
		(8.964)		(2.918)		(9.079)
사업 참여 후 2년		5.475		2.538		6.898
		(7.246)		(2.671)		(10.035)
사업 참여 후 3년		-12.460		3.902		-8.610
		(10.332)		(3.644)		(14.037)
기계	-3.607	-4.131	1.271	1.565	-17.270	-18.480
	(9.719)	(9.711)	(3.826)	(3.825)	(16.672)	(16.703)
자동차	-5.115	-5.732	3.236	3.818	-15.170	-19.640
	(11.413)	(11.372)	(4.517)	(4.500)	(19.948)	(19.901)
전기	1.247	0.970	4.268	5.014	-6.452	-11.870
	(14.420)	(14.274)	(5.474)	(5.420)	(21.714)	(21.674)
전자통신	0.173	-0.351	1.985	2.365	-5.927	-8.523
	(8.238)	(8.225)	(3.229)	(3.225)	(13.861)	(13.882)
금속	-4.547	-5.082	2.768	3.031	-19.660	-20.670
	(9.818)	(9.812)	(3.842)	(3.842)	(16.436)	(16.481)
화학	1.077	0.570	2.477	3.029	-8.683	-13.200
	(9.044)	(8.995)	(3.538)	(3.517)	(15.097)	(15.040)
측정 연도: 2001(+1)	36.365***	30.232***	1.922	1.747	23.666***	7.088
	(9.057)	(8.092)	(2.799)	(2.583)	(7.729)	(7.936)
선정 연도: 2000	-11.330		-0.125		-38.070***	
	(10.749)		(3.689)		(13.127)	
선정 연도: 2001	-3.603		1.334		-35.250***	
	(10.475)		(3.558)		(12.325)	
전년도 매출액	0.847***	0.847***	0.028	0.028	-0.080	-0.085
	(0.062)	(0.061)	(0.024)	(0.024)	(0.096)	(0.096)

전년도 순수익	-0.251	-0.245	0.600***	0.603***	0.949***	0.908***
	(0.172)	(0.171)	(0.066)	(0.066)	(0.260)	(0.261)
전년도 총자산	0.206**	0.211**	-0.005	-0.008	0.775***	0.811***
	(0.084)	(0.084)	(0.033)	(0.033)	(0.133)	(0.133)
전년도 총 차입금	0.051	0.046	-0.009	-0.008	0.425***	0.441***
	(0.066)	(0.066)	(0.025)	(0.025)	(0.107)	(0.107)
전년도 자기 자본	-0.717***	-0.702***	-0.095*	-0.098*	0.437**	0.413*
	(0.146)	(0.146)	(0.054)	(0.055)	(0.208)	(0.210)
전년도 자본금	0.586**	0.548**	-0.090	-0.082	-1.049***	-1.013***
	(0.242)	(0.243)	(0.091)	(0.091)	(0.351)	(0.357)
전년도 판매관리비	-0.920***	-0.887**	0.364***	0.355***	1.129**	1.128**
	(0.334)	(0.335)	(0.128)	(0.128)	(0.502)	(0.507)
전년도 당좌자산	0.463***	0.439**	0.063	0.072	-0.071	-0.099
	(0.165)	(0.167)	(0.062)	(0.063)	(0.231)	(0.239)
전년도 무형자산	0.574*	0.568	-0.025	-0.010	1.115**	0.956*
	(0.316)	(0.314)	(0.122)	(0.121)	(0.494)	(0.491)
-2 Res LL	9628.3	9626.3	9202.9	9202.3	9667.1	9671.3
표본 크기	215	215	215	215	215	215

주: a) *p ≤0.1, ** p≤0.05, *** p≤0.01
b) 표준오차는 괄호 안에 표시됨.

가했으나 이들은 통계적으로 유의미한 수준은 아니다. 통계적으로 유의미한 수준의 자산 증대 효과는 부품·소재 기술개발사업이 제공하는 지원 서비스의 성격상 쉽게 이해할 수 있는 결과이다. 앞에서도 설명했듯이 부품·소재 기술개발사업은 기술성 평가와 사업성 평가를 통과하여 지원 대상으로 선정된 기업에 대해서는 협약 기간에 걸쳐 정부출연금(평균 13억 9천만 원)이 지원되고 아울러 투자기관의 투자금(평균 10억 3천만 원)도 지원되기 때문에 선정 기업의 자산을 직접적으로 증가시키게 된다. 자산의 증가를 기업의 상업적 '성과'라고 보기에는 논란의 여지가 있지만 앞서도 논의했듯이 연구·개발 활동을 포함한 기업의 활동 지원을 가능케 하는 재량적 자원의 가용 범위를 확대시킨다는 측면에서 잠재적인 상업적 성과 지표로 볼 수 있을 것이다. 그러나 통상 기업의 상업적 성과를 측정하는 대표적인 지표는 매출액과 순이익이다. 부품·소재 기술개발사업은 참여 기업의 매출액을 11억 5천만 원, 순이익을 2억 2천만 원 증대시켜 긍정적인 효과를 창출했으나 통계적으로 유의미한 수준은 아니다.

다음으로 식 (2)는 부품·소재 기술개발사업에 참여한 이후 시간이 지남에 따라 발생하는 효과의 크기가 변화한다는 가정하에 연차별 효과를 추정하고 있다. 모든 성과 지표들에 대해 부품·소재 기술개발사업은 연도별로 긍정적인 효과를 창출하고 있는 것으로 보이지만 해가 지남에 따라 효과가 증가하는 양상은 아닌 것으로 보인다. 우선 부품·소재 기술개발사업은 순이익과 총자산에 대해 사업 참여 이후 1년이 지난 시점에 통계적으로 유의미한 수준의 효과를 발생시켜 순이익은 첫해에 5억 원 증대시키고 총자산은 첫해에 16억 8천만 원 증대시키는 것으로 나타났다. 그러나 첫해 이후 둘째, 셋째 해가 됨에 따라 부품·소재 기술개발사업은 통계적으로 유의미한 수준의 순이익 또는 매출액 증대 효과를 창출하지는 못하고 있는 것으로 나타났다. 아울러 매출액에 대해서는 사업 참여 이후 매년도마다 통계적으

[그림 11-6] 사업 참여 이후 연도별 상업적 성과 지표의 추세: 회귀조정 평균치

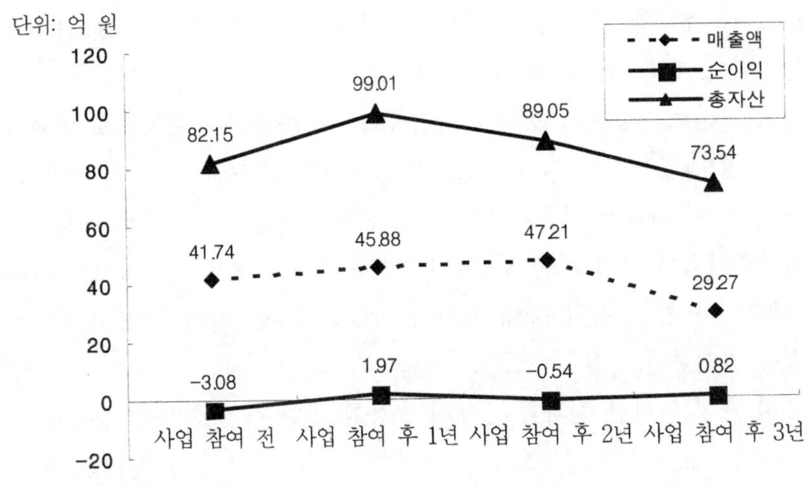

로 유의미한 수준의 효과가 발생하지 못하고 있음도 알 수 있다. 이러한 결과는 식 (2)의 추정 결과를 사용하여 구한 회귀조정 평균(regression adjusted means)의 추세를 나타낸 [그림 11-6]을 살펴봄으로써 더욱 명확히 이해할 수 있다.

그림에서 볼 수 있듯이 사업 참여 이전 평균 82억 1천 5백만 원 수준이던 참여 기업의 총자산은 사업 참여 1년 후 99억 원으로 증대되었다가 다시 감소하는 추세이고, 매출액의 경우에는 사업 참여 2년 후까지 증가하는 추세이다가 3년째에는 다시 감소하는 양상을 보이고 있다. 순이익의 경우에는 일정한 추세를 보이지 않고 등락을 반복하는 양상이다.

요약하자면, 부품·소재 기술개발사업은 총자산에 대해서는 통계적으로 유의미한 수준의 증대 효과를 발생시키는데, 특히 사업 참여 이후 첫해에 그 효과가 집중하여 나타나는 반면 매출액과 순이익에 대해서는 사업 참여 이후 첫해의 순이익을 제외하고는 통계적으로 유의미한 수준의 효과가 창출되지는 않는 것으로 밝혀졌다. 이러한 결과는 부품·소재 기술개발사업이 참여 기업의 상업적 성과를 제고시키는 목적을 달성하지 못하고 있다고 판단할 수 있는 근거가 되기도 하지만 연구·개발 활동의 특성과 부품·소재 기술개발사업이 아직 시행 초기 단계에 있다는 사실에 기인한 결과일 수도 있다. 다시 말해, 연구·개발 활동은 가시적 성과를 거두는 데 실패할 확률도 클 뿐더러 가시적 성과를 거두더라도 기간이 많이 소요되는 것이 일반적이다. 또한 연구·개발 활동이 일차적 성과는 신기술이나 신제품의 개발의 형태로 이루어지고 이것이 상품화되어 매출과 순이익으로 연결되기까지는 별도의 노력과 기간이 소요된다는 점도 고려해야 한다. 따라서 이러한 점과 이 사례에 사용된 데이터를 수집한 시점을 기준으로 부품·소재 기술개발사업이 아직 시행 3년차에 불과하다는 사실은 통계적으로 유의미한 매출액 또는 순이익 증대 효과가 발생하기에는 아직 이른 시점이라는 사실을 암시한다고 볼 수 있다.

한편 표에 나타난 결과들 중에서 주목할 만한 사실은 측정 연도별 효과와 코호트 효과가 통계적으로 유의미하게 나타난 경우가 많다는 점이다. 측정 연도의 효과는 매출액과 총자산에 대해 통계적으로 유의미하게 나타났는데 2002년에 비해 2001년에 참여 기업의 매출액은 약 36억 원, 총자산은 약 24억 원 높은 것으로 추정되었다. 측정 연도의 효과는 그 해에 특수한 상황이나 사건, 예를 들어 경제 상황 등의 효과를 반영하고 있는데, 위의 결과로 미루어 보아 2001년의 경제 상황이 2002년보다 더 기업 활동에 유리했다고 짐작할 수 있다. 코호트 효과는 총자산에 대해 통계적으로 유의미한 것으로 나타났는데, 2002년에 선정된 기업들의 규모가 가장 커서 이들에 비해 2000년에 선정된 기업들은 자산 규모가 평균 38억, 2001년에 선정된 기업들은 평균 35억 작은 것으로 나타났다. 코호트 효과는 특정 연도에 선정된 기업들에 고유한 효과로서 당해 연도의 심사 기준, 심사 주체, 응모 기업, 행정 절차, 정책 방향 등의 특성들이 반영된 것이다. 따라서 분석 결과는 해를 거듭할수록 규모가 큰 기업이 선정되는 경향임을 암시하고 있다. 이와같이 측정 연도의 효과와 코호트 효과가 통계적으로 유의미하다는 사실은 이들 효과들을 통제하지 않고 부품·소재 기술개발사업의 효과를 추정했을 경우 그 추정 결과는 측정 연도의 경제 상황이나 기업 선정 연도의 제반 상황까지도 반영하여 타당한 결과가 아닐 수 있음을 의미하는 것이다.

연구 문제

1. 부품·소재 기술개발사업을 비롯한 R&D 지원사업은 그 성격상 단기간에 성과를 측정하는 것이 쉽지 않다. 이 사례에서의 평가 결과도 이와 같은 한계를 지니고 있다고 할 수 있는데, 이 사례에서 활용된 성과지표 중 장기간에 걸쳐서 측정해야 할 최종 성과(final outcome)의 성격을 갖는 지표들은 무엇이며, 단기적으로 측정할 수 있는 중간적 성과(intermediate outcome)의 성격을 갖는 지표들은 무엇인지 구분해 보시오.
2. 일반적으로 부품·소재 기술개발사업을 비롯한 R&D 지원사업은 직접적인 목적 달성 이외에도 민간의 자발적인 R&D 노력을 구축

(crowding-out)하는 부수적인 효과를 발생시키는 특징을 가지고 있다. 이러한 구축 효과를 측정하는 평가전략을 설계해 보시오.

3. 부품·소재 기술개발사업의 집행 성과를 평가하기 위해서는 이 사례에서 제시된 방법들 이외에 어떠한 방법을 사용하여 평가할 수 있는지 생각해 보시오.
4. 단일 집단 사업 전·후 비교설계와 코호트 순차설계의 강점과 약점을 이 사례에 제시된 설명과 분석 결과들을 근거로 하여 논의해 보시오.
5. 부품·소재 기술개발사업의 집행 성과 결과와 효과성 평가 결과를 서로 연결시켜서 생각해 볼 때 부품·소재 기술개발사업의 개선을 위한 정책적 제언은 무엇이 있을 수 있는지 논의해 보시오.
6. 이 사례에서는 부품·소재 기술개발사업의 집행 성과와 효과성만을 평가하고 있는데 사례에서도 제시되었듯이 경제적 효율성도 평가되어야 한다. 부품·소재 기술개발사업의 경제성 평가를 위한 지표의 설정, 방법론 등에 대해 논의해 보시오.

제12장

토지거래허가제의 정책 효과*

정 광 호

I. 서론: 토지거래허가제 효과에 대한 의문

한국의 경우 급속한 경제 성장 과정에서 부동산 가격이 급격하게 상승했다. 이 과정에서 부동산 투기가 아주 유력한 재산 증식 수단으로 학습되고 각종 토지정책에 대한 일반 시민의 불신과 불만이 높아지면서 교육정책과 더불어 정부정책의 신뢰를 떨어뜨리는 대표적인 정책 분야로 자리잡고 있다. 이 사례는 토지정책에서 정책 부작용을 어떻게 계량적으로 접근하면서 그 정책 효과를 분석할 수 있는가에 초점을 두고 있다.

원래 토지거래허가제는 토지 투기를 막기 위해 일정 규모 이상의 토지를 취득할 때 시·군·구청의 허가를 받도록 하는 제도이다. 현재 수도권과 충청권 대부분 지역이 토지거래 허가구역으로 묶여 있다. 땅 투기자들은 토지거래 허가를 받기 위해 다양한 편법을 이용하고 있다. 해당 지역에서 6개월 이상 살면 합법적으로 토지거래 허가를 받을 수 있어 위장전입이나 매매를 증여로 위장하기도 한다. 이 때 증여세를 부담해야 하지만 증여세

* 이 정책사례는 2004년도 서울행정학회 동계학술대회 및 2005년 3월 『한국행정학보』에 게재된 논문 내용과 비슷한 논리구조를 가지고 있다. 다만 정책사례 형식으로 내용을 변경했고 이 사례에서 사용되는 회귀분석 모형도 위에서 발표된 논문에서 사용된 것과는 다르게 구성했다. 또한 토지거래허가제 전후의 주요 통계치를 비교 분석하고 표를 새롭게 첨가했다.

는 공시지가를 기준으로 내기 때문에 그렇게 부담이 되지 않는다. 이와같이 토지거래허가제의 효과에 대한 많은 의문이 제기되고 있다.

이 정책사례는 천안과 아산 지역의 토지거래허가제 실시 이전과 이후의 토지거래 실적을 비교해 봄으로써 토지거래허가제가 가수요 억제에 어느 정도 정책 효과가 있는지 평가하는 데 그 목적이 있다. 이 사례분석을 위해 이 연구는 천안 및 아산 지역의 토지거래허가제 전후를 기점으로 약 4년 동안의 토지거래량, 부동산 업체 수의 변화, 그리고 지가변동률도 함께 분석하고 있다. 특히 토지거래허가제가 토지거래량에 미친 영향을 분석하기 위해 자귀회귀분석(autoregressive analysis)과 시차변수(time lagged variable)를 도입하고 있다. 이 연구에서 사용되고 있는 토지거래허가제의 효과분석은 시계열적 차단 방법(time series interruption in quasi-experimental method)을 통한 준실험적 비교분석 기법이다. 이 사례분석의 경우 정책사례도 통계자료와 모형을 갖추고 있으면 충분히 계량분석을 활용한 사례로 활용될 수 있음을 보여 준다. 이 사례 분석 결과 토지거래허가제는 지가 상승에 따른 토지거래량의 증가를 막기에는 역부족임을 보여 준다. 오히려 토지거래허가제 실시 이후 토지거래량이 증가하는 토지 규제의 역효과가 발생하고 있음을 보여 준다.

이 사례연구는 지난 2002년 10월 2일 천안 및 아산 지역에 지정된 토지거래허가제의 효과를 사전사후 검증설계(One Group Pre-test and Post-test Design)라는 준실험적 방법론 및 부동산 관련 자료를 이용해 정부의 토지거래허가제의 효과를 좀더 과학적으로 분석해 보고자 한다. 특히 이 연구는 토지거래허가제의 시행이 토지가격의 안정, 즉 토지 시장에서 투기적 가수요 억제에 얼마나 실효성이 있는지 그 여부를 조사하고자 한다.

그 동안 수많은 언론 보도나 정부 자료를 통해 실제 토지시장에서는 토지거래허가제의 효과가 본래 의도한 과도한 투기적 토지거래 수요를 감소시키는 데 실패한 것으로 나타났다. 이에 이러한 정책실패(policy failure) 내지 부작용(policy side effects)이 어느 정도인지 좀더 과학적인 자료와 방법론에 근거하여 토지거래허가제의 효과를 분석해 볼 필요가 있다. 나아가 이러한 토지거래허가제의 부작용이 왜 발생했는가에 대한 검토를 통해 더욱 적절한 정책을 구상하고 집행할 필요가 있을 것이다. 특히 최근 행정수도 이전 논란으로 행정수도 후보 지역의 지가 상승에 대한 관심과 이들 지역에 대한 부동산 투기가 심화되면서 기존에 천안 및 아산 지역의 토지거래허가제 효과를 분석해 봄으로써 행정수도 후보 지역 주변의 토지규제 정책에 대한 시사점을 제공해 줄 수 있을 것으로 기대된다.

Ⅱ. 토지거래허가제에 대한 개요

오늘날 세계적인 추세는 인구의 증가, 도시화의 확대, 산업화로 인한 토지 수요의 증대에 따라 국토의 효율적인 이용이 강조되면서 근대적 토지소유권은 점차 토지의 공공성이 강조되는 공개념으로 전환되고 있다. 이러한 토지공개념에서 비롯된 토지거래허가제는 토지를 거래하기 전에 당사자가 계약 내용을 허가권자에게 허가받도록 하여 거래되는 토지의 가격의 적정성, 수요자의 적격성, 토지 이용의 적합성을 심사받아 계약하도록 하는 제도이다. 따라서 허가를 받지 않고 한 거래 계약은 그 효력이 발생하지 않으며 이는 범법행위로서 처벌을 받게 된다. 일반적으로 토지거래 규제는 다음과 같은 두 가지 정책 목표를 가지고 있다.

첫째, 토지의 이용을 실수요자 중심으로 합리적으로 유도한다. 토지 이용의 주체인 취득자를 심사하고, 거래 계약에 나타난 토지 이용 목적에 대한 공적 통제를 통해 토지 이용의 합리성을 제고할 수 있다. 둘째는 토지 투기를 억제하고 지가 안정을 도모한다. 단기 차익을 노린 무질서한 투기적 거래를 저해하여 합리적인 가격으로 거래 질서를 바로잡기 위해 사적 토지거래 행위에 공권력이 개입된다. 특히 토지거래허가제는 토지의 투기적인 거래가 성행하거나, 지가가 급격히 상승하거나 상승할 우려가 있는 지역을 토지거래 허가구역으로 지정해 계약 전에 허가를 받고 거래하도록 하는 제도이다. 그 동안 정부는 이를 억제하기 위해 '부동산 투기 억제에 관한 특별조치법'을 제정하여 시행했으나 부동산 투기가 끊이지 않고 그 대상 물건 및 지역이 전 국토로 확대되어 가고 있다. 이에 대응하기 위해 정부는 토지 거래를 직접 규제할 수 있는 거래계약허가제를 도입할 수 있는 국토이용관리 법령을 개정하여 1994년 1월부터 시행하고 있다.

둘째, 토지거래 허가구역으로 지정되면 그 지역의 토지시장은 상당히 위축되는 것으로 기대된다. 예를 들면, 최근 서울 강남의 부동산 시장이 과열되는 것과 더불어 수도권 및 전국 대도시권 대부분에 대해 토지거래 허가구역으로 규제를 강화하자 거래시장이 상당히 위축되는 것으로 나타나기도 했다.[1] 이와같이 부동산 투기를 억제하는 데는 여러 가지 정책들이 있겠지만, 토지거래허가제와 같은 정부의 직접 개입에 의한 토지시장을 규제하는 수단이 토지 투기를 효과적으로 차단하는 정책으로 이용되어 왔다.

Ⅲ. 사례분석의 범위와 방법

이 사례는 토지거래허가제가 토지시장에 미치는 영향이 과연 어느 정도인지를 측정하기 위해 천안 및 아산 지역을 선정하여 이 제도가 도입되기 이전과 이후로 나누어 그 효과를 분석하고 있다. 이를 위해 이 연구에서는 대상 지역을 선정할 때 부동산 시장 과열로 토지거래 허가지역으로 지정된 지 약 1년 반 정도 경과되어 시간적으로 그 정책의 효과를 측정할 수 있는 상당한 거래 자료가 축적된 지역을 검토하고자 했다. 여기에는 행정수도의 충남권 이전과 고속철도 개통시 수도권 출퇴근 가능 지역 1순위로 갑자기 부각된 충남 천안시와 신도시 개발 예정 지역으로 아산만권 개발 배후 중심지인 아산시 지역이 이 연구의 조사 대상 지역으로 포함되었다. 이들 지역은 실질적으로 부동산 투기 과열 현상 내지 부동산의 이상 고가 현상으로 사회적 물의를 빚었던 지역이며, 이 연구가 대상으로 하고 있는 부동산 투기과열 지역으로 취급하는 데 큰 무리가 없어 보인다.

1) 한국토지공사가 조사 분석한 2003년 1월 토지 거래 현황 자료에 의하면, 서울의 경우 총거래 면적 기준으로 1년 전과 비교해서 41.7%, 인천의 경우 44.6%, 경기도의 경우 13.8%나 거래 실적이 감소된 것으로 나타나 토지거래허가제 등 부동산 규제정책의 효과가 상당히 나타난 것으로 보인다.

이 연구의 대상 지역인 천안과 아산 지역의 경우 토지거래허가제 지정 현황을 살펴보자. 지난 2002년 10월 2일부터 천안시의 경우 18개 동 및 읍이 포함되었으며 아산시의 경우 3개 면이 토지거래 허가지역으로 고시되었다. 따라서 이 연구에서는 이들 지역의 토지거래량을 지난 2002년 10월을 기점으로 그 이전 32개월과 그 이후 15개월을 분석 대상 기간으로 설정하고 토지거래허가제 효과를 분석하고자 한다. 이것은 시계열적 준실험 방법(quasi-experimental method)에 속하는 연구 기법이다. 이것은 연구방법론에서 흔히 단일집단 사전 사후 검증설계(One Group Pretest and Post-test Design) 기법으로 불린다. 결국 이 사례는 토지거래허가제라는 정책개입을 통해 그 이전과 그 이후의 토지거래량의 변화를 준실험적인 방법으로 비교 분석하고 있다.

이를 위해 이 사례는 천안 및 아산시를 중심으로 토지거래허가제 전후 47개월 시점(거래허가제 이전 32개월 자료 및 거래허가제 이후 15개월 자료)을 기준으로 자료를 수집했다. 여기에는 두 가지 이유가 있다.

첫째, 토지거래 허가정책의 단기적 효과를 파악하기 위해서는 약 1~2년 단위의 월별 자료가 적절했다고 판단되기 때문이다. 왜냐 하면 투기 수요가 존재하는 지역의 토지가격의 경우 월 단위로 가격이 자주 변하고 또한 토지가격에 영향을 주는 외적 요인이 계속해서 발생하기 때문에 시점을 너무 광범위하게 설정하는 것은 정책 효과를 추정하는 데 장애 요인이 될 수도 있기 때문이다. 왜냐 하면 토지정책과 같은 단기간에 가변성을 많이 수반하는 정책 효과의 경우 이를 추정하는 시간이 길어질수록 그만큼 외부의 혼란 요인들을 통제하기 어렵기 때문이다. 즉, 정책 전후의 비슷한 정책환경이 시간이 경과할수록 달라질 가능성이 높다는 것이다.

둘째, 실제 천안시 및 아산시에 직접 가서 지속적으로 나오는 자료를 추적하기에는 자료 수집 비용에 따른 현실적 제약도 있었다. 이 연구에서는 각 지역별로 토지거래허가제의 전후 47개월 단위로 47개의 관찰치가 만들어지고 이것이 두 지역에 걸쳐서 만들어지기 때문에 총 94개의 관찰지가 만들어졌다.

이 연구에서 사용되는 토지거래 면적과 지가변동률의 경우 한국토지공

〈표 12-1〉 연구 대상 지역: 천안 및 아산시 토지거래 허가 구역 지정 현황

<table>
<tr><th>구역 지정</th><th>해당 지역</th><th colspan="2">세부 대상 지역</th><th>면적(천㎡)</th></tr>
<tr><td rowspan="6">건교부 공고 제2002-248호 (2002. 9. 26)</td><td>천안시</td><td colspan="2">구성동, 청수동, 삼룡동, 청당동, 유량동, 성성동, 차암동, 봉명동, 다가동, 용곡동, 신부동, 업성동, 신당동, 부대동, 안서동, 구룡동, 성거읍, 목천읍</td><td>155,611</td></tr>
<tr><td rowspan="3">아산시</td><td>탕정면</td><td>용두리</td><td rowspan="3">86,744</td></tr>
<tr><td>배방면</td><td>중리, 수철리, 신흥리, 공수리, 북수리, 회룡리, 세출리, 갈매리, 구령리</td></tr>
<tr><td>음봉면</td><td>삼거리, 동천리, 신수리, 신정리, 산정리, 원남리, 소동리, 신휴리, 의식리, 쌍암리, 쌍용리, 동암리, 송촌리</td></tr>
<tr><td>합 계</td><td colspan="2">2개 시 3개 면 41개 동</td><td>242,355</td></tr>
<tr><td>지정 기간</td><td colspan="3">2002. 10. 2 ~ 2005. 4. 7</td></tr>
</table>

사 자료실과 천안시 및 아산시 지적과에 문의하여 수집했다. 또한 두 지역의 중개업체 수에 관한 시계열 자료 현황의 경우 천안시 토지관리과 및 아산시 지적과에서 직접 수집했다.

Ⅳ. 토지거래허가제 효과 분석

토지거래허가제가 실시된 후 토지거래량이 정체되거나 감소했다면 토지거래허가제가 정책으로서 효과를 발휘하고 있다고 볼 수 있다. 그러나 토지거래허가제가 실시된 후에도 토지 거래량이 계속해서 증가한다면 토지거래허가제는 그 효과가 없을 뿐더러 오히려 정책의 부작용이 심화되고 있다고 보아야 할 것이다.

이러한 토지거래허가제의 부작용을 분석하기 위해 이 사례는 두 가지 접근 방법을 사용하고 있다. 하나는 토지거래허가제 전후로 단순하게 그 효과를 비교하는 방법이다. 다른 하나는 주요 관련 변수를 통제한 후 토지거

래허가제 효과를 회귀모형을 통해 추정하는 방법이다.

1. 정책개입 전후의 단순 비교 방법

여기서는 지난 2002년 10월 2일 천안 및 아산 지역에 실시되었던 토지거래허가제 실시 전후를 기점으로 하여 토지거래량의 변화, 부동산 업체 수의 변화, 지가변동률의 변화를 분석해 보고자 한다. [그림 12-1], [그림 12-2], [그림 12-3], 그리고 [그림 12-4]가 보여 주는 바와 같이 지난 2001년 10월부터 토지거래량의 변화 추이를 월별 단위로 살펴보면 지속적으로 증가하는 추세를 보여 주고 있다. 이것은 지난 2002년 10월 토지거래허가제가 실시된 이후에도 이러한 증가세가 그대로 이어지고 있음을 알 수 있다. 즉, 토지거래허가제에 따른 토지 수요에 대한 증가가 감소하거나 정체하는 것이 아니라 오히려 증가하고 있음을 알 수 있다. 이러한 경향은 천안 및 아산 지역 모두에서 발견된다. 또한 이러한 지속적인 증가 경향은 토지거래 필지 수나 토지거래 면적 자료 모두에서 그대로 나타나고 있다.

그러면 토지거래허가제 전후로 양 기간 사이에 토지거래량의 감소나 정체가 있었는지 단순 평균 검증 결과를 좀더 살펴보자. <표 12-2>가 보여주듯이 토지거래량의 변화를 살펴보면 토지거래허가제 이후에 천안 및 아산 지역 모두 토지거래량이 오히려 증가하고 있음을 알 수 있다. 즉, 토지거래허가제 전후의 단순 평균값을 비교해 보면 토지거래허가제 이후 토지거래량의 평균값이 높음을 알 수 있다. 이러한 토지거래허가제 실시 이후 토지거래량의 증가에 따른 평균 차이는 5% 유의 수준에서 천안 및 아산 지역 모두에서 통계적으로 유의미하게 나타나고 있다. 이러한 단순 평균 검증 결과 토지거래허가제는 토지시장에서 토지거래량을 감소시키거나 정체시키지 않고 오히려 상당히 증가시키는 부작용을 낳고 있음을 알 수 있다.

2. 회귀분석 모형

위에서 분석한 전후의 단순 비교는 다른 제3의 혼란 요인을 통제하지 않

[그림 12-1] 토지거래 필지의 증가량(천안)

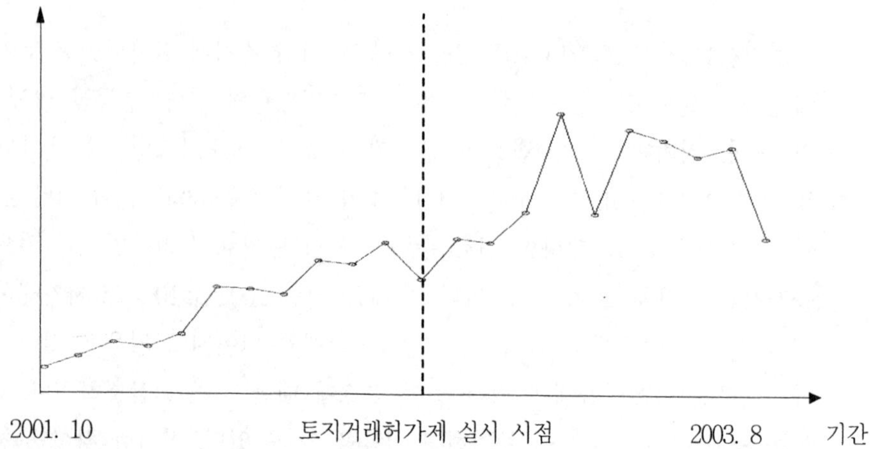

[그림 12-2] 토지거래 면적의 증가량(천안)

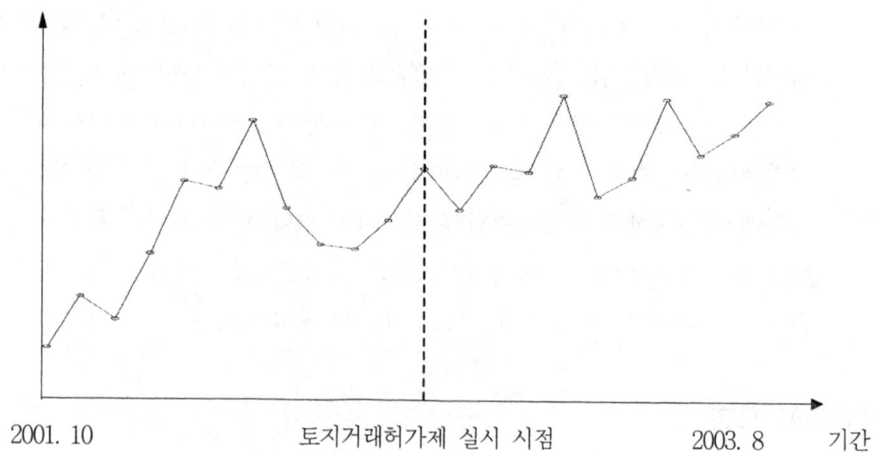

[그림 12-3] 토지거래 필지의 증가량(천안)

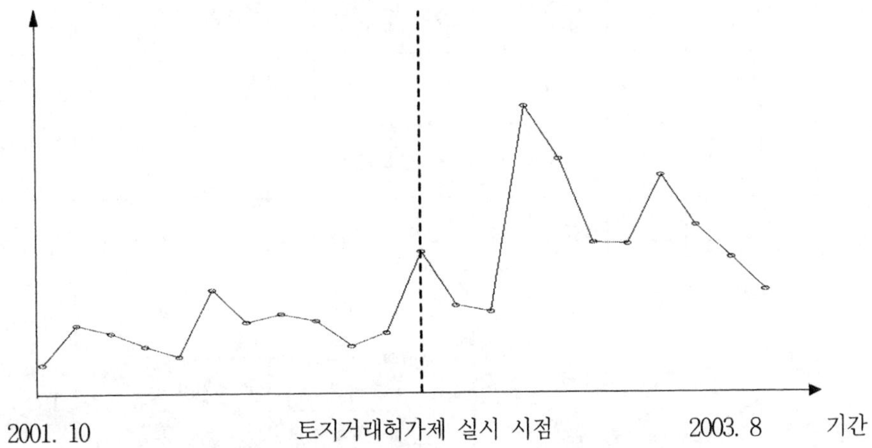

[그림 12-4] 토지거래 면적의 증가량(아산)

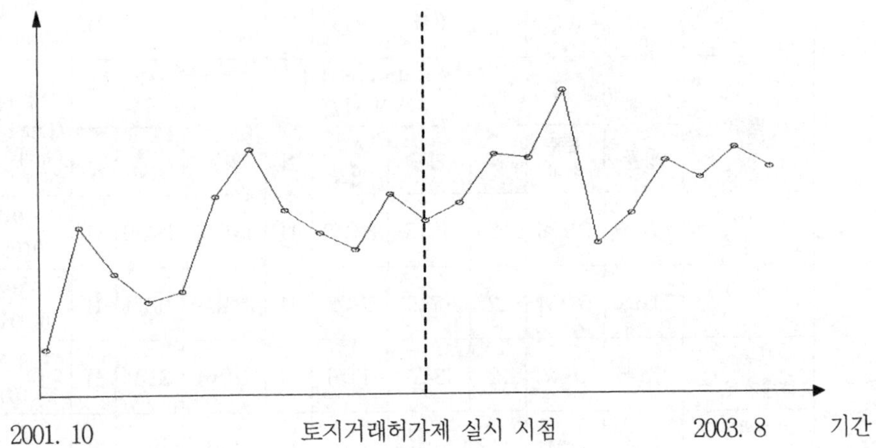

〈표 12-2〉 토지거래허가제 전후의 T-test 결과

변수	전체 (천안 및 아산 모두 포함)			토지거래허가제 실시 이전			토지거래허가제 실시 이후			전후 비교 T-test 값 (유의확률)
	평균	표준편차	N	평균	표준편차	N	평균	표준편차	N	
거래 필지 수	2036.09	1002.00	44	1570.00	618.48	22	2502.18	1103.69	22	-3.46 (0.0015)
거래 면적 (천㎡)	2091.55	823.56	44	1565.32	460.24	22	2617.77	772.52	22	-5.49 (<.0001)
부동산 중개업체 수	282.86	155.12	44	215.41	94.28	22	350.32	175.64	22	-3.17 (0.0033)
지가변동률 (%)	0.35	0.32	44	0.19	0.16	22	0.51	0.35	22	-3.88 (0.0005)

변수	천안 지역			토지거래허가제 실시 이전			토지거래허가제 실시 이후			전후 비교 T-test 값 (유의확률)
	평균	표준편차	N	평균	표준편차	N	평균	표준편차	N	
거래 필지 수	2733.41	966.29	22	2004.45	543.99	11	3462.36	704.17	11	-5.43 (<.0001)
거래 면적 (천㎡)	2176.59	1012.97	22	1451.73	312.77	11	2901.45	949.24	11	-4.81 (0.0004)
부동산 중개업체 수	407.27	124.54	22	303.55	38.29	11	511.00	86.24	11	-7.29 (<.0001)
지가변동률 (%)	0.37	0.38	22	0.17	0.19	11	0.58	0.42	11	-2.91 (0.0116)

변수	아산 지역			토지거래허가제 실시 이전			토지거래허가제 실시 이후			전후 비교 T-test 값 (유의확률)
	평균	표준편차	N	평균	표준편차	N	평균	표준편차	N	
거래 필지 수	1338.77	321.38	22	1135.55	303.49	11	1542.00	184.19	11	-3.80 (0.0015)
거래 면적 (천㎡)	2006.50	589.54	22	1678.91	564.46	11	2334.09	418.51	11	-3.09 (0.0062)
부동산 중개업체 수	158.45	36.47	22	127.27	10.56	11	189.64	23.29	11	-8.09 (<.0001)
지가변동률 (%)	0.32	0.24	22	0.20	0.14	11	0.44	0.27	11	-2.60 (0.0172)

주: SAS 프로그램을 활용하여 Satterthwaite 근사 방법에 의한 집단간 평균검증 기법을 사용함.

았기 때문에 다른 연관 요인이 함께 개입되어 토지거래허가제의 인과 효과를 추정하는 데는 상당한 한계가 있다. 이러한 혼란 요인을 회귀분석 모형에서 통제해 주면 이러한 문제가 어느 정도 해소가 가능하다. 특히 토지거래량에 영향을 주는 요인은 부동산에 대한 과도한 수요라는 사회경제적 경향이라는 큰 수요 측면의 요인이 작용하고 있다. 토지거래허가제가 토지거래량에 미치는 효과를 순수하게 파악하기 위해서는 이러한 요인들을 통제할 필요가 있다. 이 연구에서는 이러한 토지에 대한 과도한 사회적 수요 변수를 통제하기 위해 토지거래량에 영향을 주는 부동산 중개업체 수[2]와 지가변동률[3]을 통제변수로 도입했다(회귀분석 모델 1 참고).[4]

한편 토지거래량이 월별로 변화하는 동태적 시간 자료(dynamic time series data)이므로 회귀모형의 오차항에서 자귀상관(auto-correlation)이 일어날 수 있다. 이러한 자귀상관은 회귀계수를 추정할 때 편향(bias)을 초래하므로 자귀상관을 측정하고 이를 통제하기 위해 1차 시차 변수(lagged variable)를 도입했다(회귀분석 모델 2 참고).

이 사례에서는 토지거래허가제의 효과를 회귀분석 결과에 근거하여 천안 지역, 아산 지역, 그리고 두 지역의 합한 경우로 나누어 살펴보고자 한다. 자세한 내용은 <표 12-3>과 <표 12-4>, 그리고 <표 12-5>에 잘 나타나 있다.

(1) 천안 지역 분석 결과

먼저 천안 지역의 경우를 살펴보면 부동산 중개업체 수, 지가상승률 두 변수를 통제한 후에도 토지거래허가제 이후 토지거래 면적이 증가하고 있

---

2) 부동산 과열 현상이 나타나는지 여부는 단기간에 지가가 급격히 상승하거나 거래량이 급격히 증가하는 현상, 또 투기 과열 여부를 판단하는 지표로 그 지역의 부동산 중개업체 수의 증가가 부동산 과열 현상을 대변하는데 대용변수(proxy variable)가 될 수 있다. 한편 부동산 중개업체 현황의 경우 천안시 토지관리과 및 아산시 지적과에 문의하여 구했다.

3) 지가 변동을 측정하는 자료는 한국토지공사에서 매분기별로 조사되는 지가변동률을 가지고 이 연구에 사용하고 있다.

4) 이 연구에서 사용되고 있는 자료의 출처를 보면 토지거래 면적과 지가변동률의 경우 한국토지공사 자료실에서 입수했다.

〈회귀분석 모델 1〉

$Yt = \alpha + \beta_1 X_t + \beta_2 Z_t + \beta_3 PITV_t + \varepsilon_t,$

Y=토지거래량(토지거래 면적)

X=부동산 중개업체 수

Z=지가변동률

PITV=토지거래허가제 dummy 변수(2002년 9월 이후=1, 이전=0)

t=2000년 1월부터 2003년 12월까지 월별 자료 단위

α=회귀모형의 절편

ε=회귀모형의 잔차

〈회귀분석 모델 2: 시차 변수의 도입〉

$Y_t = \alpha + \beta_1 X_t + \beta_2 Z_{2t} + \beta_3 PITV3_t + \beta_4 Y_{t-1} + \varepsilon_t,$

Y=토지거래량(토지거래 면적)

X=부동산 중개업체 수

Z=지가변동률

PITV=토지거래허가제 dummy 변수(2002년 9월 이후=1 이후=1, 이전=0

Y_{t-1}= 토지거래량의 1차 시차변수(lagged variable)

t=2000년 1월부터 2003년 12월까지 월별 자료 단위

α= 회귀모형의 절편

ε= 회귀모형의 잔차

음을 알 수 있다. <표 12-3>의 모델 1에서 나타난 바와 같이 토지거래허가제 이후 토지 거래량이 평균적으로 약 1,050천m^2 증가한 것으로 나타났다. 이것은 토지거래허가제가 본래 의도한 정책 목표인 토지거래량 감소를 통해 투기 현상을 차단하려는 것과 정반대의 결과이다. 따라서 토지거래허가제의 정책 목표가 달성되었다고 보기 어렵고 오히려 그 역효과가 나타났다고 보여진다.

한편 <표 12-3>에 있는 모델 1의 경우 10% 통계적 유의 수준에서 회귀분석 과정에서 잔차항 간의 정(正)의 자귀회귀(positive autoregressive correlation) 현상이 발견되고 있어(Pr<Durbin Watson=0.09) 시차 변수를 도입하여 이를 해결하고자 했다. <표 12-3>의 모델 2에서 시차 변수를 도입한 후 토지거래허가제의 효과를 다시 분석한 결과 토지거래허가제 이후 여전히 약 1,041천m^2 정도 토지거래량이 증가한 것으로 나타났다. 지금까지 나타난 분석 자료를 근거로 천안 지역의 경우 토지거래허가제의 효과는 없다고 볼 수 있으며 오히려 토지거래량이 증가하는 역효과를 낳았다고 볼 수 있다.

한편 천안 지역의 경우 지가상승률의 효과가 토지거래량의 증가를 촉진하는 경향이 있음을 알 수 있다. 즉, 지가상승률이 상승함에 따라 토지거래량이 증가하는 추세가 나타나고 있는 것이다. 결국 토지거래허가제가 실시된 이후에도 토지거래량이 증가하고 있기 때문에 토지거래허가제가 지가상승에 따른 토지의 수요 증대를 막기에는 역부족이라고 볼 수 있다.

〈표 12-3〉 회귀분석: 토지거래허가제에 따른 토지거래량의 변화 정도(천안 지역)

(N=47)

	종속변수=거래 면적(천㎡)			
독립변수	모델 1		모델 2	
절편	1,528(106)***	1,433(275.1)***	1,532(116)***	1,442(304.8)
부동산 중개업체 수	-	0.19(1.06)	-	0.16(1.17)
지가상승률	-	627(302)**	-	654(327)**
토지거래허가제 (dummy 변수)	1,495(177)**	1,050(388.4)***	1,491(204)***	1,041(425.1)**
시차 변수 (Yt-1) lagged variable	-	-	-0.14(0.15)	-0.10(0.11)
Durbin-Watson	1.68	1.74	1.87	1.90
Pr < DW	0.10	0.09	0.28	0.23
Pr > DW	0.89	0.90	0.72	0.77
R-Square	0.61	0.65	0.62	0.66

주: ( ) 안의 숫자는 표준오차(standard error)임. -: 회귀분석 모형에서 제외함. 영가설 기각할 때 발생하는 오류: ***=유의 수준 1% 이하; **=유의 수준 5% 이하; *= 유의 수준 10% 이하. Pr>DW: 잔차항 간의 긍정적 상관 관계(positive autocorrelation)를 검증할 때 나온 유의 수준. Pr>DW: 잔차항 간의 부정적 상관 관계(negative autocorrelation)를 검증할 때 나온 유의 수준.

(2) 아산 지역 분석 결과

아산 지역의 경우 토지거래허가제의 효과가 어떻게 나타나고 있는가를 아래 <표 12-4>에 근거해서 살펴보자. <표 12-4>의 모델 1과 모델 2에 나타난 바와 같이 부동산 중개업체 수와 지가상승률 변수를 통제한 이후 토지거래허가제 이후 토지거래 면적이 증가하는 추세는 나타나지 않고 있다. 즉, 토지거래허가제 이후 토지거래 면적의 증가 현상이 멈추고 있음을 시사해 준다. 이러한 결과는 천안 지역에서 나온 것과 다르다. 천안 지역의 경우 부동산 중개업체 수와 지가상승률 변수를 통제한 이후에도 토지거래량이 증가하고 있기 때문에 토지거래허가제의 효과는 없는 것으로 볼 수 있다. 반면 아산 지역의 경우 토지거래허가제 이후 토지거래량의 증가 현상은 지가상승률과 부동산 중개업체 수를 통제할 때 나타나지 않는다. 그러나 아산 지역의 경우에도 천안 지역과 유사하게 토지거래허가제 이후 여전히 지가 상승에 따른 토지거래량이 증가하고 있기 때문에 토지거래허가제가 지가 상승에 따른 토지거래량 증가를 막기에는 역부족이라고 볼 수 있다. 아산 지역에서 지가상승률이 토지거래량에 미치는 영향은 <표 12-5>

〈표 12-4〉 회귀분석: 토지거래허가제에 따른 토지거래량의 변화 정도(아산 지역)

(N=47)

	종속변수=거래 면적(천㎡)			
독립변수	모델 1		모델 2	
절편	1,325(161)***	-12.4(566)	1,355(214)***	-8.58(131.5)
부동산 중개업체 수	-	10.36(5.27)	-	10.34(4.8)**
지가상승률	-	1,591(375)***	-	1,555(347)**
토지거래허가제 (dummy 변수)	1,639(286)***	-285(433)	1,592(371)***	-252(401)
시차 변수 (Y_{t-1}) lagged variable	-	-	-0.28(0.14)*	0.12(0.15)
Durbin-Watson	1.33	2.24	1.97	2.07
Pr < DW	0.006	0.68	0.41	0.43
Pr > DW	0.99	0.92	0.59	0.57
R-Square	0.42	0.76	0.47	0.76

에 잘 나타나 있다.

(3) 천안 및 아산 지역을 통합 분석한 경우

지금까지 천안과 아산 지역을 분리하여 토지거래허가제의 효과를 분석했다. 이와같이 두 지역을 분리하여 추정할 경우 관찰 빈도가 각 지역마다 47개에 한정되는 문제가 있다. 따라서 여기서는 두 지역을 합해 추정함으로써 관찰 빈도를 94개로 늘림으로써 통계적 타당성(statistical validity)을 높일 수 있다.

<표 12-5>에는 두 지역을 합해 추정한 분석 결과가 정리되어 있다. 이를 살펴보면 부동산 중개업체 수와 지가상승률을 통제한 이후에도 여전히 토지거래허가제 이후 토지거래 면적이 증가하고 있음을 알 수 있다. 즉, 토지거래허가제가 의도한 토지거래량의 억제 효과가 나타나지 않고 있는 것이다. 나아가 지가상승률에 따른 토지거래량의 증가도 매우 유의미하게 나타나고 있기 때문에 토지거래허가제가 지가 상승에 따른 토지거래량 증가

〈표 12-5〉 회귀분석: 토지거래허가제에 따른 토지거래량의 변화 정도
(천안 및 아산 지역 통합 분석 결과)

(N=94)

	종속변수=거래 면적(천㎡)	
독립변수	**모델 1**	**모델 2**
절편	1,177(119.4)***	1,179(131.5)
부동산 중개업체 수	0.6(0.5)	0.63(0.56)
지가상승률	1,425(218.8)***	1,449(234.9)***
토지거래허가제 (dummy 변수)	581.1(211.8)***	557(231.3)**
시차 변수 (Y_{t-1}) lagged variable	-	0.10(0.11)
Durbin-Watson	1.77	1.95
Pr < DW	0.08	0.30
Pr > DW	0.92	0.69
R-Square	0.66	0.66

를 통제하기에는 역부족임을 알 수 있다.

V. 결론: 토지거래허가제의 쟁점

토지거래허가제는 지역 개발이 추진되는 등의 사유로 인해 부동산 투기 과열 현상이 나타나거나 나타날 우려가 있는 지역에 거래계약 자체를 규제하는 가장 강력한 정부개입 수단이다. 그러나 이 연구에 따르면 천안 및 아산 지역의 토지거래허가제의 효과가 지가 상승에 따른 과도한 사회적 토지 수요를 억제하는 데 한계가 있음을 보여 준다. 결국 지가 상승에 따른 토지 거래량의 증가라는 시장 원리를 정부가 토지거래허가제를 통해 개입하더라도 별 효과가 없음을 보여 준다. 오히려 토지거래허가제 이후 토지거래량이 증가하는 역효과가 발생했다고 보인다. 정부의 토지시장에 대한 개입이 토지시장을 둘러싼 경제 주체들에게는 정반대의 신호 — 토지규제 정책이 지가 상승을 오히려 부추기는 현상 — 를 보내고 있는 것이다. 이러한 현상은 토지거래허가제가 토지 부족에 따른 지속적인 지가 상승이라는 토지시장 환경 변수와 충돌하고 이를 넘어서지 못한 데서 나온 정책설계의 실패라고 볼 수 있다.

이와같이 이 연구의 분석 결과 지난 2002년 10월 2일 천안 및 아산 지역에 실시되었던 토지거래허가제는 그 효과를 제대로 발휘하지 못한 것으로 나타났다. 이 연구의 분석 결과에 따르면 토지거래허가제 실시 이후 오히려 지가의 상승, 그리고 토지거래 면적의 증가 현상이 두드러지게 나타났다. 즉, 토지거래허가제의 본래 효과가 발휘되지 못하고 오히려 정책의 부작용이 심화된 경우라고 볼 수 있다.

1. 예상치 못한 파급 효과에 대한 고려

비규제 지역에 대한 예상치 못한 토지 수요의 파급 효과이다. 이것은 정책의 외부 효과(policy externalities)라고 볼 수 있다. 예를 들면, 천안과 아산 지역 등 충남 내륙 지역에 대한 투기 규제가 심해지자 규제를 받지 않으면서 발전 가능성이 큰 서산과 당진 등 서북부 지역에 대한 투기가 급증하고 있다. 이것은 토지거래 허가 구역에 포함되어 있지 않으면서 땅값 상승이 예상되는 서북부 지역에 토기 투기 수요가 집중되기 때문이다.

2. 왜 토지거래허가제가 효과를 발휘하지 못하는 것일까?

그러면 왜 토지거래허가제가 제대로 효과를 발휘하지 못하고 있는가에 대한 좀더 세밀한 분석이 필요하다. 토지거래허가제가 그 효과를 발휘하지 못하도록 만든 원인을 여러 가지 측면에서 살펴볼 수 있지만 이 연구에서는 다음과 같은 측면에서 그 원인을 찾아볼 수 있다. 나아가 이와 관련하여 추가 연구 과제도 언급하면 다음과 같다.

첫째, 토지거래허가제의 효과가 허가 사항에 해당되지 않는 토지 거래에 의해 제대로 발휘되지 못하고 있다. 토지거래허가제는 일종의 '굵은 그물'이다. 소위 큰손 투기꾼인 '대어'를 걸러내기 위한 정책이다. 하지만 이런 '대어'들조차 허가제를 피해 허가 대상이 되지 않는 적은 면적의 필지를 골라 거래함으로써 법망을 피해 갈 수 있다.[5] 이와 같은 현상이 나타나는 것은 토지거래허가제가 가진 제도적 문제점으로서 거래 허가가 제한되는 면적 기준에 제도적 허점이 있다고 할 수 있는 것이다. 그 밖에도 최근 '채권 압류 방식'을 통해 토지거래허가제를 피해 토지 거래를 편법으로 할 수 있는 여지도 있다.[6]

---

5) 토지거래 허가구역으로 지정된 이후에는 허가 대상 면적 이하로 토지를 분할하여 수개의 거래로 편법을 사용하는 방법으로는 허가 대상에서 제외될 수 없다(국토의 계획 및 이용에 관한 법 시행령 제118조 ③항).

6) 채권 압류 방식의 편법 거래란 토지를 사려는 A씨가 토지를 팔려는 B씨의 토지에 땅값에 해당하는 돈이나 계약금을 빌려 주고, 대신 B씨는 자신이 보유한 토지에 '가등기 설정' 등의 담보를 제공한 뒤 빌린 돈을 변제하지 않는 방식이다. A씨가 B씨의 부동산을 잡아 놓거나 이를 압류한 뒤 경매를 통해 낙찰받는 방식이다. 이렇게 할 경우 토지거래 허가구역으로 지정된 이들 지역에서 투자자인 A씨는 토지 거래 및 취득 목적, 사용계획 등과 관련된 사실을 관할 시·군·구에 허가받지 않아도 되므로 토지거래 허가를 피해갈 수 있다. 이는 또 정상적인 행위로 간주돼 정부의 투기 단속이나 중과세도 피할 수 있다.

둘째, 적절한 정책 타이밍(policy timing)에 맞추어 정책 수단을 집행해야 하지만 그 동안 토지정책은 정책 타이밍이 늦다는 비판을 받아 왔다. 일반적으로 토지거래 허가구역으로 지정된 토지의 경우 6개월에서 1년 동안 전매를 금지하고 투기에 편법으로 이용되는 증여를 막기 위해 토지 증여도 허가 대상에 포함시키는 것 등을 포함하고 있다. 그러나 이와 같은 대책은 토지 투기를 막는 데 미흡하다. 왜냐 하면 토지가격 안정 대책의 핵심인 투기지역 지정이 이미 투기 바람으로 토지가격이 치솟은 다음에 이루어지는 사후적인 대책이기 때문이다.

셋째, 토지정책의 비일관성에 따른 정책 신뢰의 상실로 인해 토지거래허가제의 효과가 제대로 발휘되지 못하는 측면도 있다. 토지거래허가제가 거래 위축을 가져오는 측면도 있지만 한편으로는 토지거래허가제로 지정된 사실 자체가 해당 지역의 토지 수요가 많다는 것을 반증하는 것으로 정책대상 집단에게 인식된다. 나아가 토지거래허가제로 인해 토지 거래가 제한되지만 토지가격이 지속적으로 상승하는 상황에서 거래허가제를 피해 거래를 하려는 다양한 수단들이 개발되는 것이다.

연구 문제

1. 토지거래허가제의 정책 부작용의 원인이 어디에 있는지, 그리고 있다면 이를 어떻게 분석할 수 있는가에 대해 논의하사오.
2. 토지거래허가제의 효과를 무엇으로 측정할 수 있는지 논의하시오. 특히 기존의 통계방법론을 이용해 분석할 수 있는 방안을 찾아보시오.
3. 토지거래허가제의 효과를 전후로 비교한다고 할 때 어떤 종류의 연구디자인이나 실험설계 방식이 이용될 수 있는지 논의해 보시오.
4. 토지거래허가제의 효과를 실증적으로 검증할 수 있는 연구가설을 설정해 보시오.
5. 이 사례에서 이용되고 있는 연구방법론을 활용할 경우 찾아내지 못하는 정책실패의 원인들로 무엇을 들 수 있는가?

제13장

방송사업자 허가·재허가 관련 방송법 적용 사례

김 동 욱

I. 서 론

2004년 3월 개정된 방송법은 방송사업의 정의를 새롭게 하고 이동멀티미디어방송 규정을 신설했다. 2000년 이전의 구 방송법과 종합유선방송법에서부터 현재의 방송법까지 방송 법령이 전개되어 가는 과정을 보면 지상파방송(구 방송법)에서 종합유선방송(종합유선방송법 제정), 위성방송(2000년 방송법 제정), 이동멀티미디어방송(2003년 개정 방송법) 등 새로운 유형의 방송을 계속적으로 추가하는 양상이 나타나고 있다. 지상파방송사업 위주의 법령 조항들이 큰 변화 없이 새로운 방송사업 유형에도 동일하게 또는 유사하게 적용되면서 방송사업 허가 제도의 정당성과 실효성을 저하시키고 있다. 더욱이 2000년 방송법이 여야 정당 간의 정치적 타협의 결과로 제정되면서 구체적인 법률적 엄정성을 확보하지 못해 방송법 시행령이 사실상 법률적 조항을 포함하는 왜곡된 구조를 가지게 되면서 방송법 조항 자체의 엉성함이 계속적으로 논란의 대상이 되고 있다. 특히 사업 허가 및 재허가는 사업자 또는 사업 신청자에게는 매우 중요한 사안으로 법률적으로나 행정적으로 대단히 정밀하게 규정되고 처리되어야 하는데 모법인 방송법의 엉성한 조문과 방송위원회와 정보통신부의 이원적 허가 구조는 분쟁과 갈등의 소지를 제공하고 있다.

방송위원회는 방송법과 방송법시행령에 근거하여 방송사업자 및 중계유선방송사업자의 허가 추천 처분을 하고 있으나 방송법에 구체적인 근거 조항이 미비하여 허가 추천 행위에 대한 위법성, 과잉 규제, 자의성, 편파성의 시비가 끊임없이 제기되면서 방송위원회의 권위와 효율성을 크게 저해하고 있다.

이 연구에서는 2004년 방송위원회의 재허가 추천 심사 과정에서의 방송위원회의 권한 범위에 대해 논란이 있었고, 현재 국회에서 다양한 내용의 방송법 개정안에 대한 심의가 진행되고 있어서 차제에 방송법 및 유관 법령에서의 방송사업 허가 및 재허가 조항을 제·개정하는 데 도움이 될 수 있는 몇 가지 방안을 제시하기로 한다.

Ⅱ. 현행 방송사업 허가·재허가 구조

현행 방송법에서는 지상파방송사업, 종합유선방송사업, 위성방송사업, 중계유선방송사업은 허가를 받게 규정되어 있으며, 신규허가, 재허가, 변경허가의 경우 방송위원회의 추천과 정보통신부 장관의 허가라는 순차적 허가 구조를 가지고 있다. 방송위원회가 사업추천권을 통해 실질적 방송사업에 대한 진입 탈퇴에 대한 관할권을 행사하고 있지만 정보통신부가 전파 할당 및 방송시설 등 방송 관련 기술행정을 관할하면서 허가(재허가, 변경허가)와 허가 취소 및 정지에 대한 최종적인 권한을 가지고 있는 이원적 구조를 가지고 있다.

1. 방송사업의 허가 절차

방송법은 방송사업을 지상파방송사업, 종합유선방송사업, 위성방송사업, 채널사용사업으로 한정하고, 중계유선방송사업은 규정하되 방송사업 외 사업으로 인정하고 있다.

채널사용사업을 제외한 지상파·종합유선·위성방송 사업을 하기 위해서는 제9조 제1항 또는 제2항에 따라 허가받게 규정하고 있고, 사업 신청자는 방송위원회의 추천을 받고 정보통신부 장관의 허가를 받아야 한다. 단 중계유선방송사업자가 종합유선방송사업자로 전환하는 경우 방송위원회의 승인을 받아야 한다.

방송국(전파법에 따른 방송 업무를 행하는 무선국)이 필요한 지상파방송과 위성방송은 방송법과 시행령, 전파법과 시행령의 규율을 받게 되고, 종합유선방송과 중계유선방송은 방송법과 시행령, 유선방송사업 및 전송망사업의 허가 및 등록에 관한 규칙의 규율을 받는다.

제9조(추천·허가·승인·등록 등) ① 지상파방송사업 또는 위성방송사업을 하고자 하는 자는 방송위원회의 추천을 받아 전파법이 정하는 바에 의하여 정보통신부 장관의 방송국 허가를 받아야 한다.

② 종합유선방송사업 또는 중계유선방송사업을 하고자 하는 자는 방송위원회의 추천을 받아 대통령령이 정하는 기준에 적합하게 시설과 기술을 갖추어 정보통신부 장관의 허가를 받아야 한다.

③ 제2항의 규정에 불구하고 대통령령이 정하는 기준에 해당하는 중계유선방송사업자가 종합유선방송사업을 하고자 할 경우에는 방송위원회의 승인을 얻어야 한다. 이 경우 방송위원회는 정보통신부 장관과 협의하여야 한다.

④ 제3항의 규정에 의하여 승인을 얻은 자는 승인을 얻은 때부터 제2조 제3호 나목의 규정에 의한 종합유선방송사업자로 허가를 받은 것으로 본다.

⑤ 생략

⑥ 외국 인공위성의 무선설비(국내에서 수신될 수 있는 것에 한한다)를 이용하여 위성방송을 행하는 사업을 하고자 하는 자는 방송위원회의 승인을 얻어야 한다. 이 경우 방송위원회는 정보통신부 장관과 협의하여야 한다.

⑦ 제6항의 규정에 의하여 승인을 얻은 자에 대하여는 제2조 제3호 다목의 위성방송사업자에 대하여 적용되는 규정을 준용한다.

⑧ 생략, ⑨ 생략, ⑩ 생략

⑪ 제1항 내지 제10항의 규정에 의한 추천·허가·승인 및 등록의 요건·절차 등에 관하여 필요한 사항은 대통령령으로 정한다.

방송사업 및 중계유선방송사업 허가 절차는 방송위원회와 정보통신부가 허가 사업의 유형과 시기 등에 대해 협의를 한 후 방송위원회의 허가 추천 공고로부터 시작되고 정보통신부 장관의 무선국 또는 유선방송시설의 준공

[그림 13-1] 지상파·위성방송의 허가 절차

방송위원회와 정보통신부 협의 → 방송위원회 허가 추천 심사 공고 → 사업자 신청 → 방송위원회 허가 추천 심사 (시청자 의견 청취) → 방송위원회 허가추천서 교부 정통부 통보 →

사업자 허가 신청 → 정보통신부 무선국 허가 심사 → 무선국 개설 허가증 교부 방송위 통보 → 사업자 무선설비 준공 → 정보통신부 무선설비 준공검사필증 교부 → 방송사업 개시

[그림 13-2] 종합유선·중계유선방송의 허가 절차

방송위원회와 정보통신부 협의 → 방송위원회 허가 추천 심사 공고 → 사업자 신청 → 방송위원회 허가 추천 심사 (시청자 의견 청취) (종합유선의 경우 시도지사 의견 청취) → 방송위원회 허가추천서 교부 정통부 통보 →

사업자 허가 신청 → 관할 체신청장 사업 심사 → 사업허가증 교부 → 사업자 방송설비 준공 → 체신청장 무선국관리산업단 방송설비 준공검사필증 교부 → 방송사업 개시

[그림 13-3] 중계유선방송의 종합유선방송 전환 승인

방송위원회 승인심사 공고 → 방중계유선방송 사업자 승인 신청 → 방송위원회 승인 심사 (정통부 기술심사) (시청자 의견 청취 (시도지사 의견 청취) → 방송위원회 심사 결과 발표 → 방송위원회 정통부와 협의 →

방송위원회 승인증 교부 → 종합유선방송 사업 개시

검사필증을 교부하는 것으로 마무리된다. 정보통신부 장관의 무선국 허가나 유선방송설비 허가와 준공검사 업무는 체신청장 또는 한국무선국관리사업단에 위임되기도 한다. 중계유선방송사업자의 종합유선방송 전환 승인의 경우에는 중계유선사업자가 종합유선방송 설비 기준을 승인 신청하는 시점에서 만족시키고 있으므로 정보통신부와 협의한 후 방송위원회가 승인장을 교부하면서 절차가 마무리된다.

방송법 제15조에 따라 사업자의 주요 사항이 변경될 경우 변경 허가를 얻어야 하는데 그 절차는 방송위원회에 변경 허가 추천을 신청하고 정보통신부의 변경 허가를 받거나 변경 설비에 대한 준공검사를 마치면서 마무리된다. 변경 허가는 신규 사업허가의 절차가 준용된다.

변경 허가를 필요로 하는 사항은 다음과 같다.

① 당해 법인의 합병 및 분할

② 개인이 영위하는 사업의 법인사업으로의 전환

③ 최다수 주식 소유자 또는 최다액 지분 소유자의 변경

④ 개인이 영위하는 사업의 양도

⑤ 방송 분야의 변경

⑥ 방송구역의 변경

⑦ 기타 대통령령이 정하는 중요한 시설의 변경

방송법 제17에 따라 방송사업자와 중계유선방송사업자가 허가 유효 기간 만료 후 계속 방송을 행하고자 할 경우에는 재허가를 받아야 하는데 방송위원회의 재허가 추천과 정보통신부 장관의 재허가를 받게 된다. 방송사업과 중계유선사업 허가의 유효 기간은 5년 이내의 대통령령으로 정하게 되어 있는데 종합유선 및 중계유선방송은 방송법시행령 제16조 제1항에 따라 3년, 지상파방송과 위성방송은 전파법시행령 제21조 제1항 3호에 따라 3년으로 정해져 있다. 허가 유효 기간 만료 6개월 전에 재허가 추천을 신청하고 허가 기간 경과 전에 재허가를 받아야 하는데 재허가 절차는 신규 허가 절차와 유사하게 진행된다.

방송사업자가 주요 법 규정을 위반했을 때에 방송위원회는 정보통신부 장관에게 허가 취소 또는 6월 이내의 기간을 업무 정지를 명하도록 요청할

수 있다. 정보통신부 장관은 취소 또는 정지를 할 경우 사업자에게 서면으로 통지하고 방송위원회에도 통지해야 한다.

사업 허가 취소 및 업무정지 사항은 다음과 같다.

① 허위, 기타 부정한 방법으로 허가·변경 허가·재허가를 받은 때

② 방송법 제8조의 규정을 위반하여 주식 또는 지분을 소유한 때

③ 방송법 제13조의 결격 사유에 해당하게 된 때

④ 방송법 제14조의 규제에 위반하여 재산상의 출자 또는 출연을 받은 때

⑤ 허가를 받은 날로부터 2년 이내에 방송 또는 사업을 개시하지 아니한 때

⑥ 방송법 또는 방송법에 의한 명령에 위반한 때

2. 방송사업 허가·재허가 심사 사항

방송위원회의 사업허가 추천 과정에서 사업 경영의 주요 내용이 심사되고 정보통신부의 허가 과정에서는 설비 및 기술적인 요건이 심사되고 있다.

방송법 제10조에 따라 방송위원회는 사업자 허가 추천에는 ① 방송의 공적 책임·공정성·공익성의 실현 가능성, ② 방송 프로그램의 기획·편성 및 제작계획의 적절성, ③ 지역적·사회적·문화적 필요성과 타당성, ④ 조직 및 인력 운영 등 경영계획의 적정성, ⑤ 재정 및 기술적 능력, ⑥ 방송발전을 위한 지원계획, ⑦ 기타 사업 수행에 필요한 사항을 심사하게 된다.

재허가의 경우 방송위원회는 방송법 제10조에 규정된 사항에 추가하여 ① 방송위원회의 방송평가, ② 방송위원회의 시정명령의 횟수와 시정명령에 대한 불이행 사례, ③ 시청자위원회의 방송 프로그램 평가, ④ 지역사회 발전에 이바지한 정도, ⑤ 방송 발전을 위한 지원계획의 이행 여부, ⑥ 기타 허가 또는 승인 당시의 방송사업자 준수 사항 이행 여부도 심사하게 된다.

정보통신부 장관은 추천을 받은 사업자가 지상파방송과 위성방송 사업 허가를 신청할 경우 전파법 제21조에 따라 다음 각 호를 심사해야 한다.

① 주파수 지정이 가능한지의 여부

② 설치·운용할 무선설비가 제45조의 규정에 의한 기술 기준에 적합한

지의 여부

③ 무선 종사자의 배치계획이 제71조의 규정에 의한 자격·정원 배치 기준에 적합한지의 여부

④ 대통령령이 정하는 무선국의 개설 조건에 적합한지의 여부

체신청장은 추천을 받은 사업자가 종합유선방송과 중계유선방송 사업 허가를 신청할 경우 방송법시행령 제6조 2항의 요건에 적합한지의 여부를 심사하게 된다.

방송법시행령 제6조 제2항

1. 시설설치계획이 법 제79조 제1항의 규정에 의한 종합유선방송사업 또는 중계유선방송사업의 기술 기준에 적합할 것

2. 수신자의 편의와 최소한의 방송 품질을 보장할 것

3. 방송기술 개발 및 시설의 고도화에 관한 정부 시책에 부합할 것

3. 방송위원회 허가 추천 및 전환 승인 사례

방송위원회는 2000년 3월 출범한 이래 주요 사업자 허가 추천 행위로 2000년 12월 (일반)위성방송사업자 추천 대상 선정 및 2001년 5월 허가 추천, 2001년 5월 (주)강원민방 지상파방송사업자 허가 추천, 2002년 1월 (주)제주방송 허가 추천, 2002년 5월 1차 중계유선의 종합유선방송 전환 승인, 2002년 12월 2차 중계유선의 종합유선방송 전환 승인, 2004년 12월 지상파방송사 재허가 추천 심사 결과 (주)경인방송에 대한 재허가 추천 거부, 2004년 12월 위성이동멀티미디어방송 허가 추천 등이다.

1) 위성방송사업자 허가 추천

2000년 3월 방송법 시행 이전부터 사업을 준비해 온 데이콤 계열의 DSM과 한국통신 계열의 KDB가 사업권 획득을 위해 격렬하게 경쟁했는데, 방송위원회는 출범 첫 사업인 위성방송사업자 선정에서 단일 사업자 허가 추천 원칙을 천명했고,[1] 이에 따라 공청회와 방송위-사업자 간 협의회 등을

1) 방송위원회 보도자료 '위성방송사업 허가 관련 세부추진 방안(guideline) 제시' 2000. 6. 19.

〈표 13-1〉 위성방송사업자 심사 기준 및 배점

심사 기준 및 심사 항목	배점
방송의 공적 책임 실현 가능성 및 사회적·문화적 필요성	200
• 방송의 공적 책임 실현 가능성 및 공익 채널 운용의 우수성	40
• 사회적·문화적 필요성과 타당성	20
• 방송매체 간 공정경쟁 확보	20
• 참여 주주의 적정성	40
• 수신자 보호계획의 적정성	50
• 주요 주주의 적정성	30
채널 구성·운용계획의 적정성	150
• 채널 구성의 적정성	60
• 채널(PP) 확보계획의 우수성	60
• 자체 채널 및 외국 방송 재송신채널 운영계획의 적정성	30
재정적 능력	150
• 주요 주주의 재무적 안정성	90
• 주요 주주의 자금 출자 능력 및 향후 증자 여력	60
경영계획	250
• 자금 조달 및 운영계획	50
• 경영의 투명성 확보 방안	50
• 경영진 및 주주 구성의 적정성	50
• 마케팅 계획	70
• 인력 및 조직 운영계획의 적정성	30
방송시설 설치계획의 적정성 및 능력	150
• 지구국 시설 설치계획의 적정성	40
• 방송 제작 및 송출시설 설치계획의 적정성	50
• 시설운용계획 및 능력	40
• 국내 기술 개발에의 기여도	20
방송영상산업 육성 및 방송 발전 지원계획의 우수성	100
• 방송 발전 기여 의지	10
• 방송발전기금 출연 및 방송 수익의 사회 환원 계획	60
• 방송영상산업 육성 및 지원계획의 우수성	30

통해 여러 차례 사업자 간의 단일 컨소시엄을 유도하다가 실패했다. 2000년 10월에는 제안서 심사 방식의 허가추천 신청 요령 설명회를 개최했고, 청문회와 심사위원회 심사를 거쳐 두 사업 신청 컨소시엄 중에서 한국통신,

KBS, MBC가 참여한 한국디지털위성방송(KDB)을 사업 대상자로 선정했다. 심사위원회는 방송위원회 부위원장을 위원장으로 하고 방송 관련 기관으로부터 추천을 받은 13인의 전문가들을 위원으로 구성되었다. 심사위원회는 방송의 공적 책임 등 정책 목표에 대한 실현 가능성을 기본 방향으로 선정하고 막대한 비용 투자에 따른 재정적 능력, 다량 양질의 방송영상 콘텐트의 안정적 공급 능력, 효율적 시스템 구축 능력에 중점을 두고 평가한 결과 민간기업이나 외국자본 비율이 높은 사업자보다는 공영기업이나 국내 방송사업자의 비중이 큰 사업자에 유리하게 심사 결과가 나왔다고 볼 수 있다.

2000년 12월 방송위원회는 KDB를 선정한 심사 결과를 발표했고, 2001년 5월 방송위원회는 한국디지털위성방송(주)에게 사업 허가 추천을 했고, 2001년 12월 정보통신부는 10개의 위성방송국 허가증을 교부했다.

2) 강원 및 제주 지상파 민영방송 허가 추천

2000년 4월 방송위원회는 '민영방송 전국화'를 의결하면서 강원도와 제주도 지역에 민영 지상파 방송을 설립하기로 정책 목표를 설정했다. 강원 지역의 사업자로는 (주)대양을 지배 주주로 하는 (가칭)강원민방이 단독으로 허가 추천 신청을 했다.[2] 심사위원회는 방송위 상임위원을 위원장으로 하고 민간 전문가 6인을 위원으로 구성되었고, 심사 결과 7인의 평균 최저 점수를 1,000점 만점에 700점으로 했다. 2000년 10월 방송위원회는 심사 결과 신청자가 713점을 받았다고 발표하면서, 지배 주주인 (주)대양의 유동성 부족과 부실화를 방지하기 위해 (주)대양의 지배 주주가 (주)대양에 40억원 이상을 증자하도록 하는 조건을 허가 추천에 붙였다(방송위원회 백서, 2003: 185). 방송위원회는 법인 설립과 허가 추천 조건 이행을 확인한 후 (주)강원민방을 2001년 5월 강원지역 지상파방송사업자로 허가 추천했으며, 정보통신부는 2001년 8월 방송국 허가를 했고, 2001년 12월 춘천방송국이 방송을 개시했다.

2) 강원민방추진위원회는 2000년 3월 7일 (주)강원민방(가칭) 사업계획서를 미리 제출한 바 있다.

〈표 13-2〉 강원민방 심사 기준 및 배점

심사 기준 및 심사 항목	배점
방송의 공적 책임·공공성·공익성 실현 가능성	250
지역·사회·문화적 필요성과 타당성	100
조직·인력 운용계획의 적정성	100
자금 조달 및 경영계획의 적정성	200
방송 프로그램 편성·수급 계획의 적정성	200
시설 설치 계획의 적정성	100
방송 및 사회 발전 기여계획	50

2001년 4월 방송위원회는 제주 지역 민영방송사업 허가 추천 신청을 받았고, 제주 지역 건설업체인 (주)유성건설을 지배 주주로 하는 (가칭)제주방송이 단독으로 신청했다. 심사 항목 및 배점은 강원민방 심사 기준을 준용하되 제주 지역의 지형적 특성과 지상파TV방송의 디지털 전환 등을 고려하여 세부 항목의 배점 조정이 있었다. 심사 결과 (가칭)제주방송은 심사위원 7인의 평균 점수 726.57점으로 최소 필요 700점을 만족시켜 대상자로 선정되었다. 방송위원회는 지배 주주의 부실화와 유동성 악화를 방지하기 위해 지배 주주인 (주)유성건설과 (주)영성토건이 자사에 대해 30억 원 이상을 유상증자하는 조건을 사업자에게 부과했다. 방송위원회는 2002년 1월 (주)제주방송을 허가 추천했으며, 정보통신부는 2002년 3월 제주방송의 TV방송국 허가를 했고, 제주방송은 2002년 5월 방송을 개시했다.

3) 중계유선의 종합유선방송 전환 승인

방송위원회는 2001년 12월 1차 종합유선방송 구역의 중계유선방송 사업자에 대한 종합유선방송사업(SO)으로의 전환 승인에 관한 기준을 확정하고, 2002년 2월 전환 승인 신청을 접수했는데 전국 53개 1차 SO방송 구역 중 43개 구역에서 54개 사업자가 신청했다. 신청 사업자에 대해 정보통신부의 기술심사, 시청자 의견 접수, 시·도지사의 의견 제출, 신청업체 현장 실사, 가입자 수 표본조사가 실시되었다. 신청자 중 신청을 철회한 2개 사업자와 가입자 미달업체로 판명된 6개 업체를 제외한 46개 중계유선방송 사업자에 대해 4월에는 방송위원회 상임위원을 위원장으로 하는 청문단 주재로 청문회를 실시했다. 방송위원회 상임위원을 위원장으로 하고 민간 전문가 8인이 참여하는 심사위원회는 총 40개 구역 46개 사업자(6개 지역은 2개 업체가 경쟁함)를 대상으로 1,000점 만점에 최저 기준 650점으로 심사했고, 방송위원회는 4월 30일 이 중 38개 구역 38개 사업자를 승인 대상자로 선정했다. 단독 신청 지역인 서울 용산구와 부산 동래·연제구의 경우 최저 기준 점수가 미달되어 탈락되었다. 심사 과정에서 중계유선방송 사업자 간의 통합 규모, 종합유선방송산업의 활성화 및 관련 시설 투자 가능성, 출

〈표 13-3〉 1차 중계유선의 종합유선방송 전환승인 심사 항목 및 배점

심 사 항 목	배점	평가 지표
방송의 공적 책임·공정성·공익성 실현 가능성	150	
•수신자 보호계획의 적정성	50	비계량
•출자자·임원의 건전성	100	계량
방송 프로그램의 기획·편성 및 제작계획의 적정성	100	
•채널 구성의 적정성	70	비계량
•자체 채널 운영의 우수성	30	비계량
지역적·사회적·문화적 필요성과 타당성	250	
•유선방송 사업자 합병 및 발전성	200	계량/비계량
•지방자치 및 지역문화 발전 기여	50	비계량
경영계획의 적정성	150	
•경영진 및 주주 구성의 적정성	60	비계량
•마케팅 계획	70	비계량
•인력 및 조직 운영계획의 적정성	20	비계량
재정 및 기술적 능력	250	
•재무적 안정성 및 주요 주주의 자금 조달 능력	100	계량
•종합유선방송국 설비의 적정성	50	비계량
•전송·선로 설비 현황 및 설치 계획	100	비계량
방송발전 지원계획의 우수성	100	
•방송 발전 기여 의지	20	비계량
•방송발전기금 출연 및 방송 수익의 사회 환원 계획	50	계량
•방송영상산업 육성 및 지원계획의 우수성	30	비계량

자자 · 임원의 건전성, 수신자 보호계획의 적절성 등이 비중 있게 다루어졌다.

2002년에는 2차 종합유선방송구역 내의 중계유선방송 사업자에 대한 종합유선 전환 승인이 진행되었는데 2002년 7월 승인 기준이 확정되었고, 2002년 8월 신청 접수를 받은 결과 총 24개 해당 방송구역 중 16개 구역의 23개 업체가 신청했다. 이 중 2개 업체는 가입자 수 미달, 1개 업체는 신청 철회로 인해 20개 업체가 청문과 심사 대상이 되었다. 2002년 10월 심사위원회가 구성되었고, 2002년 11월 방송위원회는 8개 사업자를 전환 승인 대상으로 선정했으며, 정보통신부와의 협의를 거쳐 2002년 12월 승인장을 교부했다.

4) 지상파방송 사업자 재허가 추천

40개 지상파방송 사업자의 허가 기간이 2001년 12월 31일 만료됨에 따라 2001년 방송위원회는 재허가 추천 절차와 심사 기준을 확정하고 100점 만점에 최저 65점으로 하고 65점 미만자에 대해서는 점수가 낮은 항목을 중심으로 이행각서를 제출받은 후 재허가 추천을 하기로 결정했다. 100점 만점에서 방송평가가 60점의 높은 비중을 차지하는데 방송평가는 원칙적으로 매년 실시되며, 라디오방송 18개 항목, TV방송은 33개 항목의 편성과 운영 부문에 걸쳐서 포괄적으로 평가된다. 방송평가에 관한 평가 항목, 척도, 배점은 방송위원회 '방송평가에 관한 규칙'에 상세히 규정되어 있다.

외부 전문가 4인을 포함한 8인의 심사위원회를 구성하여 40개 사업자를 심사한 결과, 7개 지역민방 TV방송국과 11개 라디오방송국이 미흡 판정을 받아서 12개 사업자의 18개 방송국이 이행각서를 제출하게 되었지만 추천 거부 대상은 발생하지 않았다.

2004년 12월 31일로 42개 지상파방송 사업자의 허가 기간이 만료됨에 따라 제2기 방송위원회는 2004년 5월 재허가 추천 기본계획을 의결하고, 6월에는 사업자의 신청을 접수했다. 8월에 방송위원회는 상임위원을 위원장으로 하고 지상파 방송부장과 7인의 민간 전문가 등 9인으로 심사위원회를 구성하고 세부심사 기준을 의결했다. 심사위원회 운영 기간 중에 대표자의

〈표 13-4〉 2001년 지상파 사업자 재허가 추천 심사 항목 및 배점

심 사 항 목	배점
방송평가 • 방송의 편성/내용/운영 관련	60
시청자 관련 • 각 방송사 시청자위원회 방송 프로그램 평가 • 시청자 의견 청취 결과	10
지역사회 발전 관련 • 지역사회 이바지 정도 • 기부 현황/지역(문화)행사 주최·후원 현황 • 각 시도 의견 청취 결과	5
기타 • 방송 발전을 위한 지원계획의 이행 여부 및 허가 당시 준수 사항 이행 여부 • 방송의 공적 책임, 공정성, 공익성의 실현 계획	 5 4
사업계획 평가 • 방송 프로그램의 기획, 편성, 제작 계획 • 조직 및 인력 운영 등 경영계획의 적정성 • 자금조달 및 운영계획에 관한 사항 • 방송 발전을 위한 지원계획 및 기타 사항	 4 4 4 4

사업계획 설명 및 의견 청취 관련 심사평가 방법 변경이 있었으며, 1,000점 만점에 방송평가가 500점이 배정되고, 시청자 관련 50점, 지역사회 발전 등 50점, 방송 발전을 위한 지원계획 25점, 준수 사항 이행 등 75점, 방송의 공익성 100점, 방송 편성 75점, 경영계획 75점, 재정 능력 등 50점 등으로 배분되었다.

심사위원회는 8월부터 심사를 개시하여 사업자로부터 사업계획 설명과 의견을 청취했고, 방송위원회는 심사위원회의 허가 추천 심사 결과를 받아서 2004년 10월에 심사 대상인 42개 지상파방송 사업자의 506개 방송국(연주소 269개, 중계소 237개) 중에서 34개 사업자 474개 방송국에 대해 재허가 추천을 했고, 4개 사업자는 이행 조건을 부과하여 재허가 추천을 했다. 방송위원회는 (주)경인방송은 재무구조 개선 등을 사전 확인 후 재허가 추천하기로 했고, (주)강원민방은 청문 실시, (주)문화방송과 (주)SBS는 사실

〈표 13-5〉 2004년 지상파 방송사업 재허가 추천 심사 항목 및 배점

심사 항목	배점	평가 지표
1. 방송평가	500점	계량
2. 방송위원회 시정명령 횟수와 시정명령 불이행 사례	감점	계량
3. 시청자 관련	50점	
■ 종합편성 방송사업자		
3-1. 시청자위원회의 방송 프로그램 평가	10점	비계량
3-2. 시청자 불만 현황 및 시청자 의견	10점	비계량
3-3. 대(對)시청자 서비스 등	30점	비계량
■ 전문편성 방송사업자		
3-1. 시청자 불만 현황 및 시청자 의견	20점	비계량
3-2. 대시청자 서비스	30점	비계량
4. 지역사회 발전 등	50점	
4-1. 지역사회 발전 기여 정도	10점	비계량
4-2. 지역사회 발전 관련 프로그램 제작의 적정성	30점	비계량
4-3. 지역사회 발전을 위한 지원계획	10점	비계량
5. 방송 발전을 위한 지원계획	25점	
■ 2001년 재허가(신규)시 계획 제출 사업자		
5-1. 방송 발전을 위한 지원계획 이행 결과	15점	비계량
5-2. 방송 발전을 위한 지원계획	10점	비계량
■ 2001년 재허가시 계획 미제출 사업자		
5-1. 방송 발전을 위한 지원 실적	15점	비계량
5-2. 방송 발전을 위한 지원계획	10점	비계량
6. 준수 사항 이행 등	75점	75점
6-1. 2001년도 재허가 추천 관련 이행 현황	감점(75점)	비계량
6-2. 방송법 관련 과태료 부과 현황	감점(30점)	계량
■ 재난방송 실시 사업자		
6-3. 재난방송 운영의 적정성	25점	비계량
6-4. 협찬 운영의 적정성	25점	비계량
6-5. 기타 준수 사항 이행 현황	25점	비계량
■ 재난방송 실시 제외 사업자		
6-3. 협찬 운영의 적정성	40점	비계량

6-4. 기타 준수 사항 이행 현황	35점	계량
7. 방송의 공익성	100점	
7-1. 공익성 강화 계획 이행 내용	45점	비계량
7-2. 방송의 공적 책임·공공성·공익성 관련 실현계획	45점	비계량
7-3. 공익적 프로그램 편성 실적	10점	비계량
8. 방송 편성	75점	
8-1. 편성기획 및 제작계획 이행 내용	35점	비계량
8-2. 방송 분야별·제작 주체별 편성 실적	10점	비계량
8-3. 향후 3년간 편성계획의 적정성	30점	비계량
9. 경영계획	75점	
■ 민영방송 사업자	75점	
9-1. 조직 및 인력 운영 실적 및 계획	20점	비계량
9-2. 경영 투명성 확보	30점	비계량
9-3. 분야별 투자 실적 및 계획	25점	비계량
■ 민영방송 외 사업자	75점	
9-1. 조직 및 인력 운영 실적 및 계획	30점	비계량
9-2. 경영 투명성 확보	20점	비계량
9-3. 분야별 투자 실적 및 계획	25점	비계량
10. 재정 능력 등	50점	
10-1. 재무구조	15점	비계량
10-2. 수입구조	15점	비계량
10-3. 기술적 능력	20점	비계량

확인과 관계자 의견 청취를 위해 의결 보류라는 결정을 했다.

방송위원회는 11월 5일 (주)문화방송의 재허가 추천을 의결하고, 12월 6일 (주)SBS의 재허가 추천을 의결했다. 방송위원회는 SBS에 대해 향후 매년 기부금 공제 후 세전 이익의 15%를 공익재단에 출연할 것과 과거 미출연 금액에 관련하여 SBS가 약속한 300억 원 납부계획을 이행할 것을 재허가 추천 조건으로 부과했다. 방송위원회는 12월 10일 (주)강원민방의 재허가 추천을 의결했으나 12월 21일 재정적 능력 부족, 방송 발전을 위한 지원계획 및 방송 수익 사회 환원 불이행, 협찬 및 간접광고 규정 반복적 위반 등을 이유로 (주)경인방송의 2개 방송국(iTV인천TV방송국, iTV광교산TV중계소)에 대한 재허가 추천을 거부하기로 의결했다. 현재 (주)경인방송은 방송위원회를 상대로 행정심판 및 행정소송을 제기해 놓은 상태이며, TV방송 송출은 중단되었으나 경인FM방송은 2005년 2월에 재개되었다.

5) 이동멀티미디어 방송사업자 허가 추천

방송위원회는 2003년 3월 이동멀티미디어 방송을 규정한 방송법 개정안이 통과되면서 논란이 된 위성이동멀티미디어 방송에서의 지상파방송 재송신의 문제에 대해 2004년 10월에 "재송신을 불허하되, 지상파이동멀티미디어 방송 허가 추천 시점에서 위성이동멀티미디어 방송의 지상파방송 재송신 승인 여부 등을 종합적으로 검토하여 결정하기로" 의결했다. 10월 방송위원회는 1개 사업자를 허가 추천 대상으로 선정하는 심사계획을 의결했다. 1,000점 만점에 주요 심사 기준으로는 방송의 공공성 및 공적 책임 200점, 채널 구성 및 방송 운용계획 200점, 재정적 능력 150점, 경영계획 200점, 방송시설의 적정성 및 능력 150점, 방송 영상산업 육성 및 방송 발전 지원계획의 우수성 100점이 배정되었고, 특히 '채널 구성·운용계획의 적정성'과 '방송발전기금 출연금 기준 금액(자본금의 10%) 달성 여부'가 강조되었다(방송위원회 2004년 10월 4일 보도 자료).

2004년 11월에 TU미디어 단독으로 신청했고, 방송위원회는 신속히 심사하여 12월에 허가 추천을 마무리했다. TU미디어는 12월에 정보통신부의 사업 허가를 받았고, 2005년 1월에 시험방송을 개시했으며, 5월에 본방송을 개시하여 빠르게 가입자를 확보하고 있다.

방송위원회는 2004년 11월에 지상파이동 멀티미디어방송 사업자 선정 기본 방안을 확정했으며, 2004년 12월에 지상파TV군 3개 사업자, 비지상파TV군 3개 사업자를 선정하되 평가 점수가 1,000점 만점에 최소 650점이 되어야 한다는 사업자 선정 종합정책 방안을 확정했고, 2005년 1월에 세부 심사 항목의 평가지표와 평가 요소가 상세하게 공표되었다. 2월 사업자 신청 접수 결과 지상파TV사업자군으로 4개, 비(非)지상파TV사업자군으로 6개의 법인이 허가 추천을 신청했는데 3월부터 심사위원회가 구성되어 심사를 진행하여 (주)문화방송, (주)SBS, 한국방송공사, (주)YTNDMB, KMMB(주), 한국DMB(주) 등 6개 사업자를 선정했고, 6월 28일에 사업 준비가 늦은 KMMB를 제외한 5개 사업자를 허가 추천했다. 지상파TV계 사업자는 2005년 7~8월부터 시범방송을 개시할 예정이고, 비지상파TV계 사업자는 설비 관계로 서비스 개시 일정이 다소 늦어질 예정이다.

〈표 13-6〉 수도권 지상파이동 멀티미디어방송 사업자 선정 세부심사 기준

심사 항목	배점	세부 항목	배점
방송의 공적 책임·공정성 및 공익성의 실현 가능성	210	• 방송의 공적 책임 실현 의지 및 가능성 • 방송매체 간 균형 발전 방안 • 보편적 서비스 구현 방안 • 시청자 권익 보호 방안	80 30 60 40
지역적·사회적·문화적 필요성과 타당성	40	• 지역적·사회적·문화적 필요성 및 목표 설정의 타당성 • 지역적·사회적·문화적 기여도	25 15
방송 프로그램의 기획·편성 및 제작계획의 적절성	200	• 채널 구성 계획의 우수성 • 방송 프로그램 확보계획의 적정성 • 방송 프로그램 편성계획의 적정성	40 85 75
재정적 능력	150	• 신청 법인 및 주요 주주의 재무적 우수성 • 신청 법인 및 주요 주주의 현재 및 향후 자금 투자(출자) 능력	70 80
경영계획의 적정성	150	• 자금 조달 및 운용계획 • 사업성 분석의 적정성 • 경영의 투명성 확보 방안 • 경영 효율성 제고 방안 • 시장분석의 적정성 • 인력 및 조직 운영계획의 적정성	50 20 20 20 10 30
기술적 능력	150	• 방송시설 구축계획의 적정성 • 시설 운용계획 및 능력 • 국내 기술 개발에의 기여도	100 30 20
방송 발전을 위한 지원계획의 우수성	100	• 방송 발전 기여 의지 • 방송수익의 사회 환원 실적 및 계획의 우수성 • 방송영상산업 육성 및 지원계획의 우수성	10 45 45

방송위원회, 수도권 지상파이동 멀티미디어방송 사업자 선정 종합정책 방안, 2004. 12. 27.
수도권 지상파이동 멀티미디어방송 사업자 선정 세부심사 기준, 2005. 1. 12.

Ⅲ. 현행 방송사업 허가·재허가의 평가

1. 허가 추천과 허가라는 이원적 체계 검토

방송위원회는 사업자 허가 추천을 하되 협의된 사업자 수의 단수로 추천을 하기 때문에 정보통신부가 사실상 허가 여부나 허가 부관 조건에 대해 재량적 결정을 하지 못한다. 따라서 사실상의 방송사업자의 진입규제권은 방송위원회가 행사한다고 볼 수 있다. 중계유선방송사업자의 종합유선방송 전환은 방송위원회가 정보통신부와 협의하여 승인하므로 방송위원회가 진입규제에 대해 좀더 강한 관할권을 가진다고 볼 수 있다. 재허가 및 변경허가의 경우에도 방송위원회가 허가 추천 과정을 통해 조율된 결과를 정보통신부가 그대로 수용한다고 볼 수 있다. 사업자의 허가 취소나 허가 정지도 정보통신부가 임의로 할 수 없고 방송위원회의 요청에 의해서만 가능하게 되어 있다. 다만, 방송위원회가 허가 취소 또는 허가 정지를 요청한 경우에 정보통신부 장관이 요청에 응하지 않을 수는 있을 것이다.

허가를 받은 방송사업자와 중계유선방송사업자에 대한 직접적인 규제권은 방송위원회에 있다고 보이며, 허가 기간 이내에 행해지는 위법적 행위에 대해 방송위원회가 독자적으로 허가 취소 및 정지 처분을 할 수 없다는 것이 방송법 개정 논의 대상이 될 수 있을 것이다. 사업자의 위법행위가 현저할 때 방송위원회의 허가 취소 및 정지 요청에 정보통신부가 응하지 않을 것으로 기대되지 않으며, 위법 사안에 대해 방송위원회와 정보통신부가 이견이 있을 경우에는 그대로 두었다가 방송위원회는 재허가 추천 시점에서 사업자에게 불이익을 부과하는 방식이 규제기관으로서 위상을 확보하는 적절한 행동 방식이라고 볼 수 있다.

따라서 현재의 지상파와 위성방송사업자의 허가 추천과 방송국 허가, 종합유선과 중계유선방송사업자의 허가 추천과 사업 허가라는 방송위원회와 정보통신부의 역할 구분은 사업자들에게 큰 불편이나 비용을 부담시킨다고 보기 어렵고 규제기관 간에 관할 해석에서의 다툼이 있다고도 보기 어렵다. 따라서 방송위원회가 주장하는 "방송위원회가 사업자 허가를 하되, 기술적 요인과 관련하여 정보통신부 장관과 협의하는" 방송법 개정안은 현재의 상태를 크게 바꾸지 않을 것이므로 개정의 실익이 크지 않다.

2. 사업계획서 심사 방식 운영의 문제

1990년 이후 모든 신규 방송사업자의 선정은 공모를 통해 사업 신청자들이 사업계획서를 제출하고 허가기관이 심사하여 요건을 만족시키거나 비교우위에 있는 사업자를 선정하는 사업계획서 심사 방식(RFP: Request for Proposal)이 적용되었다. 2000년 방송위원회 출범 이래 위성방송사업(Sky Life 선정), 2개 지상파 방송사업(강원과 제주), 위성이동멀티미디어 방송사업과 지상파이동 멀티미디어 방송사업의 허가 추천과 중계 유선의 종합유선 전환 승인은 모두 계획서 심사 방식으로 진행되었다.

RFP 방식은 객관적이고 투명한 평가 기준을 마련하기가 쉽지 않으며 신청자들이 지킬 수 없는 장밋빛 사업계획서를 제출할 수도 있는데 계획의 실효성과 적정성을 판단하기가 쉽지 않다는 단점을 지니고 있다. 평가 기준이 자의적으로 해석될 경우 심사자의 주관에 따라 점수가 부여되면서 사업자 선정 이후 심사의 공정성 시비가 제기될 수 있다. 대안으로 최고의 출연금을 제안한 사업자를 선정하는 출연금 심사 방식(경매 방식)이 있으나 재정적 능력만이 아니라 지역사회 발전, 공익성, 매체 간 균형 발전 등에 대한 기여 및 실현 가능성도 함께 고려해야 할 방송사업의 경우 출연금 심사 방식의 적용은 대단히 예외적이라고 판단된다.

RFP 방식에서 투명성을 높이기 위해 계량지표의 비중을 높이고 심사위원 선정에서부터 심사 결과를 공개해야 한다. 그리고 심사 기준과 심사 절차가 계획서 제출 시점 이전에 충분한 기간 동안 공지되어 사업자들이 불편 없이 준비할 수 있고 자신들의 심사 점수와 사업자 선정의 확률을 충분히 예측할 수 있어야 한다.

그간 방송위원회의 허가 추천 과정을 보면 허가 추천 신청 공고가 난 후

〈표 13-7〉 사업자 사업계획서 심사 전 방송위원회 행위 시점

허가 대상	기본 방침 공표	심사 기준 공표	신청접수 마감
위성방송사업자 허가 추천	2000. 8. 30	2000. 10. 16	2000. 11. 18
강원민방 허가 추천	2000. 4. 17	2000. 8. 4	2000. 7. 20
제주민방 허가 추천	2001. 2. 19	2000. 4. 27	2000. 7.
1차 중계유선 종합유선방송 전환 승인	2001. 11.	2001. 12.	2002. 2. 10
2차 중계유선 종합유선방송 전환 승인	2002. 7. 9	2002. 7. 26	2002. 8. 29
위성이동 멀티미디어방송 허가 추천	2004. 6. 30	2004. 10. 6	2004. 11. 10
지상파이동 멀티미디어방송 허가 추천	2004. 11. 22	2004. 12. 27	2005. 2. 14

신청 접수 마감이 촉박하게 설정되었고, 상당히 앞서서 사업자 선정에 대한 기본 방침이나 정책 방향이 공지되어야 하는데, 대부분의 경우 신청 공고 직전에 기본 방침이 확정되었다.

사업 신청 예비자들은 기본 방침이나 심사 항목과 배점에 대한 정보를 얻기 위해 방송위원회 주변을 서성이며 불안해하는 모습을 보였다. 방송사업 허가 관련 법령에서 사업자 선정 이전의 절차에 대한 규정을 신설하여 허가 신청자들이 예측 가능한 절차와 심사지표가 적용되어야 할 것이다. 심사지표의 경우 방송위원회의 심사 경험이 축척되면서 세련되고 계량지표의 비중이 확대되고 평가 요소를 기술하면서 투명성과 적실성은 점차 높아지고 있다고 판단된다.

3. 차등적인 재허가 방식 적용의 검토

현재 한국의 방송산업 구조는 공영방송과 민영방송이 혼재되어 있는 양상이다.[3] 한국방송공사의 경우 상업적인 KBS2 TV채널을 운영하고 있으

3) 공영방송과 민영방송의 구분의 기준이 다양할 수 있으나 이 연구에서는 재원의 성격을 기준으로 공영방송은 국고 또는 지방자치단체의 예산, 공공기금, 법정 수신료 등의 공적 자금을 주로 사용하는 방송이고 민영방송은 광고, 가입비와 시청요금(user fee) 등의 시장적 자금을 주로 사용하는 방송이다. KBS 1TV, 1라디오, KBS 국제방송, EBS, 아리랑 TV, KTV, 국회방송 등은 공영방송이고, 그 외 방송국은 민영방송이라고 할 수 있다.

며, (주)문화방송은 공익법인인 방송문화진흥회가 70%의 주식을 보유한 회사이고, 지방 MBC는 (주)문화방송이 지배 주주인 구조이다. (주)SBS와 지역 제휴 방송사는 민영방송이다. 현행의 방송 허가 재허가 제도는 사업자별이 아닌 채널(방송국)별로 운영되고 있으므로 방송국별 공영과 민영을 구분하고 공영의 경우 허가 재허가 절차와 심사 내용을 차등화해야 한다. 공영방송국의 경우 법률에 의해 사업 목적과 범위가 정해지고 재원, 조직, 인력 운영면에서 공적인 통제를 받기 때문에 민영방송국과는 차별적으로 허가와 재허가를 적용할 필요가 있다. 그러나 한국방송공사도 2003년 기준으로 총수입 중 광고료가 53%, 수신료가 39%이고, EBS도 광고수입과 교재 판매 수입을 주요 재원으로 하고 있어 두 공사조차도 완전한 공영사업자로 보기 어렵다. 수신료의 인상이나 광고 시간의 억제 등을 통해 KBS와 EBS의 재원의 공영성이 강화된다면 두 방송공사의 방송국 허가에서는 민영방송사와는 차등적인 허가 및 재허가 절차를 적용할 필요성이 있다. 현재로는 허가(추천)기관이 허가·재허가에서 공적 책임이나 공익성, 대표자 및 주주의 건전성 및 사회적 기여도 등 일부 심사 사항을 제외하는 정도의 제한적 차등성을 적용할 수 있을 것이다.

4. 허가 기간의 적절성 문제

방송법과 전파법 및 그 시행령은 방송사업자와 중계유선방송 사업자의 허가 기간을 3년으로 정하고 있다. 2005년 3월 현재 48개 지상파방송 사업자(6개 지상파DMB 사업자 포함), 2개의 위성방송 사업자, 119개 종합유선방송 사업자, 299개 중계유선방송 사업자가 있어 방송위 허가 추천 대상 사업자는 총 468개에 이른다. 현재와 같이 3년 주기로 모든 사업자가 허가 추천을 받아야 하므로 방송위는 매년 평균 156개 사업자에 대한 재허가 추천 업무를 수행해야 한다. 따라서 3년이라는 허가 기간을 연장하여 재허가 추천 업무 부하를 줄이는 것도 검토할 필요가 있다.

5. 재허가 절차 일정의 문제

2004년 방송위원회는 42개 지상파방송 사업자에 대한 재허가 추천 심사 과정에서 대표자 설명회와 문제가 있는 사업자에 대한 강도 높은 청문을 통해 재허가 추천이 방송위원회의 사업자에 대한 실질적 규제 수단으로 작용되는 것을 보여 주었다. 문제는 재허가 추천을 거부할 경우 사후 처리에 대한 명확한 법적 근거나 행정적 대책이 수반되지 않았고, (주)경인방송의 TV방송국 재허가 추천 거부처분 이후 행정심판과 행정소송이 제기되고 방송위원회의 별다른 후속 대책이 없는 상태가 지속되고 있다. 2004년 6월 30일 재허가 추천 신청을 마감한 후 8월부터 재허가심사위원회가 가동되었는데 심사가 진행되는 8월 27일에 방송위원회가 심사 대상을 사업자별에서 연주소별로 구체화하는 심사평가 방법을 변경한 행위는 합리적인 결정이었으나 외형적으로는 사전 공지된 심사 방식의 변경으로 해석될 수 있어 투명성과 예측 가능성을 저하시켰다고도 볼 수 있다.

전반적인 일정이 지연되면서 (주)문화방송, (주)SBS, (주)강원민방의 경우 허가 기간 만료가 임박한 시점까지 심사가 진행되었고, (주)경인방송의 경우 12월 21일에야 재허가 추천 거부 결정을 했다. 추천 거부 열흘 만에 허가 기간이 만료됨에 따라 (주)경인방송은 1월 1일부터 TV 송출을 할 수 없게 되었다. 사업자가 허가 추천 거부 처분에 대응할 수 있는 기간이 지나치게 짧은 것은 문제가 있다고 본다.[4] 현행 방송법은 허가 취소 또는 재허가(추천) 거부의 상황에 대해 구체적인 규정을 두고 있지 않아 향후에는 (주)경인방송의 사례와 같은 상황에서 법률적 다툼이 심화될 것으로 예상된다.

4) 2005년 2월 14일 (주)경인방송은 방송위원회를 상대로 재허가 추천 거부 결정 취소를 위한 행정소송을 제기했다.

Ⅳ. 허가·재허가 관련 법 개정 방안

허가 추천과 허가의 이중적 체계, 사업계획서 심사 방식, 공영방송과 민영방송의 차별적 허가·재허가 방식 등의 논의에서 현재의 허가·재허가의 틀을 바꾸는 것은 바람직하지 않고 부분적인 보완이 필요하다고 판단된다. 현재의 방송산업 구조와 방송행정 체계에서는 방송사업 허가·재허가의 구조적 개편보다는 운영적 개선이 요구된다. 따라서 이 연구에서는 허가 제도의 투명성과 예측 가능성을 높이고 허가 기관과 사업자의 부담을 줄일 수 있는 방안으로 허가 기간의 차등화와 연장, 허가 절차와 일정의 법정화, 허가 취소 또는 재허가 거부에 따른 후속 조치의 법정화를 제안한다.

1. 허가 기간의 차등화와 연장

현재의 허가 기간을 방송사업자와 방송국의 특성에 따라 차등적으로 연장할 필요가 있다. 현재의 허가 기간은 방송위원회의 위원 임기 3년과 우연히 동일하다. 디지털방송으로의 전환, 시청자 단말기 환경의 변화에 따른 대응, 프로그램 윈도의 다양화 등으로 인해 방송사업자들은 장기적인 안목에서 콘텐트, 기술, 인력을 확보하고 막대한 재원을 투자해야 하는데, 3년의 사업 허가 기간은 지나치게 짧다고 판단된다. 참고로 영국은 10년, 독일과 일본은 5년, 프랑스는 최대 10년, 캐나다는 7년(5년 연장 가능)으로(윤호진, 방송 소유구조에 따른 이원적 규제 시스템 고찰) 한국의 3년의 허가 기간은 매우 짧은 편이다.

전송 텔레비전, 이동멀티미디어, 종합유선방송은 최소 5년으로 하되 두 공영방송사의 지상파 TV방송국은 7년으로 별도로 하는 것이 적절하다. 라디오방송국과 중계유선방송사는 현행 3년을 유지하면서 공영방송사는 5년으로 해도 무방하다고 본다. 재허가(추천) 심사 점수가 높은 사업자에게는 1년 내지 2년 추가적인 허가 기간을 부여하는 허가 기간 차등화 방안도 검토될 수 있을 것이다.

방송법 제16조(허가 및 승인 유효 기간) 개정안

제16조(허가 및 승인 유효 기간) ① 텔레비전방송 또는 이동멀티미디어방송을 행하는 지상파방송 사업자 및 위성방송 사업자의 방송국의 허가 기간은 5년 이상 7년 이하의 범위 내에서 대통령령으로 정한다.(신설)

② 라디오방송 또는 데이터방송을 행하는 지상파방송 사업자 및 위성방송 사업자의 방송국의 허가 기간은 3년 이상 5년 이하의 범위 내에서 대통령령으로 정한다.(신설)

③ 제9조 제2항의 규정에 의하여 허가받은 종합유선 방송사업 및 중계유선 방송사업과 제9조 제5항 단서의 규정에 의하여 승인을 얻은 방송채널 사용사업의 허가 또는 승인의 유효 기간은 5년을 초과하지 아니하는 범위 내에서 대통령령으로 정한다.(현행 제16조)

방송법시행령 제16조(재허가 등) 개정안

제16조(재허가 등) ① 법 제16조 제1항의 규정에 의한 허가의 유효 기간은 5년으로 하되, 공사와 한국교육방송공사의 방송국의 경우 7년으로 한다.

② 법 제16조 제1항의 규정에 의한 허가의 유효 기간은 3년으로 하되, 공사와 한국교육방송공사의 방송국의 경우 5년으로 한다.

③ 이하는 현행 제16조 각항 2항씩 밀려 내림

2. 허가 절차와 일정의 법정화

현재의 방송법은 허가·승인·등록을 한 조항에 묶어서 규정하고 있으며 시행령도 이와 같다. 허가·재허가의 중요성에 비추어 좀더 엄정한 절차와 일정을 법률 또는 시행령으로 명시할 필요가 있다. 현재로는 방송법에서 기준과 절차의 대부분을 대통령령으로 정한다고 되어 있는데, 현행 방송법 시행령 제5조(방송사업 등의 추천)와 제6조(허가 신청 등)[부록 1 참조]의 기본 골격 조항은 방송법에 제9조의2(방송사업 등의 추천과 허가)로 규정될 필요가 있다.

(재)허가추천 신청 공지 이전에 방송위원회는 상세한 심사 기준이나 일정을 정해 사업자 또는 신청 예정자에게 공지하는 것을 의무로 하는 규정을 포함해야 한다. 시행령에서는 각 행정행위에 대해 구체적인 처리 기한이나 의무 공지 기간 등을 규정한다. 신규 사업자 허가 추천일 경우 신청

마감 기준으로 최소 6개월 이전에 사업자 선정 기본 방침이나 정책이 공표되어야 하고 최소 2개월 전에는 심사 항목과 배점이 공표되어야 할 것이다. 재허가 추천의 경우에는 신청 마감 기준으로 최소 6개월 이전에 심사 항목과 배점, 심사 방식과 절차 등이 공표되어야 한다.

심사자의 주관적 판단을 줄이는 계량지표의 개발 및 비중의 확대, 심사위원의 공정한 분포 등은 허가 기관의 노력으로 성취되는 사안으로, 이를 법규로 정하는 것은 오히려 심사의 실효성과 유연성을 제약하는 것으로 바람직하지 않다고 판단된다.

3. 허가 취소 및 재허가 거부 후속 조치 제도화

(주)경인방송의 TV방송국 재허가 추천 거부의 사례에서 보듯 현행의 방송법에서는 처분 후 유예 기간이 없기 때문에 방송사업자와 시청자가 방송 중단 상황을 갑작스럽게 맞게 된다. 방송법에 재허가(추천) 거부와 허가 취소에 따른 후속 조치에 대한 규정을 신설할 필요가 있다.

방송법 제18조의2(재허가 거부 및 허가 취소 후 절차) 신설

제18조의2 (재허가 거부 및 허가 취소 후 절차) ①법 제17조 제1항 규정에 의한 재허가 추천 또는 재허가를 거부당했거나 법 제18조 제1항 규정에 의하여 허가가 취소된 방송사업자 또는 중계유선방송 사업자는 허가 만료일 또는 허가 취소일로부터 3월 이상 1년 이하의 범위에서 방송위원회 또는 정보통신부 장관이 정하는 기간 동안 후 방송을 계속할 수 있다.

② 방송위원회가 재허가 추천을 거부한 경우 즉시 정보통신부 장관에서 통보하여야 하고 정보통신부 장관이 재허가를 거부하거나 허가 취소를 할 경우 방송위원회와 합의하여야 한다.

참고로 열린우리당의 방송법 개정안(2004년 10월 20일 이경숙 의원 발의)은 취소 또는 거부 처분 후 사업자의 요청이 있는 경우 방송위원회가 6월 이내의 허가 기간을 연장할 수 있게 규정하고 있다[부록 2 참조]. 그러나 개정안 제18조의2에서는 방송을 행하는 데 필수적인 토지·건물·방송설비 등 물건 또는 권리를 처분하기 위해 부득이한 사유가 있는 때에만 허가 기간 연장을 허용하고 있다. 그리고 방송위원회 또는 공공기관이 물건

또는 권리를 처분하는 절차를 명시하고 있는데 이는 허가 기간 연장을 이유로 사유재산 처분을 공적으로 강제하는 것으로 위헌적 소지가 크다. 허가 취소 또는 재허가 거부는 방송국 허가를 회수한다고 것이지 방송사업자의 재산권을 회수하는 것은 아니기 때문이다.

해당 사업자는 더 이상 방송사업자(중계유선방송 사업자)가 아닌 사인(私人)으로서 재산권에 대해서는 자유롭게 행사할 수 있어야 한다. 방송국 허가를 회수한다고 방송사업자의 재산권을 회수하는 것은 아니다. 사업자의 재산권 처분에 대한 관여 없이 그 동안 지속된 방송에 대한 사업자와 시청자의 신뢰를 보호하는 차원에서 방송 허가 기간 연장 또는 유예 조치가 이루어져야 한다.

V. 결 론

통신사업자 허가에 비해 상대적으로 방송사업자 허가는 제도화 수준이 낮다고 평가되고 있으며, 방송과 통신의 경계가 흐려지면서 방송사업의 허가·재허가 제도 운영면에서 좀더 높은 공정성, 투명성, 예측 가능성이 요구되고 있다.

이 연구에서는 2000년 이후 주요 방송사업자의 허가 사례들을 살펴보면서 방송위원회와 정보통신부의 허가 추천과 허가의 이원적 구조, 사업계획서 심사 방식, 공영·민영방송의 무차별적 허가 절차, 허가 기간, 재허가 절차와 일정 등의 이슈를 검토했다. 방송법 개정과 관련하여 허가 기간을 사업자별·사업 유형별로 차등 연장하는 안, 허가 절차와 일정을 법정화하는 안, 허가·거부 또는 취소시 허가 기간을 일정 기간 연장하는 안 등을 제안했다.

부록 1: 방송법시행령 (일부 개정 2004. 9. 17)

제5조(방송사업 등의 추천)와 ①법 제9조 제1항 및 제2항의 규정에 의하여 지상파방송사업·위성방송사업·종합유선방송사업·중계유선방송사업을 하고자 하는 자는 허가 추천신청서에 다음 각호의 서류를 첨부하여 방송위원회에 제출하여야 한다.

1. 신청인에 관한 사항을 기재한 서류
2. 사업계획서
3. 시설설치계획서

② 제1항의 규정에 의한 허가 추천 신청은 다음 각호의 기준에 따라 하여야 한다. <신설 2004. 9. 17>

1. 지상파방송사업의 허가 추천 신청은 방송 유형별로 할 것
2. 위성방송사업의 허가 추천 신청은 인공위성의 무선국별로 할 것. 이 경우 위성이동멀티미디어 방송사업자가 행하는 위성방송의 난시청 해소를 위하여 연주소를 갖추지 아니하고 개설하는 무선국의 허가 절차는 전파법시행령이 정하는 바에 따른다.
3. 종합유선방송사업과 중계유선방송사업의 허가 추천 신청은 방송 구역별로 할 것

③ 방송위원회는 제1항의 규정에 의한 허가 추천신청서를 접수한 때에는 접수일부터 90일 이내에 법 제10조 제1항 각호의 사항을 심사하여 허가 추천 여부를 결정하고, 허가 추천을 하는 경우에는 신청인에게 허가 추천서를 교부한 후 이를 정보통신부 장관에게 통보하여야 한다.

④ 제1항 내지 제3항의 허가 추천에 필요한 구체적인 절차 및 방법에 관하여는 방송위원회규칙으로 정한다. <개정 2004. 9. 17>

제6조(허가 신청 등) ① 제5조의 규정에 의하여 지상파방송사업·위성방송사업·종합유선방송사업 또는 중계유선방송사업의 허가 추천을 받은 자는 추천을 받은 날부터 6월 이내에 정보통신부 장관에게 법 제9조 제1항 및 동조 제2항의 규정에 의한 허가를 신청하여야 한다.

② 종합유선방송사업 또는 중계유선방송사업을 하고자 하는 자는 다음 각호의 요건에 적합하여야 하며, 그 허가에 관한 세부 기준은 정보통신부 장관이 방송위원회와 협의하여 고시한다.

1. 시설설치계획이 법 제79조 제1항의 규정에 의한 종합유선방송사업 또는 중계유선방송사업의 기술 기준에 적합할 것

2. 수신자의 편의와 최소한의 방송 품질을 보장할 것
3. 방송기술 개발 및 시설의 고도화에 관한 정부 시책에 부합할 것

③ 정보통신부 장관은 제1항의 규정에 의한 허가 신청을 받은 때에는 전파 관계 법령 또는 정보통신부령이 정하는 절차와 방법에 따라 허가 여부를 결정하고, 허가를 하는 경우에는 신청인에게 허가증을 교부하여야 하며, 이를 방송위원회에 통보하여야 한다.

제7조(중계유선방송 사업자의 종합유선방송사업 승인) ① 법 제9조 제3항의 규정에 의하여 중계유선방송 사업자가 종합유선방송사업의 승인을 얻고자 하는 경우에는 다음 각호의 요건을 갖추어 승인신청서에 시설전환계획서를 첨부하여 방송위원회에 제출하여야 한다.

1. 시설전환계획이 법 제79조 제1항의 규정에 의한 종합유선방송사업의 기술 기준에 적합할 것
2. 중계유선방송 사업자의 가입자 수가 그가 소재하는 종합유선방송사업 구역 안의 전체 가구 수 중 차지하는 비율이 당해 사업 구역의 범위와 특성을 고려하여 방송위원회가 고시하는 비율 이상일 것

② 방송위원회는 제1항의 규정에 의하여 승인신청서를 접수한 때에는 제1항 각호의 사항 및 법 제10조 제1항 각호의 사항을 심사한 후 정보통신부 장관과의 협의를 거쳐 그 결과를 90일 이내에 신청인에게 통보하여야 한다.

③ 종합유선방송사업의 승인에 필요한 구체적인 절차 및 방법에 관하여는 방송위원회규칙으로 정한다.

부록 2: 방송법개정안 (이경숙 의원 발의 2004. 10. 20.)

제18조의2(재허가 거부 및 허가 취소시 유예 기간 등) ① 제17조 제1항·제2항의 규정에 의한 재허가를 받지 못하거나 또는 재승인을 얻지 못한 자 및 제18조 제1항의 규정에 의하여 허가·승인 또는 등록이 취소된 자는 해당 방송을 행하는 데 필수적인 토지·건물·방송설비 등 물건 또는 권리(이하 "토지 등"이라 한다)를 처분하기 위하여 부득이한 사유가 있는 때에는 허가 또는 승인의 유효기간이 만료되기 전(허가·승인 또는 등록이 취소된 때에는 그 날로부터 1월 이내)에 방송위원회에 허가·승인 또는 등록 기간의 연장을 요청할 수 있다.

② 방송위원회는 제1항의 규정에 의한 요청을 받은 경우 해당 사업자의 토지 등의 처분 가능성 등을 감안하여 6월 이내의 기간을 정하여 허가·승인 또는 등록의 유효 기간을 연장할 수 있다.

③ 제1항에 규정된 자는 제2항의 규정에 의한 기간 내에 방송위원회 또는 대통령

령이 정하는 기관에 대해 '공익사업을 위한 토지 등의 취득 및 보상에 관한 법률'이 정하는 바에 따라 토지 등을 수용(협의에 따른 취득 또는 사용을 포함한다. 이하 같다)하여 줄 것을 청구할 수 있다.

④ 방송위원회 또는 대통령령이 정하는 기관은 제3항의 규정에 의한 청구를 받은 경우 '공익사업을 위한 토지 등의 취득 및 보상에 관한 법률'이 정하는 바에 따라 토지 등을 수용할 수 있으며, 토지 등의 수용 절차와 요건, 수용의 효과, 손실보상, 이의신청 및 환매권 등에 관한 사항은 이 법에 특별한 규정이 있는 경우를 제외하고는 그 성질에 반하지 아니하는 한 '공익사업을 위한 토지 등의 취득 및 보상에 관한 법률'의 규정을 준용한다.

⑤ 제4항의 규정에 의하여 토지 등을 수용한 방송위원회 또는 대통령령이 정하는 기관은 지체없이 대통령령이 정하는 바에 따라 경매·경쟁입찰 등의 방법으로 처분하여야 한다.

연구 문제

1. 방송사업자 허가 추천에서의 사업자와 방송위원회 간의 지식·정보의 수집 분석 능력에 대해 설명하시오.
2. 방송위원회의 허가 추천과 정보통신부의 허가의 법적 행정적 의미를 설명하시오.
3. 최근 방송위원회는 지상파방송 사업자, 종합유선방송 사업자, 중계유선방송 사업자 등 전반적으로 재허가 추천 심사 요건과 절차를 강화하고 있다. 이러한 방송위원회의 변화된 태도가 방송사업자에게 미치는 영향을 설명하시오.
4. 심사 항목의 계량지표와 비계량지표의 객관성에 대해 논의하시오.
5. 공영방송사에 대한 비교적 짧은 3년 단위의 재허가 추천이 갖는 문제가 무엇인지 설명하시오. 어떤 상황에서 공영방송사에 대한 재허가 추천이 거부될 수 있는지 설명해 보시오.
6. 정치적 타협의 결과로 제정된 방송법은 각 조문들이 매우 엉성하게 규정되어 있고 실질적인 규제 내용을 대통령령(시행령)에 위임하고 있다. 현행 방송법의 허가·재허가 관련 규정을 보완하기 위해 시행령

과 시행규칙을 개정하는 데 고려해야 할 요소를 설명하시오.

7. 현행 방송법의 진입 제한 규정에서 지나치게 엄격하여 오히려 방송 발전을 저해하는 항목으로 간주되는 것이 어떤 것인지 설명해 보시오.

제14장

새만금사업과 갈등 조정기구의 대응*

김병섭 · 박준호

I. 서 론

1. 연구의 목적

새만금사업은 경부고속철도, 인천국제공항과 함께 1980년대에 시작된 3대 국책사업 중의 하나이다. 방조제 길이가 33km로 방조제로는 세계 최장이고, 매립 면적도 여의도 면적의 140배에 이르는 거대한 사업이다. 많은 예산이 소요되고 또 오랜 기간에 걸쳐 추진되는 대규모 국책사업이다. 이 사업에 대해서 많은 관련 집단이 얽혀 있을 뿐만 아니라 이들의 입장과 전략이 때를 따라 달라지기도 했다. 새만금사업의 목표가 관련 집단과 조직마다 서로 다르게 이해되기도 했고, 시간의 변동에 따라서 공식적 목표가 변화되기도 했다. 그리고 사업의 경제성과 효과에 대해 첨예한 논쟁이 이어져 왔다. 게다가 사업이 착공, 중단, 재착공, 재중단 등을 반복함에 따라 사업의 효과에 대한 논의는 더욱 복잡하게 변했다.

이렇게 많은 논쟁이 이어짐에 따라서 정책 및 학술 연구도 많이 이루어져 왔다. 연구 분야는 사업과 관련한 쟁점이 다양하기 때문에 기술, 인문,

---

* 이 논문의 일부는 박준호의 석사학위논문을 부분 전제한 것임을 밝혀둔다.

사회과학을 가리지 않고 이루어졌다. 먼저 경제성에 대한 평가이다. 새만금사업 환경영향 공동조사단(2000)이 그간 제기되어 온 경제성 평가에 대한 쟁점을 마무리하는 종합적인 보고서를 내려고 했으나 완전한 합의가 이루어지 못한 채 보고서를 내었고, 이에 따라 새만금사업의 비용·편익분석에 관한 논문이 이어졌다(이준구, 2001; 이정전 등, 2001). 특히 갯벌의 가치가 중요한 관심사로 제기되자, 갯벌의 가치를 측정하는 연구가 제시되었고(예: 전철현·신효중·하서현, 2002), 아울러 수질오염과 생태계에 관한 연구도 발표되었다(예: 황선도·김종식, 2003). 이러한 기술적·경제적 분석 이외에 간척사업의 직접적 영향을 받는 어민들의 체험적 이야기를 생생하게 담아 내는 연구도 있다(함현희, 2004).

그런데 새만금사업은 오랜 기간 동안 변동을 겪어오면서 관련 집단 간 갈등이 심했기 때문에 집단 간 갈등에 대한 연구가 많이 이루어졌다. 정준금(2000)은 새만금사업을 개발과 보전 간의 갈등이 표출된 대표적 사례로 소개하면서 집단별로 갈등의 구체적 내용을 소개하고 있다. 김창수(2002)는 새만금사업을 실패한 사업으로 규정한 후 이렇게 정책이 실패하게 되는 이유를 정책집행론을 적용해 분석하고 있다. 전진석(2003)은 새만금사업의 변동을 정책옹호연합모형으로 설명하고 있다. 즉 환경부, 환경운동연합, 경실련 등의 환경옹호연합(Environment Advocacy Coalition)과 농림부, 전라북도 등의 개발옹호연합(Development Advocacy Coalition)이 각각 자신들의 주장이 최종 정책화되도록 하기 위해 여러 가지 전략과 노력을 했고 갈등이 지속되었으나, 지속가능발전위원회가 중개자의 역할을 수행하면서 환경친화적인 방법으로 개발하는 것으로 돌파구가 마련되었다고 기술하고 있다. 남상민(2005)은 좀더 구체적으로 이러한 환경옹호연합과 개발옹호연합이 어떻게 형성되고 또 확대되는지, 그리고 정책에 어떤 함의를 지니는지를 설득력 있게 분석하고 있다. 한편, 정창화(2005)는 새만금사업에서 NGO들이 취한 전략을 영월댐의 사례와 비교 분석하고 있다. 연구 결과를 보면, 영월댐과 새만금사업 두 경우 모두 비제도적 경쟁적 전략을 취했으나 결과적으로 영월댐은 제도권의 협조로 자신들의 신념 체계를 반영하게 되지만, 새만금사업은 여전히 경쟁 관계를 유지하고 있는 것을 발견했다. 이와같이 새만금사업에 대한 기존의 연구들이 주로 갈등을 주도하는 집단 또는 그 집단들의 연합체인 옹호연합에 주목하고 있다.

이에 반해 이러한 갈등을 조정하는 위치에 있는 조정기구와 조정기제에 대한 연구는 많지 않다. 주재복(2004)의 연구를 제외하면 찾아보기 쉽지 않다. 이 사례 연구는 새만금사업이 본질적으로 내재하고 있는 딜레마적 상황에 대해 갈등을 조정하는 기구가 어떻게 대응하는지를 실증적으로 연구하는 것을 연구 목적으로 한다.

2. 연구의 범위

이 연구는 새만금사업의 전 기간을 연구하는 것이 아니고 사업 중단 이후 공사 재개 결정이 어떻게 이루어졌으며, 부처 간의 갈등 상황이 어떻게 조정되어 가는지를 분석하고자 한다. 이 연구의 시간적 범위는 1996년도부터 2001년 5월 25일 물관리정책조정위원회에서 새만금 간척사업의 공사 재개를 결정한 2001년 11월까지로 한다. 새만금 간척사업이 시작된 것은 타당성조사가 이루어진 1987년 3월부터이기 때문에 이 때부터 연구 기간을 잡아야 하나, 두 가지 이유 때문에 1996년부터 연구 기간의 범위를 시작하고자 한다. 하나는 1996년 이전의 새만금과 관련된 자료는 많지 않기 때문이다. 더 중요한 이유는 그 이전에도 갈등이 없었던 것은 아니지만, 이전의 갈등은 예산담당 부서와 농림부 간의 예산 배분과 관련된 것이었다. 이에 반해 1996년은 시화호 오염이 사회적 이슈가 된 해로 이 때부터 환경단체가 환경보존을 위해 조직적 대응을 시도한 연도로 갈등이 본격적으로 시작되었다고 해도 과언이 아니다. 한편 2001년 11월 이후는 갈등의 조정이 행정부를 벗어나 사법부의 판단에 의해 이루어지게 되었기 때문이다.

Ⅱ. 사례의 개요

새만금사업은 전라북도 군산시, 김제시, 부안군 등 2시 1군 18읍·면·동에 걸쳐 농지와 공단 조성을 목적으로 하는 대규모 국토 확장 간척사업이다. 이 사업은 1970년대 초에 일어난 세계적인 식량 파동에 대한 대책으로 시작되었다. 즉, 정부는 식량안보 차원에서 간척 예정지를 전국적으로 찾게 되었고, 이 과정에서 새만금 지역을 예정 지역 중의 하나로 선정했다. 그 이후 새만금사업은 1980년대 초 냉해로 인한 쌀 흉작을 계기로 논의가 본격화되어, 1986년에서 1988년 사이 경제적 타당성 분석이 이루어졌다. 이 기간 중 대통령 선거가 있었고, 1987년 12월 대선 과정에서 전북과 호남 지역 표심을 노린 김영삼, 노태우 후보에 의해 새만금사업은 국책사업으로 공약되었다. 1989년에서 1991년 사이에 관계 부처 협의, 환경영향평가, 공유수면 매립 면허 등 관련 절차를 거쳐, 1991년 8월 농수산부가 사업 시행 주체가 되어 전라북도에 사업관리, 보상 업무, 지역 개발 등의 업무를 위임하고 농어촌진흥공사에 공사 시행, 측량 설계, 공사 감리를 위탁하는 사업 추진 체계가 확정되었다. 동시에 세계 최장인 방조제 33km, 여의도의 140배에 달하는 1억 2,000만 평의 간척지 조성을 목표로 총사업비 1조 3,000억 원이 투자되는 사업이 농수산부에 의해 고시되고, 동년 11월 말 기공식이 이루어졌다. 이 사업은 1998년도까지 방조제 공사를 마무리하고, 2004년도까지 전체 사업을 완성하는 것을 목표로 시작되었다.

그런데 1996년 시화호 오염이 사회적으로 문제가 되면서 새만금호의 수질 문제에 대한 논란이 제기되기 시작했다. 아울러 어장 피해 등 해양생태계 파괴로 인한 각종 부작용이 불거지면서 대규모 간척사업이 과연 타당성이 있느냐는 부정적 시각이 확산되기 시작했다. 정부는 환경단체들의 문제제기가 잇따르자, 1999년 4월 민관공동조사단을 구성하여 수질과 갯벌 등을 조사하도록 했고, 조사단은 2000년 8월 정부에 보고서를 제출했다. 정부는 보고서가 사업 추진 여부에 대한 결론 없이 수질 기준 미달시 보완 대책을 강구하도록 권고한 점을 들어 수질대책을 추가, 공동조사를 시작할 때 중단되었던 새만금사업을 재추진하려 했다.

그러나 환경단체는 물론 조사에 참여한 일부 민간 전문가들이 반대에 가세하자, 정부는 재추진 여부에 대한 결정을 2001년 2월 하순으로 미루었다. 그런데 2월 중순 정부가 시화호의 담수화 포기를 선언하자 “새만금도 제2

의 시화호가 될 수 있다"라는 여론이 비등해졌다. 여기에 환경부가 만경강 수질 기준치 미달 문제를 지적하는 등 정부 부처간 이견이 드러나 3월 하순으로 최종 결정이 재차 연기됐다. 이에 정부는 수질이 양호한 동진강을 만경강과 분리, 우선 개발하는 쪽으로 전략을 바꿨지만, 대통령 직속 지속가능발전위원회가 신중한 결정을 요구하며 제동을 걸어 또다시 결정이 미루어졌다. 5월에 있었던 공개토론회서도 찬반 양측의 입장 차이만을 확인했고, 토론회 결과를 평가하는 평가회의도 "합의점 도출도, 대안 마련도 어렵다"는 건의서를 제출하자, 결국 정부는 2001년 5월 "국론 분열과 국력 낭비를 더 이상 방치할 수 없다"며 환경단체들의 입장을 상당 부분 수용하는 선에서 물관리정책조정위원회(위원장 이한동 국무총리)를 열어 방조제는 완공하되 동진 수역을 먼저 개발하고 만경 수역은 수질이 목표 수준에 적합하다고 평가될 때까지 개발을 유보하는 새만금사업 '순차적 개발안'을 확정했다.

그러나 이 날 새만금사업 평가위원 9명 중 4명은 새만금사업 재개 결정에 반발해 원천 무효라고 주장했고, 다음날 대통령 직속 지속가능발전위원회 등 정부 내 주요 환경 관련 위원회에 참여하는 민간위원 54명은 새만금사업 재개 결정에 반대해 탈퇴를 선언했다. 동년 6월 지역 주민과 시민·환경단체로 구성된 3천 539명은 '공유수면 매립 면허 및 사업시행 인가 처분 취소 청구소송'을 서울행정법원에 내고, 각종 집회와 토론회 등을 통해 새만금사업의 환경 위해성(危害性)을 부각시켰다. 특히 수경 스님과 문규현 신부가 새만금 갯벌 살리기를 촉구하며 2003년 3월 28일부터 2개월 여에 걸쳐 실시한 3보1배(三步一拜) 대장정은 새만금에 대한 국민들의 관심을 집중시켰다. 이처럼 환경 문제에 대한 국민들의 관심이 높아지자 시민단체는 "2003년 6월 '공유수면 매립면허 및 사업시행 인가 처분취소 청구소송'에 대한 본안 선고 전까지 공사를 중단시켜 달라"며 법원에 집행정지 신청을 냈고, 서울행정법원은 새만금 유역의 수질 악화, 갯벌 파괴 등 환경적인 피해를 들어 새만금사업을 중단하라고 2003년 7월 15일 결정했다.

그러나 서울고등법원은 2004년 1월 29일 1심 재판부의 판결을 뒤집어 새만금 방조제 공사 재개 결정을 내렸다. 서울고법 특별7부는 환경단체와 새만금 지역 주민들이 주장하는 손해는 입증하기 어렵고, 차후 금전 보상이 가능한 반면, 방조제 공사 중지로 인해 방조제가 유실되고 막대한 보강공사 비용이 소요되는 등 국책사업 유보에 따른 공공 손실이 더 크다고 판단했다. 1심 재판부가 집행정지 결정을 내린 '방조제 공사'는 "본안에서 문제되는 농림부의 '새만금 간척 종합개발사업 시행 인가 처분'과 '공유수면 매립 면허처분'의 일부인 '사실행위'일 뿐 '처분 자체'라고 볼 수 없어 행정소송법상 집행정지 대상이 될 수 없다"고 고법은 밝혔다. 즉, 건물 신축공사 허가를 받아 집을 짓는 사람이 이웃의 환경권을 침해할 경우 법원은 '건축공사'라는 사실행위가 아닌, 관할 구청의 '공사 허가처분'에 대해 집행정지 결정을 내릴 수 있을 뿐인 것과 같은 이치라는 설명이다. 그러나 고법 재판부가 공사 재개 결정을 내리면서 "본안 승소 가능성은 판단하지 않았다"고 밝혀 가처분(집행정지)에 대한 판단과 본안에 대한 판단이 별개임을 시사했다.

그리고 다시 2005년 1월 17일 서울행정법원은 "1991년 농림부가 새만금 사업을 인가한 뒤 수질 오염, 생태 파괴 등 중대한 변화가 발생해 농림부는 사업인가 처분을 취소하거나 변경해야 한다"고 환경단체 등이 농림부 등을 상대로 낸 새만금사업계획 취소청구소송에서 원고 승소 판결를 내렸다. 그러나 재판부는 새만금사업을 취소하라는 청구는 행정처분에 해당하지 않는다며 각하해 사업 자체에 대한 중단 결정은 내리지 않았다.

이렇게 15년 동안 새만금사업은 계속적인 표류를 거듭하며 진행되고 있다.[1)]

Ⅲ. 딜레마 상황 및 조정기구의 대응분석

1. 딜레마 발생 상황

새만금 간척사업은 딜레마 상황에 처해 있다고 해도 과언이 아니다. 딜

1) 사업의 추진 경위는 <부록>을 참조.

레마 상황이라는 것은 새만금 간척사업이 공사 강행과 백지화의 두 대안으로 상충되고 있다. 그 어느 것도 선택하더라도 선택하지 않은 것에 대한 비용이 엄청나나, 그렇다고 선택을 하지 않고 넘어갈 수도 없는 즉 대안의 상충성과 선택의 불가피성 등의 형식적 조건을 가지고 있다. 이를 좀더 구체적으로 설명하면 다음과 같다.

1) 대안 간의 상충성

정부에서는 새만금 간척사업을 계속 추진하느냐, 아니면 간척사업을 전면 중단해야 하느냐를 선택해야 하는 상황에 처해 있다. 합리적으로 분석하고 냉정하게 평가해야 할 전문가들이 분야별 혹은 학문적 배경과 신념에 따라 전혀 다른 견해를 내놓고 있었다. 딜레마라는 상황은 상이한 가치 체계를 그 특징으로 하는데, 딜레마 상황에서는 기존의 해석 체계나 가치 체계를 새로운 해석 체계나 가치 체계가 도전하여 이들 간의 긴장이 시작되고 사람들은 두 개의 분명하게 구분되는 범주로 인식하게 한다.

임재환 교수는 민관공동조사단에서 10개의 시나리오별로 새만금사업의 경제성을 평가한 결과 모두 경제적 타당성이 있는 것으로 평가되었다고 한다. 그에 따르면 2000년 불변시장가격 기준으로 투자사업비, 환경오염방지비 등 총비용은 연평균 2,294억 원인 반면 연평균 사업순편익은 7,748억 원으로 추정되어 편익이 비용보다 3.38배 높다고 주장했다. 반면 황성현 교수는 편익 계산 항목 중 가장 효과가 큰 것이 국토 확장인데 이는 새로 조성되는 간척지가 농업용으로 사용되는 한 농산물 증산, 홍수 예방, 휴식지 제공 등에 이미 포함되어 있는데 또다시 계산하는 것은 중복 계산이라고 주장했다.

이와 같은 대안가치의 상충은 일례로 농지의 가치와 갯벌의 가치를 평가하는 데서 여실히 나타난다. 한국해양연구원의 이홍동 박사는 1996년 12월 내놓은 「갯벌 보존과 이용의 경제평가」라는 연구보고서에서 갯벌의 보전가치가 농지 이용보다 3.3배 높다는 결론을 내놓았다. 이에 반해 한국해양수산개발원의 표희동 박사는 한국산업경제연구원의 연구 결과를 재평가하면서 갯벌의 가치가 4배에서 59배 높다고 주장했으며, 1997년 5월 『네이처

(*Nature*)』지(誌)에서도 갯벌의 가치가 무려 100배 높다고 나타났다. 반면 최재선 교수는 「새만금 지구를 중심으로 한 갯벌과 농경지의 경제적 가치 비교」라는 논문에서 농경지가 갯벌보다 1.4배 높은 가치를 지니고 있다는 연구 결과를 제시했다. 농어촌연구원도 1999년 12월 내놓은 「간척지 개발과 갯벌 상태의 경제성 비교분석에 관한 연구」에서 간척 개발 후 농지가 자연 상태의 갯벌보다 2.63배 높은 경제적 가치를 지니고 있다고 분석했다. 그리고 한국산업경제연구원과 세종대연구원에서는 농지의 가치가 갯벌보

〈표 14-1〉 갯벌과 농지의 경제적 가치 비교

구분	농지 가치 우세		갯벌 가치 우세		
	한국산업경제연구원	세종대 세종연구원	한국해양연구원	한국해양수산개발원	Nature誌 (1997. 5)
연구 대상	영산강 Ⅳ단계	새만금지구	갯벌과 농지	영산강 Ⅳ단계	바다 갯벌 농지등 16개 생태계별 경제적 가치 연구
책임 연구자 (기관)	김용갑 부원장	세종대(주명건 교수), 목포대(조영길 교수), 농기공(최강원 박사)	이홍동 박사 (현 한국해양수산개발원)	표희동 박사	Costanza 교수 (Maryland대학)
발표 연도	1998. 7	1999. 12	1996. 12	2000. 3	1997. 5
ha당 갯벌 가치	9,361천 원	13,310천 원	20,245천 원	최대 73,730천 원 최소 55,430천 원	9,990$
ha당 농지 가치	17,371천 원	35,122천 원	6,099천 원	최대 13,830천 원 최소 1,250천 원	92$
가치 비교	농지가 1.85배 높음	농지가 2.64배 높음	갯벌이 3.3배 높음	갯벌이 4배~59배 높음	갯벌이 100배 높음
특기 사항	갯벌의 가치 중 자연재해 조절 및 대기 정화 기능 미반영	간척으로 인한 농지 이외의 담수호에서 얻을 수 있는 수자원과 생태적 가치 반영	- 생태적 가치를 중시한 외국의 습지연구 사례를 우리 나라 갯벌에 적용 - 농경지는 미곡 생산가치만 고려	한국산업경제연구원 연구 결과(1998)를 재검토	16개 생태계별로 연간 경제적 가치를 영양 축적, 순환 기능, 어패류 생산 기능 등 17개 기능별로 계산

자료: 해양수산부 내부 자료, 「새만금 갯벌 살아 숨쉬는 해양국토」, 2001. 1.

다 1.85배, 2.64배 높다고 분석했다. 이를 요약하면 <표 14-1>과 같다.

전문가 집단의 연구 결과도 이렇게 상반되게 나오다 보니 "김대중 대통령은 새만금 간척사업 이야기만 나오면 가슴이 답답하다"(동아일보, 2001. 4. 2)고 할 정도로 대안 간의 가치가 상충되고 있었다.

2) 선택 불가피성

정책을 담당하는 정부는 새만금 간척사업 공사 재개 여부를 선택하지 않을 수 없는 상황에 처해 있다. 한 대안을 선택해야 하는 상황이 발생했는데도 이를 미루거나 연기하는 것은 국민적 신뢰를 떨어뜨리게 되기 때문이다. 그리고 정책 결정 및 대응을 하지 않는다면 새만금 간척사업 찬·반 양론으로 인한 엄청난 사회·경제적 비용과 국론 분열을 감수해야 한다. 즉 선택의 불가피성과 선택의 어려움이 동시에 존재하는 딜레마 상황에 처하게 되는 것이다.

공사 중단으로 파랑(波浪)에 의한 방조제 지반 유실, 조류속(潮流速)에 의한 방조제 지반 유실 등으로 1년 만에 631억 원의 간척지 내부 지반이 유실된 것으로 나타났고(충남대학교 농과대학 농업과학연구소, 2000), 이미 공사가 끝난 방조제 부분의 옹벽 일부가 허물어지는 등 정책 결정이 늦어지면서 하루에 2~3억 원의 경제적 손실이 발생하고 있으며 흘러내린 토사로 인한 환경오염 가능성까지 제기되고 있었다(경향신문, 2001. 4. 21). 그래서 선택을 계속해서 미룰 수 없는 상황이고, 2000년 8월에 새만금사업 계속 추진 여부에 대해 최종 결정을 하기로 했다가 여러 차례 결정이 연기되자 결정을 조속히 해야 한다는 목소리가 높아가고 있었다.

반면 곽승준 교수는 국내 대형사업의 경우 사업 전후의 비용이 엄청나게 차이가 나는데 새만금사업도 예외는 아니라고 주장했다. 그에 따르면, 농업기반공사는 3조 489억 원(1999년 기준)으로 산정하고 있으나 감사원 보고서에 의하면 농지 조성의 경우 5조 9,530억 원, 복합단지 조성의 경우 28조 5,529억 원(2011년 기준)의 사업비가 드는 것으로 제시했다. 이러한 상황에서 매몰비용과 유실비용만을 고려하는 것은 무의미하다고 주장한다.

3) 기회 손실

어느 한 대안이나 가치를 중시하거나 이에 대한 선택은 다른 대안에 대한 기회 손실로 나타날 수 있다. 이렇게 선택이 어려운 상황에서 정부가 어느 한 당사자의 주장 및 요구만을 수용할 경우 그 반대편에서 야기되는 손실은 감당하기 어려울 것이다.

새만금 간척사업을 중단한다고 가정할 때, 양재삼 교수의 주장에 의하면 이미 투자된 1조 3천억 원의 예산이 매몰되고, 새만금사업으로 인한 어패류 피해 영향 면적은 서해 연안 생태계 면적의 2.9%에 불과하며 사업 시행으로 생태계가 파괴되는 것이 아니라 농지로 전환되는 것이라고 한다. 그리고 방조제 공사가 66% 진척된 현시점에서 갯벌 보존을 이유로 공사를 중단할 경우 갯벌과 농지를 모두 잃어버리는 결과를 초래한다고 한다.

새만금 간척사업을 재개한다고 가정할 때, 전승수 교수의 주장에 의하면 『네이처』지의 가치평가에서 하구는 연안 습지의 2.5배, 일반 경작지의 250배가 넘는 경제적 가치가 있음이 드러났고, 사라진 갯벌은 28,300ha지만 새로 생기는 갯벌 628ha는 사라진 갯벌의 3%에 불과해 갯벌의 성격은 차치하더라도 규모면에서 비교가 되지 않는다고 한다. 나기환 교수의 주장에 의하면, 새만금 간척사업이 진행되면 담수에 포함된 질소 성분이 10% 가량 증가할 것으로 예상되어 변산반도 연안에서 국지적인 영양염 축적 현상이 우려되고 해양 생태계 및 수산물 피해 면적은 전체 연안 생태계의 2.9% 가량 될 것이라고 한다. 그리고 어족 자원도 50% 가량 감소할 것이며, 조류종의 경우 종 및 개체 수는 급감하는 대신 오리·기러기·고니 등이 증가, 담수호 수질을 악화시킬 것으로 예상된다고 하면서 결국 새로 만들어지는 628ha는 생물 자원 생산 능력이 거의 없는 갯벌이라고 한다. 윤제용 교수는 환경부의 수질 예측은 최상의 대책이 성공했다는 가정에 바탕을 두고 있는 것으로 시행 가능성에 의문이 제기된다고 하면서 하류 지역 대책 예산으로 '총 6,000억+α'라고 막연하게 산정만 하고 있을 뿐이고, 하수관거 확충과 관련하여 2011년까지 필요한 재원이 7,943억 원에 달하나 재원 조달 계획이 불투명하다고 주장한다.

4) 옹호연합의 형성과 집단 간 갈등

이렇게 새만금 간척사업의 계속 여부가 첨예한 논쟁을 보이고 있는데 여기에 더해 공사 강행과 중단, 또는 개발과 보존이라는 두 가치를 중심으로 강력한 옹호연합이 형성되어 어느 한쪽의 주장을 받아들이기 더욱 어렵게 만들었다.

개발과 보존이 본격적으로 갈등이 시작된 것은 1996년도 시화호 오염 사건이 계기가 되었다고 할 수 있다. 시화호 오염에 놀란 환경단체들이 새만금사업의 환경오염에도 관심을 가지게 되었고 이것이 보존과 개발 간 갈등을 야기하게 된 것이다. 그러나 갯벌에 대한 생태적 · 경제적 가치에 대한 낮은 인식 등으로 인해, 보존옹호연합이 본격적으로 형성된 것은 1998년부터이다(남상민, 2005). 이 때 녹색연합과 환경운동연합 등은 갯벌과 새만금 문제가 사회적 이슈가 되도록 연대조직인 '새만금 간척사업 백지화를 위한 시민위원회'를 구성했다. 이후 종교계가 참여하면서 외연이 확대되어 2001

[그림 14-1] 새만금 간척사업의 딜레마 상황

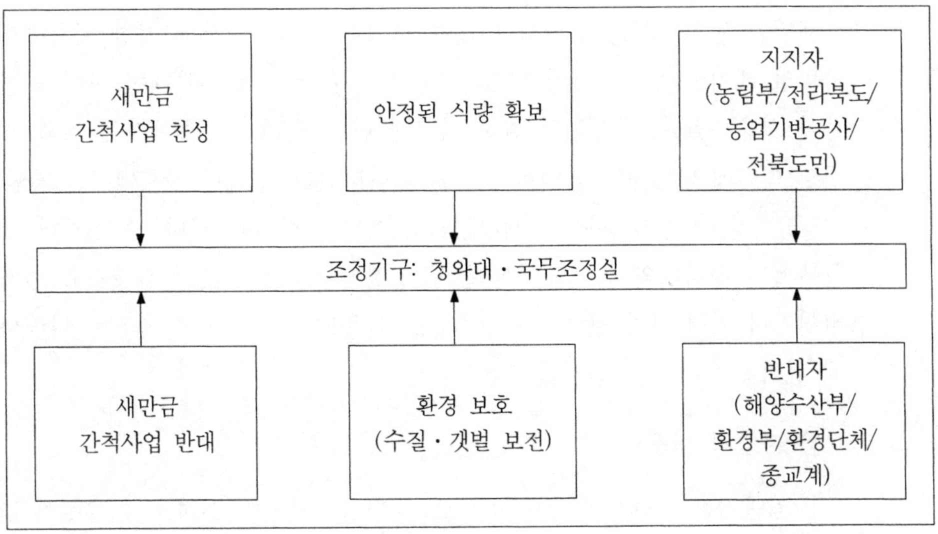

년 '새만금갯벌생명평화연대'가 발전되었다. 그리고 그 동안 소극적이었던 환경부가 보존옹호연합에 적극적으로 참여하게 되었고, 특히 이전에는 새만금 신항만 등을 추진하려고 했던 해양수산부가 태도를 완전히 바꾸어 갯벌의 가치 등을 이유로 보존옹호연합에 가세하게 된다.

이렇게 환경NGO, 종교계와 환경부, 해양수산부가 보존옹호연합을 형성하면서 활동을 강화하게 되자 개발 관련 행위자들도 옹호연합을 형성하고 개발전략을 짜기 시작한다. 농림부와 농업기반공사, 전라북도는 물론이고 새만금추진협의회, 새만금완공전북도민 총연대 등 지역개발NGO와 지역언론(전북일보, 새전북신문 등)이 개발옹호연합을 형성하게 된다(남상민, 2005).

그리고 이들 개발과 보존옹호연합은 각각 자신들의 주장을 신념화하고 정부정책으로 받아들이도록 영향력을 행사하게 되어 갈등은 더욱 깊어진다. 또한 공사 강행집단과 반대집단 간의 갈등 관계를 조정해야 할 정책 조정기구는 딜레마 상황에 접어들게 된다.

2. 딜레마 상황에서의 조정기구의 대응분석

새만금 간척사업과 관련해 딜레마 상황이 심화되면서 다양한 이해관계자들의 개입이 두드러지게 되었고, 이들의 주장과 요구에 대한 반대 의견들이 상충되었다. 통상적인 갈등 상황에 비해 딜레마 상황에서는 정책 결정의 형태에 다양하고 특이한 현상들이 나타난다. 딜레마 상황에서는 지연, 비(非)결정, 상징적 대응, 정책결정권의 이양 등이 나타난다. 즉 딜레마 상황에서의 청와대와 국무총리실 등의 조정기구의 대응은 복잡해지고 쉽게 바뀌거나 여러 가지 전략이 복합적으로 사용되는 등 다양한 형태로 나타나게 된다.

1) 소극적 대응

1996년 6월 시화호의 무단 방류로 '새만금호의 제2 시화호' 가능성이 강하게 제기된 이후 새만금 수질 문제에 대한 조정기구의 첫 번째 대응이 수질개선기획단의 설치라고 할 수 있다. 즉, 1997년 2월 국무조정실 산하에 수질개선기획단[2)]을 설치했다(대통령 훈령 1997. 1. 18. 수질개선기획단 설치 및 운영에 관한 규정). 그러나 물관리정책을 범정부 차원에서 통합 조정하고, 낙동강·한강·영산강·금강 등 4대강 수질 개선 사업을 체계적으로 추진하기 위한 목적이었기 때문에 수질개선기획단은 새만금호에 많은 관심을 보일 수 없었다. 수질개선기획단은 대안의 선택 상황 자체를 무시해 버리고 정책 결정 상황의 변화를 기대하는 이른바 비(非)결정과 지연이라는 소극적 대응으로 일관했다.

새만금 간척사업의 공사 재개 결정 과정에도 지연전략이 사용되었다. 민관공동조사단 활동 시기를 3개월이나 연장하고, 공사 재개 여부 발표 시기를 2000년 12월에서 2001년 2월 중순으로, 다시 3월 말로, 또다시 4월 15일로 연기했다가 최종 결정은 결국 2001년 5월 25일 내려졌다.

딜레마 상황에서 해결책을 모색하기 위해 정책 결정 집단이 노력하고 있다는 것을 보여 주는 의식이나 행사를 여러 번 사용하게 되는데, 실질적인 정책 결정의 내용보다는 형식적인 절차로서 의미를 가지는 경우가 많다. 이러한 절차로는 전문가를 동원한 정당화 또는 공청회 등의 의식이나 행사를 통한 정당화, 회의체의 구성이나 투표 등의 방법을 사용하게 된다. 새만금 간척사업과 관련해서도 이러한 방법이 많이 사용되었다. 그 예로 새만금사업 현장 주요 인사 방문 현황을 보면, 1996년에는 국회 예결위원 강현욱 의원 등 46명, 1997년에는 고건 국무총리, 정시채 농림부 장관 등 59명, 1998년에는 한승헌 감사원장, 최재욱 환경부 장관 등 31명, 1999년에는 진념 기획예산위원장, 신건 국정원 차장 등 10명, 2000년에는 국회 농림해양수산위원회 함석재 위원장 등 85명, 2001년에는 이한동 국무총리 등 178명이 방문했다. 1996년 이후 새만금사업 현장을 방문한 차관급 이상의 주요 인사가 무려 409명이나 된다(농업기반공사, 2002).

---

2) 국무조정실장이 단장이고, 국무조정실 직원이 6명, 소관 부처에서 파견 나온 직원이 18명(환경부 5명, 예산처 1명, 행자부 2명, 농림부 2명, 건교부 2명, 해수부 1명, 산림청 1명, 서울시 2명, 환경연구원 1명, 농업기반공사 1명)인 태스크 포스(task force)이다.

2) 새만금사업 환경영향 공동조사단(민관공동조사단) 구성

집단 간 갈등을 조정하는 기제에는 크게 세 가지, 즉 당사자 간 조정, 제3자에 의한 조정, 독립적 조정기구에 의한 조정이 있다. 문제가 복잡하고 이해관계자의 수가 다양하고 많은 집단 간 갈등의 경우에는 독립적인 조정기구에 의한 조정을 도입하는 경우가 많은데 흔히 공동조사단이라는 독립적 조정기구를 사용하게 된다(주재복, 2004). 그러나 이 공동조사단도 조정기구가 주도해서 만든 것이 아니다.

새만금 환경 문제를 민·관이 함께 조사해 보자는 안은 새만금사업을 반대하는 민간단체들이 먼저 내놓았다. 1998년 3월 전주에 모인 환경운동연합 전국 36개 지역 사무국장 모임은 새만금사업의 전면 중단과 재검토를 위한 민관합동조정위원회의 구성을 요구했고, 1998년 9월에는 경제정의실천시민연합·녹색연합·환경연합 등 39개 시민단체가 참여한 '새만금 간척사업 백지화를 위한 시민위원회'에서도 민관합동조사위원회의 구성을 주장했다.

전라북도가 1999년 1월 4일 기자회견을 통해 민관공동조사단을 구성하여 새만금 간척사업의 생태계 파괴, 경제적 타당성, 수질오염 등의 문제에 대해 공동 조사할 것을 제의[3]했고, 이를 사업 시행자인 농림부가 받아들이게 되었다.

새만금 간척사업은 1991년 11월 28일 착수 이전에 이미 환경영향평가 등을 거쳐 이루어졌기 때문에 민관 공동 조사가 법적 의무 사항은 아님에도 불구하고 조정기구가 민관 공동 조사라는 협의기구의 구성을 수락한 이유는 크게 두 가지라고 생각된다. 첫째는 수질 등 환경 문제를 중간 점검하고 필요한 추가 대책을 마련하자는 것이다. 둘째는 관 주도의 중간 점검은 또 다른 갈등을 야기시킬 수 있기 때문에 민·관이 공동으로 참여하는 민관 공동 조사 요구를 수용한 것이고, 그 이면에는 새만금 문제를 합리적으로 해결해 보겠다는 조정기구의 의지가 강하게 반영된 것으로 보아야 한다.

---

3) 전라북도의 이 같은 제안은 행정적으로 볼 때 정부, 구체적으로 농림부에 건의할 사안이었으나 당시 유종근 지사의 개인적 위상이나 정치적 영향력으로 볼 때 정부의 방침으로 받아들여졌다.

조정기구인 국무총리실은 수질개선기획단을 주축으로 하여 민관공동조사단 구성·운영 방안을 정부 차원에서 검토하기로 하고 3차례(1999년 1월 16일, 2월 6일, 3월 30일)의 관계 부처 국장회의와 2차례(1999년 3월 17일, 4월 13일)의 물관리정책민간위원회를 개최하여 민관공동조사단의 구성 및 운영 방향을 구체적으로 논의했다. 이 논의 과정에서 민간 전문가의 참여를 5명 이내로 제한하자는 주장도 일부 있었으나, 1999년 4월 19일 관계 부처 차관회의를 거쳐 1999년 4월 22일 공동조사계획을 관계 부처에 시달했다.[4)]

그리하여 1999년 5월 국무총리실 산하 수질개선기획단 주관으로 관계 부처 및 환경단체와의 협의를 거쳐 민관공동조사단을 구성했다. 민관공동조사단을 구성하는 데 가장 중요한 요소는 조사단을 어떻게 구성할 것인가의 문제였는데, 공동조사단 구성은 관계 부처와 합의해서 물관리정책조정위원회에서 최종적으로 확정해서 위원이 구성되었다. 새만금 민관공동조사단은 민간전문가 20명(환경단체 추천 10명, 정부 추천 10명)과 정부 관계자 9명, 조사단장 1명(장원 교수가 추천)으로 구성, 총 30명으로 구성된 공동조사단은 1999년 5월 환경영향, 경제성 평가, 수질 등 3개 분과위원회로 나뉘어 조사에 착수했으며, 당초 2000년 4월 30일까지 활동할 계획이었으나 이를 연장하여 2000년 6월 29일 활동을 공식 종료했다.

그러나 조사 결과를 놓고 상반된 견해가 제시되었다. 20인의 민간위원들의 판단 결과를 정리하면[5)] 10명의 위원들은 "계속 시행해야 한다 또는 중단되어서는 안 된다"고 판단했고, 1명의 위원이 "조건부로 시행 가"로, 또한 9명의 위원들은 "현 시점에서 중단해야 한다"고 판단했다. 즉 10인의 정부 추천위원은 모두 사업의 계속 시행을 주장했고, 민간 추천위원 중 김창식 위원은 조건부 시행을 주장했다. 그리고 나머지 9인의 위원은 모두 현

---

4) 국무조정실 내부 자료.

5) 2000년 10월 19일(목) 국무조정실 국정감사에서 참고인으로 나온 이상은 조사단장에 의하면, "…마지막에 정부부처에서 나온 일곱 분하고 농업기반공사 두 분에 대한 찬반 의견을 물을 것이냐에 대해서 11차 전체회의에서 논의를 했었습니다. 그래서 일단 의견을 내되 그것은 별도로 정리를 하자 그렇게 합의를 봤습니다…"라고 한다. 그러므로 민간위원 20인에 대한 찬반 결과만을 분석하는 것이 의미가 있는 것 같다.

시점에서 중단되어야 한다고 주장했다. 한편 조사단에 참여한 9명의 정부 및 관계 기관 위원 중 7명은 "환경 친화적으로 계속 시행"의 의견을 밝혔으나 2개 기관의 위원은 명확한 입장 표명을 유보하여(새만금사업환경영향 공동조사단, 2000) 민관공동조사단에서도 합의안 도출에 결국 실패했다. 2000년 정무위원회 국정감사에서 참고인으로 나온 이상은 조사단장도 결론을 도출하지 못했다는 것을 솔직히 시인했다.[6]

한편 조사단에 참여한 환경단체 추천위원들이 조사단 운영과 보고서 작성 과정에 절차상의 문제[7]가 있었다며 최종보고서의 수정 제출 등을 공개적으로 요구했다. 즉 조사단의 보고서로는 새만금 간척사업 계속 여부에 대한 정책 결정을 할 수 없는 상황에 이르자 시민단체에서는 조사단 구성 단계부터 사업을 찬성하는 위원의 수가 압도적으로 많았으며, 토론과 확인 과정이 생략되어 절차상 하자가 있다는 성명서를 발표하면서 조사 결과 자체를 신뢰하지 않았다.[8] 심지어 새만금사업 자체를 반대하는 민간단체들은 이상은 단장의 사퇴 및 총리실의 외압 중단을 요구하며 시위와 농성을 벌이기도 했다. 국회 정무위원회 국무조정실 상임위원회에서도 결론을 내리지 못하고 우왕좌왕하는 것을 시정하라는 질의가 있었다.[9]

이렇게 되자 민관공동조사단으로부터 보고서를 제출받은 조정기구는 8월 26일 재정경제부 장관 주재로 경제장관회의를 개최했는데 공동조사단의 조사 결과보고서만 가지고 판단하기는 어렵다는 결론을 내고 조사단에서 제시한 조건과 제안, 환경단체의 주장 등을 수렴해서 관계 부처에서 분야별로 깊이 있게 검토한 후 종합해서 정부 대책을 결정하기로 방침을 정했다. 따라서 그 후 여러 차례 실무자 회의를 개최하고 환경단체의 의견을 수렴하는 절차를 거쳤다.

공동조사단이 합의된 결론을 도출하지 못한 것은 문제를 쟁점별로 분해

---

6) 2000년 정무위원회 국정감사 회의록(2000. 10. 19).

7) 조사단은 연구 성과 교류와 의견 조정을 위한 분과별 수시 토의, 3차례의 해외조사, 11차례의 전체회의를 가졌다고 밝혔지만, 환경단체 추천 위원들은 정보 교류 및 토론의 기회가 주어지지 않았다고 주장했다.

8) 민관공동조사단 최종보고서 내용 시정 요청 기자회견, 철학카페 느티나무(2000. 8. 29).

9) 제220회 임시회 정무위원회 회의록(2001. 4. 16).

하여 해결하는 방식을 취하지 않았기 때문이라는 견해(주재복, 2004)도 있으나 위원회 형태의 조정기구가 반드시 책임 있는 조정기구가 되는 것은 아니라는 것을 보여 주고 있다.

결과적으로 민관공동조사단의 조사 활동과 종합보고서는 새만금에 관한 논쟁을 잠재우기보다는 찬·반 진영의 시각 차이를 확인하고 그 골을 깊게 만들었다.

3) 공개 토론회 개최

민관공동조사단은 2000년 4월 말까지 새만금사업 결과보고서를 정부에 제출하도록 되어 있었으나 3개월이 지난 8월 18일에야 제출했다. 30명의 전문가로 구성된 조사위원들이 각자 1년 동안 조사, 연구, 심의했다면 각 위원들이 제시한 환경 문제 진단 및 대안, 그리고 사업의 경제성에 대한 판단 등을 모아 전체적으로 결론을 내려야 하나 보고 시일까지 결론을 내지 못하고 종합 의견을 제시했다.

조정기구에 제시된 종합 의견을 보면, 새만금사업의 계속 추진 여부에 대한 조사단 전체의 일치된 의견을 제시하지 못하고 조사단장이 위원들의 의견을 취합하여 객관적으로 분석한 결과와 제언을 종합 의견으로 작성하여 정부에 제출하는 데 그쳤다.

조정기구는 이러한 종합 의견을 바탕으로 물관리정책조정위원회 부위원장인 진념 기획예산처 장관이 주재한 장관급 회의 3차례, 국무조정실장이 주재한 차관회의 3차례와 사안별로 이루어진 여러 차례의 국장급 회의에도 불구하고 어떠한 결론도 내리지 못했다.[10] 그러나 물관리정책조정위원회의 위원장인 국무총리가 주재한 회의가 최종 결정일인 2001년 5월 25일 이외에는 단 한 차례도 열리지 않았다는 것은 조정기구 대응상의 문제점으로 지적할 수 있다.

조정기구는 대통령 직속 지속가능발전위원회와 합동으로 찬반 논쟁이 있는 새만금사업에 대한 사회적 합의를 끌어내기 위해 각계 전문가들이 참

10) 국무조정실 내부 자료.

여하는 공개 토론회 두 차례와 평가회의를 개최한 후 여기서 제시된 의견을 종합한 뒤 사업 재개 여부를 최종 결정했고, 이 공개 토론회가 조정기구가 주관한 유일한 토론회였다.

이 공개 토론회에서도 주제 발표자와 토론자를 찬성과 반대 동수(同數)로 구성했다. 찬성측은 국무조정실에서 추천했고, 반대측은 지속가능발전위원회에서 추천했다. 그러나 2001년 5월 7일 쟁점 토론회와 5월 11일, 12일 종합 토론회가 열렸으나 새로운 근거 자료의 제시는 없었고 기존의 민관공동조사단의 자료를 근거로 토론회가 열렸기 때문에 합의안 도출이 이루어지지 않았다.

4) 새만금사업 평가회의 설치

토론회의 모든 과정을 지켜본 뒤 종합적인 최종 검토 의견을 만들어 조정기구에 제출하는 것이 평가회의 설치 목적이었기 때문에 평가위원들의 구성 문제를 놓고 국무조정실과 지속가능발전위원회 간에 갈등이 있었다. 공개 토론회를 처음에는 4월 30일, 5월 3~4일에 걸쳐 열기로 했다가, 5월 7일, 10~11일로 연기하게 되었다.

결국 평가회의 의장은 국무조정실과 지속가능발전위원회가 합의한 강영훈 전 국무총리로 정하고, 평가위원은 국무조정실 추천위원 4명, 지속가능발전위원회 추천위원 4명으로 구성되었다.[11] 즉 여기서도 찬성측과 반대측이 동수로 구성되었다. 그러나 이 평가회의에서도 결론을 도출하지 못했고, '선(先) 동진강 개발, 후(後) 만경강 개발'이라는 형태의 '친환경적 순차 개발 방안'으로 결정되었다.

그러나 '순차적 개발 방안'이라는 것이 정책 조정기구에 의해 제시된 대안이 아니라 2000년 12월에 공사 전면 중단을 요구한 환경부가 제안하고 공사 전면 강행을 주장한 농림부가 여기에 대해 어느 정도 수용 의사를 표

---

11) 공개 토론회 및 평가회의의 구성을 제안한 것은 지속가능발전위원회였는데 평가회의의 평가위원의 구성에 불만을 품은 환경단체가 강하게 반발하면서 지속가능위 추천 평가위원이 원로급에서 40대 초반으로 내려왔다. 그리고 실제는 최열 사무총장이 4명 모두를 추천했다.

명한 대안이라는 것이다. 즉 정책 조정기구는 꾸준히 연기하는 전략을 구사하고 이해 관계가 있는 두 부처의 연합전략에 의해 제시된 안이 '순차적 개발 방안'이다. 실제의 정책 결정에서는 상반되는 선호를 지닌 집단이나 참여자들의 지지를 얻기 위해 정책 목표를 타협에 의해 결정하는 경우가 많고, 정책 지지를 위한 연합 형성의 필요 때문에 추상적이고 모호한 목표, 상호 모순·충돌되는 목표들이 우선순위 없이 나열식으로 결정되는 경우도 있다고 한다.

5) 정책결정권 이양

위원회 형태의 조정기구를 설치 운영했지만 그 어떤 결론도 내지 못했다. 그러면 책임 있는 국무총리 또는 대통령이 이를 결정해야 하나, 이들 조정기구 간에 다시 결정을 핑퐁식으로 떠넘기는 일이 벌어졌다.

2000년 6월 5일 환경의 날 축사를 통해 김대중 대통령은 동강댐 건설 철회를 직접 발표했다. 그래서 새만금 간척사업의 공사 여부도 당연히 대통령이 발표하리라고 생각했지만 물관리정책조정위원회에서 새만금 공사 재개를 결정하면서 발표는 총리가 대신하도록 하고, 총리는 국무조정실장을 시켜 발표하게 하는 편법을 사용한 것은 전형적인 결정권의 이양이라고 볼 수 있다.

물관리정책민간위원회와 물관리정책조정위원회 안건을 국무총리에게 보고할 때 "대통령께서 결단을 내도록 건의한다"는 문구가 있었다. 그리고 5월 24일에 새만금 4인 평가소위원회가 있었고, 이 때 다시 정책결정 권한자를 대통령을 명기했다. 그 이유는 강원도 영월 동강댐을 백지화할 때 찬반양론 시비가 아주 극심했으나 김대중 대통령이 사견임을 전제로 동강댐을 안 하는 것이 좋겠다 하는 견해를 밝히고 난 이후 그것이 급격히 소위 백지화로 돌아선 선례가 있기 때문에 이번에도 대통령으로 명시를 하고 대통령을 제외한 그 이외의 하위기구는 절대로 결정할 권한이 없다는 차원에서 그 문구를 넣었다는 것이다.[12] 그러나 이 회의 결과를 가지고 수질개선기

12) 第225회 정기회, 정무위원회 국정감사 회의록, 2001. 9. 10(월).

획단 실무진 협의를 마치고 국무조정실장에게 보고하는 과정에서 "정부가 결정한다"라고 바뀌었다. 새만금사업평가회의 위원 중 일부 위원은 "국가적으로 중대한 사안인 새만금사업에 대해 하급기관이 추진 여부를 결정한 것은 타당하지 않다"며 반박했다(한겨레신문, 2001. 5. 29). 그러나 이태복 청와대 복지노동수석은 "새만금 개발 강행 결정은 총리가 책임지고 결론을 내린 것"이라고 밝히면서(중앙일보, 2001. 5. 26) 절차상의 하자는 없다고 주장했다. 이러한 사실은 정무위원회 2001년 국정감사에서도 제기되었다.

6) 소 결

정책결정의 최고 조정기구라 할 수 있는 국무조정실과 청와대에서 새만금 간척사업을 강행하기로 결정한 것은 다분히 정치적인 이유에서였다. '4·26 기초자치단체장 재·보궐선거'에서 전북 지역 2곳(군산, 임실)에서 집권 여당이 패배한 원인이 지지부진한 새만금 간척사업에 대한 여론 악화가 결정적이었다는 민주당 내부의 분석이 새만금 간척사업을 강행하게 된 결정적 이유였다(한겨레신문, 2001. 5. 13). 실제로 5월 10일 대한상의에서 열린 새만금사업 토론회에서 전북 출신의 국회의원들은 대부분 참석하여 사업을 강행해야 한다고 주장했다.

오랜 기간 사업 시행을 둘러싸고 논의되었던 새만금사업의 경우 농림부와 환경부, 해양수산부, 전라북도 간의 이견이 끝내 조정되지 않고 정치적 결정이 내려지는 과정에서 청와대와 국무조정실의 정책 조정 능력이 상당히 미흡한 것으로 분석되었다. 정책 조정기구는 민주성과 합리성을 가장하기 위해 민관공동조사단, 새만금사업 평가회의와 같은 합의체 형태의 기구를 설치하여 결정 책임을 회피해 왔다고 볼 수 있다.

Ⅳ. 결 론

지금까지 새만금 간척사업의 중단과 공사 재개라는 갈등 상황에서 정부 조정기구의 대응 과정을 살펴보았다. 이에 이 연구에서 나타난 정책적 함의를 살펴보면 다음과 같다.

첫째, 딜레마 상황에서 지연이나 비(非)결정은 문제의 올바른 해결책이 될 수 없음을 알 수 있다. 오히려 딜레마 상황을 정확하게 파악하고 아무리 딜레마 상황이라도 결국에는 하나의 대안을 선택해야 한다는 점을 인식하여 적절한 조치나 대응책을 미리 강구하는 것이 중요함을 알 수 있게 해 준다. 무려 2년 1개월이나 공사가 중단되었지만 최종 공사 재개 결정 과정에서는 합리적 결정이 아니라 정치적 결정이 내려졌고, 불과 몇 개월 후에는 쌀 과잉이 큰 사회 문제가 되는 정책의 비일관성을 초래했다.

둘째, 서로 다른 의견이 팽팽하게 맞서는 갈등과 긴장의 상황을 해결하기 위해서는 갈등 당사자뿐만 아니라 제3자의 개입 또는 독립적 조정기구를 통해 조정을 시도하나 이것이 반드시 성공을 보장하는 것은 아니라는 것을 보여 주고 있다. 오히려 책임 있는 조정기구에 의한 결정이 합리적이고 정당성이 있다는 것을 보여 주고 있다.

셋째, 조정기구의 형태보다 조정이나 결정의 방식이나 절차가 중요하다는 것을 시사해 주고 있다. 세이드먼(Harold Seidman)이 이야기한 '현자(賢者)의 돌(Philosopher's Stone)'이 존재한다면 모든 갈등은 해결될 수 있고 조정기구를 권장하기도 한다. 그러나 현실에서는 그러한 완벽한 갈등 조정기구는 없다. 그러므로 최종 결정자가 대통령이냐, 국무총리가 주재하는 위원회냐가 중요한 것이 아니라 갈등 조정기구의 운영과 절차가 더욱 중요하다. 이런 측면에서 보면, 복잡한 문제를 분해하여 하나씩 하나씩 해결하고 개별적인 사항에 대해 전문적인 조사를 실시하는 것 등이 요구된다고 하겠다.

연구 문제

1. 새만금사업을 계속하는 것과 중단하는 것, 어느 것이 공익인가? 공익이라고 주장하는 근거는 무엇인가?
2. 연대기를 보면, 환경부와 해양수산부는 시간을 달리하면서 입장을 크

게 변화시키고 있다. 왜 이러한 변화를 보이는지 조직이론의 관점에서 설명해 보시오.

3. 조정기구, 특히 조정기제로서의 위원회가 작동하지 못한 이유는 무엇이고, 그럼에도 불구하고 위원회조직이 지속적으로 늘어나는 이유는 무엇인가?
4. 새만금사업은 정책 결정시에 법원이 중요한 역할을 차지하는 사례라고 할 수 있다. 정책 결정에 법원의 역할에 대해 논하고, 적절한 사법부와 행정부 관계 또는 법과 행정의 관계에 대해 논하시오.

부록: 새만금 사업의 추진 경위

새만금 사업의 추진 경위를 살펴보면 다음과 같다.

- 1971: 옥서지구 농업개발사업계획 수립
- 1972: IBRD조사단의 경제성 평가
- 1986~1988: 경제적 타당성 분석(한국산업경제연구원)
- 1987. 11. 4: 경제기획원 새만금지구는 경제성이 없다는 이유로 군장지구 추진 건의
- 1987. 11. 21: 민주당 김영삼 후보 새만금사업 추진 공약
- 1987. 12. 10: 민정당 노태우 후보 새만금사업 추진 공약
- 1989. 11. 6: 농림수산부 새만금사업기본계획 확정, 관계 부처와 협의 완료
- 1991. 7. 1: 김대중 총재 14대 총선과 자치단체장 선거에서 새만금사업 조기 집행 주장
- 1991. 7. 23: 국회 새만금 간척사업비 2백억 원 추경예산안 통과. 기획원은 농지조성사업이 기존 농지의 생산성을 높여 농지 감소 현상에 대응한다는 기본 방향과 맞지 않으며, 공업단지 등으로 용도 변경할 경우 군장 산업기지와 중복 투자 문제로 비판
- 1991. 7. 26: 안상영 해운항만청장 새만금사업 완료 전 5천만 톤 처리 능력의 국제항 건설 계획 발표
- 1991. 8. 13: 새만금사업 시행 부서 확정. 시행 주체-농림수산부, 공사 시행 측량 설계 공사 감리-농업진흥공사, 사업관리 보상 업무 지역 개발-전라북도

위임

- 1992. 6. 10: 제2·3·4호 방조제 착공
- 1992. 10. 29: 김영삼 민자당 후보 새만금간척사업을 적극 추진 공약
- 1992. 11. 2: 국민당 정주영 후보 새만금사업 5년 내 완공 공약
- 1993. 2. 22: 사업비 1차 변경 농림수산부 승인(1조 4,800억 원)
- 1993. 6. 8: 허신행 농림수산부 장관, 새만금사업은 완공 연도 2001년에서 2004년으로 연기
- 1993. 6. 28: 전북지역 시군의회 의장단협회의, 새만금사업 조기 완공 촉구 성명
- 1993. 9. 14: 사업비 2차 변경 농림수산부 승인(1조 8,680억 원)
- 1993. 11. 9: 이강연 전북지사 새만금지구 경제특구 지정 요청
- 1994. 4. 5: 수협 조사부, 서해 어획고 격감 보고
- 1994. 7. 25: 새만금사업지구 1, 3호 방조제 끝막이공사 완공
- 1994. 10. 10: 감사원 새만금·군장공단 사업 중복 투자 지적
- 1996. 4: 새만금 간척 피해 어민들 잇단 항의 농성
- 1996. 7. 25: 환경부 새만금호 '제2의 시화호' 우려 환경영향 전면 재검토
- 1996. 10. 9: 해양수산부 새만금항 건설 계획 발표
- 1996. 12. 17: 전북환경운동연합, 새만금 수질오염 우려 등 7대 환경뉴스 선정
- 1997. 2. 23: 전주지방환경관리청, 새만금 간척지 주변 중금속 오염 심각 발표
- 1997. 8. 2: 농림부 새만금호 오염 환경영향평가보고서 국회 제출
- 1997. 11. 19: 김대중 후보 새만금 내부개발특별법 제정 공약
- 1997. 11. 20: 이인제 후보 새만금특별법 제정 및 새만금 지역을 복합 기능을 갖춘 신산업단지로 개발 공약
- 1997. 11. 27: 이회창 후보 새만금 신항만 건설, 방조제 조기 완공, 복합 개발 등 새만금 관련 공약 발표
- 1997. 11. 29: 제9차 시행계획 변경(총사업비 2조 180억 원)
- 1998. 1. 10: 제15대 대통령직 인수위에서 새만금사업 부실사업으로 규정, 전면 재조사 결정
- 1998. 1-3: 전북환경운동연합, 녹색연합, 환경운동연합 새만금사업 전면 재검토 요구
- 1998. 4. 27: 감사원 특별감사
- 1998. 5-7: 전북도는 공단, 농림부는 친환경적 농지로 용도 변경을 놓고 갈등
- 1998. 8. 23: 김선길 해양수산부 장관, 새만금사업 등으로 인한 갯벌 감소 우려
- 1998. 9. 24: 감사원, 새만금사업의 사업계획, 담수호 수질관리, 방조제 공사

등 부실로 판정

- 1998. 10. 19: 해양수산부, 새만금 신항 사업 2006년까지 전면 유보 발표
- 1998. 12. 30: 1호 방조제 준공
- 1999. 1. 4: 농진공, 전북도의 새만금지구 복합산업단지계획 백지화
- 1999. 1. 11: 유종근 전북지사 새만금사업 전면 재검토 발표
- 1999. 1. 12: 녹색연합, 새만금사업 중단 요구
- 1999. 1. 12: 김성훈 농림부 장관, 새만금 방조제 공사 보류 긍정 검토
- 1999. 1. 13: 정균환, 정동영 등 의원 등 전북 지역 의원들 새만금사업 계속 추진 결의
- 1999. 3. 16: 새만금호 수질예측평가단, 새만금호 농업용수로도 어렵다고 진단
- 1999. 4. 19: 정부, 새만금사업 민관 합동 환경영향 조사 실시.
- 2000. 8. 18: 민관공동조사 종합보고서 총리실 제출
- 2000. 8~2001. 3: 민관공동조사 결과 등을 토대로 관계 부처에서 수질대책 등 세부 실천 방안 마련
- 2000. 5. 28: 새만금 민관공동조사단, 새만금 갯벌 가치 연 3,200억 원 제시
- 2001. 1. 8: 정부, 민간인들로 구성된 물관리 민간위원회(위원장 정진승 전 환경부 차관)를 소집, 충분한 여론 수렴을 거칠 계획임
- 2001. 3. 5: 총리실, 새만금사업 관련 부처 검토보고서 공개, 해양수산부 당정협의에서 제시된 새만금의 만경, 동진 수역 분리 개발안에 대해 반대 입장 표시
- 2001. 3. 7: 노무현 해양수산부 장관, 새만금사업 1~2년간 추가적 연구조사 후 시행 여부 결정 주장
- 2001. 3. 19: 새만금 갯벌 생명평화연대 발족, 새만금사업 중단을 요구하며 1인 24시간 릴레이 단식 농성 시작
- 2001. 3. 21: 지속가능발전위에서 토론 등을 통한 사회적인 합의 후 결정하도록 건의
- 2001. 5. 7, 5. 10~11: 총리실·지속가능위 공동 주관 공개 토론회
- 2001. 5. 25: 물관리정책조정위원회 새만금 공사 재개와 순차적 개발안 확정
- 2001. 5. 28: 새만금사업 평가위원 9명 중 4명 새만금사업 재개 결정에 반발 원천 무효 주장
- 2001. 5. 29: 대통령직속 지속가능발전위원회 등 정부 내 주요 환경 관련 위원회 참여 민간 위원 54명 새만금사업 재개 결정에 반대해 탈퇴 선언
- 2001. 8. 6: 새만금사업추진특별대책협의회에서 세부 실천계획 확정
- 2001. 11. 16: 제8차 람사회의(세계습지회의)에서 전세계 71개국 NGO 대표

새만금사업 중단 촉구 결의문 채택

- 2003. 2. 11: 노무현 대통령 당선자, 새만금 간척지의 농지화정책 재검토 필요성 밝힘.
- 2003. 3. 28: 수경 스님 · 문규현 신부 공사 중지 3보1배 시위
- 2003. 5. 28: 여야 의원 147명 '새만금 반대' 서명
- 2003. 6: 시민단체, 법원에 공사 집행정지 신청
- 2003. 6. 9: 농업기반공사 4공구 물막이 공사 강행, 해수 유통 차단
- 2003. 6. 10: 제4호 방조제 1.8km 구간 끝막이 공사 완료
- 2003. 7. 15: 서울행정법원, 법원 가처분 신청 받아들여 '새만금사업' 잠정중단 결정(법원 직권으로 이후 일부 무너진 방조제에 대한 보강 공사는 허용)
- 2004. 1. 29: 서울고등법원, 농림부가 제기한 가처분 취소 항고심에서 '새만금사업' 공사 재개 결정
- 2004. 11. 12 :서울행정법원, '새만금 소송' 1심 결심
- 2005. 1. 17: 서울행정법원, '새만금 소송' 조정권고안 발표
- 2005. 1. 28: 정부, 법원 조정권고안 수용 거부
- 2005. 2. 4: 서울행정법원, '새만금 소송' 1심 원고 승소 판결
- 2005. 12. 22: 서울고등법원, 새만금 사업계획 취소 청구 소송 원고(주민 및 환경단체) 패소 판결

참고 문헌

강신겸 · 김현주 · 박용규(1999), 『대형 국책사업의 효율적 추진 방안』, 서울: 삼성경제연구소.

김서용(2005), "환경갈등의 문화적 분석: 새만금 개발사업을 중심으로," 『한국행정학보』, 39(3).

김성은(2001), "새만금 간척사업의 정책결정과정에 관한 연구," 『의정자료』, 28.

김창수(2002), "정부사업집행 영향요인의 분석-새만금 간척개발사업을 중심으로," 『한국사회와 행정연구』, 13(1).

남상민(2005), "정책과정에서의 NGO-정책옹호동맹체모형(ACF)과 새만금사업에서의 NGO 역할," 『한국정책학회보』, 14(1).

문경민(2000), "새만금 무엇이 문제인가," 『자치광장』, 제110호.

염재호 · 박국흠(1992), "정책의 비일관성과 딜레마," 『한국행정학회보』, 25(4).

이준구(2001), "비용-편익분석의 이론과 현실: 새만금사업의 사례," 『재정논집』, 16(1).

이정전 · 김상우 · 마강래(2001), "새만금간척사업의 경제적 타당성 논쟁: 편익추정을 중심으로," 『재정논집』, 15(2).

전진석(2003), "새만금 간척사업의 정치경제와 정책옹호연합모형," 『한국사회와 행정연구』, 14(2).

전철현 · 신효중 · 하서현(2002), "갯벌 유무에 따른 가치 부여 형태 분석: 새만금 갯벌을 중심으로," 『농업경영정책연구』, 29(2).

정정화(2005), "환경NGO의 활동 방식과 정책참여 유형: 영월댐과 새만금간척사업 사례 비교분석," 『한국정책학회보』, 14(3).

정준금(2000), "집단간 갈등과 정부의 역할: 이슈와 대안-개발, 보전과 갈등조정: 새만금 간척사업을 중심으로," 『한국행정연구』, 9(4).

주재복(2004), "정부조직간 정책갈등의 조정기제와 협력규칙: 동강댐 건설 사례와 새만금 간척사업 사례의 비교 연구," 『한국행정연구』, 13(3):.

최미희(2002), "대규모 공공투자사업의 경제적 타당성 평가와 환경영향평가 통합방안: 새만금 간척사업을 사례로," 『환경영향평가』.

충남대학교 농과대학 농업과학연구소(2000), 『새만금사업 중단시 예상되는 문제점에 대한 연구』, 2000년 11월.

함한희(2004), "새만금간척개발사업과 어민문화의 변화," 『한국문화인류학』, 37(1).

황선도 · 김종식(2003), "새만금 간척사업에 따른 갯벌 패류의 군집구조 변화," 『한국수산학회지』, 36(6).

감사원(1998), 『감사연보』.

국회 환경노동위원회(2000). 『새만금 현장방문 보고자료』.

농림부 · 환경부 · 해양수산부 · 전라북도 · 농업기반공사 · 국무조정실(1996, 1997, 1998, 1999, 2000). 『국정감사 자료 및 회의록』.

농림수산부, 농업진흥공사(1988), 『새만금지구 간척 종합개발사업 경제적 타당성 보고서』.

———『새만금지구 간척지 최적 이용을 위한 구상』.

농업기반공사(2002), 「새만금간척개발사업 추진 현황」.

새만금 간척사업을 반대하는 부안지역 1000인 선언 기자회견문, 2000. 3. 15.

새만금사업 환경영향 공동조사단(2000), 『새만금사업 환경영향 공동조사 결과보고서(경제성 분야)』.

———(2002), 『새만금사업 환경영향 공동조사 종합보고서』.

전라북도, 「2000년 도정 주요 업무」.

전라북도 도의회 회의록 2000.

정부 내부 자료, 새만금호 수질보전대책 추진 현황, 2000. 6.

———, 새만금 간척개발사업 추진 현황, 2000. 9.
해양수산부(1998), 『우리 나라의 갯벌』.
———(2001), 『새만금 갯벌 살아 숨쉬는 해양 국토』.
환경부(1999), 「새만금수질보전종합대책자료집(I)」.
———(1999, 2000), 『환경백서』.
환경운동연합 성명서, 새만금 간척사업 계속 추진을 전제로 한 민관공동조사단의 파행적 운영을 즉각 중단하라, 2000. 6. 2.

새만금사업 조기 완공을 위한 부안군 내 46개 단체 궐기대회 선언문, 2000. 7. 13.
민관공동조사단 최종보고서 내용 시정 요청 기자회견, 2000. 8. 29.
새만금 간척사업, 계속돼야 하나?, MBC 프로덕션.
새만금, 100일간의 기록, KBS영상사업단.

Meyer, J. & B. Rowan(1977), "Institutional Organization: Formal Structure as Myth and Ceremony," *American Journal of Sociology*.
Orton, J. Douglas & Karl E. Weick (1990), "Loosely Coupled Systems: A Reconceptualization," *Academy of Management Review*, 15(2).
Seidman, Harold(1998), *Politics, Positions, and Power: The Dynamics of Federal Organization*, 5th ed., New York: Oxford University Press.

저자 소개

(가나다 순)

김광웅

서울대 행정대학원 교수
Univ. of Hawaii(정치학 박사)
한국행정학회 회장
중앙인사위원회 위원장
『바람직한 정부』(박영사, 2003)
『파킨슨의 법칙』(21세기북스, 2003) 외 다수

김동욱

서울대 행정대학원 교수
Ohio State Univ.(행정학 박사)
방송위원회, 행정심판위원회 위원
정보통신부 인터넷주소정책심의원회 위원
『지방정부의 지도자』(나남, 2003) 외 다수

김병섭

서울대 행정대학원 교수
Univ. of Georgia(행정학 박사)
행정자치부 정부조직진단변화관리자문위원회 위원장
정부혁신·지방분권위원회 위원
『조직의 이해와 관리』(공저), 대영문화사, 2000 외 다수

김준기

서울대 행정대학원 교수
Harvard Univ.(정책학 박사)
정책기획위원회 행정개혁 평가전문위원
행정자치부 정부혁신평가단 평가위원
『세계화시대의 국가정책』(공저), 박영사, 2004
『한국NGO의 정책과정에서의 참여와 역할에 관한 연구』, 서울대학교출판부, 2004 외 다수

노화준

서울대 행정대학원 교수
Syracuse Univ(행정학 박사)
한국정책학회 회장
서울대학교 행정대학원 원장
『정책학원론』, 박영사, 2003
『정책평가론』, 법문사, 2003 외 다수

박상인

서울대 행정대학원 교수
Yale Univ.(경제학 박사)
예일대학교 경제학과 객원조교수
New York State Univ. 경제학과 교수
"Quantitative Analysis of Network Externalities in Competing Technologies: the VCR Case," *Review of Economics and Statistics* 86(4), 2004.
"Semiparametric Instrumental Variables Estimation," *Journal of Econometrics* 112, 2003.

박정훈

서울대 행정대학원 교수

Minnesota State Univ.(경영학 박사)
중앙대학교 경영학부 교수
『정보기술론』(역서), 교보문고출판부, 2002
“국가 기본정보 공동활용시스템 구축을 위한 정보화전략계획,” 『경영학논집』, 28(1), 2001 외 다수

오연천

서울대 행정대학원 교수
New York Univ.(행정학 박사)
서울대 행정대학원 원장
한국공기업학회 회장
『지방자치와 지방재정』, 한국경제신문사, 1994
『한국조세론』, 박영사, 1992 외 다수

이달곤

서울대 행정대학원 교수(원장)
Harvard Univ.(정책학 박사)
한국지방행정연구원 원장
한국협상학회 회장
『지방정부론』, 박영사, 2004
『협상론』, 법문사, 2000 외 다수

이석원

서울대 행정대학원 교수
New Youk Univ.(행정학 박사)
한국외대 행정학과 교수
“시장 친화적 연구개발지원사업의 상업적 효과성: 순차적 설계를 활용한 분석,” 『한국행정학보』, 38(3), 2004
“Propensity Score Matching 방법에 의한 실업자 직업훈련 사업의 효과성 평가,” 『한국행정학』, 37(3) 외 다수

임도빈

서울대 행정대학원 교수
프랑스 파리정치대(사회학 박사)
충남대 자치행정학과 교수
『한국지방조직론』, 박영사, 2004
『프랑스의 정치행정 체제』, 법문사, 2002 외 다수

정광호

서울대 행정대학원 교수
Syracuse Univ.(행정학 박사)
국민대학교 교수
『장관론』(공저), 2003.
"The Effects of Education and Literacy Skills on Wage in Five Developed Countries," 『지방정부연구』, 16(1), 2002 외 다수

정용덕

서울대 행정대학원 교수
Univ. of Southern California(행정학 박사)
성균관대 행정학과 교수
한국행정학회 회장
『한일 국가기구 비교연구』, 대영문화사, 2002
『현대 국가의 행정학』, 법문사, 2001 외 다수

최종원

서울대 행정대학원 교수
Univ. of Michigan(정책학 박사)
공기업 및 산하기관 경영혁신 점검평가단 위원
공정거래위원회 정책평가위원
『행정의 시차적 접근』(공저), 박영사, 2005
『정책학원론』(공저), 대명출판사, 2003 외 다수

정책사례 연구

펴낸날 / 제1판 제1쇄 2006년 1월 25일
지은이 / 이달곤 외
펴낸이 / 임춘환
펴낸곳 / 도서출판 대영문화사
주소 / 서울 용산구 청파동 1가 178-2 ㉾ 140-869
등록 / 1975년 12월 26일 제3-16호
전화 / (02)716-3883, (02)714-3062
팩시밀리 / (02)703-3839
우체국 온라인 / 011353-02-009106

ISBN 89-7644-181-8

〔값 15,000원〕